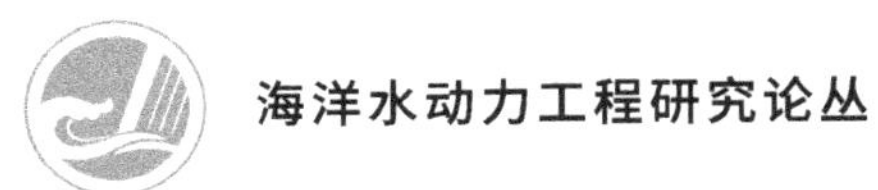

海洋水动力工程研究论丛

Research and Application of Key Technologies on Hydrodynamic and Revetment Stability in Construction of Fishing Port in Silty Bay

# 淤泥质海湾渔港建设水动力与堤防稳定性关键技术研究与应用

高　峰　张宇亭　庞启秀　李　焱　张慈珩　著

人民交通出版社股份有限公司
China Communications Press Co.,Ltd.

## 内 容 提 要

本书主要依托天津滨海新区“十大战役”之一的天津中心渔港工程，针对该渔港建设阶段和将来的运行期可能产生的问题，开展其水动力及防波堤稳定性关键技术专题研究与论证分析。

本书主要面向港工同行以及对渔港工程所涉及的航道维护、泊稳条件、船行波问题以及防波堤地基沉降等技术领域感兴趣的读者。

**图书在版编目(CIP)数据**

淤泥质海湾渔港建设水动力与堤防稳定性关键技术研究与应用/高峰等著. —北京:人民交通出版社股份有限公司,2019.10

ISBN 978-7-114-15353-2

Ⅰ. ①淤… Ⅱ. ①高… Ⅲ. ①淤泥质海岸—渔港—港口建设—研究 Ⅳ. ①U658.6

中国版本图书馆 CIP 数据核字(2019)第 016506 号

海洋水动力工程研究论丛

Yunizhi Haiwan Yugang Jianshe Shuidongli yu Difang Wendingxing Guanjian Jishu Yanjiu yu Yingyong

**书　　名**: 淤泥质海湾渔港建设水动力与堤防稳定性关键技术研究与应用
**著 作 者**: 高　峰　张宇亭　庞启秀　李　焱　张慈珩
**责任编辑**: 崔　建
**责任校对**: 张　贺
**责任印制**: 张　凯
**出版发行**: 人民交通出版社股份有限公司
**地　　址**: (100011)北京市朝阳区安定门外外馆斜街 3 号
**网　　址**: http://www.ccpress.com.cn
**销售电话**: (010)59757973
**总 经 销**: 人民交通出版社股份有限公司发行部
**经　　销**: 各地新华书店
**印　　刷**: 北京虎彩文化传播有限公司
**开　　本**: 720 × 960　1/16
**印　　张**: 16.25
**字　　数**: 280 千
**版　　次**: 2019 年 10 月　第 1 版
**印　　次**: 2019 年 10 月　第 1 次印刷
**书　　号**: ISBN 978-7-114-15353-2
**定　　价**: 68.00 元

# 编 委 会

著 作 者:高 峰 张宇亭 庞启秀 李 焱 张慈珩

参与人员:耿宝磊 刘 针 曹玉芬 刘海成 赵 鹏

陈汉宝 彭 程 谭忠华 张 维

# 前　言

被列入天津市滨海新区“十大战役”之一的中心渔港项目位于滨海新区汉沽营城镇高家堡村南侧海域，东临李家河盐场提水口、南向渤海湾、西至汉蔡路、北到海挡，处于典型的淤泥质海岸，其特点是岸线平直，地貌类型比较简单，浅滩宽度平坦，岸滩变化动态十分活跃。工程建成后将成为我国北方水产品加工集散中心和北方游艇产业中心。对于该工程交通运输部天津水运科学研究院自2007年开始，相继承担和参与该渔港工程的前期测量、勘察与科研论证以及施工建设期间的现场监测等技术工作，研究成果全面丰富。交通运输部天津水运工程科学研究院在天津港淤泥质海岸建港工程的大量研究经验，为天津中心渔港工程的建设提供了客观、科学与翔实的研究成果，为工程项目的顺利推进做出了积极贡献。

本书既是对天津中心渔港工程相关研究回顾，也是对主要研究成果的一次技术总结。依托该渔港工程所开展的室内水动力学物理模型试验、室内土工离心机模型试验、数值模拟计算、现场原位观测以及船行波影响等研究工作，针对港口泥沙回淤、码头泊稳及防护、防波/挡沙堤安全稳定等问题，得到主要研究内容和结论如下：

(1)根据港口水动力条件，分析港口岸滩演变规律，对港口泥沙和回淤物质取样分析，与以往资料对比，结果表明港区建成后，滩面沉积物粒径及粒级含量差异不大，海域的底质泥沙环境没有发生变化。

(2)通过对港区和防波堤两侧滩地地形变化分析，对中心渔港防波堤建成，两侧滩面淤积和冲刷情况进行计算分析，结果显示两侧滩面均呈淤积趋势，东侧淤积略强于西侧；滩面淤积厚度沿程分布，西侧呈由北向南逐渐减小趋势，而东侧则呈中部大、两边小的变化特点；渔港作业区淤积厚度在1m以内，航道沿程淤积分布基本呈由内向外逐渐减小的趋势,航道断面年平均淤积厚度在0.50m以内。综合淤泥密度垂直分布的定点测量结果和室内静水密实试验结果,确定天津中心渔港的标准密度为1.40t/$m^3$。

(3)建立波浪数学模型确定了正常风浪及大风天气影响下的中心渔港港内波浪条件,研究了不同波浪条件下的港内水域区波高分布,分析停泊作业风险。结果表明外海波浪受港区挡沙堤的掩护,波浪能量仅能通过狭窄口门进入港内水域,较难以传入港池造成较大影响;整个水域小风区波高要略大于港外经口门传入的波高,控制港内水域的波浪其小风区风成浪是不可忽视的波浪因素。

(4)确定了中心渔港船舶(游艇)泊稳条件,允许泊稳波高、安全系泊条件和系泊方式,通过归纳和分析了国内外游艇泊稳条件,结合室内物理模型试验,分析万吨级货船船行波对游艇航行安全影响,评估船行波对游艇安全进出港的影响情况。结果显示天津中心渔港的挡沙堤起到了阻断波浪直接作用、围护港池、维持水面平稳以保护港口免受坏天气影响的作用,港内休闲区游艇码头主要受小风区风成浪的影响。港内泊稳允许波高($H_{4\%}$)应控制在0.3m,当重现期25年时可至0.4m。

(5)通过查阅和总结国内外各种浮式防波堤的有关资料,分析了浮式防波堤的优缺点及其不同结构对应的适用条件。根据中心渔港的特点,提出一种新型凹菱形(星形)浮式防波堤,并对其消波效果进行了系统研究,给出了堤后透射率。研究结果表明该种形式的浮式防波堤在中心渔港游艇区应用效果良好,可以达到使游艇区码头泊位处波高满足允许值的要求。

(6)归纳和总结常用边坡稳定计算方法,采用岩土专业软件GEO-STUDIO对不同航道疏浚距离防波堤堤脚距离条件下防波堤的整体稳定性进行了计算;采用ABAQUS大型商业软件建立三维防波堤—地基基础有限元数值模型,对防波堤的应力场和位移场进行分析,结合室内离心机模型试验和防波堤现场原位观测数据,确定了航道疏浚的安全距离。结果显示航道疏浚距离堤脚30m时,对防波堤的整体稳定性影响较小,在安全控制范围内,提出航道疏浚时,沿防波堤堤脚宽度15m范围内铺设砂肋软体排,防止由于船行波对堤脚的冲刷影响防波堤的整体稳定性。

由于作者水平有限,书中内容不免存在谬误及疏漏之处,敬请读者不吝赐教。

著作者

2018年4月25日

# 目　　录

# 第1章　绪　　论

## 1.1　淤泥质海湾泥沙特征

### 1.1.1　地质地貌概述

天津沿海位于渤海湾西侧,为典型的淤泥质海岸,其海区海岸带的滩涂及浅海地处渤海湾西北部的海河口,受海浪和河流交汇作用,以及受沿岸各种地质构造、地貌构造和气候等多种因素的控制影响,此地域是一个由多种成因的地貌类型组合的地带。根据海岸带调查,本海区海岸带属于华北拗陷中的渤海拗陷中心,地基构造复杂,主要受NNE向断裂构造控制,而呈现一系列的隆起拗陷。本地区以堆积地貌为基本特征,物质成分以黏土质粉砂、粉砂质黏土、粉砂等细颗粒物质为主,地貌形成年代新,其中大部分在距今5000~6000年(全新世纪中、晚期)以来形成、发育、演化、定型的,其主要地貌类型具有明显的弧形带分布的特点。

本区海岸表现出的另一地貌特征是:岸滩坡度平缓,潮间带宽度大,泥沙运移的主要形态是悬移质。1958年以前,海河口未修建挡潮闸,天津新港所在的海区为河口滨海区,河流动力与海动力同时起作用;1958年修建挡潮闸后,天津新港海区实质上已变成海岸区,海洋动力起主导作用,波浪掀沙、潮流输沙是塑造水下地形的主要动力。

### 1.1.2　主要泥沙来源

本海区的泥沙直接来源主要是河流输沙和岸滩侵蚀,间接来源是海岸和海底的泥沙在波浪、潮流作用下的再搬移。

#### 1.1.2.1　河口来沙

与天津港及沿海海域泥沙淤积直接有关的主要是海河口、蓟运河口、独流减河口等主要沙源河流,以海河流域为主的径流输沙曾是本区历史上主要泥沙来源。以上河口均位于渤海湾的淤泥质海岸线上,为陆海双相河口,上有径流、下有潮汐上溯，河口泥沙分布均匀，一般在0.005～0.02mm之间。

（1）海河口：是天津沿海地区主要的大河。北运河、永定河、大清河、子牙河、南运河五条河流自北、西、南三面汇流至天津后，称为海河。海河建闸以前，入海的年平均径流量为102亿$m^3$，年平均入海输沙量800万$m^3$，其入海沙量对天津港附近淤积影响很大。河口建闸后，海河成为河道型水库，水、沙基本上蓄积在河道内，据1958—1980年资料统计，其间年平均入海水量和沙量分别减至32亿$m^3$和20万t左右。20世纪90年代以后，特别是近10年来，由于流域水量减少，海河输沙量锐减，入海水量及沙量已远小于此数值。

（2）蓟运河口：也作为海河水系，但单独入海，河长316km，流域面积4354$km^2$。蓟运河的流域面积仅为海河流域面积的1/24。蓟运河为蓄泄河道，1922—1957年年均径流量7.4亿$m^3$，年均输沙量70万～100万t。1958年后，蓟运河进行了大量水利工程建设，所有河道又都已建闸，建闸后年径流量和年输沙量分别为0.66亿$m^3$和1.56万t，来沙量较少，具有年际丰枯悬殊、年中集中的特点。蓟运河口处的含沙量大于海河口，平均为0.101kg/$m^3$和0.094kg/$m^3$。

（3）独流减河口：是承泄大清河系洪水最主要的入海通道，流域面积45131$km^2$，河口位于海河干流以南，属于淤泥质平原型短引河建闸河口。1967年建闸后有多年年径流量为零，且有径流时也大都小于1亿$m^3$，这表明独流减河自建闸以来有75%的年份是终年闭闸或基本闭闸。独流减河口自建闸以后闸下逐年淤积，由于每年采用挖泥清淤和拖淤等措施，使得淤积量有所减少，近年来独流减河口闸下年回淤量约为50万$m^3$。河口泥沙中值粒径$d_{50}$在0.0039～0.0071mm之间，黏粒含量占40%～56%。表层淤泥湿密度在1.26～1.54g/$cm^3$之间。

#### 1.1.2.2 近岸浅滩泥沙

近岸浅滩上的泥沙经波浪掀扬、潮流输移，是第二个重要的泥沙来源。随着各河口建闸后，主要入河流供沙不足。如今第一个主要来源已趋减弱，第二个来源也因沿海环境的改善和广大浅滩海床物质的粗化，波浪掀沙作用也有逐渐减弱趋势，使水体含沙量逐年减少，浅滩泥沙的输移运动也呈减弱趋势。但是目前渤海湾沿岸存在一个高含沙混浊带，该混浊带有明显的边界，这是波浪把海河口水下三角洲及岸滩淤泥掀起悬浮，并随涨落潮流来回运移所形成的，风浪越大混浊带越宽，这些泥沙在风浪和潮流作用下，从渤海湾搬运进各河口沉积下来。

随着以海河流域为主沿海的各水系径流的减少，河口陆相动力正在逐渐衰减，海相潮汐动力则逐步增强，河口动力控制也相应转变为海相，因此天津港及其周边近岸海域将保持目前以近岸细颗粒悬沙受波、流动力就地输移为主的水沙运动规律。

## 1.2 渔港布置概况

天津中心渔港工程位于天津市滨海新区汉沽区营城镇高家堡村南侧海域,东临李家河盐场提水口、南向渤海湾、西至汉蔡路、北到海挡。中心渔港交通便利,距北京约160km,距天津市区约60km,中新生态城东北5km,区位优势明显,位置如图1.1所示。

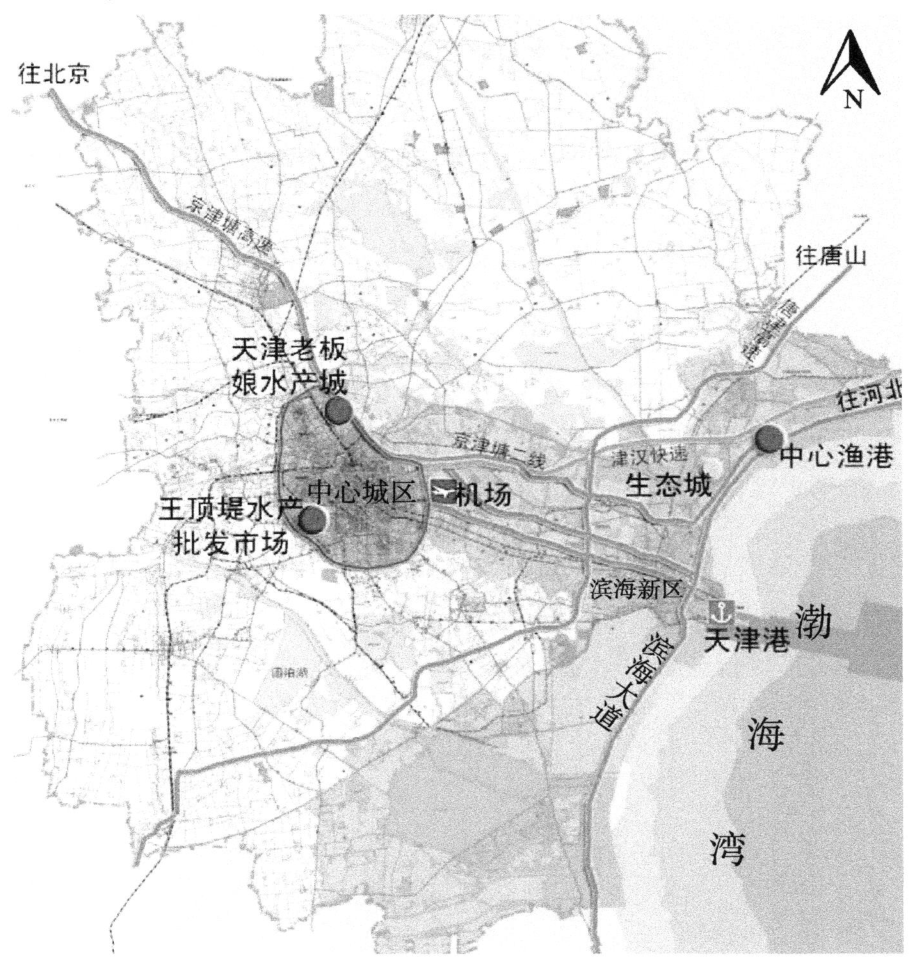


图1.1 天津中心渔港工程所在区位示意图

天津中心渔港总体规划于2006年3月获得天津市人民政府的批复,工程控制性详细规划于2009年1月获得天津市滨海新区管委会和天津市规划局的联合批复,该项目规划总面积18km$^2$,陆域10km$^2$,占用海域8km$^2$,占用岸线2100m,口门离岸3km。天津中心渔港工程周边形势如图1.2所示。工程港区设计方案规划效果图和平面布置见图1.3和图1.4。

图1.2　中心渔港工程所在位置及周边形势示意图(2009.12)

图1.3　天津中心渔港总体规划效果图

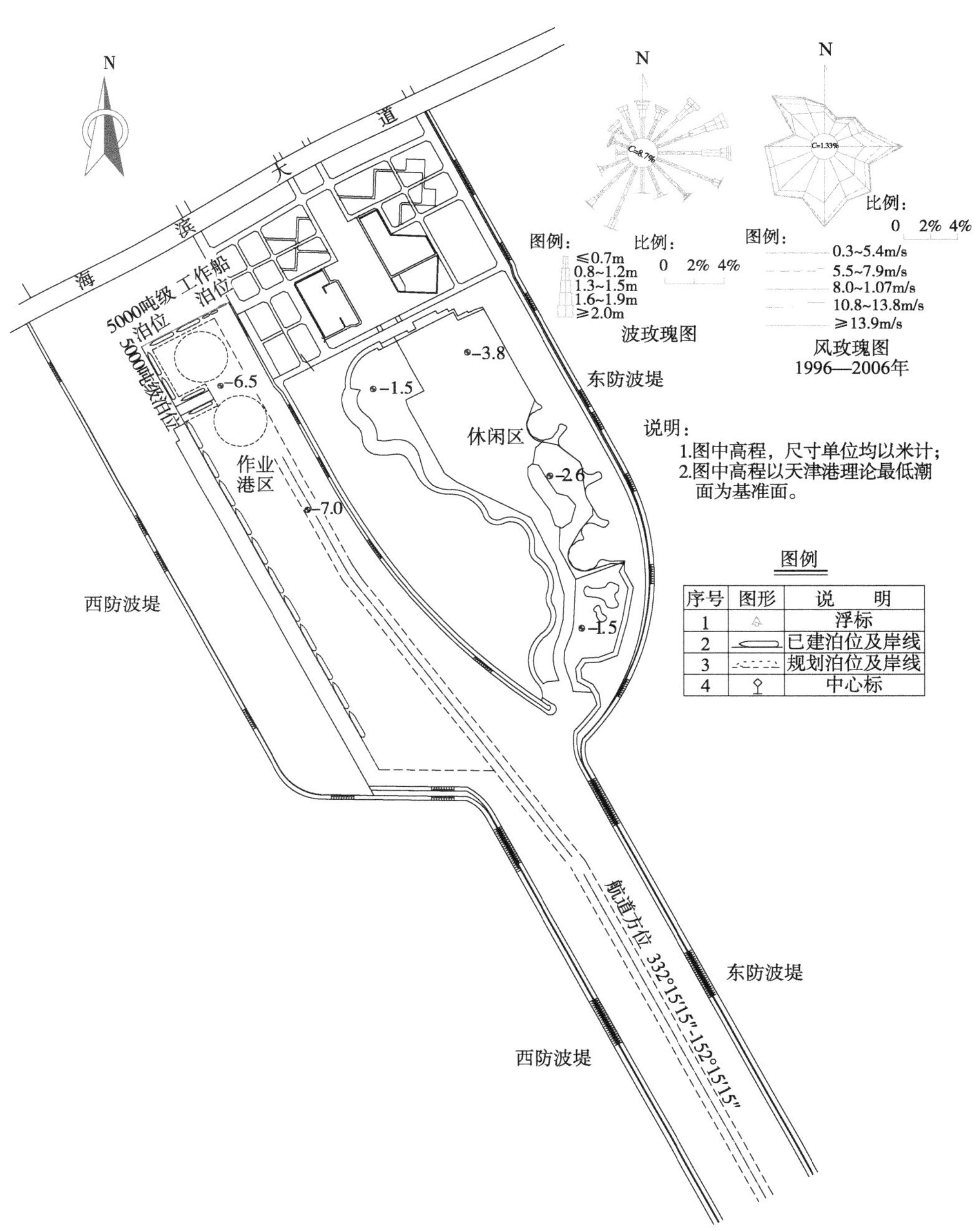


图1.4 设计方案平面布置图(航道设计标准30000DWT级)

港区总体规划包括作业港区(西侧)和休闲渔业港区(东侧),分别由东、西两导堤环抱掩护(图1.5)。航道包括作业港区进港航道(西侧)和休闲渔业区进港航道(东侧)两部分,航道轴线基本垂直于等深线,且与东、西挡沙堤平行。港内水域通过位于 -2m 等深线附近的挡沙堤口门与外海连接,主航道设计标准按照远期30000DWT级标准,即航道设计通航水深底高程为 -10.9m,均延伸至所需天然底高程处,单向航道有效宽度分别为114m。休闲渔业区航道,设计通航水深底高程 -3.8m,航道有效宽度56m。参考邻近天津港航道,本港区底质类似,挖泥边坡设计取1:5。其中,海域西导堤与隔堤之间规划为作业港区,作业港区规划成陆地面积约为138hm²,港池面积约为143hm²。作业港区规划泊位14个,进港船型5000t至30000t,年吞吐能力1700万t。作业港区以现代化渔港为基础,适应现代远洋捕捞与冷藏运输专业分工的行业特点,发展水产品、名优果蔬等产品的冷链物流功能,并为周边深水大港提供拾遗补缺的支线服务。近期满足5000吨级远洋捕捞船舶卸货、补给、维修要求,分期实现2万~3万吨级船舶进港作业的规划目标。

图1.5 中心渔港分区功能示意图

海域东导堤与隔堤之间规划为休闲港区，规划成陆面积约为233hm$^2$，港池面积约100hm$^2$，规划可容纳大小游艇1000艘。按照天津市旅游发展规划，休闲渔业港区作为滨海旅游的重要组成部分，以开发天津海洋经济和相关休闲旅游产业为基础，规划定位为集渔夫码头、小岛水镇、室内海水浴场、人工死海、游览公园、观光酒店、游艇俱乐部、别墅度假村等娱乐休闲设施为一体的环渤海旅游胜地。同时，休闲区将作为天津市"十二五"规划重要旅游项目的中澳皇家游艇城，规划建成约1000个游艇泊位，为游艇下水、试航、停泊和运输提供必要的水域条件。休闲区设计通航水深底高程-5.0m，其他水域为-3.8m，自本港池延伸至中心渔港主航道内，规划效果如图1.6所示。

图1.6 中心渔港休闲区水域布置立体效果图

## 1.3 研究概述

作为天津市20项重大服务业项目和滨海新区"十大战役"之一的中心渔港项目，自2007年开工建设以来，已累计完成投资近80亿元，提前完成了"一年围海、两年造陆、三年成港"的建设任务。中心渔港已完成10km$^2$防波堤修筑，吹填2080万m$^2$，形成海域3.5km$^2$土地；陆域建成27km主干道路路网及沿线排水管线，三横六纵主干道路路网基本形成，10km$^2$区域达到三通一平，燃气、通信等配套设施同步推进。作为天津市发展海洋经济和港口物流的重要载体，天津市滨海新区中心渔港项目正在有条不紊地建设中。其中，5000吨级码头位于中心渔港海域作业港区，是以水产品、钢材、建材等清洁物流为主的专业货运码头。相邻的北方游艇产业中心作为渔港休闲港湾区，规划800多个泊位，其中包括中国首个长度超过100m的超级游艇码头，共同组成北方水产品集散中心和游艇产业中心。预计到

2020 年,通过 5 年深度开发,城市载体功能将基本完善,将实现形成环渤海地区最大的集海产品集散加工、渔业研发制造、休闲旅游于一体的现代化“渔港新城”规划目标。

天津海域处于渤海湾的西岸,湾内动力以潮流为主,近岸含沙量易受风浪影响,水下地形坡度较缓,为典型的淤泥质海岸。该渔港工程位于蓟运河口以北淤泥质浅滩上,港区水域面积较大,进港航道相对较长,在中心渔港防波堤建设和航道开挖后,改变了海区原有的水流泥沙冲淤平衡体系,港池航道泥沙回淤特征和滩面地形冲淤变化及对防波堤的安全影响等是本港需关心的重要问题。为此,在其港池和航道开展泥沙回淤监测,包括航道地形、回淤物取样和回淤物密度垂向分布测量等,通过分析这些实测资料来掌握航道的泥沙回淤特征,并确定适合于中心渔港的航道维护方量计算方式,为科学、合理地安排航道维护疏浚提供依据,进而为企业节约维护疏浚费用;缺少计方标准则难以判断港口淤积轻重,也难以给出港方和维护方认可的统一维护方量,而计方标准又与港口的水动力环境和泥沙条件有关,本次拟通过泥沙回淤规律研究、室内试验、现场柱状取样、密度计测量等多种手段来综合确定适合中心渔港维护计方标准;开展边滩局部地形冲淤演变分析和底质分布变化等研究,包括:现场勘查、港池/航道泥沙回淤特征分析、海区滩面底质和地形冲淤变化研究、泥沙静水沉降特性、密度计和柱状样测量与确定维护疏浚计方标准以及维护疏浚计划安排的建议等。

研究还通过几何比尺为 1:10 的断面物理模型试验,分析了植被布置方式、种植排数、淹没水深、种树位置以及不同护面块体形式等工况下,护岸植被的消波效果与相互影响,得出以下主要结论:

(1)试验表明护岸植被对波浪有一定的消减作用,可减小波浪对护面结构的直接冲击,并降低越浪量,且护岸植被并未对护面块体的稳定性产生不利影响。另外,植被的消波效果只对一定范围内的波浪有效,当入射波高大于某一值时植被的消波效果是逐渐减弱的。

(2)就植被的消波效果而言,矩形布置方案略好于梅花形布置方案;树木种植排数越多消波作用越大;半淹没时的消波效果略好于全淹没状态;斜坡种树方案好于肩台和堤顶种树方案;植被对于改善消能较差的护面块体的消波效果更明显。

(3)结合天津中心渔港东导堤护岸结构,综合上述结论,对于护岸植被的消波效果,当植被处于护岸斜坡位置且入射波浪的破碎带位于植被的上部枝叶部分时消浪效果是最优的,另外当种植的宽度越长,植被的消波效果越好。

同时,研究中还基于常规计算方法、有限元数值模拟、室内土工离心机试验、现场观测,研究了航道疏浚对防波堤的影响,确定了航道疏浚范围;同时,对波浪循环荷载作用下,防波堤—地基土体的整体抗滑稳定进行了研究。包括:软基抛石防波堤稳定计算方法研究,采用 GEO-STUDIO 软件对本书依托工程航道疏浚距离挡沙堤堤脚不同宽度范围内中心渔港挡沙堤的整体抗滑稳定性进行计算和分析;软基抛石防波堤稳定性影响有限元数值分析,采用 ABAQUS 大型有限元分析软件,研究了波浪—防波堤—地基基础相互作用下,防波堤的整体抗滑问题,提出航道疏浚的合理范围;软基抛石防波堤土工离心机模型试验和挡沙堤现场观测数据分析,分析了挡沙堤沉降和水平位移变化规律,提出了航道疏浚后,挡沙堤水平位移变化控制条件。

# 第2章　港口水动力条件概况

## 2.1　气　　象

### 2.1.1　风况

春秋季多偏南风,夏季多偏东风,冬季多北至西北风,最大风力7～8级,一般2～5级。风玫瑰如图2.1所示,常风向SW,频率9.9%,次常风向SE,频率8.44%,强风向NW,该风向6～7级风出现频率为0.29%。

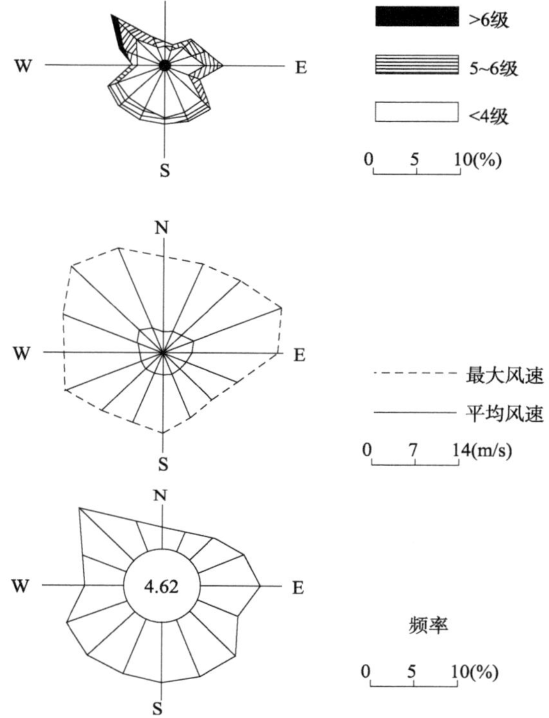


图2.1　塘沽沿海历年全年风玫瑰图

### 2.1.2 气温及降水

年平均气温12℃,平均最高气温16.1℃,平均最低气温8.7℃,极端最高气温39.9℃,极端最低气温-18.3℃。冬季,12月平均气温-1.2℃,1月平均气温-4.3℃,2月平均气温-1.7℃。

多年平均降雨量602.9mm,多年最小降雨量278.4mm,多年最大降雨量1083.5mm,最大日降雨量191.5mm。每年降水多集中在7~8月,占全年的62.8%;每年4~10月份为主要降水月份,占全年95.1%。

## 2.2 潮汐特征

天津中心渔港工程周边缺少长期连续的潮汐观测资料,关于该水域的潮汐特征可以参考天津港潮汐分析结果。根据中交一航院和国家海洋信息中心依据1952年1月~2005年12月实测资料编写的《天津港东疆港区波浪、潮流及风暴潮增水分析报告》(2006年8月),可知天津港潮汐特征如下:

(1)潮汐类型

本工程海域为不规则半日潮(R = HK1 + H01/HM2 = 0.58)。每个潮汐日有两次高潮和两次低潮,两次高潮高度相差不大,但两次低潮的高度相差较明显。

(2)潮差

平均潮差为:2.28m。

平均小潮差为:1.92m。

平均大潮差为:2.57m。

最大潮差为:4.31m。

(3)潮位

平均高潮位为:3.75m。

平均低潮位为:1.47m。

平均高高潮位为:3.86m。

平均低低潮位为:0.96m。

平均涨潮历时:5小时36分。

平均落潮历时:6小时48分。

最高天文潮位:4.41m。

最低天文潮位:-0.36m。

设计高潮位:4.26m。

设计低潮位:0.74m。

(4)平均海平面

根据近10年(1996—2005)资料计算天津港工程海域的平均海平面为2.41m(以当地理论最低潮位为基准面)。当地的平均海平面、水尺零点、理论最低潮面和国家85高程基准的关系如图2.2所示。

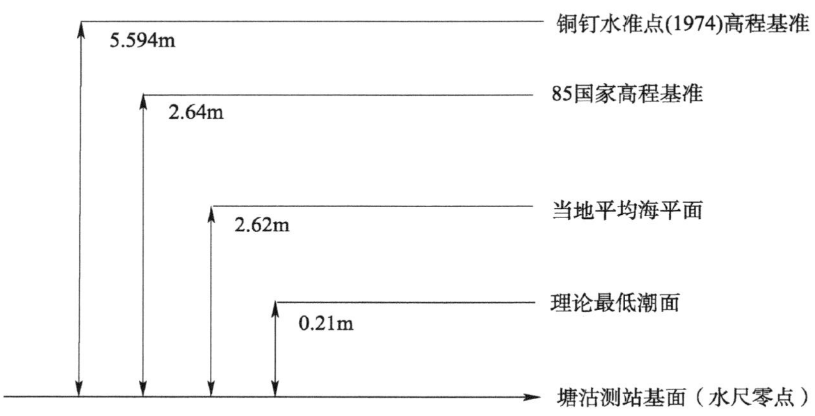


图2.2 天津港基面和高程关系

## 2.3 波浪特征

波浪特征的分析主要依据新港灯塔站(测波站)的资料。该站位于海河口外海海图10m等深线附近(北纬38°56′,东经117°59′,在工程区东南约20km)。根据该站1983年5月~1984年5月风浪资料的统计结果得到天津港海区波浪相对较弱,波浪以风浪为主,频率为68.4%,混合浪为辅,频率为31.0%,纯涌浪频率很小,仅为0.6%。年常浪向为S向,频率为10.6%,次常浪向为SSE、SE和NW向,频率分别为8.9%、8.4%和8.4%;强浪向为NNW向,次强浪向为NW、E及ENE向。各级波高的分布率为,0~0.9m占84.0%;1.0~1.4m占10.7%;1.5~1.9m占5.0%;≥2.0m的波浪出现频率为0.3%。

就中心渔港的地理位置而言,由于NW、NNW向是离岸向,对港区作用不大,而ENE、E向的波浪虽比较大,但是由于中心渔港位于湾顶,风距小,对该区作用也不大,因此,本港区的不利浪向为SE向(各季波况见图2.3)。

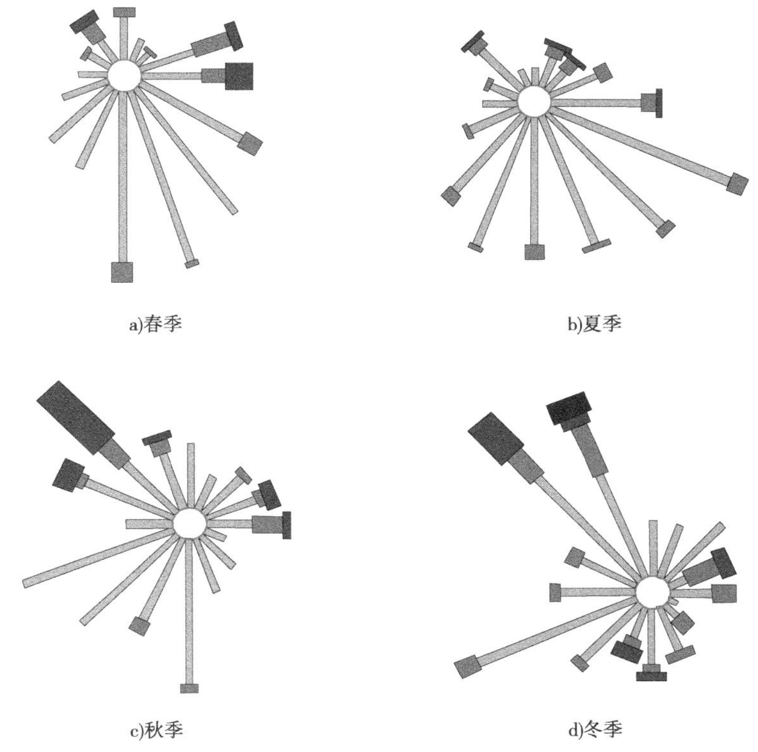


图2.3　天津港海区各季波浪玫瑰图

# 2.4　潮流特征

## 2.4.1　大范围流场分布特征

2007年8月，天津水运工程勘察设计院在本工程海域进行了多点全潮水文泥沙同步观测。另对验潮点进行大、小潮期间潮位观测。潮流、潮位观测点见图2.4，其中潮流测点9个，潮位测点3个。

由实测资料可知，本区基本为往复流型，涨潮主流向NW（向岸），落潮主流向SE（离岸），潮流流速随水深增大而增大，涨潮流速略大于落潮流速。最大实测流速为0.77m/s，出现在大潮9号测点表层位置，该海域大、中、小潮垂线平均流速统计结果见表2.1。

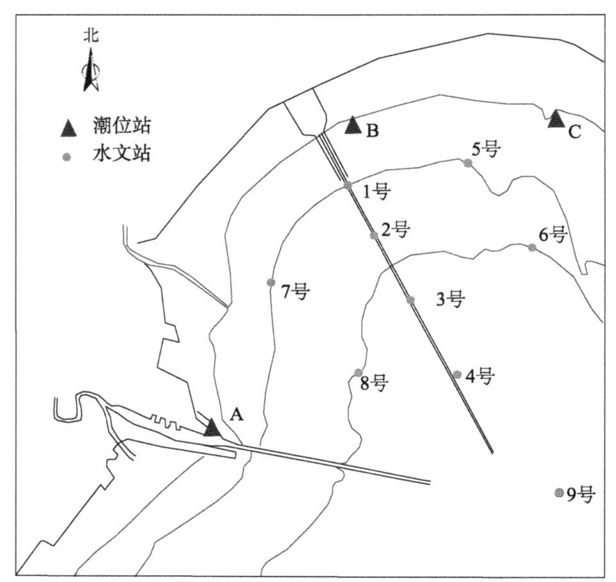


图 2.4　工程海域全潮观测测站布置示意图

**工程海域实测垂线平均流速统计结果**　　表 2.1

| 项　目 | 大　潮 | | 中　潮 | | 小　潮 | |
|---|---|---|---|---|---|---|
| | 流速(m/s) | 流向(°) | 流速(m/s) | 流向(°) | 流速(m/s) | 流向(°) |
| 涨潮平均 | 0.35 | 305 | 0.29 | 284 | 0.23 | 281 |
| 落潮平均 | 0.27 | 148 | 0.25 | 145 | 0.20 | 140 |
| 涨潮最大 | 0.61 | 336 | 0.56 | 341 | 0.45 | 345 |
| 落潮最大 | 0.43 | 193 | 0.42 | 179 | 0.38 | 179 |

## 2.4.2　港内流场分布

天津中心渔港内没有实测水文资料,因此采用数学模型进行计算,并采用大范围的水文资料进行验证。平面二维潮流计算采用 Mike21 系列软件中的三角形网格水动力模块(FM 模块)。

为拟合复杂岸线和航道、堤线等细致建筑物边界,潮流数学模型中采用无结构三角形网格对计算域进行剖分,并采用大范围与局部模型嵌套方式进行计算,以消除模型范围过小带来的边界传入误差。大范围包含整个渤海湾海域,小模型计算范围北起渤海湾湾顶,南至独流减河口以南 11km 处,东西长约 67km,南北向约 69km。局部模型所需的潮位边界数值可由大范围模型提供。图 2.5 示意了大范围和局部模型的网格剖分情况,其中用以最终模拟工程方案的局部模型共 17547 个网格,其中最小网格空间步长达到20m,能够保证充足的网格分辨率。

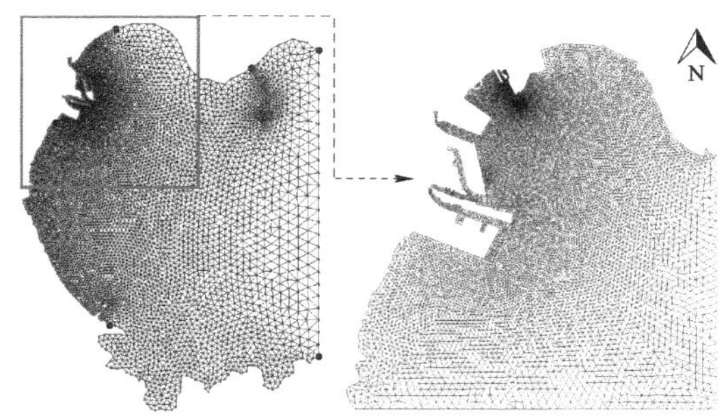


图2.5　大、小范围模型网格剖分示意图

利用验证好的二维潮流数学对天津中心渔港的流场进行了模拟,其中,大潮、小潮时的涨急和落急潮流场如图2.6～图2.13所示。计算结果表明,无论在大潮、中潮还是小潮情况下,港内流态基本相似。作业区和休闲区水域平面布局均呈狭长状,涨潮时,水体从防波堤口门进入后,顺航道流动,涨落潮水流基本比较平顺;在游艇城口门和港内最狭窄部位流速较大,涨潮流速大于落潮流速,大小潮情况下,游艇港池内最大流速分别约为0.4m/s和0.2m/s,游艇码头所在水域位于整个游艇港的最内端,流速较小,基本在0.10m/s以下;作业区内流速一般小于0.1m/s,同时受防波堤掩护该区波浪作用也较小,即作业区水动力很弱,则随涨潮进入的泥沙容易在该区域落淤,而落潮流又不足以掀起并冲刷该区域的落淤泥沙,因此该区域的泥沙淤积相对会较严重。

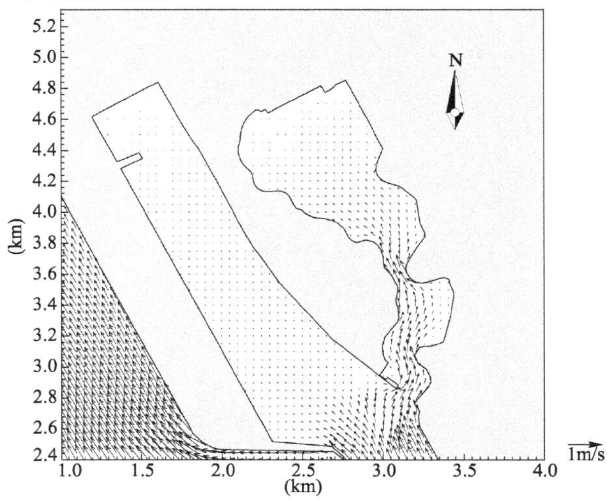


图2.6　工程后大潮涨急流场图

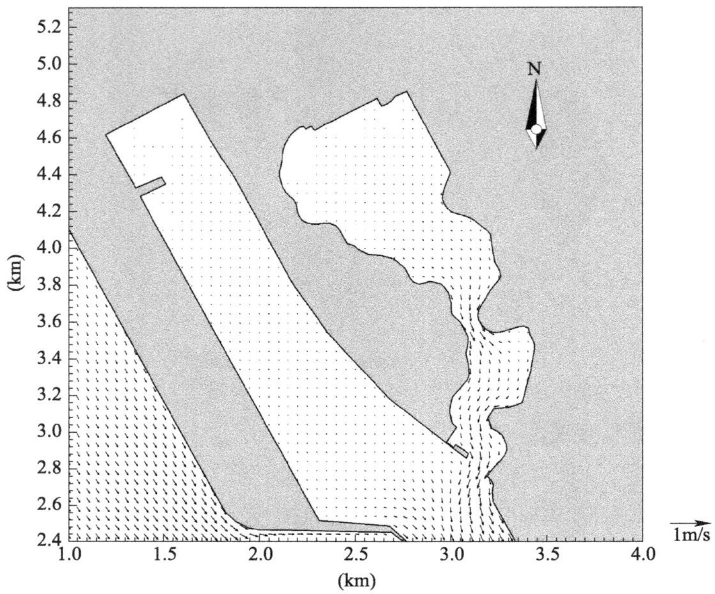


图 2.7　工程后大潮落急流场图

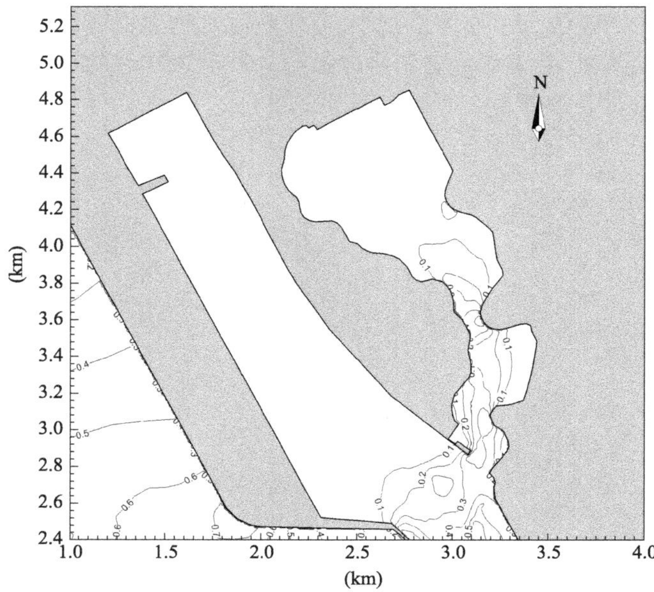


图 2.8　工程后大潮涨急流速等值线

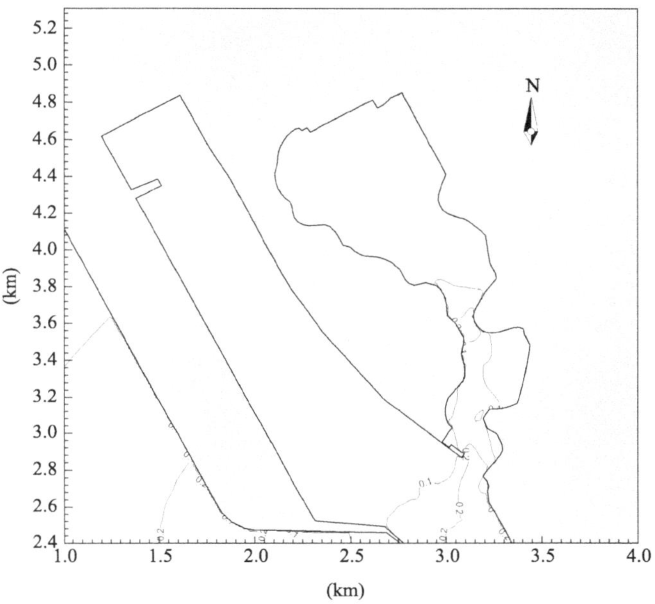


图2.9　工程后大潮落急流速等值线

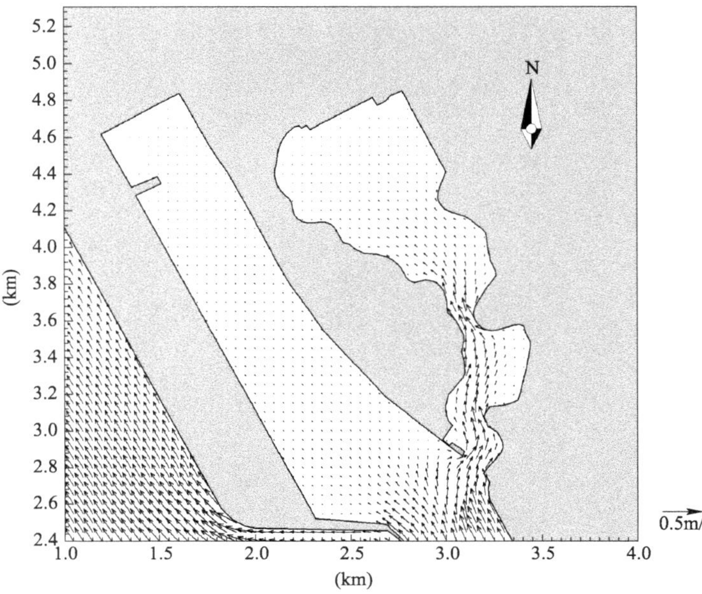


图2.10　工程后小潮涨急流场图

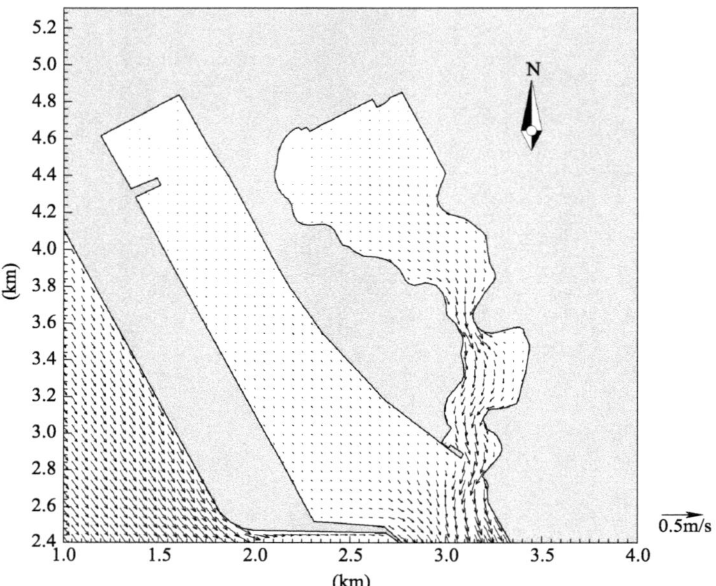


图 2.11　工程后小潮落急流场图

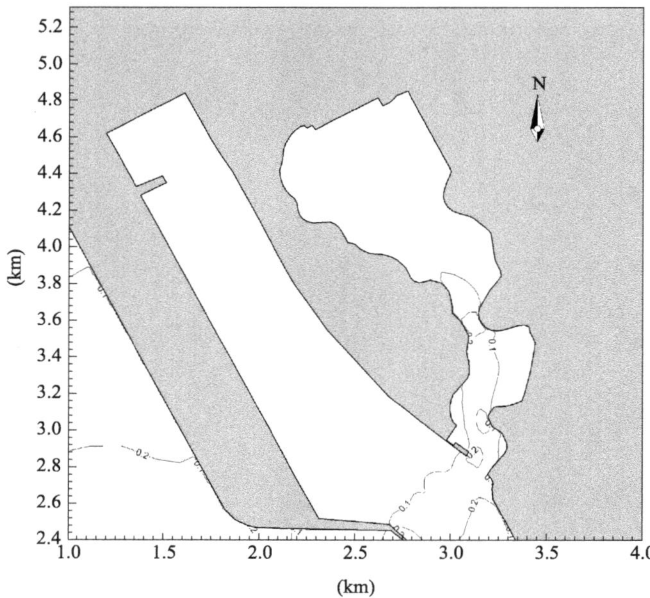


图 2.12　工程后小潮涨急流速等值线

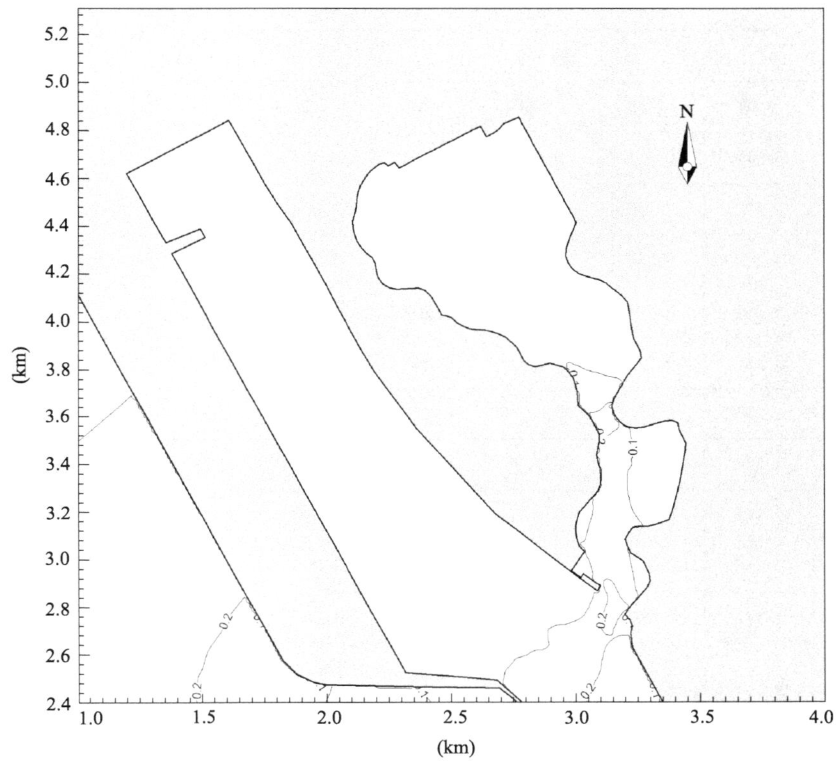


图2.13 工程后小潮落急流速等值线

## 2.5 含沙量特征

### 2.5.1 工程水域实测结果

依据2007年8月水文测验得到的悬移质含沙量观测资料进行统计，各测站垂线平均含沙量统计见表2.2。分析表中数据可知，含沙量存在如下特征：

(1)实测含沙量最大值0.49kg/m$^3$，出现在5号测站的底层。由实测各分层资料计算得到的垂线平均含沙量在0.08～0.35kg/m$^3$之间。

(2)本海区含沙量呈现随水深减小而增大的趋势。

(3)涨潮含沙量大于落潮含沙量。

(4)含沙量在垂线分布上，呈现自表层至底层含沙量逐渐增大的分布规律。

各测站潮段垂线平均含沙量统计表(单位:$kg/m^3$) 表2.2

| 站名 | 涨潮 | | | | 落潮 | | | |
|---|---|---|---|---|---|---|---|---|
| | 大潮 | 中潮 | 小潮 | 平均 | 大潮 | 中潮 | 小潮 | 平均 |
| 1号 | 0.342 | 0.313 | 0.151 | 0.269 | 0.321 | 0.334 | 0.107 | 0.254 |
| 2号 | 0.322 | 0.305 | 0.129 | 0.252 | 0.304 | 0.299 | 0.118 | 0.240 |
| 3号 | 0.267 | 0.253 | 0.105 | 0.208 | 0.248 | 0.248 | 0.102 | 0.199 |
| 4号 | 0.261 | 0.240 | 0.108 | 0.203 | 0.247 | 0.232 | 0.100 | 0.193 |
| 5号 | 0.324 | 0.288 | 0.130 | 0.247 | 0.302 | 0.265 | 0.140 | 0.236 |
| 6号 | 0.277 | 0.265 | 0.147 | 0.230 | 0.292 | 0.255 | 0.077 | 0.208 |
| 7号 | 0.349 | 0.288 | 0.122 | 0.253 | 0.318 | 0.287 | 0.132 | 0.246 |
| 8号 | 0.318 | 0.247 | 0.096 | 0.220 | 0.308 | 0.238 | 0.133 | 0.226 |
| 9号 | 0.216 | 0.188 | 0.092 | 0.165 | 0.216 | 0.191 | 0.097 | 0.168 |
| 平均 | 0.297 | 0.265 | 0.120 | 0.228 | 0.284 | 0.261 | 0.112 | 0.219 |

### 2.5.2 邻近水域情况

综合以往天津港研究成果分析,天津海域的整体含沙量分布具有以下几方面特征,前文2.5.1节所描述特征也基本符合,因此也可作为相关研究的参考依据:

(1)各测点含沙量呈现为涨潮略大于落潮的特点,正常天气下的实测平均含沙量相对较小,涨落潮平均含沙量为0.07~0.09$kg/m^3$;个别垂向分层受局部扰动会有较大变化。

(2)海域的水体含沙量呈内大外小的分布规律,近岸最高,向外侧随着水深的不断增加而逐渐减小的特点。

(3)口门外海域含沙量的横向分布是,航道南大于航道北;

(4)天津港海域水体含沙量的高低随季节性的变化比较明显。冬春两季的含沙量为全年最高,而夏秋两季的水体含沙量偏低,这是因为冬、春两季的大波出现频率明显多于夏、秋两季。可见波浪掀沙潮流输沙是造成泥沙输移和港口航道淤积的重要原因。

另外,通过对卫星遥感资料进行RGB彩色合成图像的定性分析和悬沙浓度的定量分析,获得了不同时期、不同风况下天津港海域悬沙分布情况(以下含沙量均指海域悬沙表层含沙量)。图2.14分别选取了其中两幅不同时期的悬沙分布图,分别为北大围埝和临港工业区围埝前、后的悬沙分布。

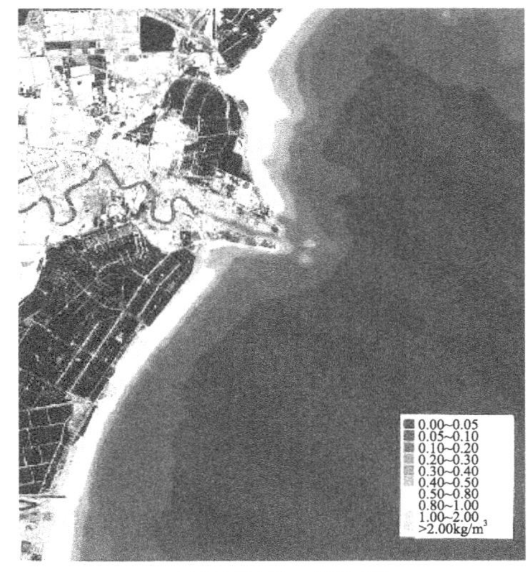

a)1993年5月、4级SE风

b)2005年4月、4级WSW风

图2.14　悬沙分布遥感影像

由悬沙遥感分布图中可以看出,天津港海域的悬沙具有明显的区域性分布特征。

(1)纵向上看(由岸至海),就整个海域而言,不论潮型、风况等因素如何不同,该海域含沙量均呈现从近岸至外海递减的特点。相对较高的含沙区域主要集中在$-2$m等深线至岸边,其平均含沙量为0.3~0.8kg/m³,最大可达2kg/m³以上。$-2$~$-5$m等深线之间的水域含沙量一般为0.1~0.2kg/m³,最大可达0.4kg/m³。在$-5$m等深线以外基本为低含沙区,含沙量一般小于0.1kg/m³。

(2)横向上看(沿岸线走向),以天津港为分界线,近岸海域可分为南、北两部分海区。天津港及航道基本阻断了近岸的高含沙带,受防波堤及港域陆地的掩护,港区水域含沙量呈现较低状态,一般仅为0~0.1kg/m³。就北部近岸海区而言,含沙量分布具有从蓟运河口向南北两侧逐渐递减的趋势。该水域含沙量一般为0.3~0.8kg/m³,在河口区最大可达2.0kg/m³以上。对于天津港以南海区,含沙量的大小及分布范围总体呈现自北向南有所增大的特点,至独流减河口基本达到最大。含沙量一般为0.3~0.2kg/m³,在风浪大时,近岸大部分水域出现2.0kg/m³以上的含沙量。

### 2.5.3 不同风况条件悬沙的分布特征

发生高含沙的水域主要位于近岸浅滩,而这些水域又以波浪动力作用为主,泥沙被波浪掀起后随水流输移。首先,当风向不同时,其近岸含沙量也有所不同,主要表现为偏 E 向的向岸风近岸的含沙量相对较高,而顺岸(偏南或偏北向)、离岸(偏西向)风近岸含沙量相对较小。如为偏东向风,近岸含沙量可达 1.0kg/m³ 以上,而顺岸或离岸风时,近岸含沙量一般小于 0.4kg/m³。其次,风速也是影响海域含沙量大小和分布的重要因素,且总体上呈现随风速增大而增大的趋势。

### 2.5.4 不同时期悬沙的分布特征

这里主要分两个时期进行对比分析,一是 1987—2004 年北大围埝和临港工业区围埝兴建前,二是 2004 年至今两个近岸工程实施后。

工程兴建前,天津港口门及外航道泥沙主要来自南、北两侧的河口浅滩。如前文图 1.2 就较明显地反映出了蓟运河口及其南侧浅滩悬浮的较高浓度悬沙随落潮流进进入天津港航道的状况。在工程兴建前,天津港口门附近水域8 +0 ~ 10 +0km 段的风天平均含沙量在 0.3kg/m³。当南疆港区向东扩展后,在一定程度上控制了海河口泥沙直接在近岸以较高浓度进入天津港口门及航道。

临港工业区围埝兴建后,大大改善了海河口附近水域的泥沙环境,使该水域含沙量降为较低状态,从而减弱了对天津港的影响,北大围埝的兴建在一定程度上减少了蓟运河口及南侧浅滩对港区原口门的直接作用,8 +0 ~ 10 +0km 段的风天平均含沙量基本降至 0.2kg/m³ 以下。

### 2.5.5 悬沙运动特征

由悬沙的分布特点不难看出,天津海域悬沙浓度近岸大、外海小的分布主要与其所受的动力条件有关。该海域近岸多河口、浅滩,水深相对较小,且底质泥沙粒径较细,在一定的风浪条件下易于悬浮,形成较高含沙量,并随落潮流作用向外海扩散,这也就是通常所说的"波浪掀沙、潮流输沙"。而在外海水域,水深相对较大,波浪作用相对较小,主要以潮流动力为主,泥沙主要来自渤海湾近岸浅滩水域,悬沙随潮流漂移,含量相对较小。

从悬沙运移对天津港的影响看,其港池及航道的淤积泥沙来源主要与本海域的岸线走向以及潮流运动方向有关。从天津港航道南北两侧岸线走向看,北侧(蓟运河口以南)呈 SSE 走向,南侧(海河口 ~ 独流减河口)呈 SW 走向。根据流速实测

统计，该海区潮流基本属于往复流性质，涨潮呈 NW 向，落潮呈 SE 向。在近岸围埝工程兴建以前，航道北侧近岸水域，较高浓度的泥沙在 SE 向落潮流作用下沿岸下泄，直接进入口门及航道形成淤积。在涨潮过程中，近岸下泄泥沙和外海泥沙在涨潮流作用下，进入港池造成港内淤积。以上悬沙随涨落潮流的运移特点也就构成了天津港港池及航道淤积的主要原因。

近岸围垦工程的兴建减小了近岸（尤其是港口南、北两侧）浅滩的范围，使该水域波浪作用下悬浮泥沙量减少，同时也在一定程度上阻隔了围垦以外泥沙向港口的运移，总体上改善了天津港海区的泥沙环境，使近岸直接进入港区的泥沙减少。

### 2.5.6　大风天水体含沙量经验公式

天津所辖海域，特别是海河口及周边沿海潮汐水流含沙量在时间变化上，以每年 4、5 月份浓度最大，冬季最小，这与本区风浪季节分布特点（春季风频率相对较大）关系密切，天津沿海近岸水深相对较浅，故对风的敏感度较强，风浪大则含沙量就大，反之就小。大风天水体含沙的观测很困难，在研究天津港泥沙问题时，总结出了利用风力推算不同风级下水体含沙量的经验计算式，如下：

$$S=\frac{4.25}{h}\lg\left(\frac{W}{3.4}\right) \tag{2.1}$$

式中：$S$——不同风级下的平均含沙量（$kg/m^3$）；

$h$——水深（m）；

$W$——不同风级的平均风速（m/s）。

用上式计算，本区在 6 级以上的大风浪作用下水体含沙量骤增，平均约增加十倍以上。因此看来本区水体含沙量的大小主要是与风浪掀沙密切相关，即大风浪冲刷岸滩（不利方向为 ENE 向）掀起大量泥沙悬浮水中，在涨、落潮流的挟带下沿程输移沉积。

上述这些因素，均可为天津中心渔港悬沙运动特征分析提供参考依据，以供本书研究所用。

## 2.6　泥沙水力特性

泥沙水力特性主要包括泥沙起动流速、不淤流速和沉降速度等，各项特征值均由环形水槽试验确定。

### 2.6.1 泥沙起动流速

细颗粒泥沙的起动流速,是根据床面上原来处于静止状态的泥沙到泥沙运动状态的变化过程来确定。床面上原来处于静止状态的泥沙,当水流强度逐渐增大到某一极值时,则开始运动悬扬,此时临界水流条件称之为泥沙的起动流速,工程上称为冲刷流速。对于有黏性的细颗粒泥沙而言,泥沙的起动流速就是扬动流速,也就是泥沙在一定水流条件下,只要离开床面就直接悬浮于水体中。起动流速是泥沙基本水力特性之一,是反映泥沙运动的重要参数,由于它标志着床面冲刷的起点,因而在整治工程中具有重要意义。根据天津港的泥沙环形水槽试验得出,本区泥沙临界起动流速为0.20m/s,中值粒径 $d_{50}$ 起动流速为0.40m/s。从本区实测潮流流速来看,无论是大小潮,其流速值小于此值,说明潮流作用较弱。

### 2.6.2 泥沙不淤流速

不淤流速相当于挟带饱和含沙量的水体速度。当水流速度增大,泥沙就从床面上起动悬移,水体中的含沙量也就增大。反之悬浮泥沙就会下沉而落淤在床面上,水体中含沙量也就随之减小。由以往研究,经试验确定本区泥沙的不淤流速为0.56m/s。

### 2.6.3 泥沙沉降速度

细颗粒泥沙在海水中的絮凝沉降速度是与泥沙粒径、含沙量、含盐量、水流速度、水深等多种因素有关的复杂问题。特别是动水沉速至今尚未有十分恰当的理论计算式,因此利用环形水槽可直接取不同水流中含沙量随时间变化的过程,从而确定出各时段的泥沙沉降速度。经环槽试验分析,得出各沉降速度值见表2.3。

**泥沙动水沉降速度**(单位:mm/s) 表2.3

| 流速(cm/s) | 含沙量(kg/m$^3$) | | | | |
|---|---|---|---|---|---|
| | 0.1 | 0.2 | 0.4 | 0.8 | 1.6 |
| 0 | 0.045 | 0.049 | 0.063 | 0.077 | 0.099 |
| 15 | 0.039 | 0.044 | 0.053 | 0.060 | 0.084 |
| 30 | 0.025 | 0.033 | 0.036 | 0.043 | 0.064 |
| 46 | 0.011 | 0.015 | 0.020 | 0.28 | 0.034 |
| 50 | | | 0.010 | 0.013 | 0.015 |

由表2.3可见,泥沙动水沉降速度的变化特征:一是水流速度越小,沉降速度越大,反之水流速度越大,则沉降速度越小,即水流速度与沉降速度成反比;二是水体含沙量越大,沉降速度越大,反之,含沙量越小,则沉降速度越小,即含沙量与沉降速度成正比。

从本海区的流速来看,平均流速为0.2m/s,此水流动水是掀不起床面泥沙的,只有在大风浪的作用下,才能掀起滩面泥沙,在涨潮流的作用下向河口及近岸运动,在风浪减弱的情况下产生落淤,造成淤积。

# 第3章　泥沙环境和海床稳定性分析

## 3.1　基本特征分析

天津市海岸带大地构造位置处于华北平原断陷的东北部,沉积了巨厚的晚第三纪至第四纪松散沉积。地层分布较有规律,可分为四个工程地质层,各层分别为:淤泥层、淤泥质黏土层、粉质黏土层、黏质粉土层、砂质粉土—粉质黏土层和粉质黏土层。工程海岸为人工堤岸,大神堂至蛏头沽堤岸为石质,局部外加木桩。大神堂至涧河堤岸为土质。地质土层主要包含海相沉积层(由淤泥质黏土、粉土和淤泥质黏土组成)、海陆相过渡土层(粉质黏土混贝壳层)及陆相沉积层(粉质黏土与粉土)。本场地覆盖层厚度大于200m,依照《建筑抗震设计规范》(GB 50011—2010),场地土类型为软弱土,建筑场地类别为Ⅳ类。根据《中国地震动参数区划图》(GB 18306—2015),本区地震峰值加速度为0.20$g$,对应的地震基本烈度为Ⅷ度。

天津海域海岸类型整体为堆积型平原海岸,即典型的粉砂、淤泥质海岸,其特点是岸线平直,地貌类型比较简单,浅滩宽度平坦,岸滩变化动态十分活跃。而工程所在的汉沽区地处渤海湾中部,沿岸为滨海平原区,地势低平,坡度一般在0.3‰~1.6‰之间,海岸线长度约32km。如图3.1中所标注位置,东起涧河西侧至大神堂段为缓慢淤积段,滩面以粉砂、黏土质粉砂为主,滩面宽阔,大神堂至蛏头沽段为冲刷型海岸。按照海岸类型划分,本海区海岸属一级海岸类型,大神堂至南堡海岸属缓慢淤积型海岸,岸滩特征是,浅滩宽(3500~7000m)且平缓(坡降0.41‰~1.41‰),分带现象不明显,龟裂发育;沉积物主要为黏土质粉砂、粉砂;滩面普遍淤积,岸滩大部分向海延伸,滩面淤积速度2~11.5cm/年。在蛏头沽至大神堂岸段,海岸滩面宽度小(3400~3500m),坡度大(坡降1.13‰~1.41‰),冲刷带直抵岸堤,岸堤有冲刷淘蚀现象;沉积物以黏土质粉砂为主,在该岸段的水下岸坡冲淤变化是0m等深线普遍冲刷,冲刷速度为12~56cm/年,-2.0m线则淤积较快,-5.0m以外则淤积缓慢。

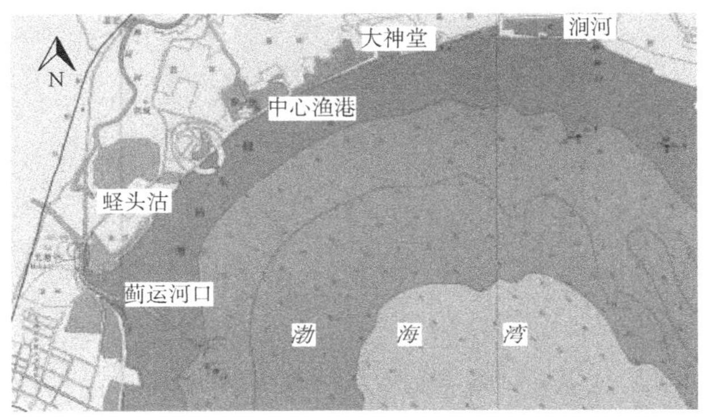

图3.1 工程所在海域海岸实景

该渔港工程所在海岸处于渤海湾西北湾(图3.1),邻近蓟运河口两侧的大片海域,该区海岸带由松软沉积物组成,河口外侧是广阔的潮间淤泥质浅滩带。蓟运河口南侧至天津新港,0m等深线至堤岸间滩面宽度约3.5km,无明显突滩,该区滩面地势向北倾斜;东西方向上,0~5m等深线内海床平坦,滩面中值粒径0.0035~0.012mm,该区在海河建闸前一直为淤积状态,而建闸后以及天津港南、北防波堤的修建,南侧岸滩由普遍淤积变为整体呈现南侧淤积、北侧冲刷形态。河口以北岸滩为SW-NE走向,除靠近河口处岸滩明显突出外,其余均较为平直,0m至堤岸滩面宽度同样为3.5km,滩面中值粒径为0.005~0.01m。由于受风浪作用及涨、落潮影响,北侧岸滩普遍受到侵蚀,河口至汉沽大神堂段,中潮位以上岸滩受到冲刷,等深线后退,滩面宽度缩小,该区冲刷的泥沙为河口区在涨潮时含沙量沿程增加提供了丰富的沙源。通过对蓟运河河口历年水深图的比较来看,自1957—1969年一直处于处刷状态,尤其是-2m等深线(理基)年均退蚀速度达84m;1969—1975年,-2m等深线以内仍在冲刷,冲刷深度在1~1.5m,与1971年永定新河开挖增加河口纳潮量有关,-2~-4m等深线之间略有淤积;1975年后又恢复到1969年状态。滩顶外侧始终处于冲刷状态,致使滩顶位置在20年内上移了1km。河口靠外海的拦门沙浅滩多年来略有冲刷,幅度不大(外坡冲深0.5m左右),而滩顶内侧淤积,向河口方向推进约1.5km。

## 3.2 边滩底质特征

### 3.2.1 现场取样和成果分析

2011年3月在中心渔港附近近岸边滩进行大范围海底表层沉积物调查工作。在中心渔港两侧共布设5条取样断面,断面间距3km左右,每个断面取样4~5个,取样间距2~3km,共取样24个,测点位置如图3.2所示。取样仪器采用蚌式取泥器(图3.3),所有样品均采用塑料袋密封并标记采样站位。

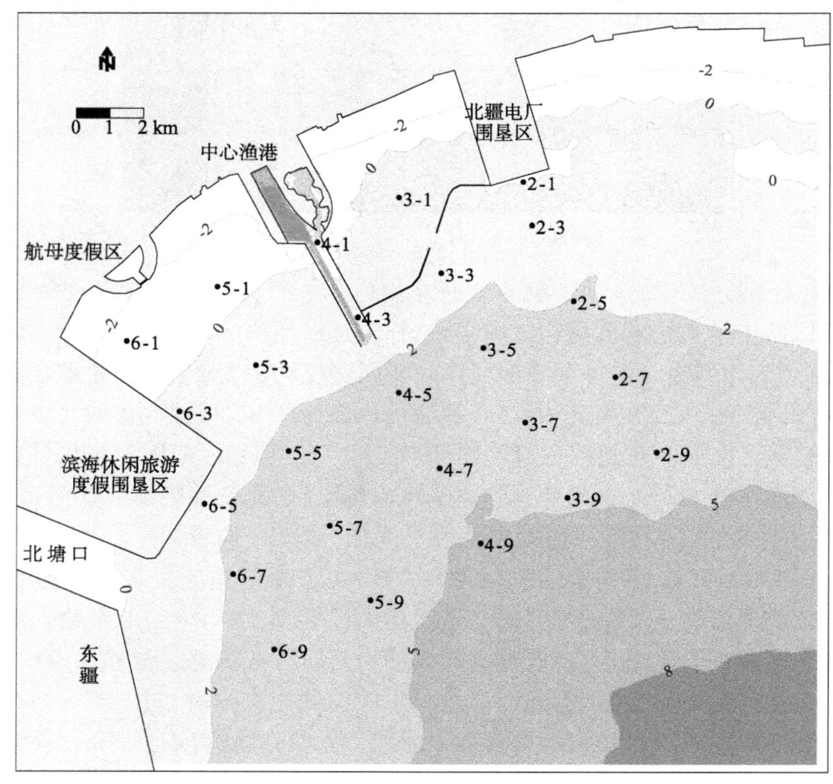


图3.2 中心渔港附近边滩底质调查站位

图3.3　现场底质取样照片

针对采集的泥沙样品，在试验室内开展粒度分析，粒度分析仪器采用美国产Macrotrac S3500激光粒度分析仪（图3.4），沉积物分类定名采用谢帕德分类法，粒度参数计算采用沃克和福德公式，对所有粒度分析成果均整理成报表格式。

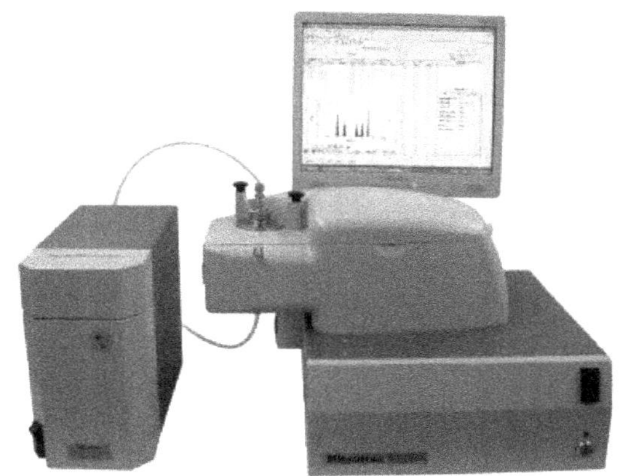

图3.4　Macrotrac S3500激光粒度分析仪

根据2011年3月中心渔港附近边滩24个表层沉积物取样结果（表3.1及图3.5～图3.8），底质类型以黏土质粉砂（16个）为主，其次为砂—粉砂—黏土（5个），粉砂质黏土（2个）和砂质粉砂（1个）分布较少。底质的中值粒径介于0.0028～0.0289mm之间，平均值为0.0073mm。底质中的砂质含量介于5.9%～34.6%之间，平均值为14.1%；粉砂含量介于29.8%～60.3%之间，平均值为48.0%；黏土含量介于16.7%～59.3%之间，平均值为37.9%。分选系数介于0.76～2.48之间，平均值为1.52，分选属中常。

**2011 年 3 月边滩表层沉积物取样成果表** 表 3.1

| 样品号 | 名　　称 | 粒级含量(%) | | | 粒度参数 | | |
|---|---|---|---|---|---|---|---|
| | | 砂 | 粉砂 | 黏土 | 中值粒径 $D_{50}$(mm) | 分选系数 $Q_{d\varphi}$ | 偏态 $S_{k\varphi}$ |
| 2-1 | 砂—粉砂—黏土 STY | 34.6 | 39.3 | 26.1 | 0.0169 | 2.10 | 0.05 |
| 2-3 | 黏土质粉砂 YT | 19.3 | 44.2 | 36.5 | 0.0074 | 2.06 | -0.55 |
| 2-5 | 砂—粉砂—黏土 STY | 22.3 | 49.0 | 28.7 | 0.0085 | 1.99 | -0.71 |
| 2-7 | 粉砂质黏土 TY | 11.4 | 29.8 | 58.8 | 0.0028 | 1.78 | -0.97 |
| 2-9 | 粉砂质黏土 TY | 5.9 | 34.8 | 59.3 | 0.0032 | 0.76 | -0.15 |
| 3-3 | 黏土质粉砂 YT | 14.1 | 55.0 | 30.9 | 0.0087 | 1.34 | 0.10 |
| 3-5 | 黏土质粉砂 YT | 18.4 | 49.0 | 32.6 | 0.0073 | 1.89 | -0.60 |
| 3-7 | 黏土质粉砂 YT | 6.7 | 51.1 | 42.2 | 0.0050 | 1.16 | -0.16 |
| 3-9 | 黏土质粉砂 YT | 7.3 | 50.4 | 42.3 | 0.0050 | 1.18 | -0.24 |
| 4-1 | 砂质粉砂 ST | 23.0 | 60.3 | 16.7 | 0.0289 | 1.59 | 0.52 |
| 4-3 | 黏土质粉砂 YT | 8.0 | 50.7 | 41.3 | 0.0054 | 1.27 | -0.10 |
| 4-5 | 黏土质粉砂 YT | 19.2 | 49.3 | 31.5 | 0.0084 | 1.92 | -0.49 |
| 4-7 | 黏土质粉砂 YT | 6.5 | 53.3 | 40.2 | 0.0051 | 0.96 | 0.01 |
| 4-9 | 砂—粉砂—黏土 STY | 20.5 | 42.5 | 37.0 | 0.0068 | 1.86 | -0.53 |
| 5-1 | 黏土质粉砂 YT | 7.3 | 50.5 | 42.2 | 0.0050 | 1.13 | -0.19 |
| 5-3 | 黏土质粉砂 YT | 8.8 | 50.3 | 40.9 | 0.0062 | 1.56 | 0.00 |
| 5-5 | 黏土质粉砂 YT | 6.8 | 50.4 | 42.8 | 0.0049 | 1.18 | -0.15 |
| 5-7 | 砂—粉砂—黏土 STY | 30.6 | 35.1 | 34.3 | 0.0073 | 2.48 | -1.20 |
| 5-9 | 砂—粉砂—黏土 STY | 23.3 | 37.8 | 38.9 | 0.0060 | 2.13 | -0.98 |
| 6-1 | 黏土质粉砂 YT | 6.7 | 51.1 | 42.2 | 0.0050 | 1.19 | -0.19 |
| 6-3 | 黏土质粉砂 YT | 9.7 | 50.6 | 39.7 | 0.0055 | 1.28 | -0.20 |
| 6-5 | 黏土质粉砂 YT | 8.3 | 56.8 | 34.9 | 0.0060 | 1.01 | -0.01 |
| 6-7 | 黏土质粉砂 YT | 10.1 | 54.3 | 35.6 | 0.0051 | 1.07 | -0.40 |
| 6-9 | 黏土质粉砂 YT | 9.4 | 56.6 | 34.0 | 0.0055 | 1.59 | -0.81 |
| | 平均值 | 14.1 | 48.0 | 37.9 | 0.0073 | 1.52 | -0.33 |

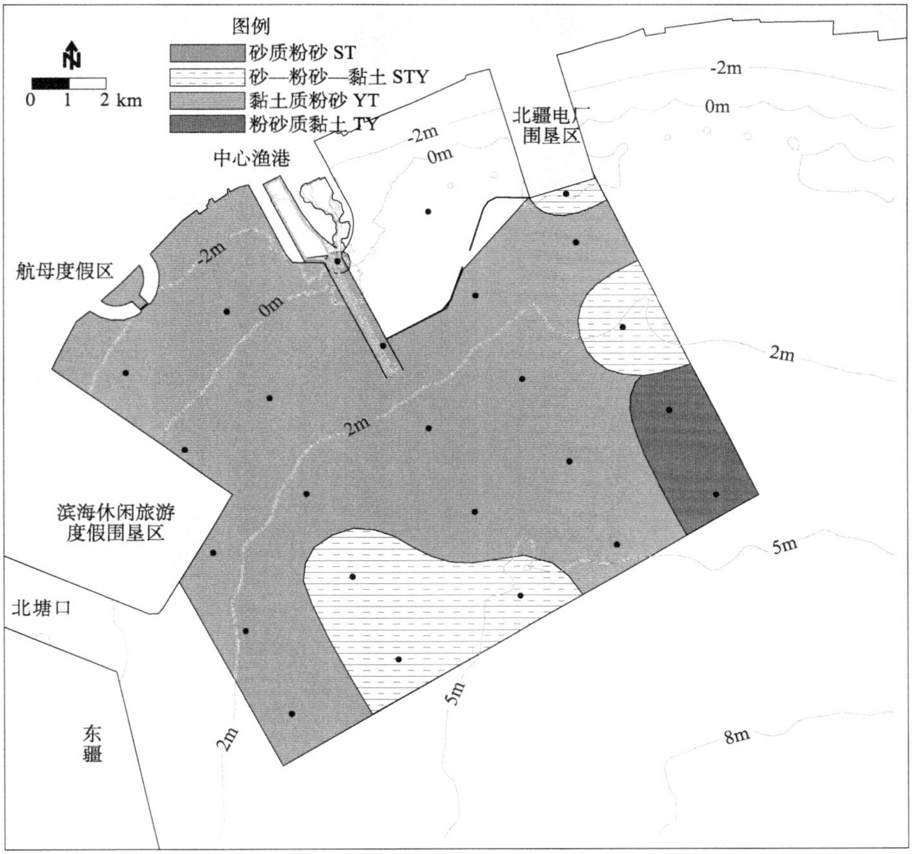

图3.5　中心渔港附近边滩沉积物类型分布图

从边滩沉积物类型分布图(图3.5)可以看出,黏土质粉砂分布范围最广,在中心渔港两侧近岸至深水区广泛分布,砂—粉砂—黏土分布在南部5m等深线及东部2m等深线附近,粉砂质黏土分布在渔港口门东南侧2m和5m等深线之间。唯一一个砂质粉砂样品分布在防波堤内侧边滩上。

沉积物中值粒径(图3.6)以靠近围垦区的4-1及2-1点中值粒径最粗,这与围填区粗颗粒泥沙影响有关,其余区域均在0.01mm以下。沉积物分选系数(图3.7)分布,渔港西侧2m等深线以浅区域分选系数基本小于1.4,分选性好,渔港东侧及南侧水域分选系数基本在1.4~2.2之间,仅在东南角存在小于1.4的块状区域。

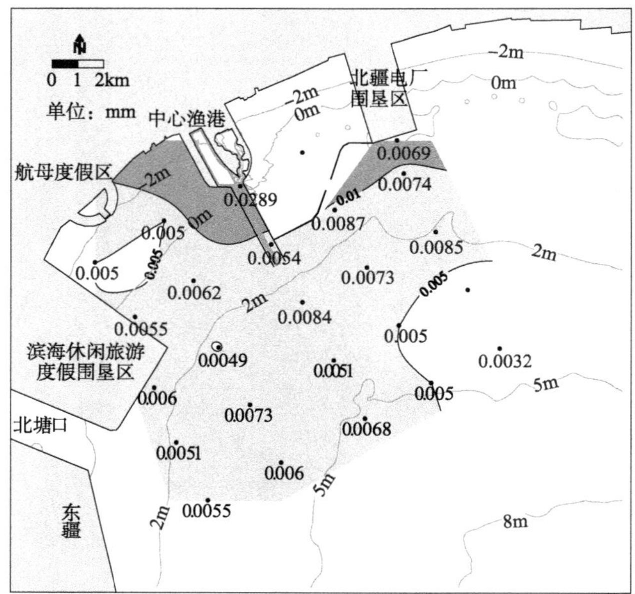


图 3.6　中心渔港附近岸滩沉积物中值粒径等值线图

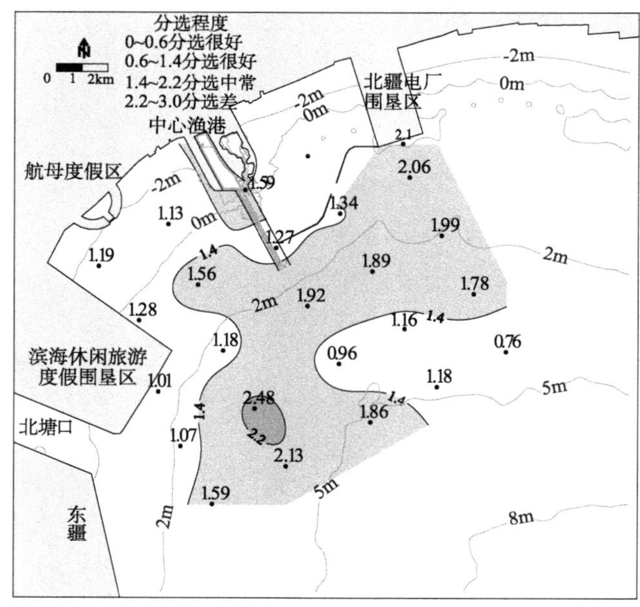


图 3.7　中心渔港附近岸滩沉积物分选系数分布图

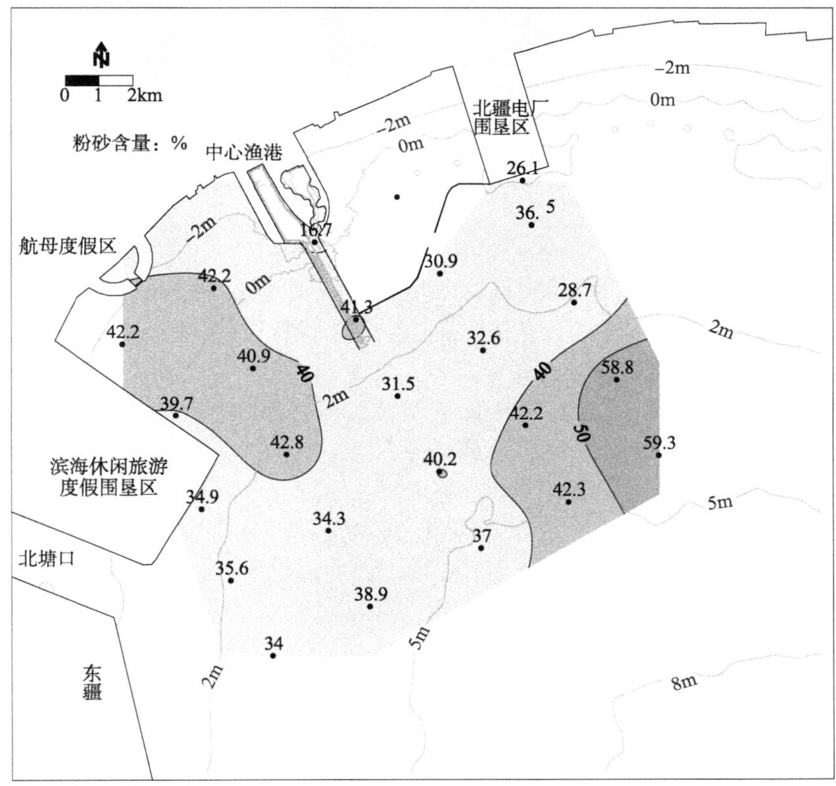


图3.8 中心渔港附近岸滩沉积物黏土含量等值线图

从沉积物黏土含量等值线图(图3.8)可以看出，渔港口门东南侧2m和5m等深线之间超过50%，航母南侧区域含量在40%～50%之间，其余区域基本在30%～40%之间。

### 3.2.2 与以往成果对比

2007年8月在中心渔港附近边滩也曾进行过底质取样，结果表明24个表层样品主要以黏土质粉砂(16个)为主，部分为粉砂质黏土(8个)。沉积物中值粒径介于0.0030～0.0244mm之间，平均值为0.0092mm；分选系数介于1.34～2.77之间，平均值为2.07，分选属中常。沉积物砂质含量介于6.6%～16.4%之间，平均值为9.6%；粉砂含量介于35.4%～55.7%之间，平均值为49.2%；黏土含量介于29.3%～58.0%之间，平均值为41.2%。

与2007年取样结果相比，2011年沉积物平均中值粒径由0.0092mm变为

0.0073mm，砂质平均含量由9.6%变为14.1%，粉砂含量由49.2%变为48.0%，黏土平均含量由41.2%变为37.9%。总体而言，边滩沉积物粒径及粒级含量差异不大，海域的底质泥沙环境没有发生变化。

## 3.3 港池航道回淤物物质组成

2011年11月于中心渔港作业区中部、防波堤内航道中部及口门外航道采集3个柱状样，其中作业区内柱状样取样长度为130cm，防波堤内航道中部取样长度为120cm，口门外航道取样长度为65cm。各个柱状样按照10cm间隔进行分层取样，对所有分层样品均进行粒度分析。

作业区内柱状样取样长度为130cm，防波堤内航道中部取样长度为120cm，口门外航道取样长度为65cm。根据取样结果（表3.2）：作业区内淤积物以黏土质粉砂为主，沉积物中值粒径介于0.0041~0.0145mm之间，平均值为0.0082mm，黏土含量介于30.4%~48.3%之间，平均值为38.0%；口门内航道段淤积物以黏土质粉砂为主，沉积物中值粒径介于0.0058~0.0293mm之间，平均值为0.0161mm，黏土含量介于21.1%~45.0%之间，平均值为28.3%；口门外淤积物以黏土质粉砂和粉砂为主，沉积物中值粒径介于0.0132~0.0326mm之间，平均值为0.0235mm，黏土含量介于10.8%~29.2%之间，平均值为20.50%。

**中心渔港柱状样粒度分析成果表** 表3.2

| 区域 | 样品号 | 深度(cm) | 名称 | 粒级含量(%) | | | 粒度参数 | | |
|---|---|---|---|---|---|---|---|---|---|
| | | | | 砂 | 粉砂 | 黏土 | 中值粒径 $D_{50}$(mm) | 分选系数 $Q_{d\varphi}$ | 偏态 $S_{k\varphi}$ |
| 作业区 | Y3-1 | 125 | 黏土质粉砂 YT | 14.2 | 53.2 | 32.6 | 0.0105 | 1.88 | -0.03 |
| | Y3-2 | 115 | 黏土质粉砂 YT | 13.5 | 54.7 | 31.8 | 0.0110 | 1.82 | 0.01 |
| | Y3-3 | 105 | 黏土质粉砂 YT | 15.9 | 52.6 | 31.5 | 0.0119 | 1.94 | 0.00 |
| | Y3-4 | 95 | 黏土质粉砂 YT | 19.5 | 50.1 | 30.4 | 0.0112 | 2.00 | -0.23 |
| | Y3-5 | 85 | 砂—粉砂—黏土 STY | 20.3 | 49.2 | 30.5 | 0.0145 | 2.04 | 0.14 |
| | Y3-6 | 75 | 黏土质粉砂 YT | 14.2 | 51.1 | 34.7 | 0.0084 | 1.84 | -0.30 |
| | Y3-7 | 65 | 黏土质粉砂 YT | 13.2 | 45.7 | 41.1 | 0.0058 | 1.86 | -0.59 |
| | Y3-8 | 55 | 粉砂质黏土 TY | 11.0 | 42.6 | 46.4 | 0.0045 | 1.46 | -0.49 |
| | Y3-9 | 45 | 粉砂质黏土 TY | 12.1 | 41.2 | 46.7 | 0.0043 | 1.67 | -0.77 |
| | Y3-10 | 35 | 黏土质粉砂 YT | 10.2 | 47.3 | 42.5 | 0.0054 | 1.55 | -0.38 |
| | Y3-11 | 25 | 黏土质粉砂 YT | 11.8 | 52.8 | 35.4 | 0.0088 | 1.70 | -0.05 |
| | Y3-12 | 15 | 黏土质粉砂 YT | 9.5 | 48.9 | 41.6 | 0.0057 | 1.44 | -0.19 |
| | Y3-13 | 5 | 粉砂质黏土 TY | 11.0 | 40.7 | 48.3 | 0.0041 | 1.48 | -0.44 |
| | 平均 | | | 13.6 | 48.5 | 38.0 | 0.0082 | 1.74 | -0.26 |

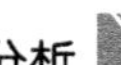

续上表

| 区域 | 样品号 | 深度(cm) | 名　　称 | 粒级含量(%) | | | 粒度参数 | | |
|---|---|---|---|---|---|---|---|---|---|
| | | | | 砂 | 粉砂 | 黏土 | 中值粒径 $D_{50}$(mm) | 分选系数 $Q_{d\varphi}$ | 偏态 $S_{k\varphi}$ |
| 航道 | Y12-1 | 110 | 黏土质粉砂 YT | 15.7 | 59.3 | 25.0 | 0.0168 | 1.73 | 0.34 |
| | Y12-2 | 101 | 黏土质粉砂 YT | 14.6 | 62.7 | 22.7 | 0.0218 | 1.72 | 0.53 |
| | Y12-3 | 93 | 砂—粉砂—黏土 STY | 23.3 | 55.6 | 21.1 | 0.0293 | 1.75 | 0.71 |
| | Y12-4 | 85 | 砂—粉砂—黏土 STY | 22.1 | 54.7 | 23.2 | 0.0250 | 1.84 | 0.63 |
| | Y12-5 | 75 | 黏土质粉砂 YT | 15.8 | 61.2 | 23.0 | 0.0208 | 1.74 | 0.50 |
| | Y12-6 | 65 | 砂—粉砂—黏土 STY | 20.2 | 58.1 | 21.7 | 0.0235 | 1.74 | 0.52 |
| | Y12-7 | 55 | 黏土质粉砂 YT | 15.5 | 54.8 | 29.7 | 0.0118 | 1.88 | -0.04 |
| | Y12-8 | 45 | 黏土质粉砂 YT | 14.1 | 57.7 | 28.2 | 0.0133 | 1.74 | 0.14 |
| | Y12-9 | 35 | 黏土质粉砂 YT | 14.1 | 55.8 | 30.1 | 0.0104 | 1.85 | -0.15 |
| | Y12-10 | 25 | 黏土质粉砂 YT | 14.9 | 53.0 | 32.1 | 0.0088 | 1.80 | -0.30 |
| | Y12-11 | 15 | 黏土质粉砂 YT | 12.0 | 50.0 | 38.0 | 0.0059 | 1.57 | -0.50 |
| | Y12-12 | 5 | 粉砂质黏土 TY | 15.0 | 40.0 | 45.0 | 0.0058 | 2.02 | -0.69 |
| | 平均 | | | 16.4 | 55.2 | 28.3 | 0.0161 | 1.78 | 0.14 |
| 口门外 | Y16-1 | 62 | 黏土质粉砂 YT | 18.0 | 61.0 | 21.0 | 0.0326 | 1.67 | 0.95 |
| | Y16-2 | 53 | 黏土质粉砂 YT | 16.6 | 60.5 | 22.9 | 0.0236 | 1.80 | 0.65 |
| | Y16-3 | 44 | 黏土质粉砂 YT | 15.8 | 62.7 | 21.5 | 0.0240 | 1.69 | 0.61 |
| | Y16-4 | 36 | 黏土质粉砂 YT | 16.5 | 54.3 | 29.2 | 0.0132 | 1.90 | 0.10 |
| | Y16-5 | 28 | 粉砂　T | 15.5 | 73.7 | 10.8 | 0.0300 | 1.05 | 0.25 |
| | Y16-6 | 20 | 粉砂　T | 19.4 | 62.8 | 17.8 | 0.0244 | 1.59 | 0.46 |
| | Y16-7 | 12 | 粉砂　T | 18.5 | 64.8 | 16.7 | 0.0248 | 1.49 | 0.37 |
| | Y16-8 | 3 | 黏土质粉砂 YT | 19.4 | 56.9 | 23.7 | 0.0150 | 1.82 | 0.02 |
| | 平均 | | | 17.5 | 62.1 | 20.5 | 0.0235 | 1.63 | 0.43 |

从垂向分布上看(图3.9~图3.11),作业区及航道淤积物由表至底逐渐变粗,沉积物中值粒径逐渐增大,黏土百分含量逐渐增大。从平面分布来看(表3.2),口门外至作业区港池,泥沙中值粒径逐渐减小,黏土含量逐渐增大,粉砂和砂质含量逐渐减小,反映出沉积动力环境逐渐减弱的变化趋势。

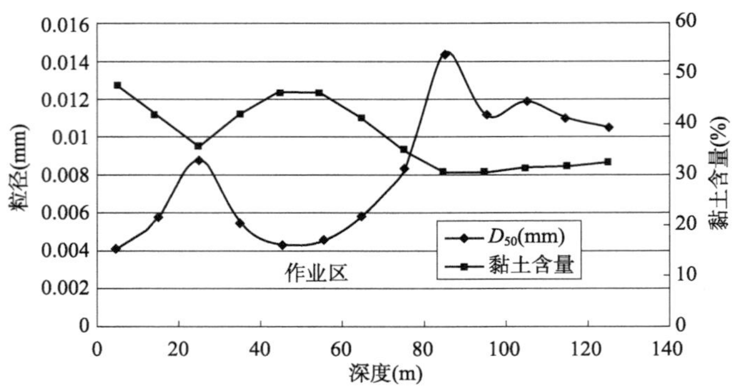


图 3.9 作业区沉积物中值粒径及黏土含量沿垂向分布

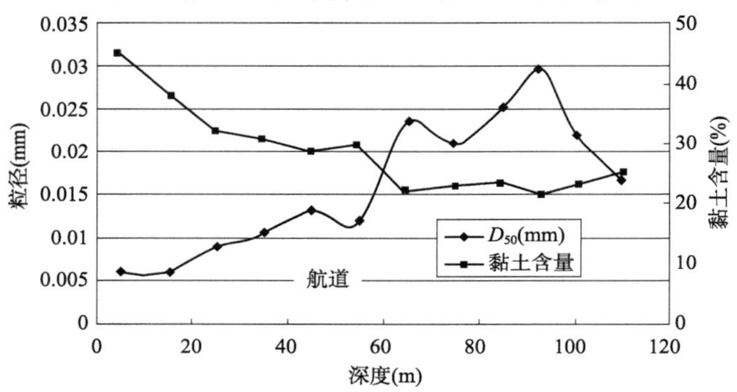


图 3.10 航道沉积物中值粒径及黏土含量沿垂向分布

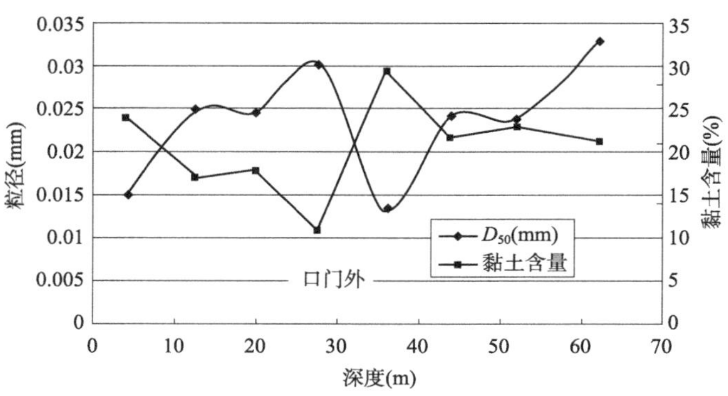


图 3.11 口门外沉积物中值粒径及黏土含量沿垂向分布

与附近边滩沉积物相比，港池航道中层及底层淤积物质偏粗（表 3.2），这与前期淤积受港池开挖和施工影响有关，但是从表层来看，还是明显细于边滩物质的。

# 3.4 天津海域现状泥沙运动规律

## 3.4.1 泥沙运动分析

海河口泥沙随潮汐的涨落而运动，因此与潮流的运动有着紧密联系，基于潮流的时空变化和海河口全潮水文观测及地形测量实际结果分析海河口潮滩各高程段的泥沙冲淤变化过程。

潮间带不同高程所经受的潮流作用过程有很大的差异。高潮滩受海水作用时间只限于涨潮—涨憩阶段后期和涨憩—落急阶段前期，它总是处在较弱的动力环境，且水深较浅。由涨潮流带来的大部分泥沙适逢潮憩而沉积，落潮初期又因流速过小而难以掀扬起沉积的泥沙，若无大风浪作用，涨潮—涨憩阶段的淤积量大于涨憩—落急阶段的冲刷量，因而高潮滩是主要沉积区域之一。但在实际观测中发现，高潮滩的最上缘淤积强度并非最大，这主要是该处受潮水浸漫历时过短所致；而在上缘之外的一定范围内，淤积强度倒有增大的趋势。该范围内，潮水浸漫历时增加且漫淹时段处在潮憩前后，流速甚低，有利于泥沙持续沉积，久而久之，高潮滩滩坡变缓。

中潮滩的潮流过程，以较强的涨潮流开始，经过一个涨憩期，然后以较强的落潮流结束，滩面是冲是淤主要取决于最大涨、落潮流值，潮流强偏冲，反之偏淤。海河口中潮滩宽度较大，各带的冲淤状况也不尽相同。一般接近高潮滩的上带域淤积略占优势；中带域冲刷稍强；下带域或淤但强度不大，整个中滩面坡度上缓下陡。

低潮滩的潮流作用最强，沉积物也较粗，其泥沙运动形式悬移、推移兼而有之。推移质运动表现为沙波的移动，移动方向取决于涨、落潮流的相对优势。由于通常海河口涨潮流强于落潮流，所以有推移质泥沙不断从潮下带向低潮滩运动的趋势。至于悬沙，低潮滩段在落憩—涨急阶段和涨憩—落急阶段发生冲刷，在涨潮—涨憩阶段和落急—落憩阶段产生淤积，但必须指出，在落急—落憩阶段，低潮滩的上段即使有所淤积，厚度也是有限的。因为，该带是在流速较大的动力状况下露滩的。而且也只有下带才出现明显的淤积，并可能留有稀泥覆盖层。由此可见，低潮滩的净淤积强度也是上带小、下带大，最终使低潮滩滩坡趋缓。

另外，河口区的风浪对泥沙运移也起着举足轻重的作用，可使淤积泥质海岸剖面重新塑造。波浪对于淤泥质海岸所起的剖面塑造作用的大小，视波浪的传播特征而定，而波浪的传播特征又决定于具体区域的自然条件；在接近河口和海岸以后,又视河口的地形和海岸的坡地对波浪变形所引起的影响而定。海河口潮间带宽阔和缓,淤泥深厚,宽度可达 4 ~7km,厚度可达 0.5 ~4m。这种极细的颗粒泥沙,在遇强风大浪时,波浪常常会把河口底部泥沙掀动起来,使悬移质增加,海水变浑。

总之,泥沙的运移、潮滩的冲淤,依赖于水流的动力条件和泥沙补给条件,倘若潮流弱而泥沙补给丰富,则潮滩淤积强烈,会使高平摊带扩展、中陡滩带向海迁移、低平滩极窄,整个潮滩剖面近乎上凸形。反之,若潮流强劲,泥沙补给不足,潮滩则向侵蚀转化,会使中陡滩带向陆推移、高平滩带内削、剖面呈下凹型转化。海河口的条件介于二者之间,属中等强度潮,且泥沙补给丰富,故其潮滩剖面近似平滩的 S 形,即由两个坡度较缓的滩段(高平滩带与低平滩带)和一个居中的坡度较陡的滩段(中陡滩带)组成。而上面所讲的上凸形、下凹形则是 S 形平面向两个极端发育演变的结果。

### 3.4.2 现状条件下的发展趋势

海河口及周边海域动力目前为海相潮汐动力所控制,因此才有现在的水沙运动规律。而海相动力即潮汐动力的运动规律一般变化不大,这是由月球与地球的运动特性来决定的。在以后的发展过程中,各入海河口水沙运动规律是否变化,主要取决于陆相水流动力的大小。如陆相径流量大,河口动力就有可能转化为陆相动力所控制,当前的河口水流运动规律就变化;反之运动规律就继续。如果今后河口下泄径流量还维持近年来的水平,且不采取任何治理措施,则河口仍然会维持现状的水沙运动状态。那么,河口的淤积仍然会继续发展,先是槽淤滩冲,再是后冲前淤、拦门沙向闸前滚动,最后河口萎缩、淤成海岸岸滩。

### 3.4.3 天津港历年疏浚情况

由天津港泥沙问题的历史变迁,也可以从另一个角度对天津港及其周边海域的泥沙运动情况有所认识。天津港是建筑在渤海湾湾顶浅滩上的人工港,泥沙回淤问题一度成为港口建设发展的一大难题,如今经历了半个世纪的建设与多项治理措施,其泥沙回淤状况发生了根本性转变,陆域来沙数量骤减,海域泥沙补充不足,回淤泥沙来源减少,港内水深范围扩大,浅滩面积缩小,回淤强度降低,主要淤积部位外移,港区顶部出现基本不淤的清水区,随着滩面细颗粒泥沙成分的减少,建港初期的大厚度浮泥层不复存在,碍航骤淤现象消失。按照“挖泥吞吐比”和“淤强水深比”评价指标判别,天津港整体上已由建港初期的严重回淤港口转变为轻淤港。

### 3.4.4 ENE 向6级大风作用下的悬沙含量

天津海域在无风或小风天情况下,含沙量值比较小,然而风浪对天津海域悬沙分布的总体变化起着决定性作用,因此必须考虑风浪作用下天津海域的含沙量场的分布。故采用经验证的泥沙运动数学模型,考虑了6级ENE向风(风速取12m/s)作用下的流场,同时还考虑风吹流和风浪辐射应力的影响,持续作用12小时,模拟得到天津海域在6级风作用下泥沙的运动及含沙量场的分布。

图3.12为6级大风作用下天津港海域的涨、落急含沙量分布。在6级大风作用下,天津港海域的涨落急含沙量明显增加,而且高含沙的范围也明显加大,在-2m等深线处含沙量为0.5kg/m³,这充分证明了波浪掀沙对河口海岸地区泥沙运动的影响。6级风作用下,天津港海域的含沙量同样呈近岸高、外海低的分布规律。

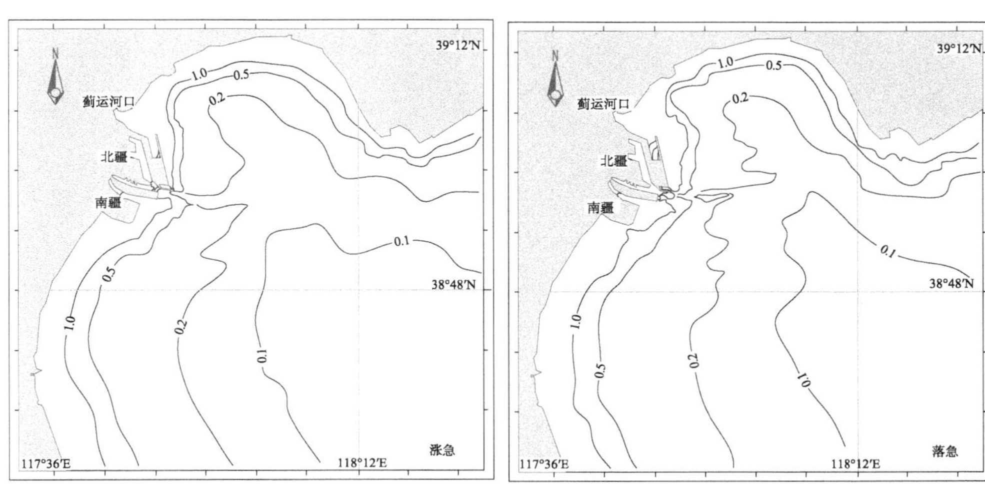


图3.12 6级大风作用下天津港海域的涨、落急含沙量分布(单位:kg/m³)

## 3.5 海床稳定性分析

### 3.5.1 大范围的岸滩演变分析

依据中心渔港附近海域1958年、1981年、2002年不同时期的海图,绘制等深线冲淤变化分布图,如图3.13所示。其中,该海域岸滩5m等深线以外变化不大,

2m 等深线以内岸滩有冲淤交替趋势，而且是水深越浅，其冲淤变化幅度越大。例如从 1958 年到 1982 年期间，0m 等深线呈现出明显的侵蚀后退，而 2m 等深线冲淤变化不大；在 1982 年到 2002 年期间，0m 等深线呈现出明显的外移，而 2m 等深线则呈现轻微的侵蚀后退。

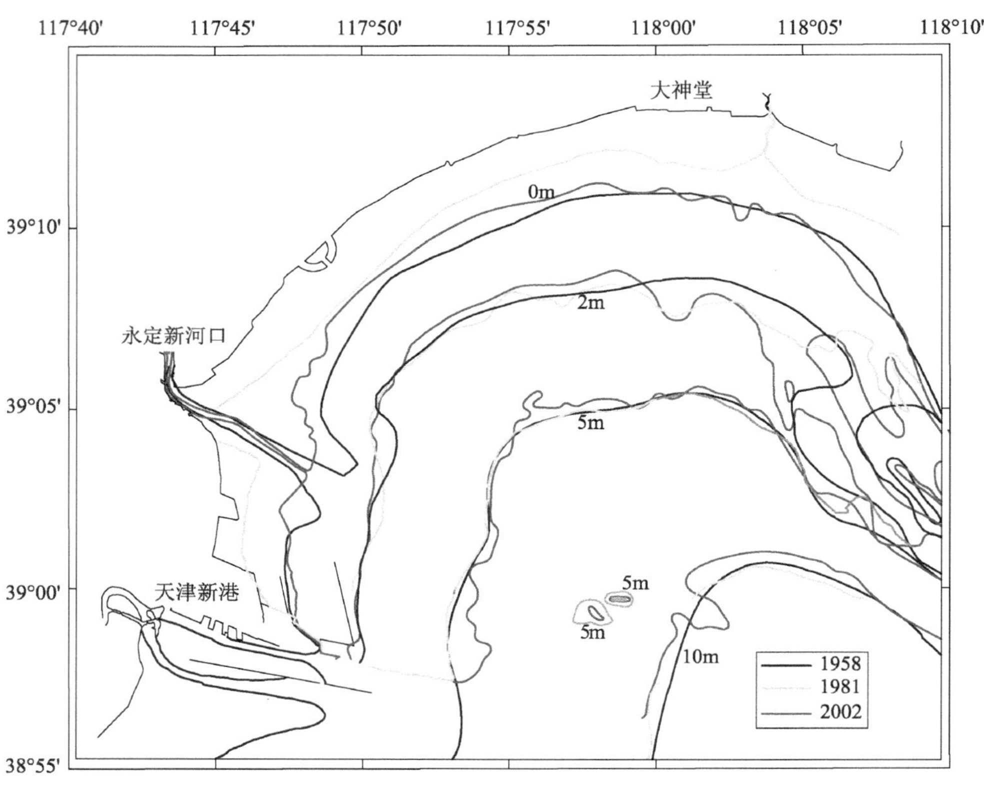


图 3.13　工程海域岸滩等深线变化

## 3.5.2　防波堤两侧边滩地形变化分析

中心渔港防波堤建成后，分别于 2009 年 3 月和 2011 年 3 月在防波堤两侧滩面进行两侧水下地形测量。根据测图资料情况，在防波堤两侧布置 bt01 ~ bt18 共 18 条水深断面（断面位置见图 3.14），断面间距 400m，各断面水深对比见图 3.15，防波堤堤头局部冲淤变化分布见图 3.16，各断面平均水深及平均冲淤厚度统计结果见表 3.3 及图 3.17、图 3.18。由图 3.14 ~ 图 3.18 及表 3.3 可以看出：

(1)中心渔港防波堤建成后,两侧滩面均呈淤积趋势。在两年时间内,西侧滩面平均淤积厚度为0.11~0.78m,其平均值为0.47m,东侧滩面平均淤积厚度为0.19~1.10m,其平均值为0.61m,东侧淤积略强于西侧。分析认为,中心渔港防波堤两侧滩面的淤积与防波堤建成后,两侧边滩水动力环境减弱,因而滩面出现不同程度的淤高,另外,东防波堤东侧2010年已经开始围垦,其动力环境更弱,因此东堤东侧滩面高程要高于西侧滩面。

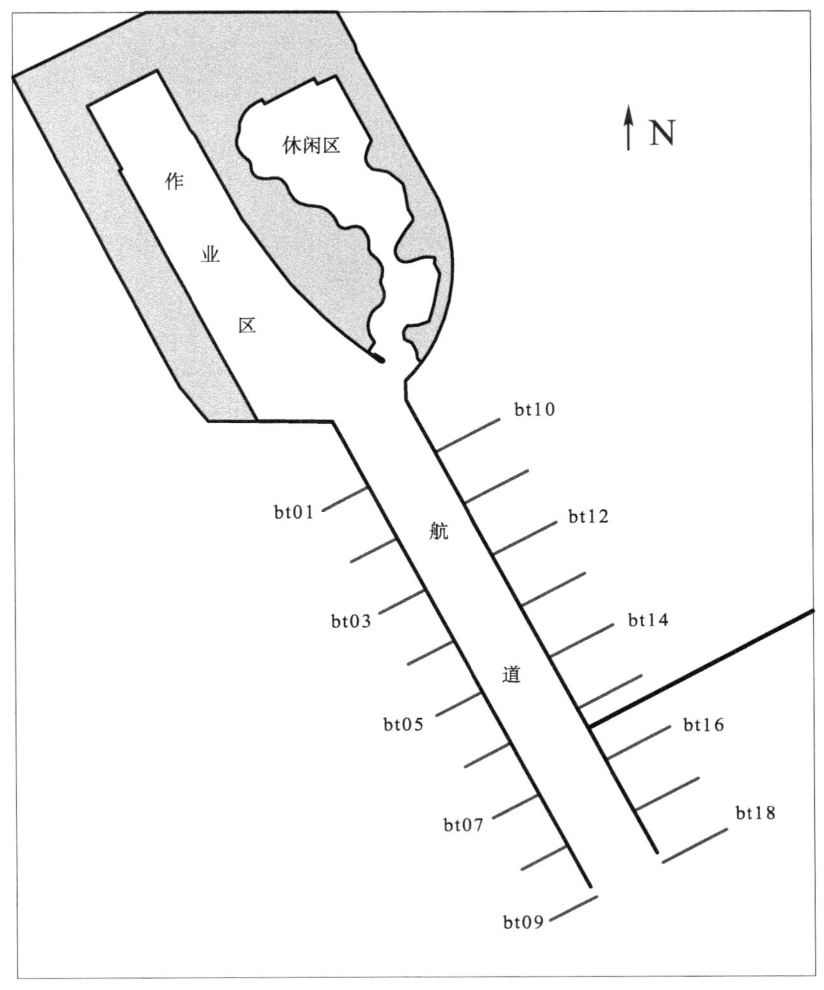


图3.14 防波堤两侧边滩断面位置示意图

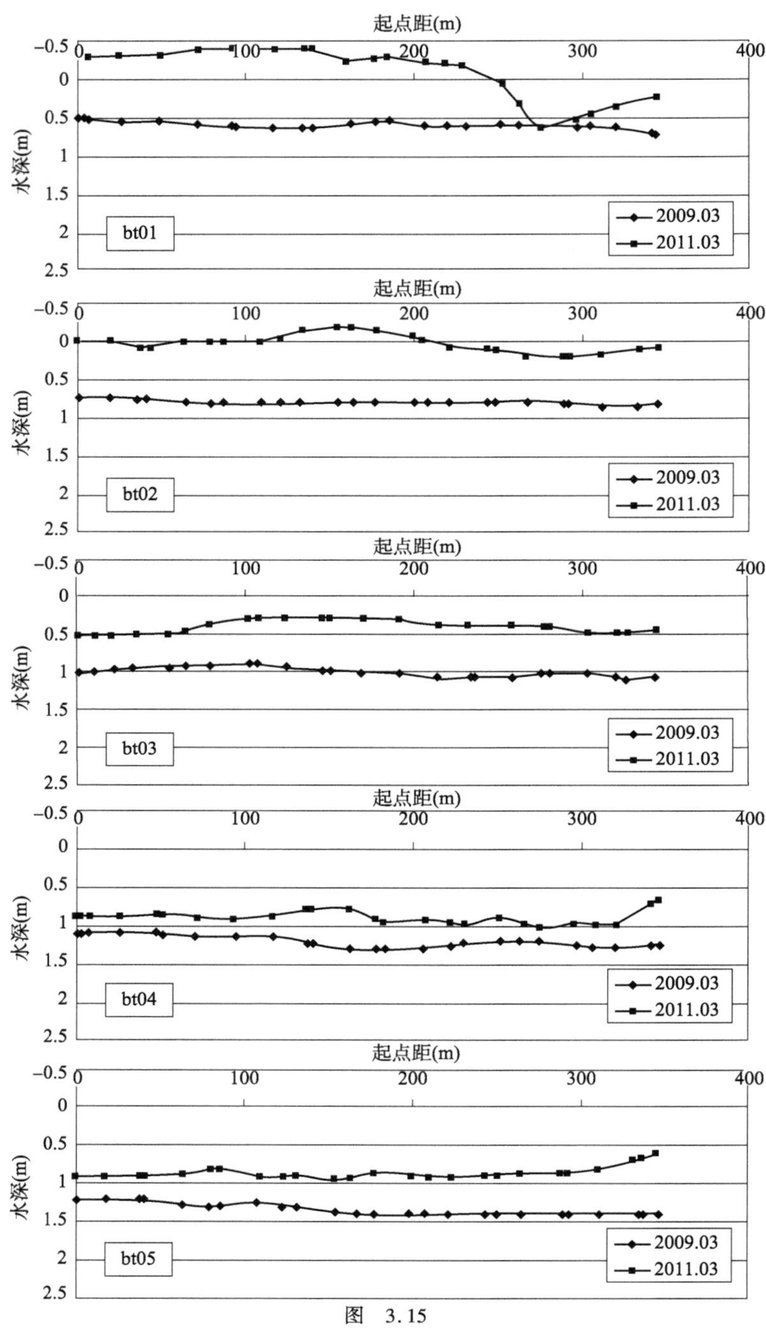


图 3.15

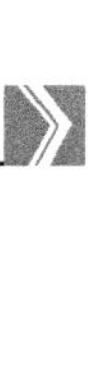

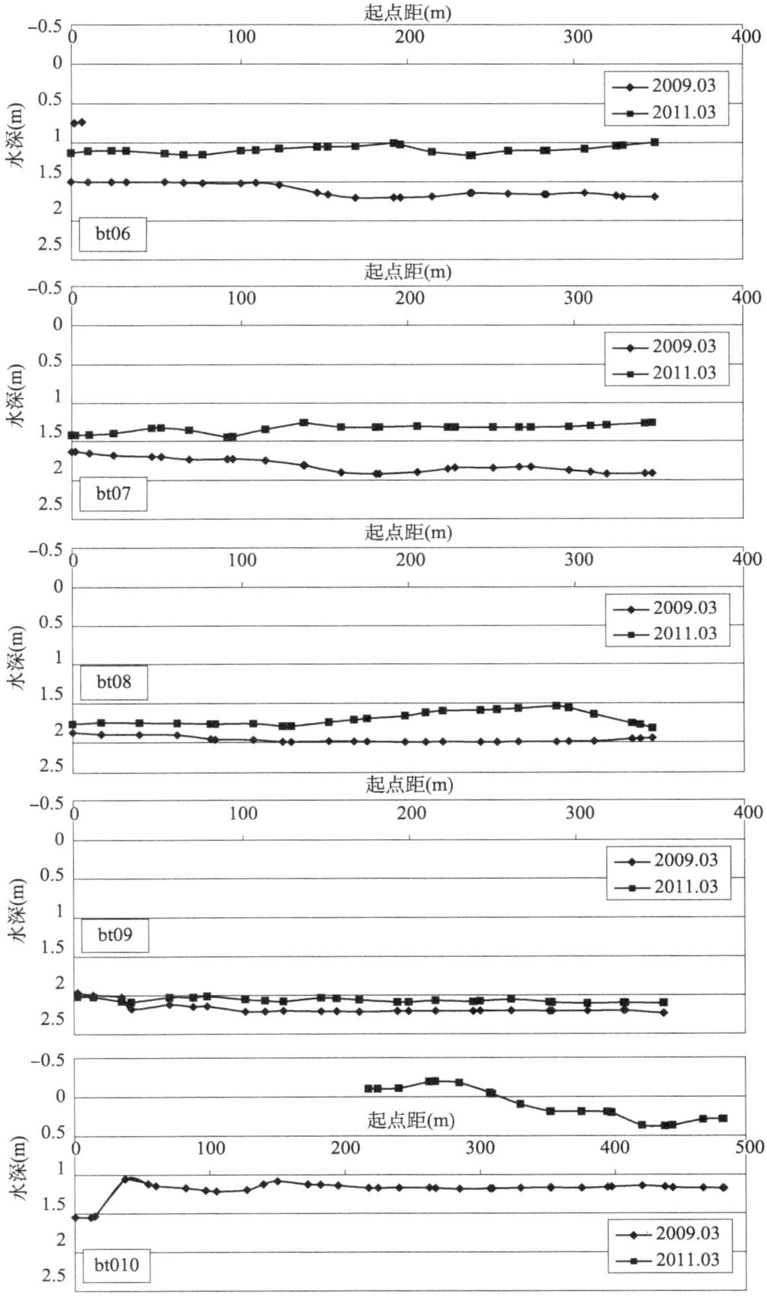
起点距(m)
水深(m)
2009.03
2011.03
bt06
bt07
bt08
bt09
bt010
0
100
200
300
400
500
-0.5
0
0.5
1
1.5
2
2.5

图　3.15

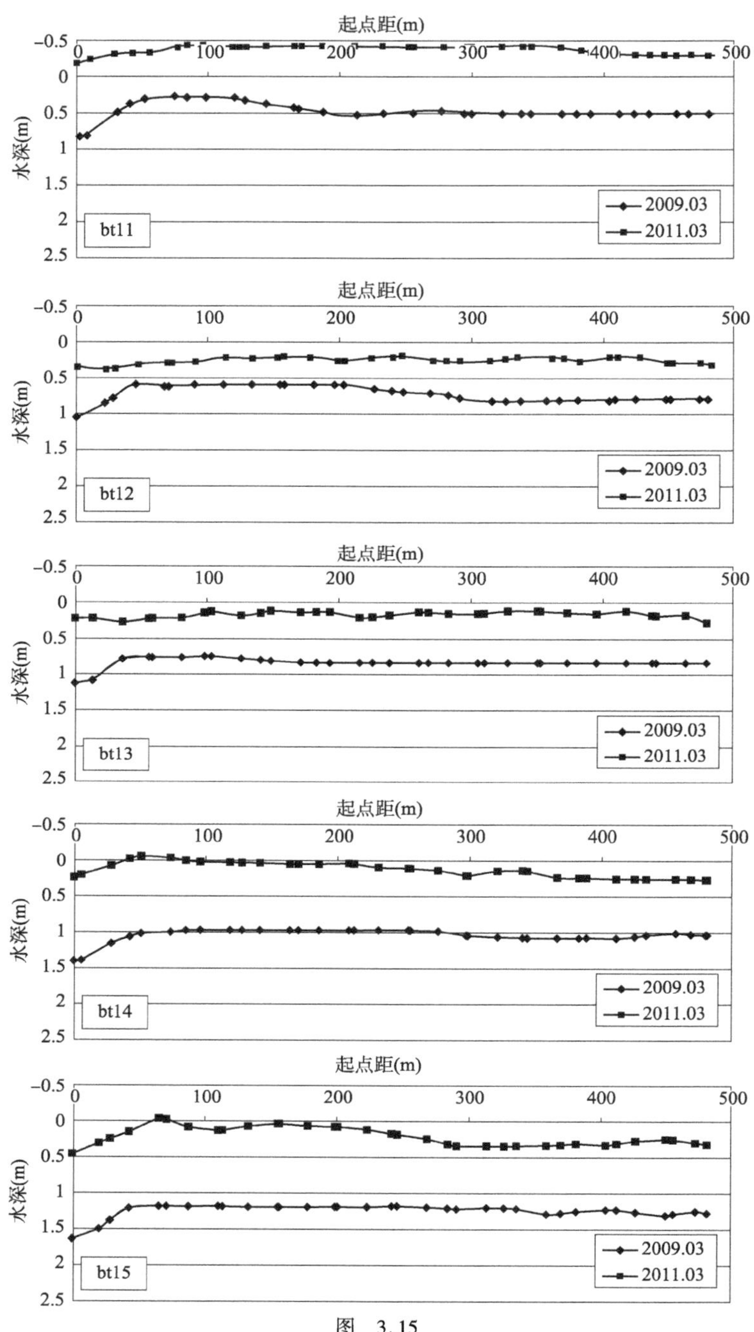


图 3.15

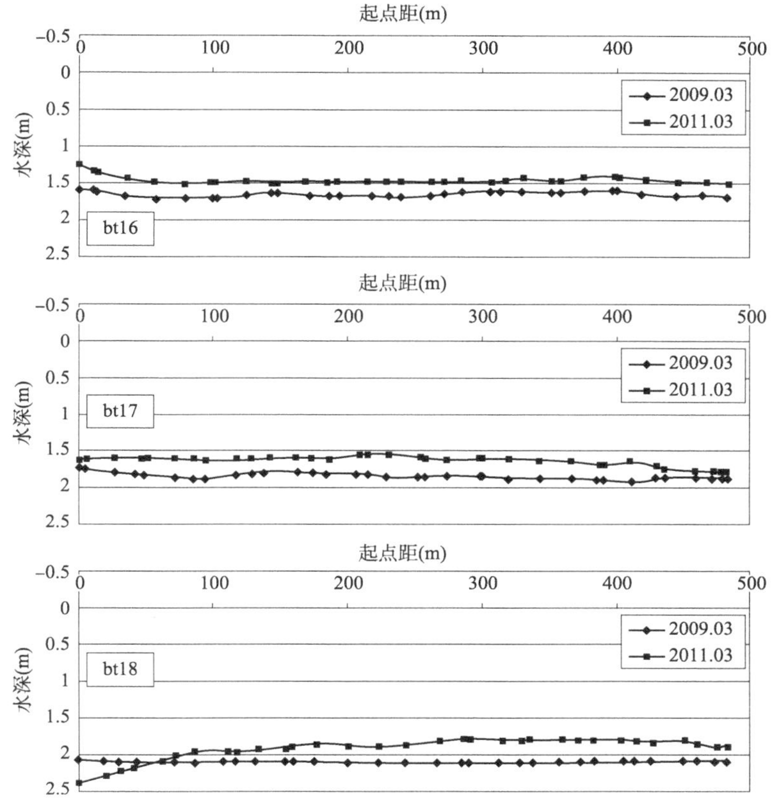


图3.15 2009.3—2011.3 防波堤两侧边滩断面水深对比

**防波堤两侧边滩断面水深变化及冲淤厚度统计** 表3.3

| 位 置 | 断 面 号 | 西侧水深(m) | | 淤积厚度(m) |
|---|---|---|---|---|
| | | 2009.3 | 2011.3 | |
| 西侧边滩 | bt01 | 0.58 | -0.11 | 0.69 |
| | bt02 | 0.80 | 0.02 | 0.78 |
| | bt03 | 1.00 | 0.40 | 0.60 |
| | bt04 | 1.21 | 0.91 | 0.30 |
| | bt05 | 1.35 | 0.89 | 0.46 |
| | bt06 | 1.61 | 1.09 | 0.52 |
| | bt07 | 1.79 | 1.31 | 0.48 |
| | bt08 | 1.97 | 1.69 | 0.28 |
| | bt09 | 2.17 | 2.06 | 0.11 |
| | 平均 | | | 0.47 |

续上表

| 位　　置 | 断　面　号 | 西侧水深(m) | | 淤积厚度(m) |
|---|---|---|---|---|
| | | 2009.3 | 2011.3 | |
| 东侧边滩 | bt10 | 0.21 | -0.89 | 1.10 |
| | bt11 | 0.46 | -0.36 | 0.82 |
| | bt12 | 0.72 | 0.25 | 0.47 |
| | bt13 | 0.90 | 0.25 | 0.65 |
| | bt14 | 1.06 | 0.18 | 0.88 |
| | bt15 | 1.25 | 0.27 | 0.98 |
| | bt16 | 1.66 | 1.47 | 0.19 |
| | bt17 | 1.83 | 1.61 | 0.22 |
| | bt18 | 2.10 | 1.91 | 0.19 |
| | 平均 | | | 0.61 |

(2)从淤积厚度沿程分布情况来看,西侧滩面淤积厚度基本呈由北向南逐渐减小趋势,而东侧滩面淤积厚度则呈中部大、两边小的变化特点。

(3)由防波堤堤头局部地形冲淤分布图(图3.16)可以看出,堤头出现冲刷坑,呈冲刷状态。东防波堤堤头冲刷坑范围较大,冲刷深度介于0~0.5m,冲刷深度超过0.2m的范围约2.2万$m^2$,冲刷深度超过0.4m的范围约为0.3万$m^2$。东堤内侧西防波堤堤头冲刷范围较小,约为0.9万$m^2$,冲刷深度介于0~0.2m。堤头冲刷主要是由于防波堤挑流导致局部流速增大,进而造成局部区域的泥沙冲刷。

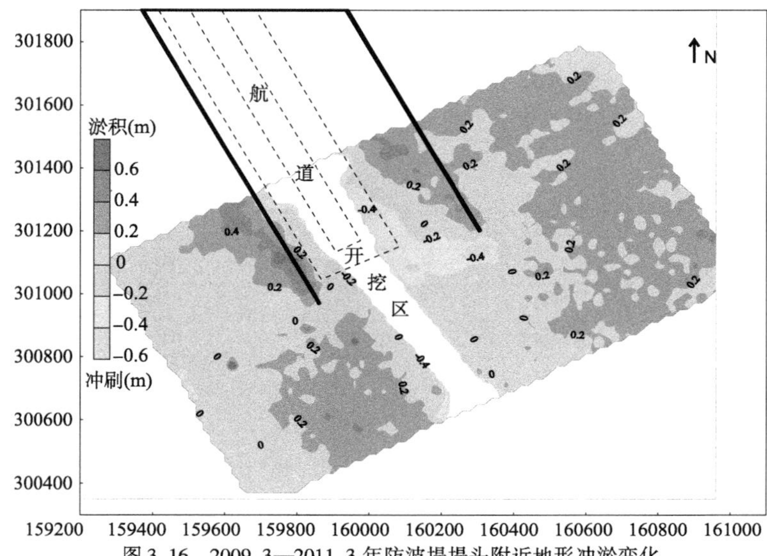


图3.16　2009.3—2011.3年防波堤堤头附近地形冲淤变化

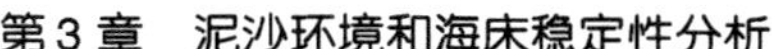

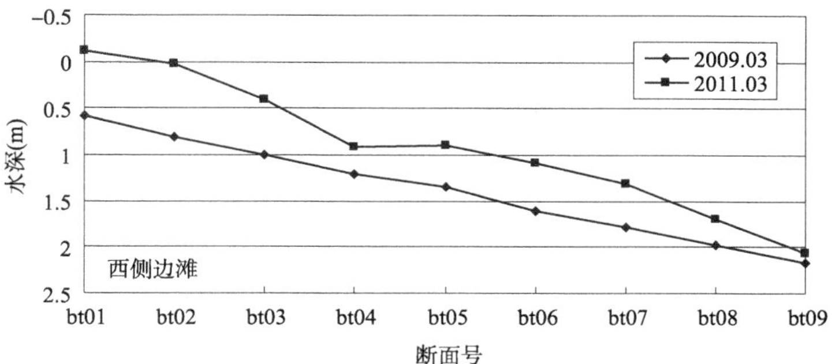


图3.17 2009.3—2011.3防波堤西侧边滩断面平均水深对比

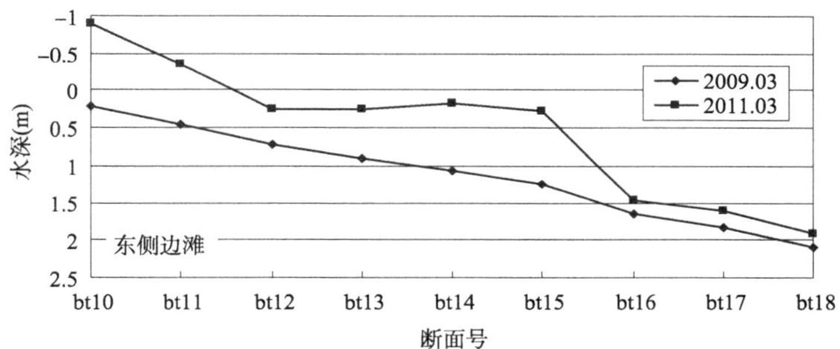


图3.18 2009.3—2011.3防波堤东侧边滩断面平均水深对比

# 第 4 章 淤积特征与维护计方标准研究

天津中心渔港所在位置的自然滩面水深较浅,港池航道均开挖而成,而且还修建了环抱式防波堤,这些工程的建设,改变了原有的泥沙平衡体系,则开挖而成的港池航道会产生泥沙淤积现象,进而可能会对船舶航行安全造成影响,为保障通航水深,需要对港池航道进行维护疏浚。而制定科学、合理的维护疏浚计划,需要以充分掌握该港口的泥沙回淤特征为前提条件,但是该港口为新建港口,有关泥沙回淤特征的实际测量和分析未曾开展过,因此非常有必要开展泥沙回淤特征研究,为维护疏浚计划的安排提供依据,以期提高维护效率,节约维护经费;同时,泥沙回淤特征的研究成果,对港口水深维护和扩大建设也将起到指导性的作用,通过掌握现有各水域的淤积强度与淤积数量,将便于港口企业制订年度水深维护的疏浚计划和预算工程费用,工程管理人员才能真正做到了心中有数,提高生产管理水平与工程质量。对该渔港而言,维护工程与建设工程同等重要,是港口生产发展两大组成要素,而且维护工程更直接关系到港口日常生产与经济效益,对其进行标准化与现代化管理是提高港口生产率的关键技术之一。维护疏浚计方标准便是其中一个重要的参数,可以使计算出的港口回淤量数值标准化,也可避免港口企业与施工单位因回淤量计算方法的不同而产生不同的认识,甚至发生纠纷乃至危及港口正常生产活动。

## 4.1 泥沙回淤特征分析

### 4.1.1 采用的资料

天津中心渔港作业区及航道为分段开挖的,各区开挖完成时间不同,则竣工验收图的测量时间不同。天津中心渔港作业区及航道冲淤分析采用的资料有:

(1)天津中心渔港工程作业区疏浚一区、二区浚后水深图(1:1000),2008 年 11 月测量;

(2)天津中心渔港工程作业区疏浚三区、四区浚后水深图(1:1000),2009 年 1 月测量;

(3)天津中心渔港工程作业区疏浚五区、六区浚后水深图(1:1000),2009年4月测量;

(4)天津中心渔港挡沙堤航道浚后水深图(1:1000),2009年7月测量;

(5)中心渔港口门疏浚工程浚后水深图(1:1000),2010年12月测量;

(6)天津中心渔港航道工程浚前断面水深图(1:1000),2011年5月测量。

以上测图基面均为新港理论最低潮面。

### 4.1.2 计算方法

采用固定断面平均水深法,即在天津中心渔港的港池和航道布设固定断面,其中作业区9条即Z01～Z09,航道10条即H01～H10,合计19条断面,断面位置见图4.1。提取中心渔港作业区及航道不同时间测图上的水深值,绘制各断面水深对比图,如图4.2为作业区的水深变化情况,而图4.3为航道各断面的水深变化情况。

根据断面平均水深,进而可计算出作业区及航道淤积厚度及淤积量。

### 4.1.3 泥沙淤积分析

由于天津中心渔港作业区及航道各区域的竣工时间不同,则各区域至2011年5月的泥沙回淤时段不同,为了便于比较,将浚后至2011年5月的总淤积厚度和总淤积量折算成年度平均淤积厚度和淤积量,见表4.1和图4.4。由图表数据分析可知:

(1)浚后(不同区域完成时间不同)至2011年5月,作业区及航道内有明显淤积,将其折算到年平均淤积厚度,可知一、二区断面年平均淤积厚度为0.26～0.80m,三、四区断面年平均淤积厚度为0.21～0.23m,五、六区年平均淤积厚度为0.65～0.94m,航道断面年平均淤积厚度为0.15～0.49m。

(2)从作业区的淤积厚度平面分布(图4.4)情况来看,以作业区五、六区和航道接壤处Z09断面年平均淤积厚度最大,淤积厚度达0.94m,这主要是由于外海泥沙随涨潮流经相对狭窄的航道进入港池后,水域突然变得相对开阔,而且该区域的水深在整个港口中最深,水深由航道的8.0m增大到该区域的11.0m,水流速度骤降,从水动力条件分析章节中也可以看出,航道与港口相接处流速达到0.5m/s,而港池内却小于0.1m/s,流速降低,则挟沙力降低,则泥沙容易落淤,同时,港池的流速较弱,而且受防波堤掩护波浪作用也较微弱,则落淤泥沙很难被掀起并随落潮流流出,因此该区域将以泥沙落淤为主,所以淤积较大。另外,由于该区域的水深最大,则周边的边滩或开挖相对较浅的区域上新落淤的泥沙,将有可能以异重流的形式灌入该区域,也将进一步加剧该区域的淤积。一、二区北部Z1断面平均淤厚达0.80m,这主要是由于开挖初期港池边坡不稳定、边坡脱落泥沙引起,随着边坡逐渐稳定，其对泥沙淤积的影响会逐渐减小；作业区内三、四区淤积厚度最小，这可能与从外海进入的泥沙主要在作业区的五、六区落淤则进入三、四区的泥沙量相对较少有关，另外部分落淤泥沙灌入五、六区也将导致该区的泥沙厚度增加，但这些都尚需进一步的观测加以验证。

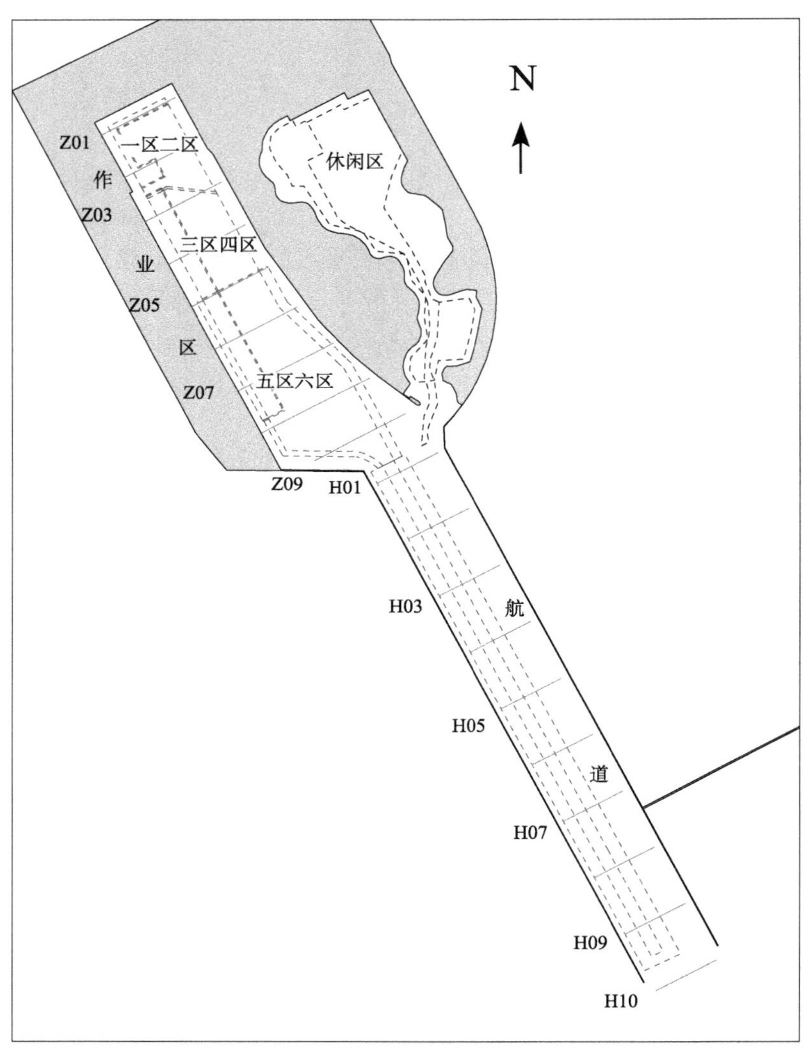


图 4.1　中心渔港作业区——航道断面位置示意图

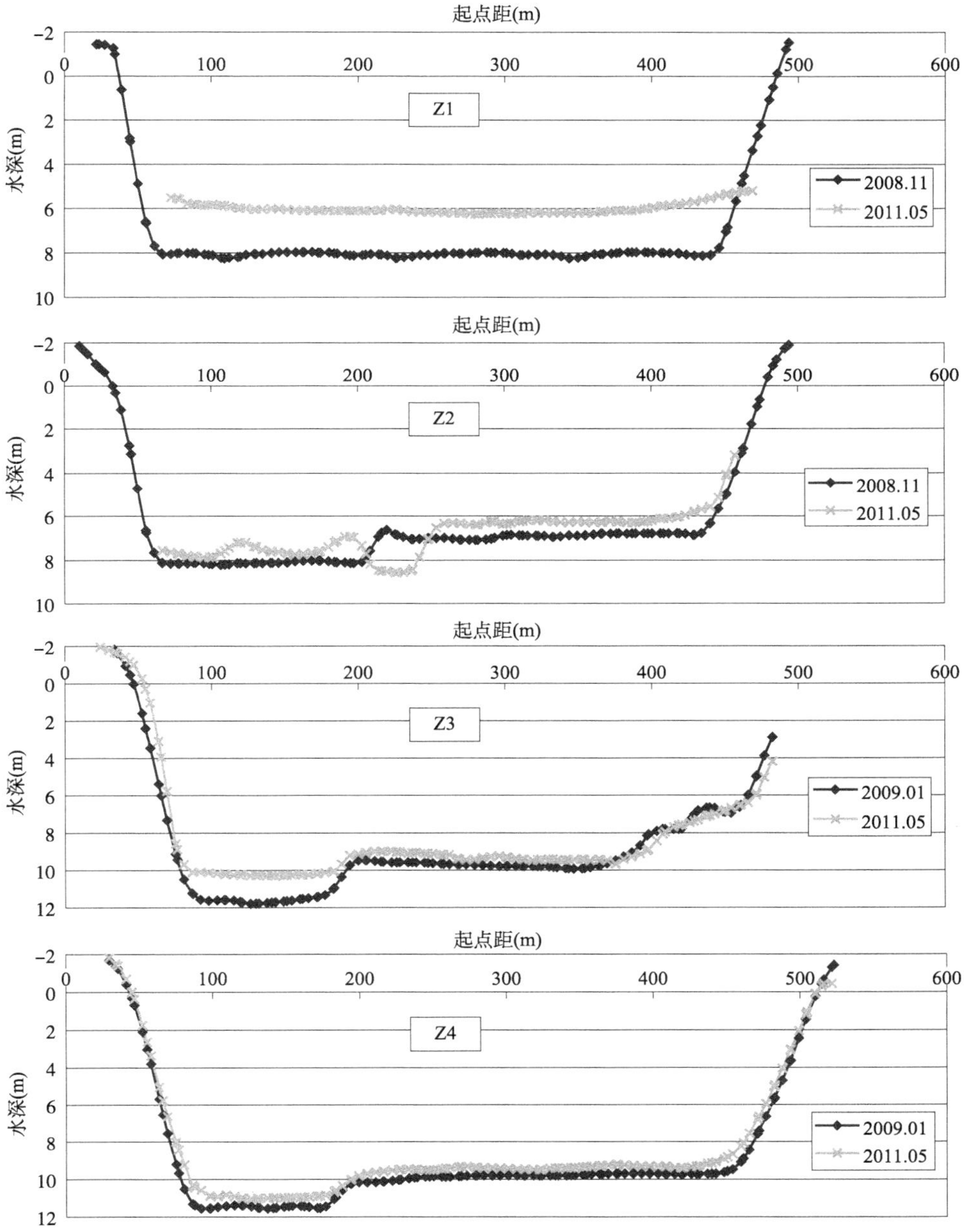
起点距(m)
水深(m)
Z1
2008.11
2011.05
Z2
2008.11
2011.05
Z3
2009.01
2011.05
Z4
2009.01
2011.05

图 4.2

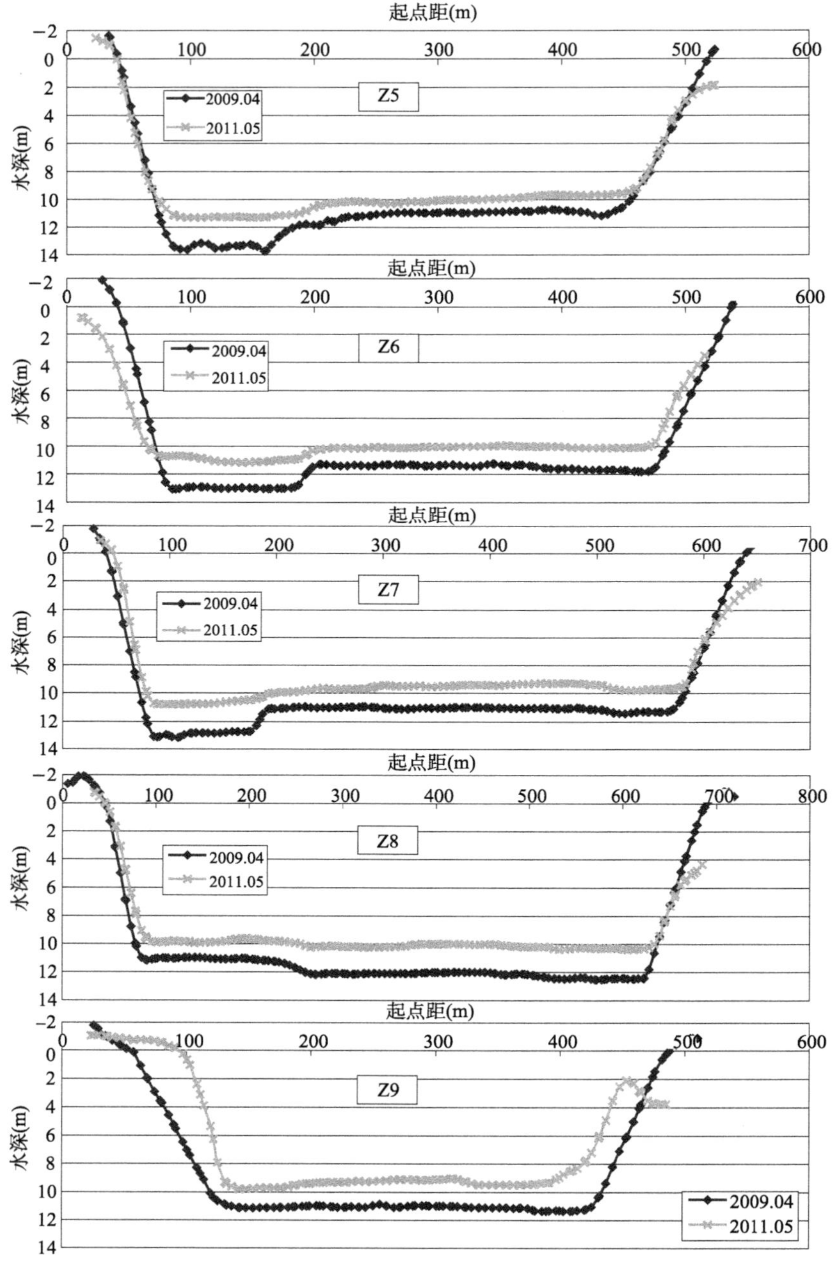


图 4.2 渔港作业区内断面水深对比

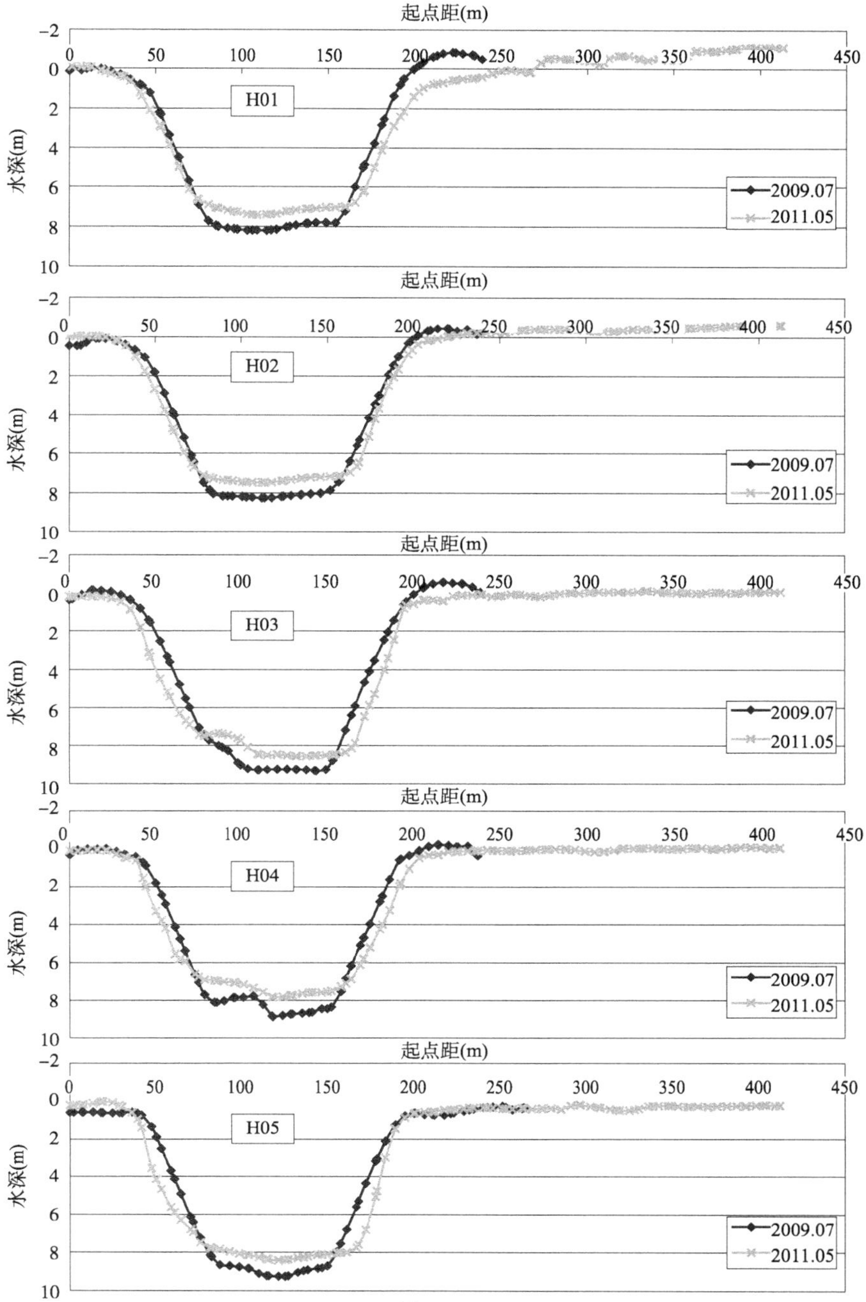

图　4.3

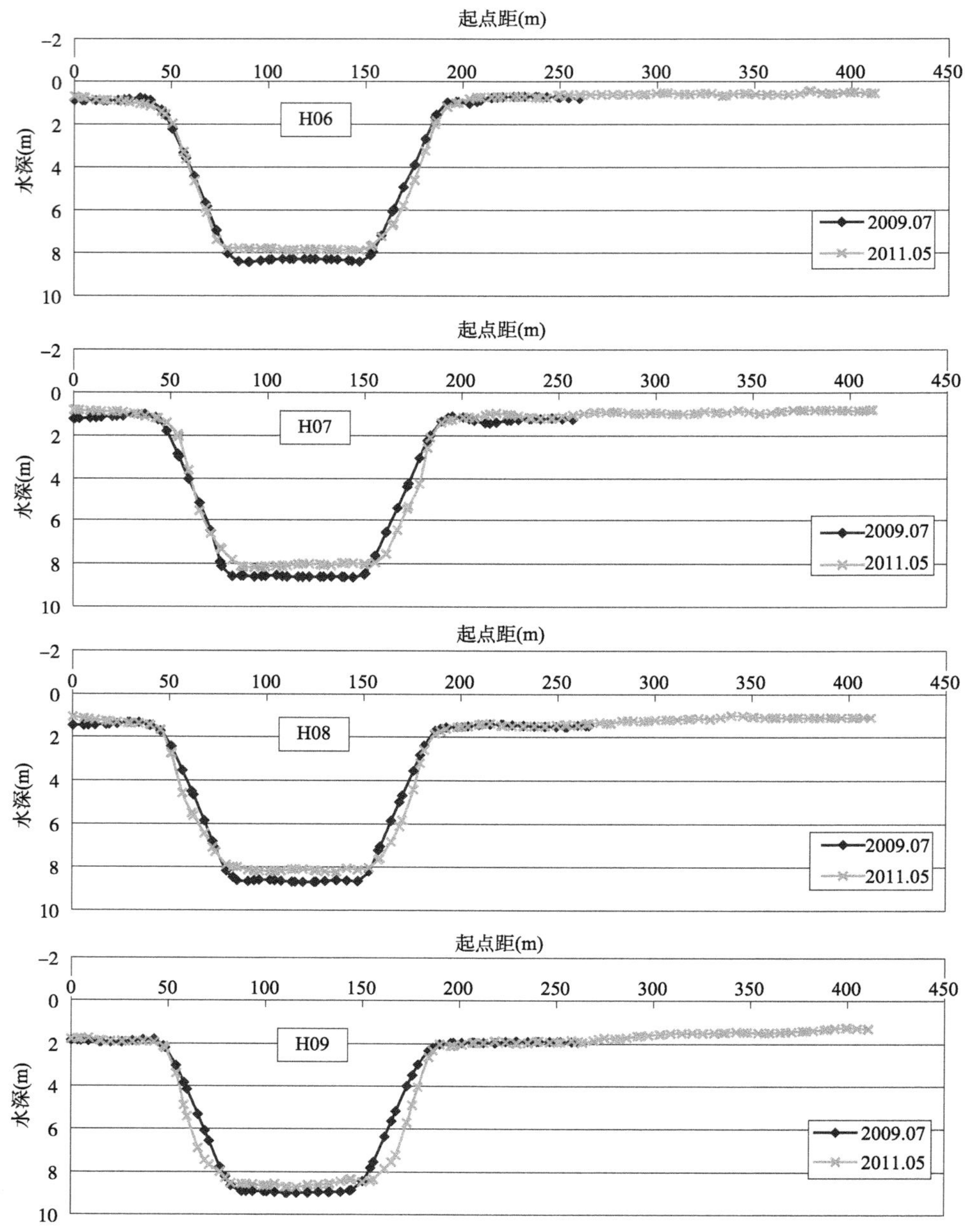


图 4.3 渔港航道断面水深对比

**中心渔港作业区——航道浚后年平均淤积厚度统计**　　表4.1

| 区　域 | | 断面号 | 浚后平均水深(m) | 多年淤积总厚度(m) | 折算年平均淤积厚度(m) | 多年淤积总量(万 m³) | 折算年平均淤积量(万 m³) |
|---|---|---|---|---|---|---|---|
| 作业区 | 一区<br>二区 | Z01 | 8.07 | 2.01 | 0.80 | 21.1 | 9.8 |
| | | Z02 | 7.27 | 0.65 | 0.26 | | |
| | 三区<br>四区 | Z03 | 9.71 | 0.53 | 0.23 | 13.9 | 5.9 |
| | | Z04 | 10.24 | 0.49 | 0.21 | | |
| | | Z05 | 11.63 | 1.30 | 0.65 | 103.0 | 49.4 |
| | 五区<br>六区 | Z06 | 11.88 | 1.57 | 0.78 | | |
| | | Z07 | 11.44 | 1.65 | 0.82 | | |
| | | Z08 | 11.85 | 1.80 | 0.90 | | |
| | | Z09 | 11.08 | 1.87 | 0.94 | | |
| 航道 | | H01 | 7.99 | 0.80 | 0.45 | 15.7 | 9.0 |
| | | H02 | 8.07 | 0.74 | 0.42 | | |
| | | H03 | 8.77 | 0.73 | 0.42 | | |
| | | H04 | 8.33 | 0.86 | 0.49 | | |
| | | H05 | 8.83 | 0.66 | 0.38 | | |
| | | H06 | 8.30 | 0.48 | 0.28 | | |
| | | H07 | 8.53 | 0.51 | 0.29 | | |
| | | H08 | 8.58 | 0.46 | 0.26 | | |
| | | H09 | 8.80 | 0.27 | 0.15 | | |
| 合计 | | | | | | 153.7 | 72.8 |

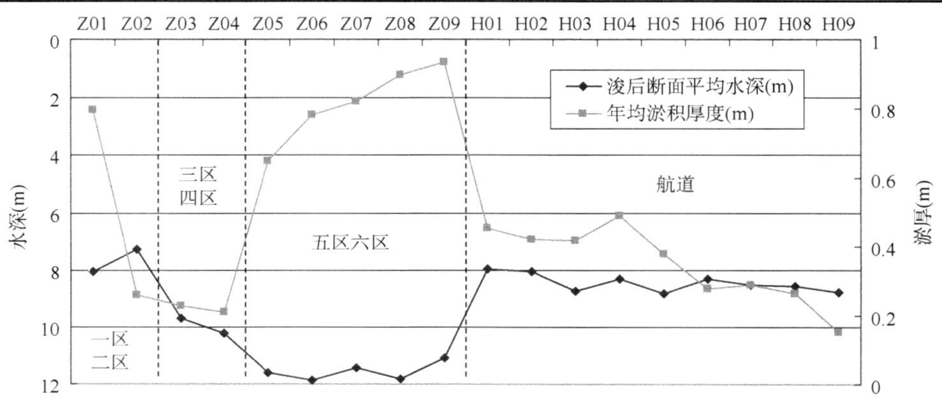


图4.4　中心渔港作业区——航道浚后断面平均水深及年平均淤积厚度

(3)由图4.4可以看出,航道沿程淤积分布基本呈由内向外逐渐减小的趋势。航道沿线淤积集中在航道底部,两侧边坡有明显冲刷、塌陷,这主要是由于开挖初期航道边坡不稳定造成,随着边坡逐渐稳定,其对泥沙淤积的影响会逐渐减小。

(4)泥沙年平均淤积量,作业区一、二区为9.8万$m^3$,三、四区为5.9万$m^3$,五、六区为49.4万$m^3$,航道内为9.0万$m^3$,则作业区和航道的年总淤积量为72.8万$m^3$。

(5)渔港作业区和航道开挖初期,受到施工及边坡不稳定的影响,其泥沙淤积量与正常泥沙回淤量相比是偏大的,但随着渔港工程的逐步建成及港池航道边坡逐渐稳定,渔港内的正常泥沙回淤量会有所减小。

## 4.2 水深维护工程标准化研究

### 4.2.1 确定统一计方标准的重要性

港池、航道中的回淤物质是水、泥混合物,因各港口泥沙颗粒、沉积环境和维护水深方式等不同,相同沉积时间内单位体积回淤物质中含泥沙的数量是不同的。即使在同一港口,由于淤积的位置、淤积时间、水流、波浪动力条件与维护周期、维护深度等差异,单位体积回淤物质中含沙数量也是不同的。要想正确掌握一个港口的回淤数量,首先必须统一计方标准,否则,全港的回淤总量是无意义的。但是目前,交通运输部对维护疏浚工程的计方标准尚无统一的规范,因此,在实际工程问题中常遇到不同的看法,而不同观点的计方标准直接影响到企业的经济效益。为此,研究确定符合天津中心渔港回淤物实际情况的统一计方标准意义十分重大,不仅保障不同企业单位的直接经济利益,而且将为天津中心渔港正常生产和建设发展起到重要作用。

### 4.2.2 计方标准的以往研究成果

合理的计方标准应根据港口回淤物质的实际密度(即天然密度)来确定。考虑到同一港口淤积泥沙颗粒基本相同,各港域回淤物的天然密度主要与密实时间的长短和维护疏浚周期有关,并应与回淤研究中的年回淤强度、年回淤量等概念相适应,故应采用自然淤积密实一周年、其间无任何人工扰动的淤积层平均密度作为计方的标准密度$\rho_s$。关于$\rho_s$值,天津港在20世纪50年代曾采用了1.6t/$m^3$,但根据天津港回淤土方的实际密度资料,这一值明显偏大,以其作为天津港维护疏浚工程土方的计方标准明显是不适宜的。根据回淤研究站的技术人员在20世纪60年代、70年代和80年代多次上施工船舶实测泥舱内疏浚土密度资料结果，航道中施工的耙吸式挖泥船舱泥的平均密度为1.2～1.3t/m$^3$，港池与泊位处施工的吸扬式挖泥船吹泥管内的泥浆平均密度为1.1～1.2t/m$^3$，两种施工船舶的密度标准不同，应如何统一起来，而且各港区、航段的维护周期长短不一，因此，采用船方为计方标准密度也是不合适的。所以，在1994年开始研究天津港的实际回淤问题时，首先进行了计方标准的研究。在天津港各港池、航道范围内进行了定点回淤层厚度分布与其密度垂直分布的实际测量，其中以回淤层较厚，一年左右时间内未进行维护疏浚的实际资料和利用天津港淤泥进行的静水密实过程的试验成果等来确定标准密度$\rho_s$。天津港自然回淤厚度1.0m以上淤泥层的平均密度随不同港区稍有差异，但十分接近，因此选取1.4t/m$^3$作为天津港维护疏浚工程的标准计方。

### 4.2.3 回淤泥沙垂线密度现场测量

在天津中心渔港港池、航道范围内进行了淤泥密度垂直分布的定点测量，另外，还利用天津中心渔港的回淤泥沙进行了室内静水密实试验，依据这些结果来综合确定标准密度$\rho_s$。

在港池航道中开展定点密度测量，测量点位见图4.5港池中的2、3、4号站和航道中的10、12、14号站。采用GPS定位仪进行定位，租用当地渔船作为本次测量船，船长长期在该水域为有关单位进行测量，对该海域非常熟悉。

采用从荷兰引进的Rheotune音叉密度计(图4.6)测量床面表层浮泥的密度垂线分布。测量前利用在测量区域采集的泥样对泥浆密度计进行了密度校正，另外，在测量时还进行了温度校正、水深校正等。测量结果采用该仪器配套软件处理，图像如图4.7所示，可见泥沙密度由表层向底层逐渐增大，但该仪器测量得出的浮泥厚度较薄，一般在0.1m左右，这是由于经过长时间的固结密实，回淤泥沙主要以密度较大的软泥状态存在。

为了测量得到更深层次上的泥沙密度，在同一站位处还利用从美国引进的重力式柱状采样器(图4.8)进行泥沙样品采集，所有柱状样均采用PVC管密封保存(图4.9)，并在试验室内进行分层(每层间距5～10cm)淤泥密度测量和泥沙颗分试验。

依据现场定点测量得到的密度分布曲线和柱状样分层密度值，同时结合各点的回淤厚度来计算回淤泥沙层的平均密度。为了更精确地计算淤泥层的平均密度，按5～10cm的间距划分$h_i$，并摘取各层密度值$\rho_i$，表层泥沙的密度$\rho_1$为1.05t/m$^3$(高频水深反射面)，然后加权计算得到平均密度值，采用的公式如下：

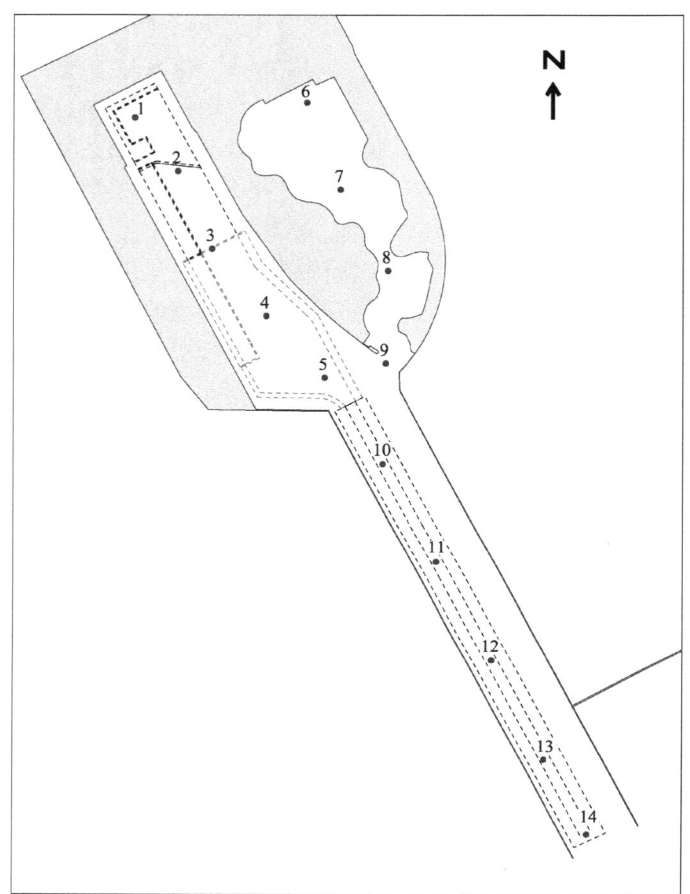


图 4.5　港池航道淤泥密度垂线测点位置图

图 4.6　现场浮泥测量工作照片

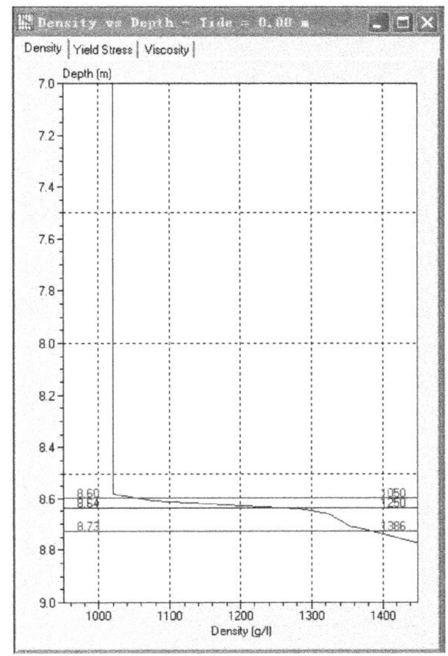


Raw Input Chart
Voltage
Raw
Temp.
Depth
Incl1
Incl2
Record number

Data Records

| Time | Depth | Density | Yieldstres | Viscosity | Temp | Tilt |
|---|---|---|---|---|---|---|
| 14:04:46.70 | 8.34 | 1021 | 0.00 | 0.000 | 15 | 1 |
| 14:04:46.76 | 8.37 | 1021 | 0.00 | 0.000 | 15 | 0 |
| 14:04:46.83 | 8.38 | 1021 | 0.00 | 0.000 | 15 | 0 |
| 14:04:46.88 | 8.40 | 1021 | 0.00 | 0.000 | 15 | 0 |
| 14:04:46.94 | 8.42 | 1021 | 0.00 | 0.000 | 15 | 1 |
| 14:04:47.00 | 8.45 | 1020 | 0.00 | 0.000 | 15 | 0 |
| 14:04:47.06 | 8.47 | 1020 | 0.00 | 0.000 | 15 | 1 |
| 14:04:47.11 | 8.49 | 1020 | 0.00 | 0.000 | 15 | 2 |
| 14:04:47.17 | 8.51 | 1020 | 0.00 | 0.000 | 15 | 1 |
| 14:04:47.23 | 8.54 | 1020 | 0.00 | 0.000 | 15 | 1 |
| 14:04:47.30 | 8.58 | 1020 | 0.00 | 0.000 | 15 | 1 |
| 14:04:47.34 | 8.61 | 1076 | 0.45 | 0.000 | 15 | 3 |
| 14:04:47.41 | 8.64 | 1283 | 22.24 | 0.000 | 15 | 5 |
| 14:04:47.47 | 8.66 | 1324 | 81.39 | 0.000 | 15 | 6 |
| 14:04:47.64 | 8.71 | 1355 | 191.02 | 0.000 | 15 | 9 |
| 14:04:47.70 | 8.71 | 1361 | 280.23 | 0.000 | 15 | 10 |
| 14:04:50.20 | 8.89 | 1619 | 0.09 | 19710002 | 1616 | 2 |

图 4.7　密度计数据处理软件截图

图 4.8　柱状样取样现场照片

图 4.9　部分柱状样照片

$$\bar{\rho} = \frac{\sum_{i=1}^{N-1}(\rho_i + \rho_{i+1})(h_{i+1} - h_i)}{h_N - h_1} \tag{4.1}$$

式中：$\bar{\rho}$——回淤层泥沙平均密度；

$\rho_i$——密度值；

$h_i$——某层水深；

$h_1$、$h_N$——回淤层上、下界面对应的水深，$h_N - h_1$ 即回淤层厚度。

采用公式(4.1)计算得到各航段的回淤泥沙平均密度值，见表 4.2。可知，港池、航道中的回淤泥沙虽然回淤厚度有所不同，密实时间也不相同，但均经过了长达1年以上时间的密实，垂线平均密度相差不大，这是由淤泥的密实特性所决定的，即淤泥密度较小时密实较快，而随着密度的逐渐增大，密实速度则逐渐减小，直至基本稳定，随着时间的推移，一定时间内泥沙密度基本不变化，这也可从室内静水密实试验结果直观地看出。现场淤泥密度垂线测量表明，淤泥垂线平均密度介于1.38～1.48t/m³，平均值为1.41t/m³。

**开挖疏浚后至2011年5月期间淤泥平均密度** 表4.2

| 点位 | 开挖完成时间 | 回淤时间（月） | 淤积总厚度（m） | 垂线平均密度（t/m³） | 平均值（t/m³） |
|---|---|---|---|---|---|
| 2 | 2009.1 | 28 | 1.1 | 1.39 | 1.41 |
| 3 | 2009.4 | 25 | 1.5 | 1.48 | |
| 4 | 2009.4 | 25 | 1.9 | 1.38 | |
| 10 | 2009.4 | 25 | 0.9 | 1.38 | |
| 12 | 2009.7 | 22 | 0.6 | 1.38 | |
| 14 | 2009.7 | 22 | 0.3 | 1.45 | |

## 4.2.4 室内静水密实试验

通过泥沙静水沉降试验，可以掌握淤泥密实时间过程。采用从港池航道现场所取泥样，并配置现场海水盐度，在沉降筒内开展静水密实试验，淤泥初始密度为1.05t/m³，经过接近4个月的自然密实，其密度变化过程如图4.10所示。按此曲线规律延伸至1年，可得静水条件下自然密实一年的回淤层平均密度为1.39t/m³。

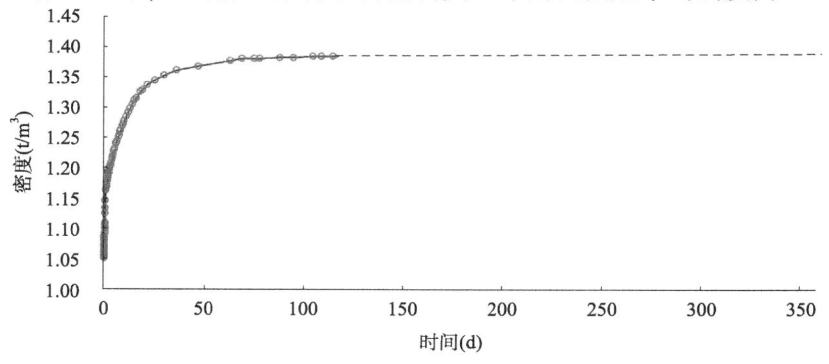


图4.10 天津中心渔港淤泥密实过程线

### 4.2.5 计方标准的综合确定与使用

现场淤泥密度垂线测量得出回淤泥沙经过1～2年的密实后垂线平均密度约为1.41t/m$^3$；室内静水密实结果得到静水条件下自然密实1年的平均密度约为1.39t/m$^3$；综合这两个结果，认为回淤泥沙自然密实1年的平均密度约为1.40t/m$^3$，因此，天津中心渔港的维护方量计方标准可取1.40t/m$^3$。

各港域维护疏浚工程量计算时均应折算到1.40t/m$^3$，折算系数$K$值按下式计算：

$$K=\frac{\rho_{实}-\rho_{水}}{1.4-\rho_{水}} \tag{4.2}$$

式中：$\rho_{实}$——维护区域疏浚厚度的实测淤泥密度（t/m$^3$）；

$\rho_{水}$——天津中心渔港水域水体的实际密度，一般取1.025t/m$^3$。

可见$\rho_{实}>1.4$t/m$^3$，则$K$值大于1，反之，$K<1$。

# 第5章　休闲区游艇泊稳条件研究

## 5.1　研究目的与意义

游艇娱乐是兴起于十八世纪英国的海上休闲方式，现代豪华游艇以其独特的集休闲与商务交流为一体的功能，已逐渐成为人们生活中不可或缺的一部分。随着国内经济的不断发展，物质生活水平日益提高的同时，国人也开始努力创造和不断地追求与之相适应的休闲娱乐生活方式。国内游艇活动最早可追溯到20世纪80年代末、90年代初，游艇娱乐逐步在经济特区、珠江三角洲、江浙等经济发达地区涌现并成为一种时尚。已建成和规划中的游艇港、游艇会从北到南均有分布，如大连、天津、青岛、上海、厦门、广州、三亚等海滨城市。我国游艇产业尚未起步，而随着经济的发展，人们生活水平的提高和消费观念的改进，游艇业发展潜力很大，在此背景下通过对中心渔港台风影响下港区波浪条件研究以及游艇泊稳条件和紧急避浪措施研究，对于提高港区游艇安全，避免生命财产安全损失有着重要的作用。

一个完整的游艇港是指为游艇提供防护、港内系泊、到岸综合服务的一个特殊功能区，它包括水域设施、防护设施、系泊设施、上下岸设施、游艇陆上保管设施、陆上管理运营（包括游艇俱乐部）设施、码头服务设施、港区交通设施。作为滨海新区"十大战役"之一的天津中心渔港工程，其中所包含的休闲港区是天津市"十二五"规划重要旅游项目，其中的中澳皇家游艇城作为该功能区的主体，按照规划将建设1000个游艇泊位，为游艇下水、试航、停泊和运输提供必要的水域条件。游艇通常指用于运动和休闲娱乐的船舶，由于船型尺度相对较小（长度从2～30m），码头也不同于通常的货、客运等类型的码头，在泊位平面布置、靠系泊方式、码头结构设计方面都有其自身的特殊性，其突出表现在港内水域掩护要求高、码头结构随潮位起伏性好，同时追求景观效果，而目前我国的相关研究还处于起步阶段，相关的参考资料和经验也极为有限。另外，在紧急避浪（风）方面的措施研究结合可循环利用的复式防波堤结构，对于环境的保护和资源的节约都有很好的示范作用。如苏格兰海上浮桥不受波浪破坏，28天建造的浮式防波堤能抵御2m波高的波浪，波高减幅可达 75%，防护效果显著。随着国内游艇产业的不断发展和完善，专题研究势在必行，在此背景下依托本项目，针对天津中心渔港休闲区的游艇泊稳条件进行研究，为港区工程的设计方案确定和日后运营维护提供科学依据，并以此为同类码头的设计、建设与评价积累经验，提供参考和借鉴，以促进我国游艇码头的发展和科研水平的提高，并促进天津市滨海新区“游艇产业”作为沿海国民经济的发展目标的实现，还可为提升我国游艇码头的设计、科研水平积累宝贵经验，有着经济、社会和环境多重效益。

## 5.2 国内外研究现状

关于工程护岸对环境和生态影响在国外研究较早，并认为用混凝土护岸会引起生态与环境的退化。瑞士、德国和日本等均提出了一些生态护岸技术。美国及欧洲一些国家常用土壤生物护岸，通过植物对坡面的有效覆盖，用植物根系降低土壤孔隙水压力以加固土层和提高抗滑能力。有的还结合工程技术进行综合保护，延长防护使用年限。美国阿拉斯加州的 Kenai 河护岸、加拿大 Jacques Cartier 公园中河岸保护、英国约克郡戴尔斯三峰地区国家公园自然环境恢复等项目中均采用了生态护岸技术。国内的植物护岸多应用在河岸浅滩及路堤，在海岸浅滩的消浪促淤中多利用植物枝干的消浪作用。

1984 年，在京杭运河的山东临清段塔西附近进行了砌石固基与深栽柳护坡相结合的整治工程，多年运行后，滞流落淤效果明显，树木生长蓬勃旺盛，柳干的伐用收入是一般堤防绿化收入的 3 倍多。吉林嫩江流域治理中，采用当地草本植物护坡，河柳灌木做迎水坡脚防浪林植物。利用植物的地上部分覆盖堤防的迎水面，减小波浪对坡面的冲击，起到了消波护坡的作用。并且利用植物的根系与坡面土壤的结合，改善土壤结构，提高坡面表层的抗碱强度，有效地提高坡面的抗蚀性，保护岸坡。20 世纪 80 年代初，珠江三角洲新会、斗门等地在堤外的滩地上种植落羽松、水松等适生防护林防风消浪，固滩护岸，并已经受历年台风的考验。8908 号台风加暴潮袭击斗门县（现斗门区）时，境内最大风力 10 级，全县 289km 堤围决口 449 个，决口长度达 40km。灾后检查发现，凡是堤外滩种植了以水松为主的固堤防浪林的堤围都未决口；没有栽植防浪林的堤围，即使堤外砌石防浪，也免不了堤围决口。由此可见，防浪林有效地保护了堤围的安全。据观测，10 行以上的林带可以把堤外河槽 7 级的大浪削减为 3 级，3 ~ 5 行间距为 1m 左右的林带即可有效地防浪护堤。上海城市河道新型护岸绿化设计中，充分考虑了护岸工程与自然生态环境的和谐性，采用了多种护岸植物种植形式，根据河道岸坡的不同形式利用水生植物（如水草、灌木及乔木）和碎石、混凝土框架、草砖等结合，形成美观实用的多层次护岸，岸绿水清成为上海一景。

在河岸带种植树木形成河岸防护林，其作用主要有：①洪水经过河岸防护林时在防护林的阻滞作用下，流速大为减慢，减小了水流对土表面的冲刷，增加了淤泥沉积量，主干、枝叶还消减了波浪对岸堤的冲刷作用；②植物的根系发达，增加了土壤抗侵蚀的机械强度，减少了河岸的冲刷和崩塌；③根、茎、叶的生长有改良土壤的作用，增加了土壤的有机质含量，改善了土壤结构，增强了土壤含水性，从而增加土壤的抗侵蚀能力。利用防浪林固滩护岸的实际应用不少。如浙江海塘沿线生长的鸡干草、湖南洞庭湖临湖堤前的垂柳和鸡婆柳、江苏洪泽湖大堤堤坡上的防浪林台等，都在当地起到了良好的消浪护堤的作用，但对消浪效果及消浪机理的研究却不多。对长江中下游防浪林不同类型林带结构进行的消浪效果原型观测表明，6～9排防浪林可消浪33%～38%，10～15排可消浪49%～57%，20～25排可消浪64%～71%，消浪的效果较显著。

我国海岸线上近岸带的防护建筑物或天然海岸经常受到波浪的侵蚀。利用生物消浪护岸的历史也较长，如福建省沿海的红树林，上海市滩涂上的大片芦苇滩，浙江沿海的互花米草、大米草护岸工程，都是利用生物方法消浪促淤，保护海岸，效果明显。1989年，在浙江南部沿海的生物促淤海岸防护研究中，互花米草因其植株高大、杆茎粗壮、生长密集、能较好地减缓流速、阻挡风浪，可起到保护海岸的作用。现场观测可知，当风浪通过草带宽度为10～40m时，消浪能力为45%；通过40m和60m宽草带时，消浪能力分别为67%和78%。可见，较宽的互花米草带具有较强的消浪能力，平均每10m宽的草带可消减波高6～8cm；200m宽的草带可消减台风浪高达89%。当水深超过植被冠层之前的那一刻，可消减堤前波浪爬高的60%；水位一旦超过植被的冠层后，仅消减波浪爬高的21%。由聚乙烯材料制成的人工海草，密度为0.22～0.58g/cm$^3$，单株直径3～4mm，长度分1m和2m两种。1991年在长江口南江东滩上设置了人工海草试验区。将人工海草编织成排固定在海滩上，每排间距2m。人工海草区底层流速小于相邻未设人工海草的光滩同一等高线上的流速，实测的缓流系数在0.39～0.81之间。当水深大于1.2m且人工海草全部淹没水中时，试验区内外都有破波现象；当水深小于0.7m且人工海草上部仍有数十厘米露出水面时，试验区内无波动现象，而试验区外波高达10cm左右，并有破波发生。

分析认为，林带消浪主要是波浪通过林带时，受到树干、枝条的阻力，造成水体局部间的紊流，起到消波消浪的效果。防浪林消浪效果主要取决于林带的排数、林木的长势及林木水下体积等。消浪效果与防浪林的排数成正比，消浪与林分纵剖面盖度有关,当排数一定时,林分纵剖面盖度越大,波浪的侵蚀越小。

## 5.3　波浪数学模型研究

利用工程区附近海洋站多年波浪观测资料,分析工程区的波浪特性,通过大范围的波浪数学模型,考虑航道折射、浅水变形底摩阻等波浪现象,经由不同水深处波要素,分析工程区强浪和常浪特性,在此基础上再利用小范围波浪数学模型模拟港内波况,考虑航道折射、防波堤反射和港内绕射、码头反射等共同影响,给出港内波高的分布情况,分析泊稳条件。同时,由于中心渔港内水域范围较大(纵深 > 1km),依据《港口与航道水文规范》(JTS 145-2—2013)需同时考虑小风区风成浪对港内波高的影响,因此本次研究计算港内风成浪波高,以考察风浪不利影响下港内泊稳情况。

### 5.3.1　依据条件

(1)波浪实测资料:本海域附近长期测波站(塘沽海洋站位置见表 5.1)波浪资料和已有的天津港航道附近 -7m 等深线波要素作为依据资料。

**塘沽各测站位置**　　表 5.1

| 年份 | 经度 | 纬度 | 年份 | 经度 | 纬度 |
|---|---|---|---|---|---|
| 1960 | 117°55′ | 38°57′ | 1972 | 117°49′ | 38°37′ |
| 1961 | 117°56′ | 38°57′ | 1973、1974、1977、1978、1979、1981、1982 | 117°49′ | 38°34′ |
| 1962、1963、1964、1965、1966、1967、1968 | 117°55′ | 38°56′ | 1975、1976 | 117°49′ | 38°33′ |
| 1971 | 117°52′ | 38°53′ | | | |

(2)设计水位(当地理论最低潮面):

①极端高水位 +5.88m。

②设计高水位 +4.3m。

③设计低水位 +0.5m。

④极端低水位 -1.29m。

(3)天津港各向年风速极值(1980—1995 年)。

由多年统计资料表明,本海区全年内各方向上风的分布随季节有所不同(图 5.1),但整体上表现为强风向 NW 向。其中,春夏常风向以偏 SE 为主,而秋冬则以 NW 为主,有实测资料统计本海区最大风速为 23.11m/s(50 年一遇)。

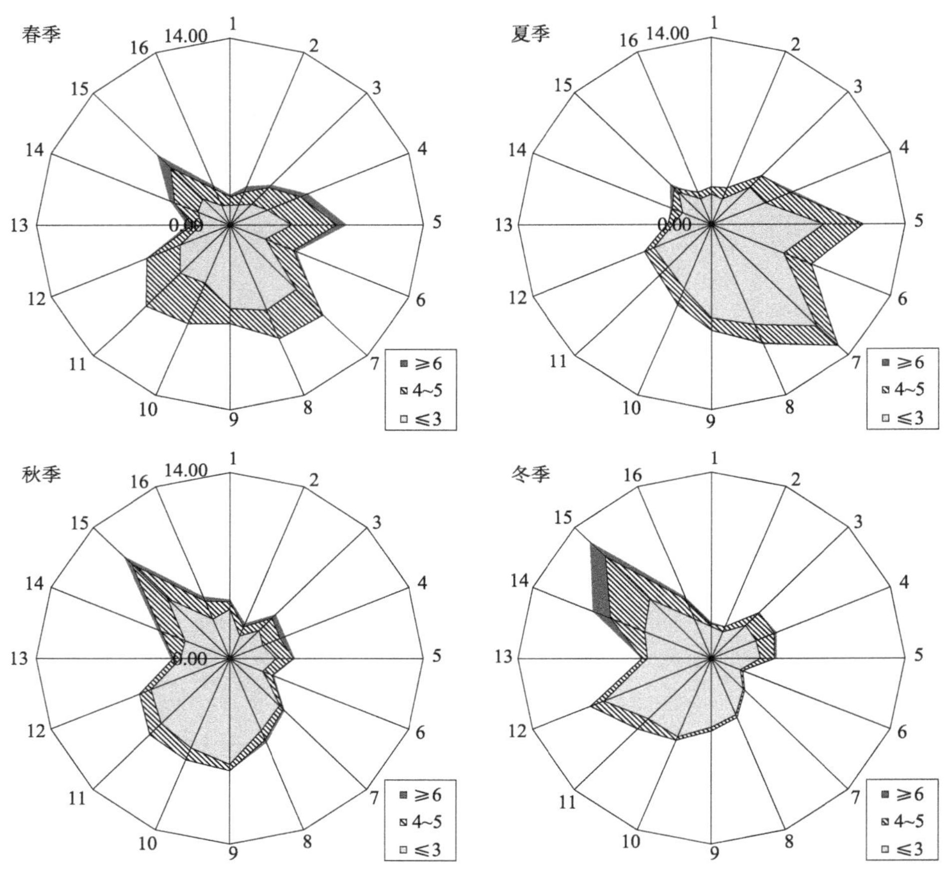


图 5.1 实测资料统计风频分级分布图(按季节分)

## 5.3.2 计算内容及目的

(1)确定中心渔港所在水域的设计波要素,包括:由塘沽测站波浪资料和已有 -7m 等深线波要素给出中心渔港所在水域的原始波浪要素,进而推算 ENE、E、

ESE、SE、SSE、S、SSW、SW 和 WSW 向波浪作用下,极端高水位、设计高水位、设计低水位和极端低水位,50、5、2 年一遇设计波浪要素($H_{1\%}$、$H_{4\%}$、$H_{13\%}$、$\overline{H}$、$\overline{T}$ 和 $L$)。

(2)港内波高分布:即在上述工作基础上,计算工程后 SE 和 ESE 向浪作用下渔港港内的波高分布,分别分析作业区和休闲区泊稳条件。

(3)小风区风成浪模拟:港外波浪大都受挡砂堤掩护而难以传入港内,且中心渔港港池水域面积相对较大,因此必须考虑风的影响因素,特别是大风期间,通过小风区风成浪分析港内各控制点波高分布,为泊稳条件的确定提供基础资料。

### 5.3.3 计算方法

1)不同重现期波要素推算方法

波要素的推算采用皮尔逊Ⅲ型曲线适线法。皮尔逊Ⅲ型曲线是皮尔逊曲线族中的一种线型,是纯经验性的。皮尔逊Ⅲ型曲线概率密度曲线公式为:

$$\frac{\mathrm{d}y}{\mathrm{d}x}=\frac{(x+d)y}{b_0+b_1x+b_2x^2} \tag{5.1}$$

式中 :$y$——概率分布曲线;

$x$——样本值;

$d$——样本均值与众值的差;

$b_0$、$b_1$、$b_2$——待定参数。

积分后可得频率曲线的函数 $y$。由于式中各参数 $b_0$、$b_1$、$b_2$ 的不同,使 $b_0+b_1x+b_2x^2=0$ 中的两个根有各种解。由这些不同根的组合,能使积分后的 $y$ 值有各种不同结果。皮尔逊把它分成十三种线型,皮尔逊Ⅲ型就是其中的一种线型。

当 $b_2=0$ 时,就是皮尔逊Ⅲ型曲线,即为

$$\frac{\mathrm{d}y}{\mathrm{d}x}=\frac{(x+d)y}{b_0+b_1x} \tag{5.2}$$

皮尔逊Ⅲ型曲线方程为:

$$f(x)=\begin{cases}\dfrac{\beta^{\alpha}}{\Gamma(\alpha)}(x-r)^{\alpha-1}\mathrm{e}^{-\beta(x-r)} & (x\geqslant r)\\ 0 & (x<r)\end{cases} \tag{5.3}$$

式中:$\alpha$——形状参数;

$\beta$——尺度参数;

$r$——位置参数。

以上参数可用各阶矩来表示，但估计重现期时，常用离差系数 $C_v$ 和偏差系数 $C_s$ 表示。

离差系数 $C_v$ 是反映数列离散度的大小，即：

$$C_v = \frac{\sigma}{\bar{x}} = \frac{1}{\bar{x}}\sqrt{\frac{\sum (x_i - \bar{x})^2}{n-1}} = \sqrt{\frac{\sum (K_i - 1)^2}{n-1}} = \sqrt{\frac{\sum_{i=1}^{n} K_i^2 - n}{n-1}} \tag{5.4}$$

式中，$K_i = \frac{x_i}{\bar{x}}$，称为模比系数；$\frac{\sum (x_i - \bar{x})^2}{n-1}$是 $\sigma^2$ 的无偏估计。

在海洋工程设计中，要根据海洋要素的频率曲线来求多年一遇极值，也就是要求出给定频率 $P(\%)$ 的对应极值 $x_p$，这可由下式解出 $x_p$ 值：

$$P' = P(x \geqslant x_p) = \frac{\beta^\alpha}{\Gamma(\alpha)} \int_{x_p}^{\infty} (x - r)^{\alpha - 1} e^{-\beta(x-r)} dx \tag{5.5}$$

用代换积分法，令 $t = \beta(x - r)$，得：

$$P' = \frac{\beta}{\Gamma(\alpha)} \int_{t_p}^{\infty} t^{\alpha - 1} e^{-t} dt \tag{5.6}$$

式中：$t_p = \beta(x_p - r)$，$\frac{1}{\beta} = \frac{\bar{x} C_v C_s}{2}$，$r = x - (a + d) = \bar{x} - \frac{2\bar{x} C_v}{C_s}$

继而可得：

$$\frac{x_p - \bar{x}}{\bar{x}} = \frac{C_v C_s}{2} t_p - \frac{2C_v}{C_s} \tag{5.7}$$

令

$$\Phi = \frac{C_s}{2} t_p - \frac{2}{C_s} \tag{5.8}$$

$$K_p = \frac{x_p}{\bar{x}} \tag{5.9}$$

则：

$$x_p = (\Phi C_v + 1)\bar{x} \tag{5.10}$$

由

$$\Phi = \frac{x_p - \bar{x}}{\bar{x} C_v} = \frac{K_p - 1}{C_v} \tag{5.11}$$

$$K_p = \Phi C_v + 1 \tag{5.12}$$

则：

$$x_{\mathrm{p}} = K_{\mathrm{p}}\overline{x} \tag{5.13}$$

因此，只要从观测资料中算出样本的统计量 $\overline{x}$、$C_{\mathrm{v}}$ 和 $C_{\mathrm{s}}$ 值，皮尔逊Ⅲ型曲线方程即可确定。计算中选择6个代表计算簇，反映 $C_{\mathrm{v}}$ 和 $C_{\mathrm{s}}$ 的关系，通过计算曲线与实测数据点间的差值，应用最小二乘法得到最佳适线。

2)大范围波浪场的模拟

依据塘沽已有的 -7m 水深处的波浪要素，采用交通运输部天津水运工程科学研究院数值模拟软件包 TK-2D 中的 PEM 抛物线形缓坡方程波浪数学模型，通过调整外边界条件及底摩阻系数使波浪与之前所推算的波要素一致，实现验证，进而继续推算至港区附近，得到外海波浪要素。该模型基本原理如下：

波浪自外海向岸边的传播运动，可视为沿某一方向的前进波，抛物线形缓坡方程波浪数学模型可有效地考虑这种沿某一方向的波浪传播运动。Radder(1979)首先将波浪分解为前进波和反射波，即：

$$\Phi = \Phi^{+} + \Phi^{-} \tag{5.14}$$

式中，$\Phi$ 为波浪函数；$\Phi^{+}$ 和 $\Phi^{-}$ 分别为前进波势和反射波势。将方程应用抛物线近似方法对 Berkhoff(1972)导出的椭圆形缓坡方程进行简化，忽略反射波部分，经推导可得前进波的表达式如下：

$$\frac{\partial \Phi^{+}}{\partial x} = \left[ik - \frac{1}{2kCC_{\mathrm{g}}} \cdot \frac{\partial (kCC_{\mathrm{g}})}{\partial x} + \frac{i}{2kCC_{\mathrm{g}}} \cdot \frac{\partial}{\partial y}\left(C_{\mathrm{g}} \frac{\partial}{\partial y}\right)\right]\Phi^{+} \tag{5.15}$$

式中，$C$ 为波速；$C_{\mathrm{g}}$为波群速；$k$ 为波数。上式即传播主方向为 $x$ 的抛物线形缓坡方程。方程(5.15)要求波浪传播方向与主方向 $x$ 相差很小，实际上这种限制是很苛刻的，Kirby(1983、1986)对此方法进行了完善和发展，利用 Pade 展开和最小误差方法使抛物线形缓坡方程模型可用于较大传播角度的波浪计算，传播主方向为 $x$ 的方程为：

$$C_{\mathrm{g}}A_{x} + i(\overline{k} - a_{0}k)C_{\mathrm{g}}A + \frac{1}{2}(C_{\mathrm{g}})_{x}A + \frac{i}{\omega}\left(a_{1} - b_{1}\frac{\overline{k}}{k}\right)(CC_{\mathrm{g}}A_{y})_{y} - \frac{b_{1}}{\omega k}(CC_{\mathrm{g}}A_{y})_{yx} + \frac{b_{1}}{\omega}\left[\frac{k_{x}}{k^{2}} + \frac{(C_{\mathrm{g}})_{x}}{2kC_{\mathrm{g}}}\right](CC_{\mathrm{g}}A_{y})_{y} + \frac{i\omega k^{2}}{2}D|A|^{2}A + \frac{f_{\mathrm{r}}}{2}A = 0 \tag{5.16}$$

式中，$A(x,y)$为波振幅(复数)；$a_{0}$、$a_{1}$、$b_{1}$为常系数，与入射角度有关；$\overline{k}$ 一般可取为 $k(x,y)$沿 $y$ 方向的平均值。方程左边的最后两项分别表示非线性影响和底摩擦损耗。

由于底摩擦损耗项中的$f_{\mathrm{r}}$选取较为复杂，底摩擦损耗将在后面单独考虑，这

样方程经化简并采用 Crank-Nicolson 格式进行差分,经推导可得如下差分方程:

$$f_a A_{m+1}^{n+1} + f_b A_m^{n+1} + f_c A_{m-1}^{n+1} = f_d \tag{5.17}$$

式中:$f_a = -\sigma_3(\beta_{m+1}^{n+1} + \beta_m^{n+1})$

$$f_b = \left[1 + \frac{i\Delta x}{2}(\bar{k} - \zeta_1 k_m^{n+1}) + \frac{a_m^-}{2a_m^+} + \sigma_3(\beta_{m+1}^{n+1} + \beta_m^{n+1} + \beta_{m-1}^{n+1})\right] + \frac{1}{2}\left(\frac{i\omega k^2 D}{2C_g}\right)_m^{n+1} |\bar{A}^{n+1}|^2$$

$$f_c = -\sigma_3(\beta_m^{n+1} + \beta_{m-1}^{n+1})$$

$$f_d = A_m^n\left[1 - \frac{i\Delta x}{2}(\bar{k} - \zeta_1 k_m^n) - \frac{a_m^-}{2a_m^+} - \sigma_4(\beta_{m+1}^n + 2\beta_m^n + \beta_{m-1}^n) - \frac{1}{2}\left(\frac{i\omega k^2 D}{2C_g}\right)_m^n |A_m^2|^2\right] + \sigma_4[A_{m+1}^n(\beta_{m+1}^n + \beta_m^n) + A_{m-1}^n(\beta_m^n + \beta_{m-1}^n)]$$

$$a_m^+ = (C_g)_m^{n+1} + (C_g)_m^n$$

$$a_m^- = (C_g)_m^{n+1} - (C_g)_m^n$$

$$\beta_m^n = (CC_g)_m^n$$

$$\sigma_3 = -\left(\sigma_2 + \sigma_1\frac{\Delta x}{2}\right)\cdot\frac{1}{\Delta y^2 \omega a_m^+}$$

$$\sigma_4 = \left(\sigma_2 - \sigma_1\frac{\Delta x}{2}\right)\cdot\frac{1}{\Delta y^2 \omega a_m^+}$$

上面表达式中的非线性项$|\bar{A}^{n+1}|$可首先利用方程的线性部分进行估算。可知,当第 $n$ 行的 $A(x,y)$ 为已知,则可建立第 $n+1$ 行的方程组,即构成三对角阵,因而可利用双扫描法求解。整个计算域的波浪可由以上方法逐行求解得到。计算步长小于 1 倍波长。

其中,几个问题考虑如下:

(1)底摩擦损耗的考虑

波浪因水底摩擦引起波高减少,特别在相对水深较小、波高较大的情况下,底摩擦损耗比较明显,所以对于大范围的计算,不考虑底摩擦损耗将会带来较大的误差。

波浪每行进 $\Delta x$ 距离波高的减少率 $K_f$ 按 Bretchneider-Reid 公式确定:

$$K_f = \frac{H_2}{H_1} = \left[1 + \frac{64}{3}\cdot\frac{\pi^3}{g^2}\cdot\frac{fH_1\Delta x}{h^2}\cdot\left(\frac{h}{T^2}\right)^2\frac{K_s^2}{\mathrm{sh}^3(2\pi h/L)}\right]^{-1} \tag{5.18}$$

式中：$H_1$——初始波高；

$H_2$——传播 $\Delta x$ 距离后的波高；

$f$——摩擦系数；

$h$——水深；

$T$——波周期；

$L$——波长。

浅水系数依据下式计算：

$$\begin{cases} K_s = \sqrt{\dfrac{1}{2n} \cdot \dfrac{C_0}{C}} \\ n = \dfrac{1}{2}\left[1 + \dfrac{4\pi h/L}{\mathrm{sh}(4\pi h/L)}\right] \end{cases} \tag{5.19}$$

公式中的摩擦系数 $f$ 的取值范围在 0.001～0.10 之间，取不同的值对计算结果影响很大。考虑为风浪时选用 0.001～0.0015。

(2)波浪破碎的考虑

参照《海港水文规范》(JTS 145-2—2013)，破碎波高水深比的选取依据沿传播方向的海底坡度。

(3)边界条件

边界条件分为起始边界条件和侧向边界条件。

为了减少误差保证计算的精确度，计算中均采用正向入射即入射方向与方程传播的主方向 $x$ 向相同。

起始边界条件：$A = \dfrac{H_0}{2}(\cos\theta + i\sin\theta)$，$A$ 为波幅；$H_0$ 为入射波高；$\theta$ 为复角，取 0°。

侧边界为水域时，边界内外波高梯度为 0。

3)传入港内波况计算

在得到港区水域设计波要素后，进一步采用基于 Boussinesq 方程的波浪数学模型计算港内波高分布，该模型可以考虑地形和水工建筑物对波浪的折射、反射和绕射以及底部摩阻损耗等的影响。其基本原理如下：

(1)基本方程

为沿水深积分的平面二维短波方程。由于水深积分过程中的假定不同，积分方法的差异，得到不同的水深积分平面二维短波方程，称为 Boussinesq 类方程。这些方程经 Mc Cowan、Madsen 等人十多年的验证和比较，推荐基本方程如下：

$$S_t + P_x + Q_y = 0 \tag{5.20}$$

$$P_t + \left(\frac{P^2}{d}\right)_x + \left(\frac{PQ}{d}\right)_y + gdS_x + \psi_1 = 0 \tag{5.21}$$

$$Q_t + \left(\frac{Q^2}{d}\right)_y + \left(\frac{PQ}{d}\right)_x + gdS_y + \psi_2 = 0 \tag{5.22}$$

其中：

$$\psi_1 = -\left(B + \frac{1}{3}\right)h^2(P_{xxt} + Q_{xyt}) - Bgh^3(S_{xxx} + S_{xyy}) -$$
$$hh_x\left(\frac{1}{3}P_{xt} + \frac{1}{6}Q_{yt} + 2BghS_{xx} + BghS_{yy}\right) - hh_y\left(\frac{1}{6}Q_{xt} + BghS_{xy}\right)$$

$$\psi_2 = -\left(B + \frac{1}{3}\right)h^2(Q_{yyt} + P_{xyt}) - Bgh^3(S_{yyy} + S_{xxy}) -$$
$$hh_x\left(\frac{1}{3}Q_{yt} + \frac{1}{6}P_{xt} + 2BghS_{yy} + BghS_{xx}\right) - hh_x\left(\frac{1}{6}P_{yt} + BghS_{xy}\right)$$

式中，$P$、$Q$ 为 $x$、$y$ 方向流速沿水深的积分；$h$ 为静水深；$S$ 为波面高度；$d$ 为总水深，$d = h + s$；$B$ 为深水修正系数，可取为 1/15；脚标（$t$、$x$、$y$）表示物理量对时间、$x$ 方向和 $y$ 方向的偏导数。

（2）消波边界和底摩阻的处理

波浪数学模型中，前后边界都要进行消波处理，以免出现边界的多次反射，影响模拟的精度，在波浪数学模型的应用过程中，不少学者对消波边界的处理进行了深入的研究，根据 Mc Cowan（1978）、Larsen 和 Dancy（1983）的研究成果，在消波边界区域，基本方程引入消波参数 $r$、$\mu$。考虑由于底部摩擦引起的波能损耗，其方程可表达为：

$$S_t + rP_x + rQ_y = -\frac{1-\mu^{-2}}{\Delta t}S \tag{5.23}$$

$$P_t + \left(\frac{P^2}{h}\right)_x + \left(\frac{PQ}{h}\right)_y + rgdS_x + \psi_1 + g\frac{P\sqrt{P^2+Q^2}}{C^2h^2} = -\frac{1-\mu^{-2}}{\Delta t}P \tag{5.24}$$

$$Q_t + \left(\frac{Q^2}{h}\right)_y + \left(\frac{PQ}{d}\right)_x + rgdS_y + \psi_2 + g\frac{Q\sqrt{P^2+Q^2}}{C^2h^2} = -\frac{1-\mu^{-2}}{\Delta t}Q \tag{5.25}$$

其中：

$$\mu(x) = \begin{cases} \exp[(2^{-x/\Delta t} - 2^{-x_s/\Delta x})\ln a] & (0 < x < x_s) \\ 1 & (x_s < x) \end{cases}$$

$$r(x) = 0.5\left(1 + \frac{1}{\mu^2}\right)$$

式中，$X_s$ 为空隙率消波层厚度，其中 $a$ 的取值与 $X_s$ 和 $\Delta x$ 的比值有关；$C$ 为谢才系数。按照已有的经验，当 $X_s=5\Delta x$ 时，$a$ 取 2.0，当 $X_s=10\Delta x$ 时，$a$ 取 5.0。

(3)波浪反射

由于建筑物形式的多样性，建筑物反射的特性差别很大，不同的反射率特性通过设立不同个数、不同组合的空隙率消波层得到。模拟时反射边界参数选取首先依据有关公式和实践经验判断反射率，再通过调整消波层数和空隙率，使得在对应的水深、波要素及步长情况下得到同等的反射率。

(4)求解过程

方程的求解采用 ADI 法。由于 Boussinesq 项及修正项的存在，增加了方程中的未知量，全部隐格式求解有一定的难度，因而 Boussinesq 项及修正项中的参量，采用 Madsen 提出的预估法计算得到。

(5)计算网络与边界处理

为了减少误差，保证计算的精度，采用正向入射，侧边界按内外波浪变化梯度为 1.0 考虑，相当于物理模型中设有导波板的情况，岸滩按吸收边界考虑。

(6)不规则波的模拟与统计

本次计算采用指定的频谱，造波点的频谱不规则波采用分频叠加模拟得到。波谱频域分割数为 $M$，一般取 50～100。则该频谱的某点水位变化为：

$$\eta(n\Delta t)=\sum_{i=1}^{M}\sqrt{2S(f_i)\Delta f_i}\cos(2\pi f_i n\Delta t+\varepsilon_i) \tag{5.26}$$

波谱分析利用协方差函数估计法，设 $N$ 为样本总量，$m$ 为推移乘积个数，波浪谱可表达为：

$$S(2\pi f)=\frac{2}{\pi}\int_0^{\infty}R(\tau)\cos 2\frac{\pi}{\tau}\mathrm{d}\tau \tag{5.27}$$

其中：

$$R(\nu\Delta t)=\frac{1}{N-\nu}\sum_{n+1}^{N-\nu}x(t_n+\nu\Delta t)x(t_n)\qquad(\nu=0,1,2,\cdots,m)$$

由数值积分得到波谱的粗值：

$$L_h=\frac{2\Delta t}{\pi}\sum_{\nu=0}^{m}R(\nu\Delta t)\cos(2\pi f_h\nu\Delta t)$$

如数值积分中采用梯形公式：

$$L_h=\frac{2}{\pi}\left[\frac{1}{2}R(0)+\sum_{\nu=1}^{m-1}R(\nu\Delta t)\cos(2\pi f_h\nu\Delta t)+\frac{1}{2}R(m\Delta t)\cos(2\pi f_h m\Delta t)\right]\Delta t$$

$$h=0,1,2,\cdots,m$$

此处所取的频率间隔为：

$$\Delta f=\frac{f_N}{m}$$

故：

$$f_h=h\Delta f=h\frac{f_N}{m}=\frac{h}{m}\frac{1}{2\Delta t}$$

得到：

$$L_h=\frac{2\Delta t}{\pi}\left[\frac{1}{2}R(0)+\sum_{\nu=1}^{m-1}R(\nu\Delta t)\cos\frac{\pi\nu h}{m}+\frac{1}{2}R(m\Delta t)\cos\pi h\right]\quad(h=0,1,2,\cdots,m) \tag{5.28}$$

以上估计出的 $L_h$ 是不精确的，需要进行改进或光滑。光滑采用 Hamming 法：

$$S(2\pi f_h)=0.23L_{h-1}+0.54L_h+0.23L_{h+1} \tag{5.29}$$

$m$ 的取值对计算也有影响，$m$ 可取样本总数 $N$ 的 1/10，计算中取 200～300。不规则波较为复杂，为此计算程序中设立了专门的处理程序，程序包括波浪谱的输入，通过频率分割进行叠加形成不规则波的波面过程。同时将过程转换为波谱，以检验波面形成过程的正确性。计算过程中，还可对每一个网格点的最大波高和最高波峰高程进行实时统计与记录。进行多方向不规则波的模拟时，方向分布函数依据《海港水文规范》(JTS 145－2—2013)进行计算，方向分割数为 25。

### 5.3.4 计算结果与分析

(1)不同重现期波要素推算结果

根据塘沽海洋站 20 年各向波浪观测年极值资料，采用皮尔逊Ⅲ型曲线适线法，推算不同方向不同重现期波浪要素。基于累计 20 年不同方向实测年极值(表 5.2)，采用皮尔逊Ⅲ型曲线适线法，得到结果见图 5.2(以 S～WSW 为例)，同时结合天津港已有的 NE～SSE 向 －7m 水深波要素，经复核统一后相应得到天津海域 －7m 等深线不同方向不同重现期波要素结果如表 5.3 所示。

在工程位置波要素推算过程中，对于 ESE、SE 和 SSE 三个方向利用 TK－2D 的 PEM 模型推算工程位置处的波浪要素，计算范围见图 5.3。对于 S、SSW、SW 和 WSW 四个方向，把 －7m 水深处的波要素作为率定点得到不同重现期的风速，利用风成浪推算工程位置处的波浪，计算范围见图 5.4。

**塘沽海洋站实测波浪年极值($H_{4\%}$,单位:m)** 表5.2

| 年份 | N | NNE | NE | ENE | E | ESE | SE | SSE | S | SSW | SW | WSW | W | WNW | NW | NNW |
|---|---|---|---|---|---|---|---|---|---|---|---|---|---|---|---|---|
| 1960 | 3.30 | 1.20 | 3.50 | 3.00 | 2.70 | 3.00 | 2.90 | 0.50 | 0.50 | 0.90 | 0.90 | 0.50 | 1.00 | 1.00 | 2.00 | 2.50 |
| 1961 | 1.50 | 2.00 | 5.00 | 2.00 | 1.40 | 1.20 | 1.60 | 1.10 | 1.10 | 0.80 | 0.80 | 1.40 | 0.70 | 0.80 | 2.10 | 1.80 |
| 1962 | 1.20 | 1.40 | 3.00 | 3.00 | 2.70 | 0.90 | 0.70 | 0.30 | 0.50 | 0.50 | 0.40 | 0.70 | 1.00 | 0.70 | 1.80 | 1.60 |
| 1963 | 2.20 | 1.20 | 1.40 | 2.50 | 1.60 | 3.00 | 1.40 | 1.00 | 0.50 | 0.50 | 1.80 | 0.70 | 1.80 | 0.80 | 2.80 | 2.60 |
| 1964 | 1.40 | 0.90 | 2.10 | 3.20 | 2.90 | 2.30 | 1.80 | 0.80 | 1.10 | 1.60 | 1.60 | 0.60 | 0.50 | 1.70 | 1.80 | 1.50 |
| 1965 | 3.60 | 1.10 | 2.20 | 1.80 | 3.70 | 3.20 | 2.70 | 2.00 | 1.30 | 1.00 | 2.60 | 1.00 | 1.20 | 1.90 | 2.00 | 2.90 |
| 1966 | 3.20 | 1.00 | 2.80 | 2.20 | 3.70 | 2.60 | 3.80 | 1.20 | 1.50 | 1.30 | 2.70 | 1.90 | 1.20 | 1.90 | 5.50 | 3.20 |
| 1967 | 3.20 | 1.30 | 2.10 | 2.60 | 3.70 | 2.60 | 2.20 | 1.50 | 2.20 | 0.30 | 1.10 | 1.00 | 0.80 | 0.50 | 3.90 | 2.20 |
| 1968 | 1.60 | 2.70 | 2.60 | 4.90 | 4.30 | 2.30 | 3.10 | 0.80 | 0.60 | 0.70 | 1.60 | 0.60 | 0.60 | 2.60 | 4.10 | 2.00 |
| 1971 | 1.30 | 0.90 | 2.10 | 3.20 | 2.40 | 1.50 | 0.80 | 1.00 | 1.00 | 0.80 | 0.80 | 0.90 | 0.90 | 1.80 | 1.90 | 1.50 |
| 1972 | 2.80 | 1.50 | 3.00 | 3.10 | 3.20 | 2.10 | 1.60 | 1.50 | 1.90 | 2.10 | 2.60 | 0.80 | 1.20 | 0.80 | 2.70 | 2.70 |
| 1973 | 2.50 | 1.50 | 3.50 | 3.00 | 3.50 | 2.00 | 0.80 | 0.70 | 1.20 | 1.50 | 1.20 | 1.00 | 0.60 | 0.70 | 2.50 | 3.00 |
| 1974 | 1.60 | 3.00 | 2.50 | 3.00 | 2.00 | 1.30 | 1.30 | 1.50 | 1.50 | 1.30 | 1.20 | 0.60 | 0.70 | 0.80 | 2.80 | 2.50 |
| 1975 | 2.20 | 0.50 | 1.50 | 2.50 | 2.70 | 1.00 | 0.90 | 1.20 | 1.00 | 1.20 | 1.30 | 0.90 | 1.10 | 1.30 | 3.00 | 3.00 |
| 1976 | 2.60 | 1.10 | 2.50 | 2.50 | 1.30 | 1.30 | 1.20 | 1.20 | 0.60 | 1.20 | 0.70 | 0.90 | 1.10 | 1.20 | 2.00 | 2.50 |
| 1977 | 2.30 | 2.50 | 2.30 | 2.50 | 1.80 | 1.30 | 1.10 | 1.00 | 1.00 | 0.90 | 1.20 | 1.30 | 1.80 | 1.80 | 2.30 | 2.40 |
| 1978 | 1.20 | 2.30 | 2.50 | 2.50 | 2.20 | 2.30 | 1.20 | 1.20 | 0.90 | 1.60 | 1.20 | 0.60 | 0.70 | 0.40 | 1.80 | 0.90 |
| 1979 | 2.00 | 1.70 | 2.20 | 3.00 | 2.30 | 2.50 | 1.30 | 1.40 | 1.60 | 1.00 | 1.40 | 0.90 | 0.70 | 1.00 | 0.80 | 2.80 |
| 1981 | 2.00 | 2.20 | 2.30 | 2.80 | 2.60 | 1.00 | 1.00 | 1.20 | 1.00 | 1.20 | 1.80 | 1.00 | 0.90 | 1.20 | 2.00 | 1.80 |
| 1982 | 1.80 | 1.20 | 1.50 | 3.00 | 3.00 | 1.50 | 0.60 | 0.50 | 0.60 | 1.20 | 1.20 | 0.60 | 0.50 | 0.60 | 1.40 | 1.40 |

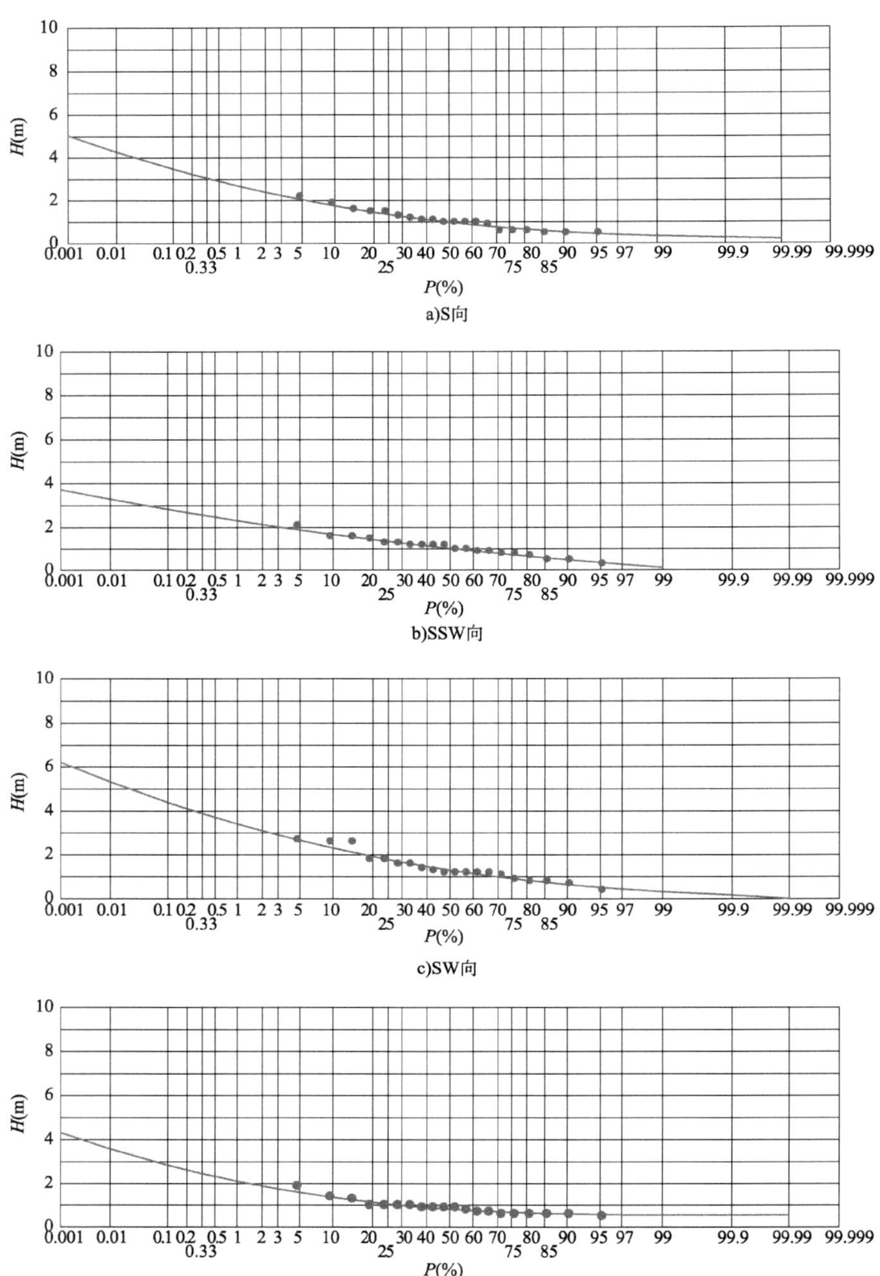


图 5.2 各向 $H_{4\%}$ 波浪适线结果

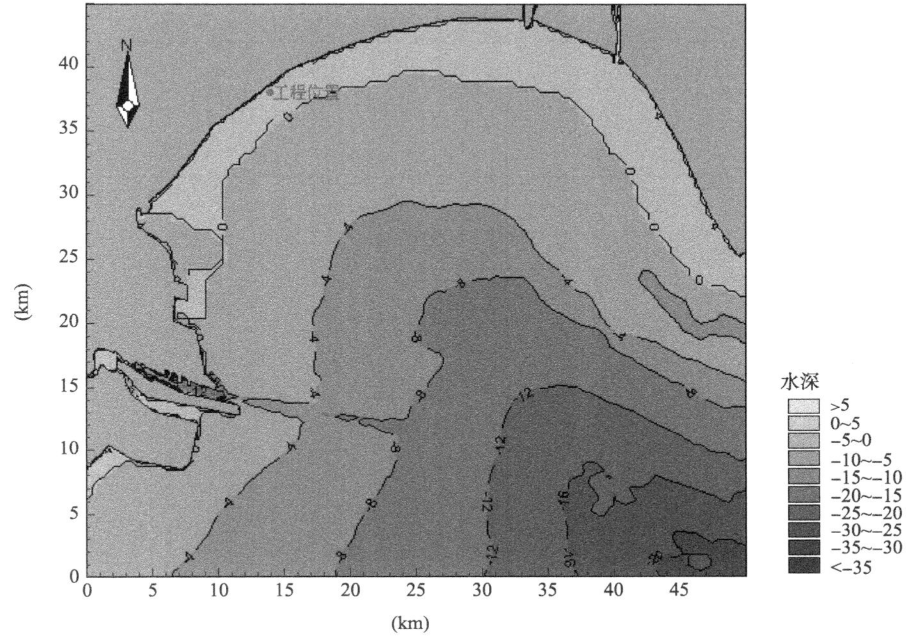


图5.3 ENE ~ SSE 方向波要素计算范围和计算地形

**天津海域 -7m 水深波要素** 表5.3

| 重现期(年) | | 2 | 5 | 50 |
|---|---|---|---|---|
| NE(ENE) | $H_{4\%}$(m) | 2.9 | 3.6 | 5.1 |
| | $T$(s) | 5.6 | 6.5 | 8.1 |
| E(ESE) | $H_{4\%}$(m) | 3.0 | 3.7 | 4.8 |
| | $T$(s) | 5.4 | 6.2 | 7.6 |
| SE(SSE) | $H_{4\%}$(m) | 1.8 | 2.5 | 3.8 |
| | $T$(s) | 4.3 | 4.8 | 5.8 |
| S | $H_{4\%}$(m) | 0.99 | 1.45 | 2.39 |
| | $T$(s) | 3.17 | 3.83 | 5.57 |
| SSW | $H_{4\%}$(m) | 1.02 | 1.45 | 2.14 |
| | $T$(s) | 3.21 | 3.87 | 5.24 |
| SW | $H_{4\%}$(m) | 1.30 | 1.92 | 3.09 |
| | $T$(s) | 3.62 | 4.57 | 6.13 |

续上表

| 重现期(年) | | 2 | 5 | 50 |
|---|---|---|---|---|
| WSW | $H_{4\%}$(m) | 0.82 | 1.13 | 1.89 |
| | $T$(s) | 2.87 | 3.37 | 4.37 |

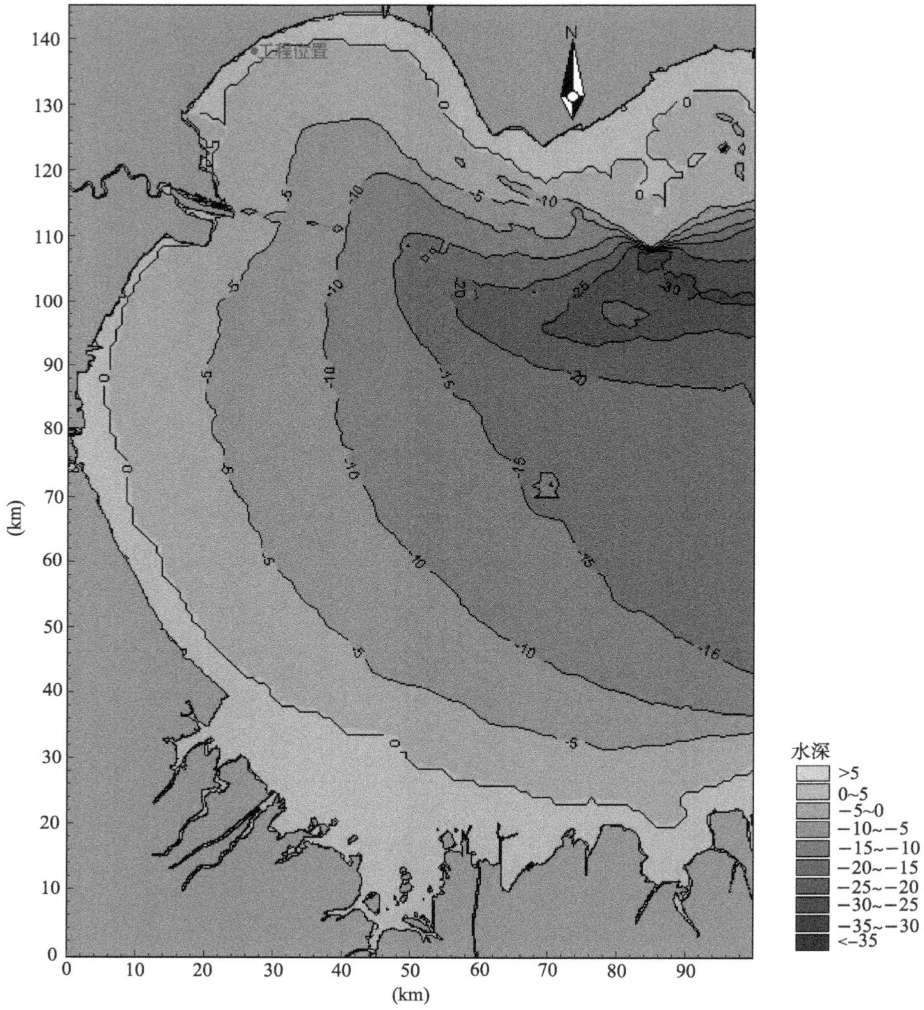

图 5.4　S～WSW 方向波要素计算范围和计算地形

表5.4为利用上述方法计算得到的口门区水域( -2m)设计波要素,作为工程后港内波要素计算的边界条件。工程位置附近其他各等深线波要素计算结果,可详见本书最后附表。其中,重现期50年一遇设计高水位波浪作用下的波高等值线分布见图5.5~图5.13。

**中心渔港口门区( -2m)水域设计波要素** 表5.4

| 水位(m) | 重现期(年) | 浪向 | $H_{1\%}$(m) | $H_{4\%}$(m) | $H_{5\%}$(m) | $H_{13\%}$(m) | $H$(m) | $\overline{T}$(s) | $L$(m) |
|---|---|---|---|---|---|---|---|---|---|
| 极端高水位 | 50 | ENE | 3.92 | 3.43 | 3.34 | 2.90 | 1.96 | 8.10 | 65.42 |
| | 5 | | 2.94 | 2.53 | 2.46 | 2.11 | 1.38 | 6.50 | 49.95 |
| | 2 | | 2.47 | 2.11 | 2.05 | 1.75 | 1.13 | 5.60 | 40.92 |
| | 50 | E | 4.01 | 3.51 | 3.43 | 2.98 | 2.02 | 7.60 | 60.64 |
| | 5 | | 3.27 | 2.83 | 2.76 | 2.37 | 1.57 | 6.20 | 46.97 |
| | 2 | | 2.84 | 2.44 | 2.38 | 2.03 | 1.33 | 5.40 | 38.88 |
| | 50 | ESE | 4.12 | 3.61 | 3.52 | 3.06 | 2.09 | 7.60 | 60.64 |
| | 5 | | 3.22 | 2.78 | 2.71 | 2.32 | 1.54 | 6.20 | 46.97 |
| | 2 | | 2.63 | 2.25 | 2.19 | 1.87 | 1.21 | 5.40 | 38.88 |
| | 50 | SE | 3.30 | 2.86 | 2.78 | 2.39 | 1.58 | 5.80 | 42.95 |
| | 5 | | 2.20 | 1.88 | 1.82 | 1.54 | 0.99 | 4.80 | 32.64 |
| | 2 | | 1.60 | 1.35 | 1.31 | 1.10 | 0.70 | 4.30 | 27.34 |
| | 50 | SSE | 3.31 | 2.86 | 2.79 | 2.40 | 1.59 | 5.80 | 42.95 |
| | 5 | | 2.21 | 1.88 | 1.83 | 1.55 | 1.00 | 4.80 | 32.64 |
| | 2 | | 1.60 | 1.36 | 1.32 | 1.11 | 0.70 | 4.30 | 27.34 |
| | 50 | S | 3.59 | 3.12 | 3.04 | 2.63 | 1.76 | 5.57 | 40.62 |
| | 5 | | 1.93 | 1.64 | 1.60 | 1.35 | 0.86 | 3.83 | 22.34 |
| | 2 | | 1.27 | 1.07 | 1.04 | 0.87 | 0.55 | 3.17 | 15.62 |
| | 50 | SSW | 2.93 | 2.52 | 2.45 | 2.10 | 1.37 | 5.24 | 37.23 |
| | 5 | | 1.84 | 1.57 | 1.52 | 1.28 | 0.82 | 3.87 | 22.76 |
| | 2 | | 1.24 | 1.05 | 1.01 | 0.85 | 0.53 | 3.21 | 16.01 |
| | 50 | SW | 3.22 | 2.78 | 2.71 | 2.32 | 1.54 | 6.13 | 46.27 |
| | 5 | | 2.23 | 1.91 | 1.85 | 1.57 | 1.01 | 4.57 | 30.21 |
| | 2 | | 1.40 | 1.18 | 1.14 | 0.96 | 0.61 | 3.62 | 20.14 |
| | 50 | WSW | 1.89 | 1.60 | 1.56 | 1.31 | 0.84 | 4.37 | 28.08 |
| | 5 | | 1.02 | 0.86 | 0.84 | 0.70 | 0.44 | 3.37 | 17.59 |
| | 2 | | 0.73 | 0.62 | 0.60 | 0.50 | 0.31 | 2.87 | 12.84 |

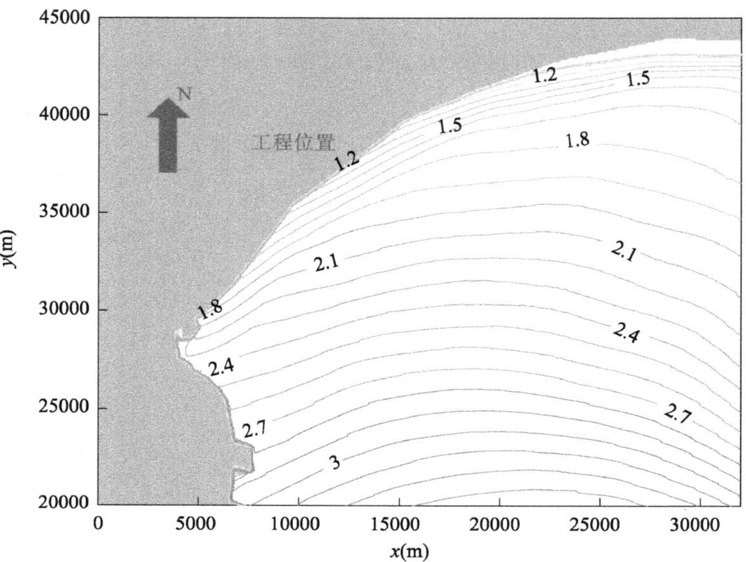


图 5.5　ENE 向 50 年设计高水位 $H_{13\%}$ 波高等值线分布图

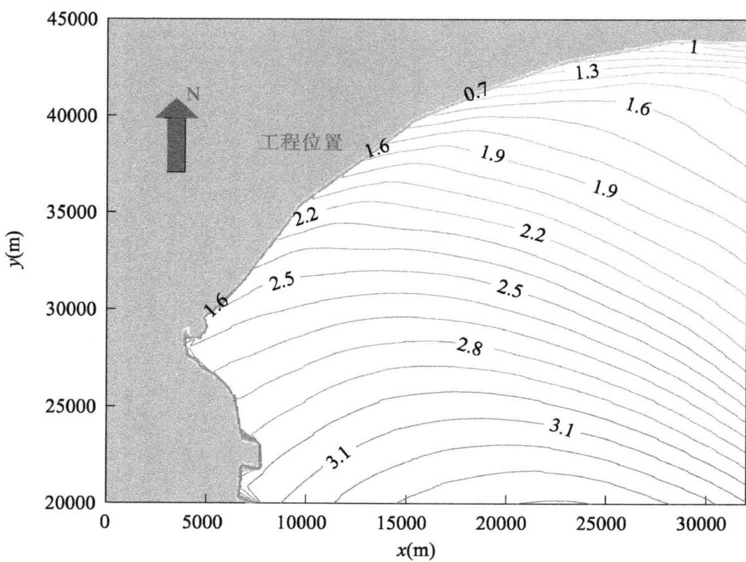


图 5.6　E 向 50 年设计高水位 $H_{13\%}$ 波高等值线分布图

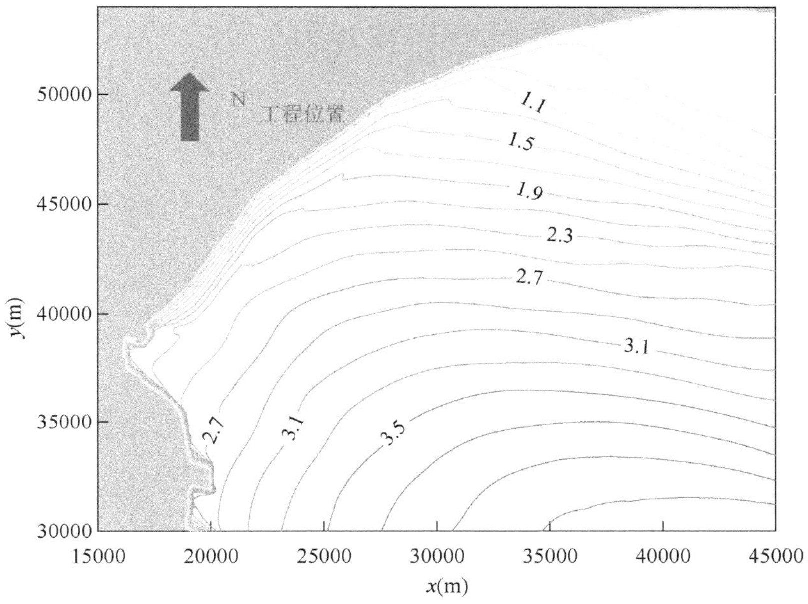


图5.7　ESE向50年设计高水位$H_{4\%}$波高等值线分布图

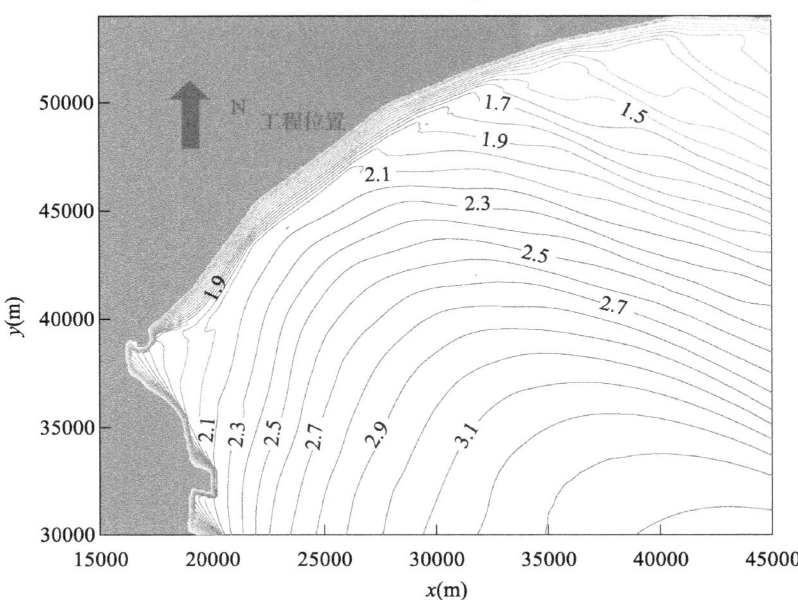


图5.8　SE向50年设计高水位$H_{4\%}$波高等值线分布图

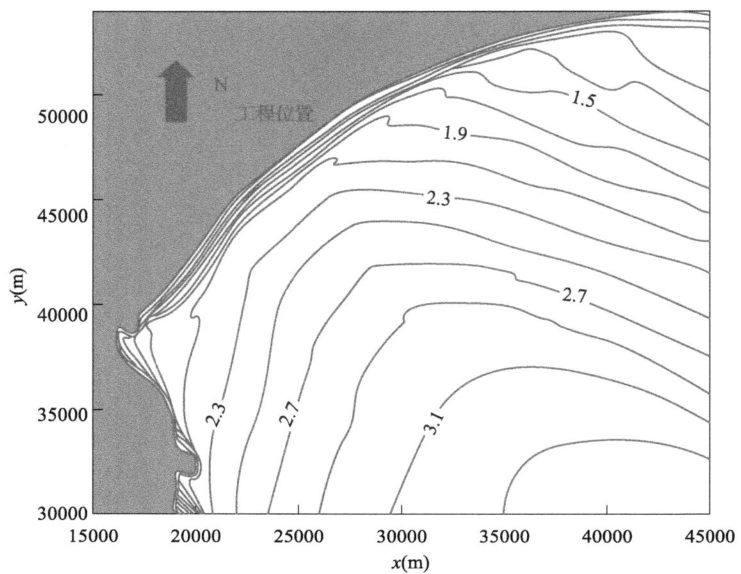


图 5.9　SSE 向 50 年设计高水位 $H_{4\%}$ 波高等值线分布图

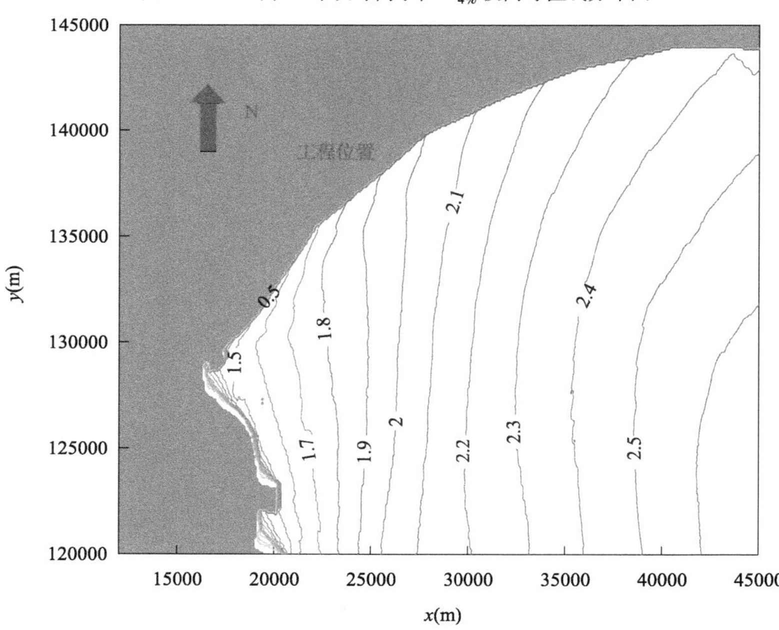


图 5.10　S 向 50 年设计高水位 $H_{13\%}$ 波高等值线分布图

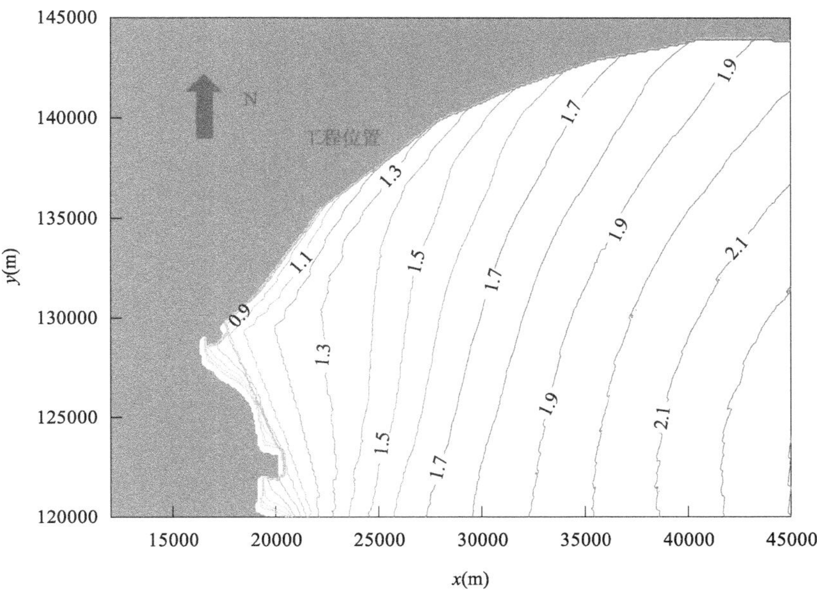


图 5.11 SSW 向 50 年设计高水位 $H_{13\%}$ 波高等值线分布图

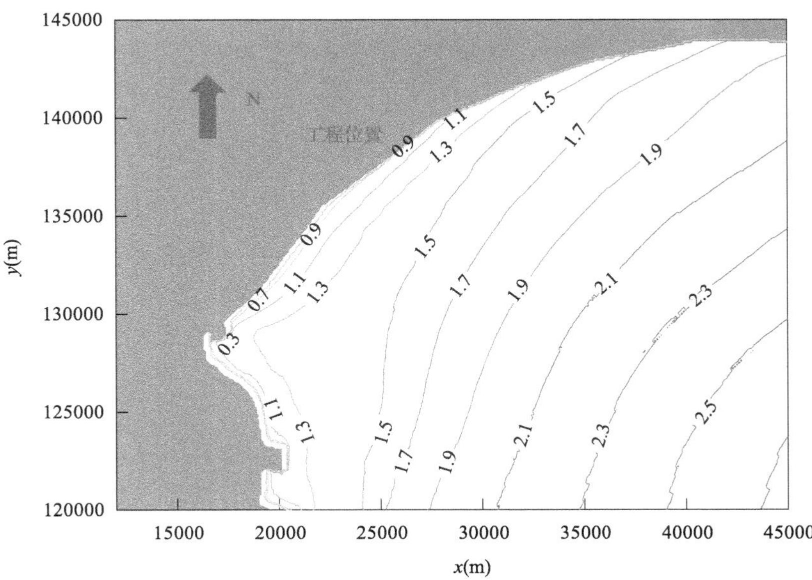


图 5.12 SW 向 50 年设计高水位 $H_{13\%}$ 波高等值线分布图

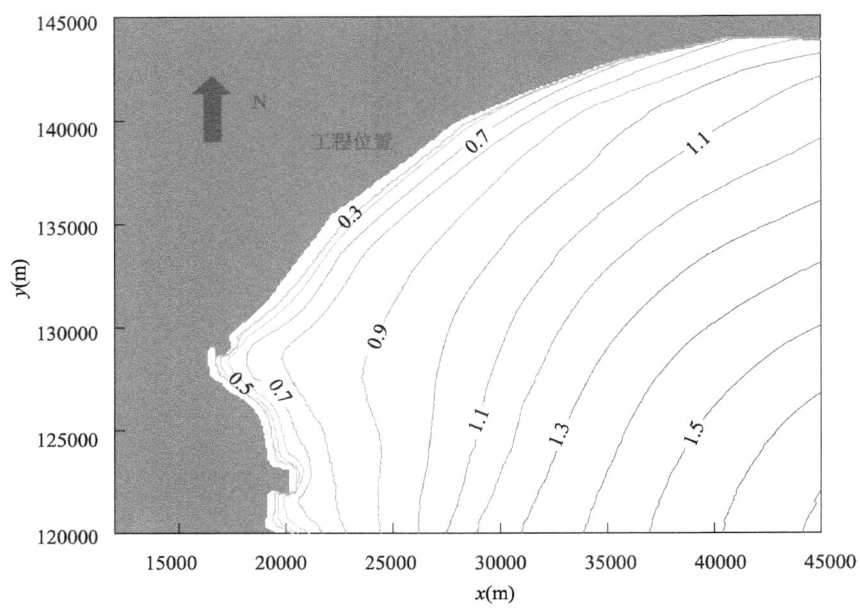


图 5.13 WSW 向 50 年设计高水位 $H_{13\%}$ 波高等值线分布图

(2)港区波浪计算成果与分析

天津中心渔港包括挡沙堤、防波堤、开挖航道与港池等部分,这些水工建筑结构物均会对波浪的传播造成一定程度的影响,因此在前文得到的不同位置波要素结果基础上,进一步计算主要模拟港区形成后的波浪变形(包括绕射、折射、反射及底部耗损)情况,为进一步验证港内泊稳条件提供参考依据。

图 5.14 ~ 图 5.21 为极端高水位、设计高水位在重现期分别为 2 年、50 年情况下 SE、和 SSE 向浪作用下工程港域内比波高分布图。同时,对应设计高水位重现期 50 年的计算波面结果见图 5.22 和图 5.23。

为了便于考察港内波高,还对港区水域选取计算点,位置见图 5.24,各计算点对应的波高值见表 5.5。

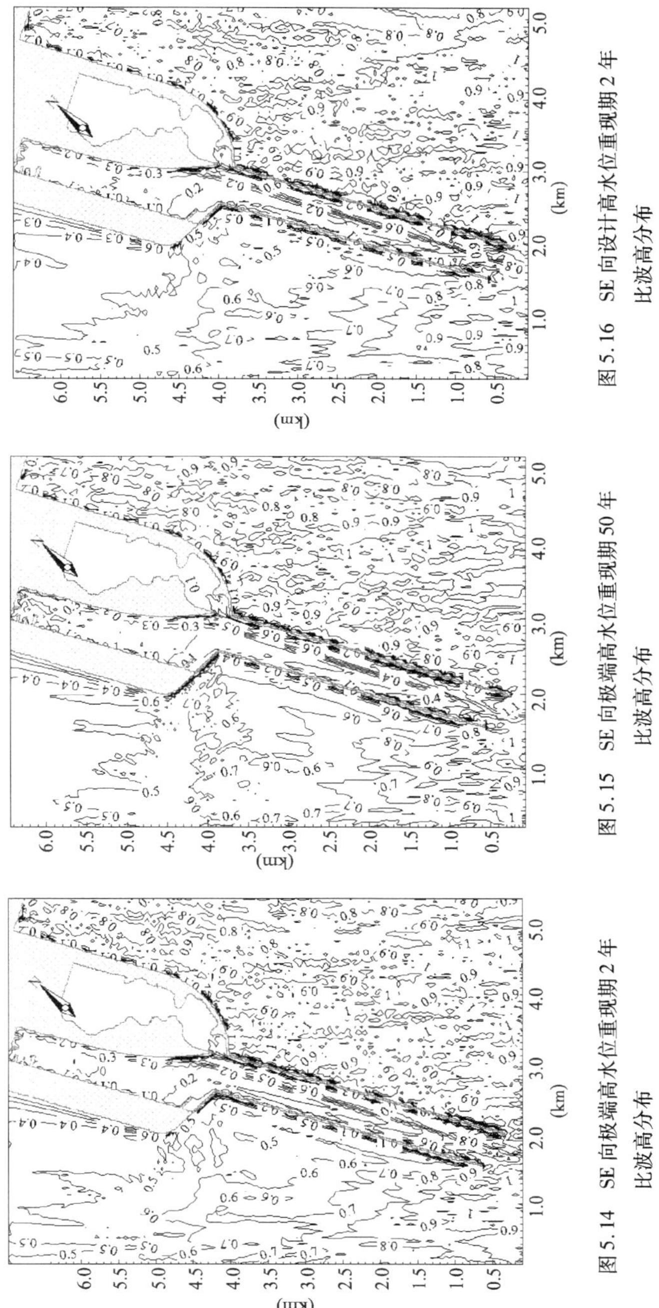

图5.14　SE向极端高水位重现期2年比波高分布

图5.15　SE向极端高水位重现期50年比波高分布

图5.16　SE向设计高水位重现期2年比波高分布

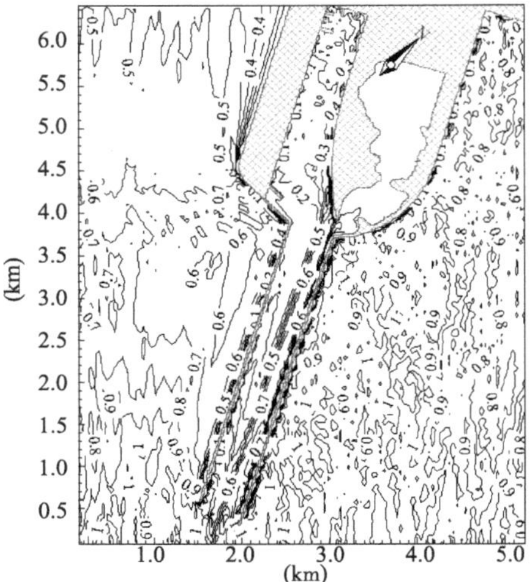

图 5.17　SE 向设计高水位重现期 2 年比波高分布

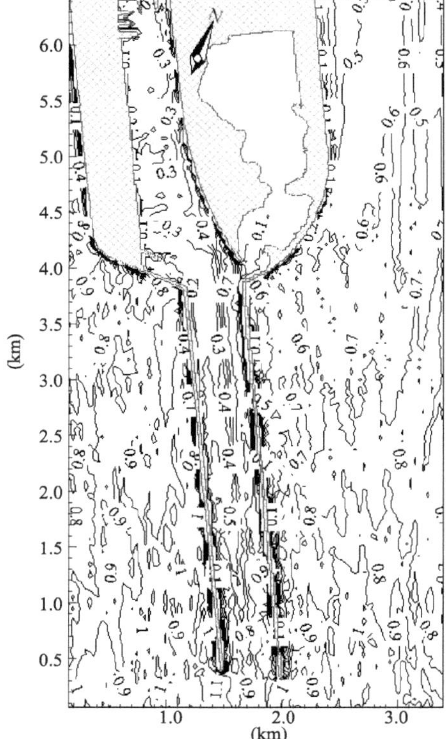

图 5.18　极端高水位(重现期 2 年比波高分布)

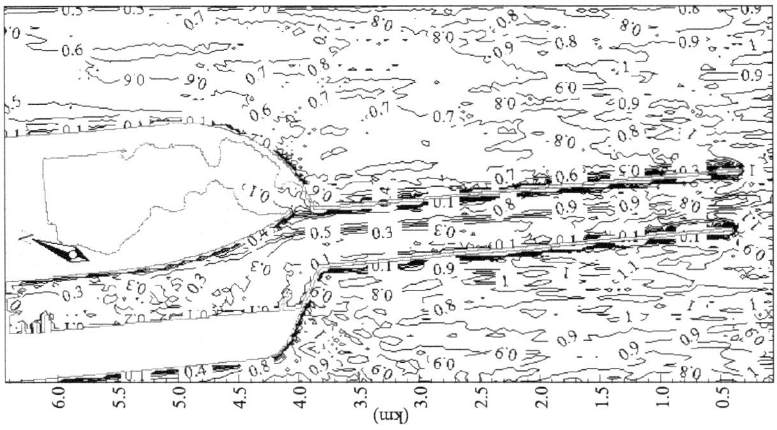

图 5.19 极端高水位(重现期 50 年比波高分布)

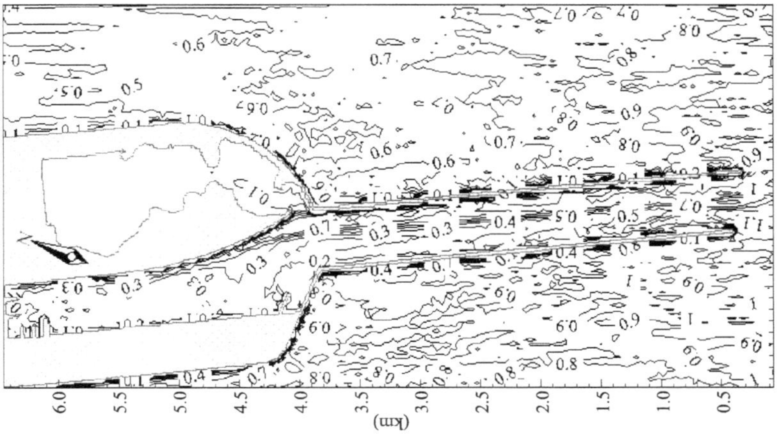

图 5.20 设计高水位(重现期 2 年比波高分布)

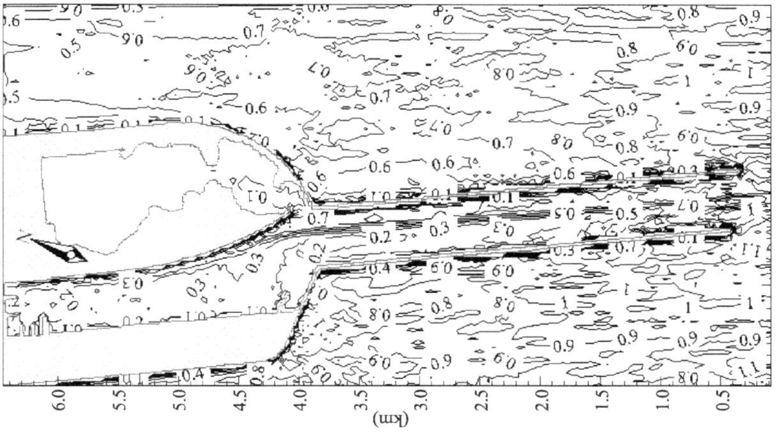

图 5.21 设计高水位(重现期 50 年比波高分布)

图 5.22　SE 向设计高水位重现期 50 年波面图

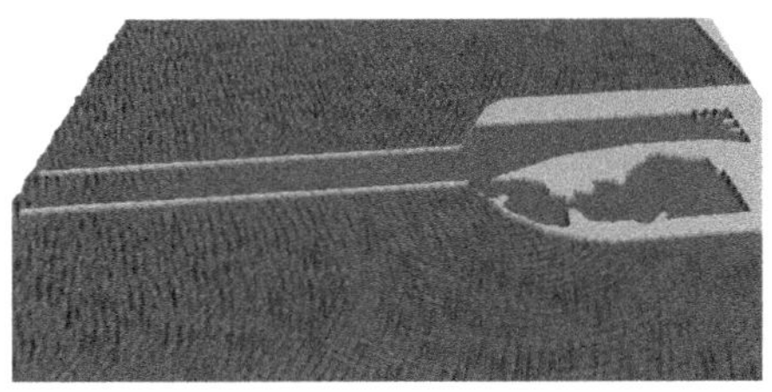

图 5.23　SSE 向设计高水位重现期 50 年波面图

图 5.24　中心渔港水域波浪计算点位置分布示意图

**港内水域计算点波高值**(单位:m)　　表 5.5

| 位置 | 计算点 | 设计高水位 | | | | 极端高水位 | | | |
|---|---|---|---|---|---|---|---|---|---|
| | | SE | | SSE | | SE | | SSE | |
| | | 2 年 | 50 年 | 2 年 | 50 年 | 2 年 | 50 年 | 2 年 | 50 年 |
| 主航道 | 1 | 1.16 | 2.87 | 1.21 | 3.01 | 1.27 | 3.17 | 1.31 | 3.21 |
| | 2 | 0.83 | 2.06 | 0.89 | 2.24 | 0.92 | 2.31 | 0.98 | 2.43 |
| | 3 | 0.50 | 1.26 | 0.58 | 1.47 | 0.58 | 1.45 | 0.66 | 1.64 |
| | 4 | 0.16 | 0.46 | 0.27 | 0.71 | 0.23 | 0.59 | 0.34 | 0.86 |

续上表

| 位置 | 计算点 | 设计高水位 | | | | 极端高水位 | | | |
|---|---|---|---|---|---|---|---|---|---|
| | | SE | | SSE | | SE | | SSE | |
| | | 2年 | 50年 | 2年 | 50年 | 2年 | 50年 | 2年 | 50年 |
| 作业区港池泊位 | 5 | 0.09 | 0.27 | 0.13 | 0.37 | 0.15 | 0.40 | 0.19 | 0.50 |
| | 6 | 0.15 | 0.43 | 0.23 | 0.61 | 0.22 | 0.56 | 0.30 | 0.76 |
| | 7 | 0.21 | 0.58 | 0.30 | 0.80 | 0.28 | 0.73 | 0.38 | 0.96 |
| | 8 | 0.23 | 0.61 | 0.19 | 0.52 | 0.30 | 0.76 | 0.26 | 0.66 |
| | 9 | 0.19 | 0.52 | 0.19 | 0.52 | 0.26 | 0.66 | 0.26 | 0.66 |
| | 10 | 0.15 | 0.43 | 0.24 | 0.64 | 0.22 | 0.56 | 0.31 | 0.79 |
| | 11 | 0.19 | 0.52 | 0.27 | 0.71 | 0.26 | 0.66 | 0.34 | 0.86 |
| | 12 | 0.14 | 0.40 | 0.18 | 0.49 | 0.20 | 0.53 | 0.24 | 0.63 |
| | 13 | 0.11 | 0.34 | 0.22 | 0.58 | 0.18 | 0.46 | 0.29 | 0.73 |
| | 14 | 0.18 | 0.49 | 0.29 | 0.77 | 0.24 | 0.63 | 0.37 | 0.93 |
| 作业区各回旋水域 | 15 | 0.14 | 0.40 | 0.25 | 0.68 | 0.20 | 0.53 | 0.33 | 0.83 |
| | 16 | 0.18 | 0.49 | 0.28 | 0.74 | 0.24 | 0.63 | 0.35 | 0.89 |
| | 17 | 0.24 | 0.64 | 0.30 | 0.80 | 0.31 | 0.79 | 0.38 | 0.96 |
| 休闲区（游艇港） | 18 | 0.11 | 0.34 | 0.18 | 0.49 | 0.17 | 0.45 | 0.24 | 0.61 |
| | 19 | 0.06 | 0.21 | 0.09 | 0.28 | 0.11 | 0.30 | 0.14 | 0.36 |
| | 20 | 0.04 | 0.15 | 0.06 | 0.21 | 0.08 | 0.23 | 0.11 | 0.30 |
| | 21 | 0.01 | 0.09 | 0.04 | 0.15 | 0.05 | 0.17 | 0.08 | 0.23 |

注：重现期2年是$H_{4\%}$，50年是$H_{1\%}$。

从计算结果可以看出，在SSE和SE向浪作用下，由于挡沙堤的掩护和航道折射影响，港内码头前波高较小。在设计高水位SE向浪作用下，重现期2年计算点中$H_{4\%}$最大为0.24m，重现期50年计算点中$H_{1\%}$最大为0.64m。在设计高水位SSE向浪作用下，重现期2年计算点中$H_{4\%}$最大为0.30m，重现期50年计算点中$H_{1\%}$最大为0.80m。

针对作业港区，按照《海港总体设计规范》(JTS 165—2013)中对于万吨级杂货船在横浪作用下允许的作业$H_{4\%}$波高为0.8m，在顺浪作用下允许的作业$H_{4\%}$波高为1.0m。由计算结果可以看出，在SSE和SE向浪作用下港池内波高都能满足泊稳条件。而在休闲港区，其水域最大波高$H_{4\%}$为0.13m，对于休闲区尺度相对较小的游艇来说，参考澳洲标准协会《游艇港设计准则》（AS3962—1991）所推荐0.3m波高指标，也可以满足泊稳条件。

### 5.3.5 港区风成浪影响

基于上述研究，表明外海波浪受港区挡沙堤的掩护，波浪能量仅能通过狭窄口门进入港内水域，因此较难以传入港池造成较大影响，故对作业区还是休闲区，波高均有限。但是必须考虑港内相对较大水域且纵深较长（超过1km），小风区风成浪的影响不可忽视，因此进一步通过对天津中心渔港海域海区小风区风成浪的模拟，以考察中心渔港内受风影响所产生的波浪条件，以综合了解港内水域的波高分布，为码头泊稳条件的研究提供参考资料。

根据天津中心渔港平面布置形势，港区主轴线走向NNW－SSE，泊位集中于偏NW侧，故选取风区相对较长的SE、SSE和S向作为计算方向，并依据天津港1980—1997年各向年风速极值结果（表5.6）。计算中，选取15个计算点提取风成浪结果（位置分布见图5.25），其中：1号点位于港区口门处，2号至11号点位于西侧作业港区、12号至15号点位于东侧渔业休闲港区。推算天津港附近不同重现期风速，推算结果见表5.7。图5.26～图5.28为极端高水位重现期为50年风成浪$H_{13\%}$波高分布，不同计算条件$H_{13\%}$波高结果见表5.8～表5.10。

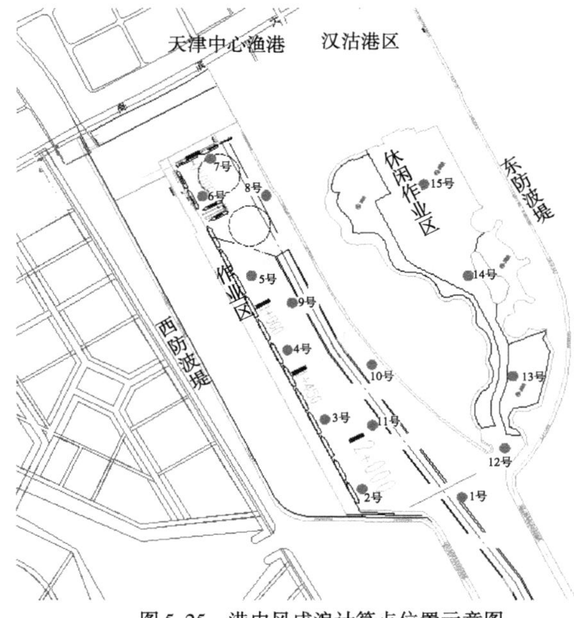


图5.25 港内风成浪计算点位置示意图

天津港各年各向风速极值(单位:m/s)　　表5.6

| 年份 | N | NNE | NE | ENE | E | ESE | SE | SSE | S | SSW | SW | WSW | W | WNW | NW | NNW |
|---|---|---|---|---|---|---|---|---|---|---|---|---|---|---|---|---|
| 1980 | 10 | 7 | 10 | 12 | 10 | 8 | 9 | 9 | 10 | 12 | 12 | 17 | 13 | 17 | 18 | 10 |
| 1981 | 6 | 8 | 10 | 16 | 14 | 9 | 7 | 8 | 8 | 11 | 11 | 9 | 16 | 16 | 17 | 8 |
| 1982 | 8 | 10 | 11 | 16 | 14 | 8 | 8 | 7 | 8 | 13 | 10 | 10 | 9 | 15 | 15 | 10 |
| 1983 | 10 | 10 | 13 | 15 | 18 | 12 | 8 | 7 | 8 | 10 | 10 | 10 | 12 | 12 | 20 | 20 |
| 1984 | 12 | 8 | 15 | 20 | 19 | 11 | 9 | 10 | 14 | 8 | 10 | 12 | 8 | 15 | 20 | 17 |
| 1985 | 10 | 12 | 18 | 16 | 12 | 10 | 9 | 11 | 8 | 9 | 10 | 7 | 7 | 11 | 22 | 16 |
| 1986 | 11 | 9 | 14 | 13 | 15 | 10 | 11 | 10 | 8 | 12 | 10 | 10 | 8 | 12 | 20 | 15 |
| 1987 | 11 | 13 | 12 | 21 | 15 | 11 | 11 | 12 | 8 | 10 | 9 | 9 | 13 | 13 | 18 | 15 |
| 1988 | 9 | 12 | 15 | 17 | 13 | 13 | 9 | 8 | 8 | 7 | 8 | 9 | 8 | 13 | 20 | 15 |
| 1989 | 9 | 12 | 11 | 14 | 12 | 11 | 9 | 11 | 9 | 12 | 14 | 9 | 8 | 10 | 16 | 12 |
| 1990 | 9 | 12 | 14 | 16 | 14 | 10 | 10 | 10 | 8 | 9 | 9 | 10 | 13 | 15 | 15 | 17 |
| 1991 | 13 | 13 | 17 | 11 | 12 | 8 | 8 | 8 | 10 | 8 | 10 | 10 | 9 | 14 | 14 | 15 |
| 1992 | 9 | 17 | 13 | 15 | 13 | 10 | 9 | 9 | 8 | 10 | 10 | 10 | 12 | 14 | 13 | 10 |
| 1993 | 17 | 13 | 12 | 13 | 9 | 8 | 8 | 8 | 9 | 11 | 12 | 8 | 11 | 18 | 19 | 7 |
| 1994 | 9 | 13 | 11 | 10 | 9 | 8 | 8 | 8 | 8 | 9 | 10 | 8 | 15 | 18 | 15 | 9 |
| 1995 | 7 | 9 | 10 | 12 | 7 | 10 | 8 | 8 | 10 | 7 | 8 | 8 | 8 | 11 | 18 | 14 |
| 1996 | 13 | 8 | 8 | 10 | 10 | 11 | 10 | 8 | 7 | 5 | 10 | 9 | 7 | 11 | 15 | 16 |
| 1997 | 13 | 8 | 8 | 10 | 10 | 11 | 10 | 8 | 7 | 5 | 10 | 9 | 7 | 11 | 15 | 16 |

不同方向不同重现期风速(单位:m/s)　　表5.7

| 重现期 | N | NNE | NE | ENE | E | ESE | SE | SSE | S | SSW | SW | WSW | W | WNW | NW | NNW |
|---|---|---|---|---|---|---|---|---|---|---|---|---|---|---|---|---|
| 50年 | 17.14 | 17.30 | 19.25 | 22.24 | 19.96 | 13.53 | 11.71 | 12.77 | 13.07 | 14.74 | 13.89 | 15.75 | 18.07 | 19.86 | 23.11 | 21.87 |
| 25年 | 15.89 | 16.20 | 18.10 | 20.92 | 18.77 | 12.95 | 11.24 | 12.04 | 12.22 | 13.90 | 13.21 | 14.51 | 16.58 | 18.83 | 22.21 | 20.57 |
| 10年 | 13.97 | 14.44 | 16.25 | 18.78 | 16.88 | 12.04 | 10.49 | 10.93 | 10.93 | 12.56 | 12.17 | 12.66 | 14.33 | 17.18 | 20.75 | 18.45 |
| 5年 | 12.42 | 12.97 | 14.69 | 16.99 | 15.25 | 11.25 | 9.87 | 10.04 | 9.90 | 11.36 | 11.32 | 11.26 | 12.52 | 15.79 | 19.46 | 16.59 |
| 2年 | 9.92 | 10.48 | 12.04 | 13.94 | 12.33 | 9.83 | 8.82 | 8.64 | 8.35 | 9.23 | 9.95 | 9.17 | 9.70 | 13.41 | 17.12 | 13.26 |

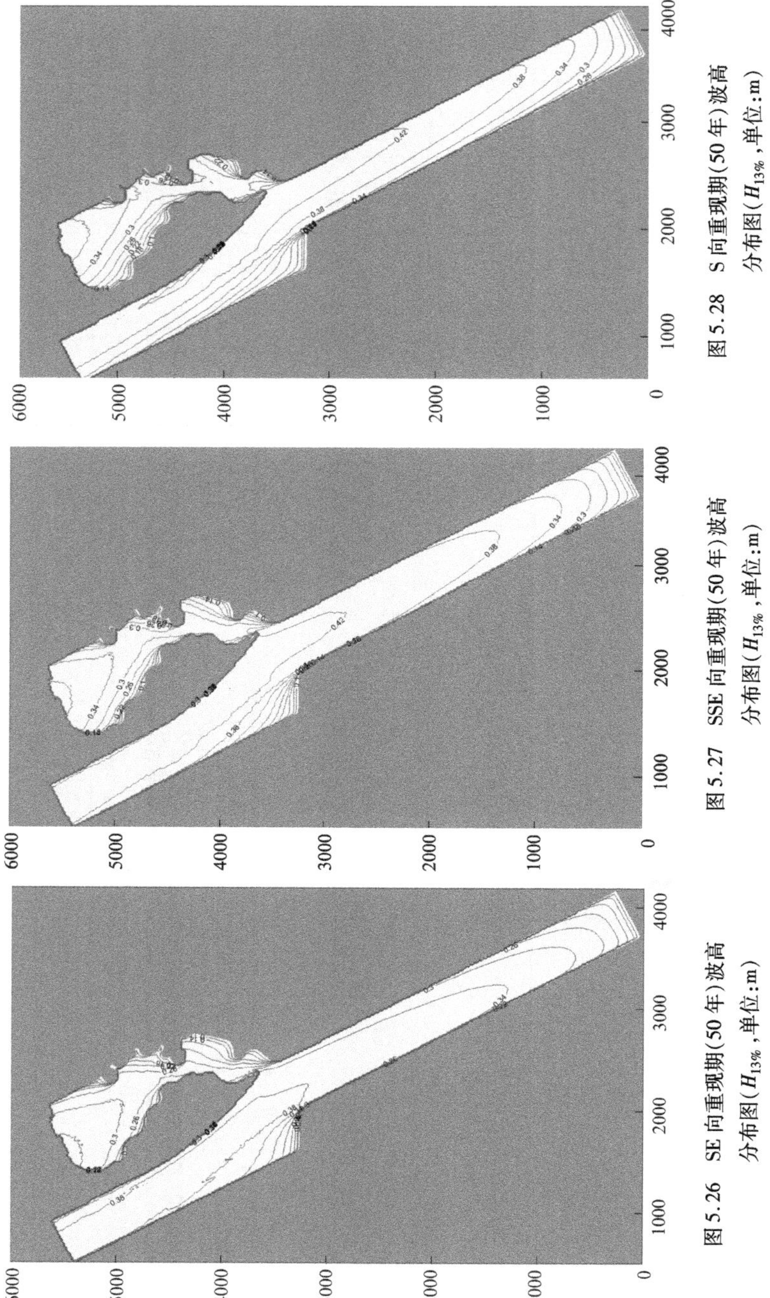


图 5.26　SE 向重现期(50 年)波高分布图($H_{13\%}$,单位:m)

图 5.27　SSE 向重现期(50 年)波高分布图($H_{13\%}$,单位:m)

图 5.28　S 向重现期(50 年)波高分布图($H_{13\%}$,单位:m)

SE 向港区风成浪 $H_{13\%}$ 波高结果(单位:m)　　表 5.8

| 水位 | 极端高水位 | | | | | 设计高水位 | | | | | 设计低水位 | | | | | 极端低水位 | | | | |
|---|---|---|---|---|---|---|---|---|---|---|---|---|---|---|---|---|---|---|---|---|
| 重现期 | 50 年 | 25 年 | 10 年 | 5 年 | 2 年 | 50 年 | 25 年 | 10 年 | 5 年 | 2 年 | 50 年 | 25 年 | 10 年 | 5 年 | 2 年 | 50 年 | 25 年 | 10 年 | 5 年 | 2 年 |
| 1 号 | 0.38 | 0.37 | 0.34 | 0.30 | 0.27 | 0.38 | 0.37 | 0.34 | 0.30 | 0.27 | 0.38 | 0.37 | 0.34 | 0.30 | 0.27 | 0.38 | 0.37 | 0.34 | 0.30 | 0.27 |
| 2 号 | 0.30 | 0.28 | 0.26 | 0.24 | 0.20 | 0.30 | 0.28 | 0.26 | 0.24 | 0.20 | 0.30 | 0.28 | 0.26 | 0.24 | 0.20 | 0.30 | 0.28 | 0.26 | 0.24 | 0.20 |
| 3 号 | 0.39 | 0.38 | 0.35 | 0.31 | 0.28 | 0.39 | 0.38 | 0.35 | 0.31 | 0.28 | 0.39 | 0.38 | 0.35 | 0.31 | 0.28 | 0.39 | 0.38 | 0.35 | 0.31 | 0.28 |
| 4 号 | 0.43 | 0.40 | 0.37 | 0.35 | 0.29 | 0.43 | 0.40 | 0.37 | 0.35 | 0.29 | 0.43 | 0.40 | 0.37 | 0.35 | 0.29 | 0.43 | 0.40 | 0.37 | 0.35 | 0.29 |
| 5 号 | 0.44 | 0.41 | 0.38 | 0.35 | 0.30 | 0.44 | 0.41 | 0.38 | 0.35 | 0.30 | 0.44 | 0.41 | 0.38 | 0.35 | 0.30 | 0.44 | 0.41 | 0.38 | 0.35 | 0.30 |
| 6 号 | 0.45 | 0.43 | 0.38 | 0.36 | 0.30 | 0.45 | 0.43 | 0.38 | 0.36 | 0.30 | 0.45 | 0.43 | 0.38 | 0.36 | 0.30 | 0.45 | 0.43 | 0.38 | 0.36 | 0.30 |
| 7 号 | 0.44 | 0.41 | 0.38 | 0.35 | 0.30 | 0.44 | 0.41 | 0.38 | 0.35 | 0.30 | 0.44 | 0.41 | 0.38 | 0.35 | 0.30 | 0.44 | 0.41 | 0.38 | 0.35 | 0.30 |
| 8 号 | 0.45 | 0.43 | 0.39 | 0.36 | 0.31 | 0.45 | 0.43 | 0.39 | 0.36 | 0.31 | 0.45 | 0.43 | 0.39 | 0.36 | 0.31 | 0.45 | 0.43 | 0.39 | 0.36 | 0.31 |
| 9 号 | 0.44 | 0.41 | 0.38 | 0.35 | 0.30 | 0.44 | 0.41 | 0.38 | 0.35 | 0.30 | 0.44 | 0.41 | 0.38 | 0.35 | 0.30 | 0.44 | 0.41 | 0.38 | 0.35 | 0.30 |
| 10 号 | 0.43 | 0.40 | 0.37 | 0.35 | 0.30 | 0.43 | 0.40 | 0.37 | 0.35 | 0.30 | 0.43 | 0.40 | 0.37 | 0.35 | 0.30 | 0.43 | 0.40 | 0.37 | 0.35 | 0.30 |
| 11 号 | 0.41 | 0.39 | 0.36 | 0.34 | 0.29 | 0.41 | 0.39 | 0.36 | 0.34 | 0.29 | 0.41 | 0.39 | 0.36 | 0.34 | 0.29 | 0.41 | 0.39 | 0.36 | 0.34 | 0.29 |
| 12 号 | 0.25 | 0.24 | 0.21 | 0.20 | 0.17 | 0.25 | 0.24 | 0.21 | 0.20 | 0.17 | 0.25 | 0.24 | 0.21 | 0.20 | 0.17 | 0.25 | 0.24 | 0.21 | 0.20 | 0.17 |
| 13 号 | 0.25 | 0.24 | 0.21 | 0.19 | 0.17 | 0.25 | 0.24 | 0.21 | 0.19 | 0.17 | 0.25 | 0.24 | 0.21 | 0.19 | 0.17 | 0.25 | 0.22 | 0.21 | 0.19 | 0.17 |
| 14 号 | 0.30 | 0.29 | 0.27 | 0.25 | 0.21 | 0.30 | 0.29 | 0.27 | 0.25 | 0.21 | 0.30 | 0.29 | 0.27 | 0.25 | 0.21 | 0.30 | 0.28 | 0.26 | 0.25 | 0.21 |
| 15 号 | 0.35 | 0.34 | 0.30 | 0.28 | 0.25 | 0.35 | 0.34 | 0.30 | 0.28 | 0.25 | 0.35 | 0.34 | 0.30 | 0.28 | 0.25 | 0.34 | 0.32 | 0.29 | 0.27 | 0.24 |
| $T_m$ | 0.43 | 0.4 | 0.37 | 0.34 | 0.29 | 0.43 | 0.4 | 0.37 | 0.34 | 0.29 | 0.43 | 0.4 | 0.37 | 0.34 | 0.29 | 0.43 | 0.4 | 0.37 | 0.34 | 0.29 |

SSE 向港区风成浪 $H_{13\%}$ 波高结果(单位:m)　　表 5.9

| 水位 | 极端高水位 | | | | | 设计高水位 | | | | | 设计低水位 | | | | | 极端低水位 | | | | |
|---|---|---|---|---|---|---|---|---|---|---|---|---|---|---|---|---|---|---|---|---|
| 重现期 | 50 年 | 25 年 | 10 年 | 5 年 | 2 年 | 50 年 | 25 年 | 10 年 | 5 年 | 2 年 | 50 年 | 25 年 | 10 年 | 5 年 | 2 年 | 50 年 | 25 年 | 10 年 | 5 年 | 2 年 |
| 1 号 | 0.48 | 0.45 | 0.39 | 0.35 | 0.29 | 0.48 | 0.45 | 0.39 | 0.35 | 0.29 | 0.48 | 0.45 | 0.39 | 0.35 | 0.29 | 0.48 | 0.44 | 0.39 | 0.35 | 0.29 |
| 2 号 | 0.26 | 0.24 | 0.21 | 0.19 | 0.16 | 0.26 | 0.24 | 0.21 | 0.19 | 0.16 | 0.26 | 0.24 | 0.21 | 0.19 | 0.16 | 0.26 | 0.24 | 0.21 | 0.19 | 0.16 |
| 3 号 | 0.39 | 0.37 | 0.32 | 0.29 | 0.24 | 0.39 | 0.37 | 0.32 | 0.29 | 0.24 | 0.39 | 0.37 | 0.32 | 0.29 | 0.24 | 0.39 | 0.37 | 0.32 | 0.29 | 0.24 |
| 4 号 | 0.45 | 0.41 | 0.37 | 0.32 | 0.27 | 0.45 | 0.41 | 0.37 | 0.32 | 0.27 | 0.45 | 0.41 | 0.37 | 0.32 | 0.27 | 0.45 | 0.41 | 0.37 | 0.32 | 0.27 |
| 5 号 | 0.47 | 0.44 | 0.38 | 0.35 | 0.28 | 0.47 | 0.44 | 0.38 | 0.35 | 0.28 | 0.47 | 0.44 | 0.38 | 0.35 | 0.28 | 0.47 | 0.44 | 0.38 | 0.35 | 0.28 |
| 6 号 | 0.48 | 0.45 | 0.39 | 0.35 | 0.29 | 0.48 | 0.45 | 0.39 | 0.35 | 0.29 | 0.48 | 0.45 | 0.39 | 0.35 | 0.29 | 0.48 | 0.44 | 0.39 | 0.35 | 0.29 |
| 7 号 | 0.49 | 0.46 | 0.40 | 0.36 | 0.30 | 0.49 | 0.46 | 0.40 | 0.36 | 0.30 | 0.49 | 0.46 | 0.40 | 0.36 | 0.30 | 0.49 | 0.46 | 0.40 | 0.36 | 0.30 |
| 8 号 | 0.49 | 0.46 | 0.40 | 0.36 | 0.30 | 0.49 | 0.46 | 0.40 | 0.36 | 0.30 | 0.49 | 0.46 | 0.40 | 0.36 | 0.30 | 0.49 | 0.46 | 0.40 | 0.36 | 0.30 |
| 9 号 | 0.50 | 0.47 | 0.41 | 0.37 | 0.30 | 0.50 | 0.47 | 0.41 | 0.37 | 0.30 | 0.50 | 0.46 | 0.41 | 0.37 | 0.30 | 0.50 | 0.46 | 0.41 | 0.37 | 0.30 |
| 10 号 | 0.50 | 0.47 | 0.41 | 0.37 | 0.30 | 0.50 | 0.47 | 0.41 | 0.37 | 0.30 | 0.50 | 0.47 | 0.41 | 0.37 | 0.30 | 0.50 | 0.47 | 0.41 | 0.37 | 0.30 |
| 11 号 | 0.48 | 0.44 | 0.39 | 0.35 | 0.29 | 0.48 | 0.44 | 0.39 | 0.35 | 0.29 | 0.48 | 0.44 | 0.39 | 0.35 | 0.29 | 0.47 | 0.44 | 0.39 | 0.35 | 0.29 |
| 12 号 | 0.35 | 0.31 | 0.28 | 0.26 | 0.21 | 0.35 | 0.31 | 0.28 | 0.26 | 0.21 | 0.35 | 0.31 | 0.28 | 0.25 | 0.21 | 0.35 | 0.31 | 0.28 | 0.25 | 0.20 |
| 13 号 | 0.34 | 0.31 | 0.28 | 0.25 | 0.20 | 0.34 | 0.31 | 0.28 | 0.25 | 0.20 | 0.34 | 0.31 | 0.28 | 0.25 | 0.20 | 0.34 | 0.31 | 0.28 | 0.25 | 0.20 |
| 14 号 | 0.34 | 0.30 | 0.27 | 0.25 | 0.20 | 0.34 | 0.30 | 0.27 | 0.25 | 0.20 | 0.32 | 0.30 | 0.27 | 0.25 | 0.20 | 0.32 | 0.30 | 0.27 | 0.24 | 0.20 |
| 15 号 | 0.40 | 0.38 | 0.34 | 0.30 | 0.25 | 0.40 | 0.38 | 0.34 | 0.30 | 0.25 | 0.40 | 0.37 | 0.34 | 0.30 | 0.25 | 0.38 | 0.36 | 0.32 | 0.29 | 0.25 |
| $T_m$ | 3.33 | 3.25 | 3.12 | 3.00 | 2.82 | 3.33 | 3.25 | 3.12 | 3.00 | 2.82 | 3.33 | 3.25 | 3.12 | 3.00 | 2.82 | 3.33 | 3.25 | 3.12 | 3.00 | 2.81 |

S 向港区风成浪 $H_{13\%}$ 波高结果(单位:m)　　表 5.10

| 水位 | 极端高水位 | | | | | 设计高水位 | | | | | 设计低水位 | | | | | 极端低水位 | | | | |
|---|---|---|---|---|---|---|---|---|---|---|---|---|---|---|---|---|---|---|---|---|
| 重现期 | 50 年 | 25 年 | 10 年 | 5 年 | 2 年 | 50 年 | 25 年 | 10 年 | 5 年 | 2 年 | 50 年 | 25 年 | 10 年 | 5 年 | 2 年 | 50 年 | 25 年 | 10 年 | 5 年 | 2 年 |
| 1 号 | 0.47 | 0.43 | 0.37 | 0.32 | 0.26 | 0.47 | 0.43 | 0.37 | 0.32 | 0.26 | 0.47 | 0.43 | 0.37 | 0.32 | 0.26 | 0.47 | 0.43 | 0.37 | 0.32 | 0.26 |
| 2 号 | 0.24 | 0.21 | 0.18 | 0.16 | 0.12 | 0.24 | 0.21 | 0.18 | 0.16 | 0.12 | 0.24 | 0.21 | 0.18 | 0.16 | 0.12 | 0.24 | 0.21 | 0.18 | 0.16 | 0.12 |
| 3 号 | 0.30 | 0.28 | 0.25 | 0.21 | 0.17 | 0.30 | 0.28 | 0.25 | 0.21 | 0.17 | 0.30 | 0.28 | 0.25 | 0.21 | 0.17 | 0.30 | 0.28 | 0.25 | 0.21 | 0.17 |
| 4 号 | 0.38 | 0.35 | 0.30 | 0.27 | 0.21 | 0.38 | 0.35 | 0.30 | 0.27 | 0.21 | 0.38 | 0.35 | 0.30 | 0.27 | 0.21 | 0.38 | 0.35 | 0.30 | 0.27 | 0.21 |
| 5 号 | 0.43 | 0.38 | 0.34 | 0.29 | 0.24 | 0.43 | 0.38 | 0.34 | 0.29 | 0.24 | 0.43 | 0.38 | 0.34 | 0.29 | 0.24 | 0.41 | 0.38 | 0.34 | 0.29 | 0.24 |
| 6 号 | 0.44 | 0.40 | 0.35 | 0.30 | 0.25 | 0.44 | 0.40 | 0.35 | 0.30 | 0.25 | 0.44 | 0.40 | 0.35 | 0.30 | 0.25 | 0.44 | 0.40 | 0.35 | 0.30 | 0.25 |
| 7 号 | 0.48 | 0.45 | 0.38 | 0.34 | 0.27 | 0.48 | 0.45 | 0.38 | 0.34 | 0.27 | 0.48 | 0.44 | 0.38 | 0.34 | 0.27 | 0.48 | 0.44 | 0.38 | 0.34 | 0.27 |
| 8 号 | 0.52 | 0.47 | 0.40 | 0.36 | 0.28 | 0.52 | 0.47 | 0.40 | 0.36 | 0.28 | 0.52 | 0.47 | 0.40 | 0.36 | 0.28 | 0.50 | 0.47 | 0.40 | 0.36 | 0.28 |
| 9 号 | 0.48 | 0.44 | 0.38 | 0.34 | 0.27 | 0.48 | 0.44 | 0.38 | 0.34 | 0.27 | 0.48 | 0.44 | 0.38 | 0.34 | 0.27 | 0.48 | 0.44 | 0.38 | 0.34 | 0.27 |
| 10 号 | 0.52 | 0.47 | 0.40 | 0.36 | 0.28 | 0.52 | 0.47 | 0.40 | 0.36 | 0.28 | 0.52 | 0.47 | 0.40 | 0.36 | 0.28 | 0.50 | 0.47 | 0.40 | 0.36 | 0.28 |
| 11 号 | 0.45 | 0.41 | 0.36 | 0.31 | 0.25 | 0.45 | 0.41 | 0.36 | 0.31 | 0.25 | 0.45 | 0.41 | 0.36 | 0.31 | 0.25 | 0.45 | 0.41 | 0.36 | 0.31 | 0.25 |
| 12 号 | 0.39 | 0.36 | 0.31 | 0.28 | 0.22 | 0.39 | 0.36 | 0.31 | 0.28 | 0.22 | 0.39 | 0.36 | 0.31 | 0.28 | 0.22 | 0.39 | 0.36 | 0.31 | 0.28 | 0.22 |
| 13 号 | 0.37 | 0.34 | 0.29 | 0.26 | 0.20 | 0.37 | 0.34 | 0.29 | 0.26 | 0.20 | 0.37 | 0.34 | 0.29 | 0.26 | 0.20 | 0.36 | 0.32 | 0.29 | 0.26 | 0.20 |
| 14 号 | 0.32 | 0.29 | 0.26 | 0.22 | 0.18 | 0.32 | 0.29 | 0.26 | 0.22 | 0.18 | 0.32 | 0.29 | 0.26 | 0.22 | 0.18 | 0.31 | 0.29 | 0.26 | 0.22 | 0.18 |
| 15 号 | 0.41 | 0.38 | 0.34 | 0.29 | 0.24 | 0.41 | 0.38 | 0.34 | 0.29 | 0.24 | 0.41 | 0.38 | 0.34 | 0.29 | 0.24 | 0.39 | 0.36 | 0.32 | 0.28 | 0.24 |
| $T_m$ | 3.35 | 3.25 | 3.10 | 2.97 | 2.76 | 3.35 | 3.25 | 3.10 | 2.97 | 2.76 | 3.35 | 3.25 | 3.10 | 2.97 | 2.76 | 3.34 | 3.25 | 3.10 | 2.97 | 2.76 |

# 5.4 中心渔港休闲区泊稳条件研究

随着国内游艇产业的不断发展和完善,专题研究势在必行,在此背景下依托天津中心渔港项目,针对天津中心渔港休闲区的游艇泊稳条件进行研究,为港区工程的设计方案确定和日后运营维护提供科学依据,并以此为同类码头的设计、建设与评价积累经验、提供参考和借鉴,以促进我国游艇码头的发展和科研水平的提高,并促进天津市滨海新区"游艇产业"作为沿海国民经济的发展目标的实现。

## 5.4.1 研究内容和研究现状

研究内容主要包括如下几方面:

(1)对目前国内外研究现状收集整理相关资料。

(2)游艇区选址地水域自然条件分析。

(3)游艇区建设规模分析。

(4)目前主流游艇设计船型尺度分析。

(5)系泊设施布置分析。

(6)泊稳条件研究与分析。

(7)综合评价与分析。

对于通常意义上的码头而言,由于码头结构自身的强度及船舶本身抗浪能力(因吨级相对较大),码头前沿允许停泊波高相对较大。而对于游艇基地内的游艇码头而言,港内必须是平稳的,这要求控制波浪入射,同时必须控制波浪在港内的反射,使之能达到平稳的综合要求。港内掩护要求源自于波浪作用下浮式码头结构抗浪能力考虑及系泊游艇与码头之间相互碰撞安全考虑(码头靠泊允许波高),但更主要的是源自于在系泊游艇上休闲的人们舒适性考虑(码头泊稳允许波高)。港内允许波高按不同年限的 $H_{4\%}$ 确定。一般设计中根据经验,从舒适性来看,泊稳允许波高为 0.1 ~ 0.3m;从安全性考虑,如系泊系统采用柔性结构,靠泊允许波高为 0.2 ~ 0.6m;如系泊系统为刚性结构,则靠泊允许波高为 0.3 ~ 0.4m。

法国建筑工程部于 1975 年颁布的标准中规定泊位前允许波高为 0.4m,美国学者在 1974 年 12 月给美国陆军工程部的报告中指出,港内 1 ~ 1.5 英尺(0.3 ~ 0.46m)的波高是可以接受的,若港内波高减少至 1 英尺(约 0.3m),则在港内因波浪引起的摇晃可以忽略。英国和澳洲游艇港协会也相继出版《游艇港设计准则》,提出了波浪重现期和有小波高参数考察指标($H_s \leqslant 15$cm)等。

## 5.4.2 游艇泊稳条件分析

1)游艇区建设规模

一般游艇港的规模从几十个泊位到几千个泊位不等(图5.29~图5.35),在美国的一些设计中就有超过5000个游艇泊位的。除特殊情况,游艇港宜设300~1000个泊位,低于300个的,投资资金和运营费用可能会受到限制,除非至少有500艘游艇,否则为港口建设昂贵的防波堤防护是不经济的。根据相关调查统计的数据显示,大概有80%的游艇基地少于500个泊位,10%的游艇基地拥有500~1000个泊位,另有10%的游艇基地泊位数超过1000个。其中,船长小于7.5m游艇约占游艇总数的36%,船长在7.5~12.0m之间的占52%,船长在12m以上的游艇占12%。

图5.29 实景1(Delikli Island. Ekincik)

图5.30 实景2(Club Nautico De Valencia. Europe)

图 5.31 实景 3(Porto Cervo in Sardinia)

图 5.32 实景 4(Cala De Medici,Tuscany in Italy)

图 5.33 实景 5(Alcudiamar Port Alcudia Majorca)

图5.34 实景6(Osaka, Japan)

a)大连星海湾

b)深圳市浪骑

图5.35 实景7(中国)

2)游艇船型分析

目前投入使用的游艇种类繁多,尺度和形式也千差万别。目前主流游艇的分类可以概括为以下几种:

(1)按造型与功能分类

游艇的造型依据其功能的不同而有区分,这项工业产品在外型的设计上仍以实用性为前提,而后考量美学及市场的导向来变化出所谓流线型的造型。包括:①巡航艇(Megayacht),大型、快速之豪华游艇、内部布置豪华、设备完善适合长距离航行;②无后舱式游艇(Sedan),开放空间,线条更圆弧化;③太阳甲板(Sundeck)船型,于船尾多了一个住舱以及后甲板的开放空间加盖遮阳板;④敞露甲板型(Open Type),主甲板以上为露天的驾驶区及开放空间;⑤小快艇(Runabout),小型快艇,甲板以下无住舱;⑥海钓船(Sport Fisherman),驾驶室位于上甲板,以及后甲板高度非常接近水面,以配合海钓者使用;⑦多用途游艇(Convertible),与海钓船类似,但也可当一般用的游艇;⑧高速滑航艇(Hydroplane),高速赛艇;⑨拖网型(Trawler):主要特征在于船首线型较圆滑,船速较慢;⑩双体游艇(Catamaran),具备宽阔的上层甲板空间,船宽比一般的单体船要大,停泊区码头要占较多空间,停船位较难得到;⑪帆艇,设计有足够面积的帆装备作为推进用,艇长5.8~38m;⑫水上摩托艇,这种个人用小艇又分为坐式和站式两种,在各游艇港内也占有较大比例。

(2)按大小分类

依国际标准,游艇的规格是以英尺(ft)计算的,从尺寸上大致分为三种:36英尺以下为小型游艇、36~60英尺为中型游艇、60英尺以上为大型豪华游艇。另外,国内一般习惯采用“米(m)”单位,1英尺=0.3048m,分类按照:小型艇(6m以下)、小型游艇(6~10.5m之间)、中型游艇(10.5~18m之间)、大型游艇(18m以上)和大型豪华游艇(35~60m)来区分等级。

(3)按用途分类

包括休闲艇、商务交际艇、赛艇、钓鱼艇、缉私艇、公安巡逻艇、港监艇等。严格地讲,后三种与游艇的性质相悖,但从建造规模、技术上讲与游艇相同,有人也把它们归入游艇类。其中,休闲型游艇大多为家庭度假娱乐使用而购买,这类艇一般以30~45英尺的游艇为主,设计时也是考虑到方便性,国际市场上的游艇也以此类为主,但我国这类艇还远未普及。而商务交际艇(商务游艇),一般都是大尺寸的游艇,里面装潢豪华,一般被大型企业集团法人、老总们购买,大多被用于商务会议、公司聚会、公众宣传,也是艇主向贵宾或对手显示其经济实力的王牌,此类型艇构成了目前阶段我国主要游艇会消费的主体。

(4)按动力与材质分类

有无动力艇、帆艇、机动艇。帆艇又分为无辅助动力帆艇和辅助动力帆艇。机动艇又分为艇外挂机艇、艇内装机艇。艇内装机艇还可分为小汽艇和豪华艇两个

档次。从加工制作的用料上，有木质艇、玻璃钢艇、凯芙拉纤维增强的复合材料艇、铝质艇和钢质艇。目前，玻璃钢艇占绝大比例，赛艇、帆艇、豪华艇使用凯芙拉纤维增强材料的较多；铝质艇在舷外挂机艇和大型豪华游艇中占一定比例；钢质艇在35m以上大型豪华游艇中占比例较多。

综上所述，游艇种类繁多，其分类方式之多和船型差异之大是游艇港规划设计必须要考虑的问题，而船型尺度是对应不同系泊条件的重要因素之一，游艇船型统计又不同于其他船种，从设计标准选取到进行数据分析，都应从满足游艇码头独特的设计要求出发。游艇通常指用于运动和休闲娱乐的船只，本次研究主要基于搜集到的靠泊游艇资料，选取与码头设计紧密相关的技术参数(如船长、船宽、吃水等)进行统计分析。结合天津中心渔港休闲区游艇泊位进行规划设计，对休闲区游艇泊位的统计分析，港内游艇泊位的规格一共考虑了9类(表5.11)，按长度从最小的14m至50m。

天津中心渔港休闲区设计泊位主尺度　　表5.11

| 序号 | 设计泊位长度 | | | 泊位个数 | 占总数比例 |
|---|---|---|---|---|---|
| 1 | <15m | 14m | 46ft | 100 | 13.7% |
| 2 | 15~20m | 16m | 52ft | 192 | 71.3% |
| 3 | | 18m | 59ft | 142 | |
| 4 | | 20m | 66ft | 186 | |
| 5 | 20~30m | 25m | 82ft | 76 | 13.6% |
| 6 | | 30m | 98ft | 23 | |
| 7 | >30m | 35m | 115ft | 2 | 1.4% |
| 8 | | 40m | 131ft | 6 | |
| 9 | | 50m | 164ft | 2 | |

由于目前设计阶段尚不明确其停靠游艇的具体类型参数(如吃水、动力形式等)，因此可以按照每个泊位的设计长度作为所对应的设计游艇船型的分类标准，依据泊位长度可划分为：$L<15$m、15~20m、20~30m和>30m。其中，泊位长度小于15m游艇泊位约占总数的14%，在$15<L\leq20$m的约占71%、$20<L\leq30$m的约占14%和L>30m约占1%，由此可估计中心渔港休闲区将是以15~20m艇长为主的游艇基地，若考虑20~30m之间的型游艇，则可构成85%的比例。

在参考国外有关资料的基础上，结合上述泊位设计尺度统计结果，推荐中心渔港休闲区游艇的主要船型尺度，见表5.12。

休闲区可容纳游艇代表船型参考　　表 5.12

| 序号 | 代表船型 | 总长(m) | 型宽(m) | 满载吃水(m) | 备　注 |
|---|---|---|---|---|---|
| 1 | 小型艇含帆船<br>(50ft 以下) | 12 | 4.1 | 1.1 | 约占 14% |
| 2 | 中型艇<br>(50～80ft) | 21 | 5.3 | 1.5 | 约占 71% |
| 3 | 大型艇<br>(80～100ft) | 30 | 6.2 | 1.8 | 约占 14% |
| 4 | 大型豪华艇<br>(大于 100ft) | 40 | 8.0 | 2.2 | 约占 1% |

3)港区系泊布置分析

游艇码头不同于其他类型的码头,在泊位平面布置、靠系泊方式、码头结构设计方面都有其自身的特殊性。

(1)上下岸设施

在港池与陆地之间对需陆上保管或修理的游艇进行升降、移动的设施。游艇上下岸设施一般采用坡道、游艇提升机等方式。

(2)水域设施

中心渔港休闲区游艇码头的总体布置根据其建设规模、自然条件和周边规划工程整体设计,并结合游艇靠泊、航行等各功能水域的实际要求进行布置,以确保游艇码头整体的安全性、便利性及使用效率。

①游艇港内各功能水域包括港池、系泊水域、航道、回旋水域等。考虑到游艇的使用特点,上述各功能水域一般不考虑乘潮,主航槽设计底高程 -5.0m,游艇系泊区设计底高程 -3.8m。

②休闲区港池处于受掩护的港内水域(口门远离主港区口门)。港内水域平稳且具有足够水深与面积,以确保游艇能安全系泊和方便游艇操纵。

③港池泊稳考虑口门外波浪的入侵、波浪越浪(越过防波堤)反射波、船行波等综合影响。

④港内系泊水域为港池内供船舶系泊的水域,布置系船岸壁、栈桥、系船柱、系船浮筒等系泊设施。

⑤航道宽度取决于风、浪、流等自然条件、设计船型及游艇基地规模。游艇基地按双向航道设计,航道宽度可参照《海港总体设计规范》(JTS 165—2013)中的规定确定。本港区内拥有超过 1000 个游艇泊位,因此规划进港航道宽度达到 60m。

⑥防波堤的堤顶高度及外坡消波设计应确保即使在异常天气的波况条件下，港内也能获得所需的平稳度。

⑦为消除入射波、船行波等形成的反射波对港池平稳度的影响，港内护岸必须考虑消浪设计，并注意与休闲港区整体景观效果。

⑧掩护型港池中内、外的水体交换须适应港池洁净度的要求。

(3)系泊设施布置

根据系泊目的(港内系泊、临时系泊)当地潮差特征，适当确定系泊结构形式。此外，为便于陆上保管游艇的出港准备、回港后游艇等候上架，以及非该游艇基地保管的游艇来港、港内系泊游艇人员进出等，最好设有供临时靠泊用的系泊设施，一般包括：主栈桥、辅助栈桥、活动引桥、浮箱体结构和码头等。

①系泊设施的主要形式

如图5.36所示，一般可分为系泊岸壁、栈桥、系船柱和系船浮筒4种，一般船长大于7.5m时，港内系泊方式是必需的。

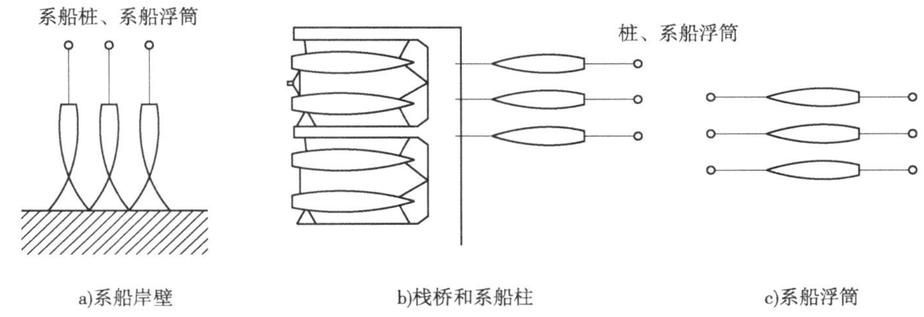


图5.36　几种主要系泊设施的形式

②系泊栈桥主要分类

游艇停泊区内，交错纵横的栈桥构成了系泊的主体(图5.37)，其可根据结构、功能和分布形状等分类。

a. 结构：可分为固定式栈桥(不随潮位起伏)和浮式栈桥(可随潮位上下浮动)。

b. 功能：主栈桥主要供使用者步行、行李车搬运行李等，而辅助栈桥为使用者提供上下游艇及游艇系泊等。

c. 分布形状：采用梳式浮栈桥(主、辅栈桥连接在一起的栈桥)，布置系泊设施时，宜使系泊游艇与常风向保持一致。为避免游艇的直接碰撞，在栈桥侧面设置护舷。

图 5.37 交错纵横的栈桥构成了系泊的主体

(4)游艇安全停泊的要求

目前国际上普遍的港内游艇锚泊方式,主要依赖于码头的栈桥或走道的布置而定,包括如下几种形式:

①顺岸靠泊在浮码头上(Alongside a Pontoon),为目前大部分停泊方式,如图 5.38 所示。

图 5.38 顺岸靠泊在浮码头

a. 确保充足合适的护舷。

b. 倒缆和艏艉缆一样重要,以阻止游艇运动。

c. 为每一个装置使用独立的缆绳。

②靠泊在相邻船艇上(Alongside a boat or rafted),如图 5.39a)所示。

a. 确保充足合适的护舷。

b. 需要 6 组独立的缆绳,即倒缆、横缆和艏艉缆,消除其他船艇缆绳的张力疲劳。

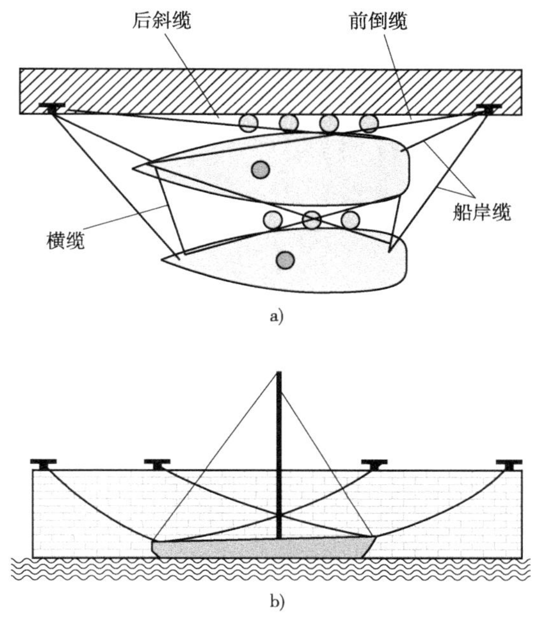


图 5.39　游艇主要系泊方式示意图

c. 相对较小的船放置在外侧。

③靠泊在潮汐显著性的码头。

a. 缆绳以 4 倍于潮差的范围。

b. 潮汐涨落及时调整缆绳。

④纵向集群停靠。

一些规模较大型的游艇港，由于港内游艇数量众多，还以艇艏或艇艉缆绳系泊的方式居多。同时，由于港内船艇数量较多，往往还存在如图 5.40 所示的停泊方式。对于这些港内较为拥挤的情况，依据先、后进港的船只按照随机停靠泊，虽然可能容纳更多的游艇[图 5.40a)]，但是从安全系泊角度看，并不是理想的状态。此时受风、浪影响，游艇艏、艉更容易短时间内相互碰撞和绷紧缆绳或锚链。因此，降低游艇毁坏风险的正确做法是如图 5.40b) 中的情况，确保每一条游艇能够有独立的泊位，集群停靠时，每一条游艇都是沿船长方向顺势停泊。

从实际游艇的使用情况统计，很多游艇船体的表面的划痕并不是在使用过程中产生的，而是停靠在码头上被磨损的。因此，正确的停靠码头，合适的缆绳松紧，是相当重要，也是游艇港保证泊稳条件的重要环节之一。

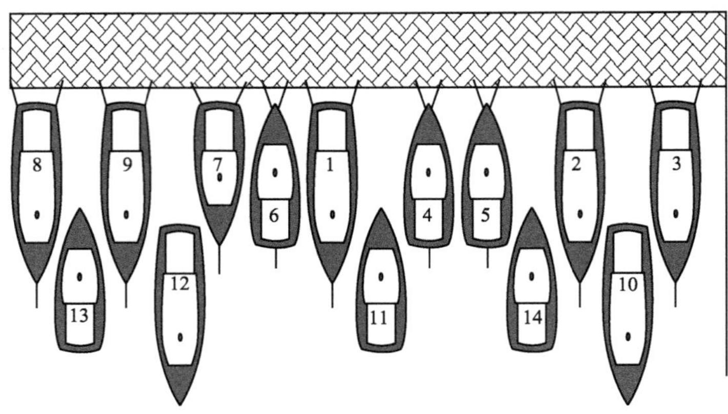

a)随机位置上的游艇系泊

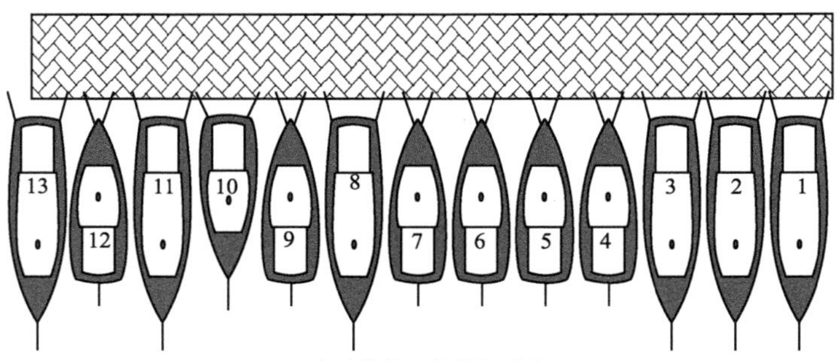

b)经过优化后的游艇系泊

图 5.40　泊位集群停靠形式示意图

4)港内波浪条件

依据《海港总体设计规范》(JTS 165—2013)规定,对于通常的客、货运码头,船舶装卸作业允许的停泊波高一般为 1.0～2.0m(根据不同载重吨和顺、横浪条件),波周期一般不超过 8s,风力小于或等于 6 级。当风、浪超过停泊要求时,船舶应离开码头,前往锚地避风浪。而游艇港通常要求游艇在港内躲避风、浪,这样在正常条件下,停泊的游艇摇晃频率会很快调整到与波浪频率一致,这时停留在游艇上会因摇晃使人难以忍受,同时过度的运动也会增加碰撞损坏的危险。因此,游艇港内必须满足合适的平稳度,港内水域也应尽量避免波浪反射或采取消浪措施。

游艇港作为进出海岸活动的基地,游艇与游客直接接触的设施即是港内的浮动码头,虽然其所需费用仅占整个工程开发投资的极小一部分,但是却是游艇港建设最重要的设施。波浪条件为游艇港浮码头设计最重要的参数,不同规模的游艇

各不相同，目前相关规范标准中也无明确的规定。对于普通港口而言，由于船型较大（千吨级、万吨级等），可考虑抵御较大重现期波浪传入港内的影响，而游艇尺度相对很小，采用50年一遇的波高来考察则没有意义，因此游艇码头泊稳波高相对要小，如参考澳洲标准协会《游艇港设计准则》（AS3962—1991）中提出，可采用如下两种波浪参数考察：

（1）重现期1～10年最大波高。

（2）波浪在一年内超过15cm（$H_s$）所发生的频率和持续时间。

注：上述参数均可通过水工模型试验或数值模拟计算确定，其可接受的限度依据所模拟靠泊标准和接纳的实际游艇类型而定。

由于游艇小而轻，易受水动力环境的影响，特别是波浪作用下的稳定，为保证游艇港口成为一个适于停泊的安全区，限制港内波高是必要的。中心渔港环抱布置形成后，建在有掩护水域的游艇区码头由于受到遮蔽，波高自然地受到限制，一定程度上使得游艇的停靠泊有所保障。

目前，通过对现有码头和相关研究资料表明，普遍认同一般游艇的浮式结构特点、系泊安全、艇上人员生活舒适要求，游艇港池允许的波高（$H_{4\%}$）一般情况要求小于等于0.3m，重现期25年一遇情况下小于等于0.5m。另外，根据澳洲标准协会《游艇港设计准则》（AS3962—1991）所推荐的游艇港波高，其建议指标如表5.13所示。

**游艇港良好波况指标**（有效波高$H_s$）　　表5.13

| 港口波浪方向和最大周期 | | 50年中发生超过一次的波浪 | 每年发生超过一次的波浪 |
|---|---|---|---|
| 顶浪 | 小于2s | 一般不大可能出现 | <0.3m |
| | 大于2s | <0.6m | <0.3m |
| 横浪 | 小于2s | 一般不大可能出现 | <0.3m |
| | 大于2s | <0.25m | <0.15m |

注：上述推荐值对于“优良”要求的波况，将波高乘以0.75，而对于“中等”要求的波况，则乘以1.25。

上述参考标准值，若按照$H_{4\%}$换算，对应波高在0.19～0.38m（<0.6m除外），与前文论述中的普遍认同值接近。中交四航院在《游艇码头设计技术研究》（2001）中，指出：

港内允许波高按不同年限的$H_{4\%}$确定。从舒适性来看，泊稳允许波高为0.1～0.3m；从安全性考虑，如系泊系统采用柔性结构，靠泊允许波高为0.2～0.6m；如系泊系统为刚性结构，则靠泊允许波高为0.3～0.4m。

港内泊稳允许波高(2 年一遇 $H_{4\%}$)应在 0.1 ~0.3m 之间(小型游艇取小值,大型游艇取大值)。港内靠泊允许波高(25 年一遇 $H_{4\%}$)应在 0.3 ~0.5m 之间(柔性结构取小值,刚性结构取大值)。当可能出现大于 0.5m 的波高时,应考虑采取特殊的结构措施以确保码头及停泊在码头上的游艇安全。

综上所述,实际波高在 0.1 ~0.3m 之间是普遍可以接受的,特别是天津中心渔港休闲区规划游艇规模以中型艇为主(艇长约 20m),当采用重现期 25 年时可以扩大到 0.4m,而从浮式码头结构抗浪能力和游艇本身的结构强度来看,码头泊稳的允许波高达到 0.5m 也是允许的,但应采取相应措施以尽量避免港内波高大于等于 0.5m。

另外,鉴于一般常规游艇在设计建造时所能忍受的最大波高可达 60cm(系泊期间),故游艇港在规划设计时不会采取单纯增加和强化浮码头抗浪结构的措施,目前国外制造厂商所生产的浮码头多以承受 40cm 波高来设计(增强型可至 60cm),通过增设其他遮蔽途径来削弱波高、控制港内可能发生的波浪,如浮式防波堤等临时性结构物,进而保证游艇泊稳安全。

## 5.5 浮式防浪措施的研究

### 5.5.1 相关思考

随着海岸环境保护、观光旅游、水产养殖等综合需求,人们对于海岸与港口开发的观念正在向“绿色港口”转变。为适应“绿色港口”的需求,港口工程结构形式正在向透空式、浮式、消能式、多功能形式结构发展。根据波浪理论的研究和试验表明,波浪的能量集中在水体表层,水面以下三倍波高的水深范围内集中了全部波能的 98%,浮式防波堤正是利用波能分布集中在水体表层,并为克服传统防波堤所带来的种种不利因素而采用的特殊结构形式。它通常是由金属、钢筋混凝土和塑料等材料制造的浮式构件和锚泊系统组成的防浪设施。浮式防波堤依据结构的弹性性能可分类成刚性浮式防波堤和柔性浮式防波堤。刚性浮式防波堤在波浪作用下不发生变形,如方箱式浮防波堤;柔性浮式防波堤在波浪作用下可改变其形状,如废旧轮胎式浮防波堤。

近几年来,浮式防波堤的研究备受关注,人们基于不同的用途和目的开发了很多不同的结构形式。浮式防波堤具有如下优点:

(1)可防治海水污染,因为它有很强的海水交换功能;

(2)随着水深的增加,其造价比坐底式要便宜得多;

(3)可以很容易地应用于软土海床水域,不需要进行地基处理;

(4)安放位置可以很容易地改变,修建迅速、拆迁容易;

(5)浮体、缆绳和锚具都很容易制造。

鉴于上述特点,在相对波浪能量较低没有必要修建坐底式防波堤,同时确保良好的水质交换条件等情况下,浮式防波堤不失为一种较优的结构形式,本专题研究即针对中心渔港的小风区风成浪影响休闲区游艇泊稳条件的问题,探索一种新型、消浪效果好、锚固受力小且简单的浮式防波堤,并对该种形式防波堤的透浪性能进行系列试验研究;对锚链的形式及受力情况进行初步探索;针对试验结果提出后续研究的主要方向和内容。

### 5.5.2　浮式防波堤的主要结构形式

(1)板—网结构浮式防波堤

该种形式主要用以保障深水养殖网箱在风浪中的安全,其结构如图5.41所示。

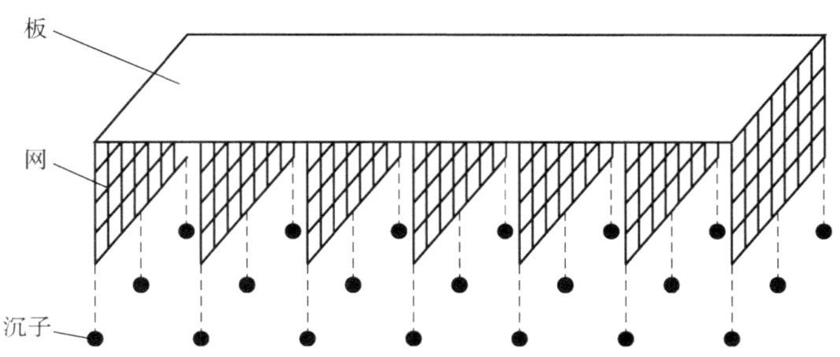


图5.41　板—网结构浮式防波堤示意图

(2)单箱式和双箱式

该种形式结构简单,易于制作,设计见图5.42和图5.43。试验结果表明其消浪效果不如板—网式结构。

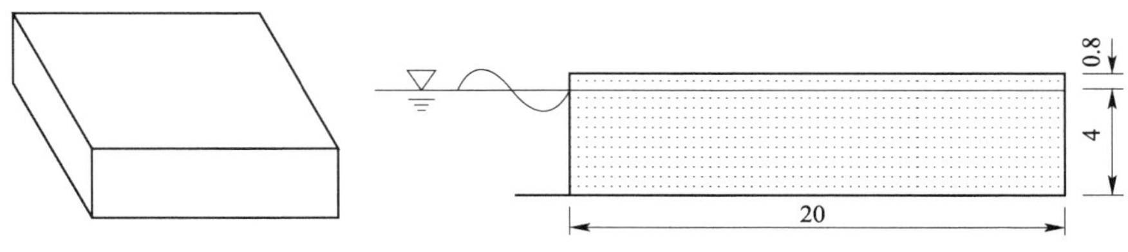


a)立体图　　b)截面图

图5.42　单箱式浮式防波堤(尺寸单位:m)

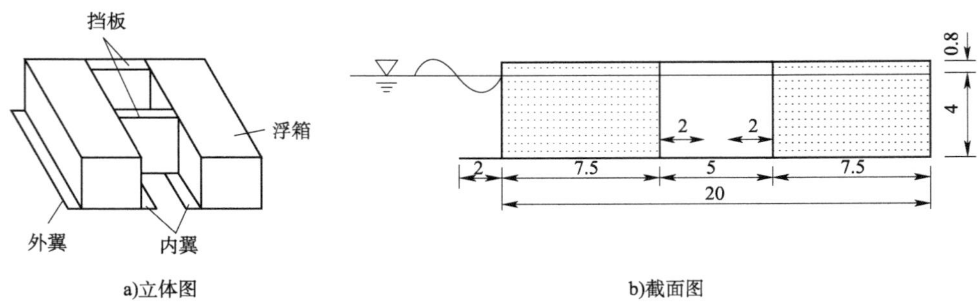


图 5.43　双箱式浮式防波堤(尺寸单位:m)

(3)废旧轮胎浮式防波堤

该种浮式防波堤的设计理念是废物利用、易于取材。设计示意图见图 5.44。研究结果表明:在该试验范围内,当堤宽大于 0.6 倍波长时,透射系数小于 0.5,锚链刚度和锚链拖地长度对透射系数的影响不明显。

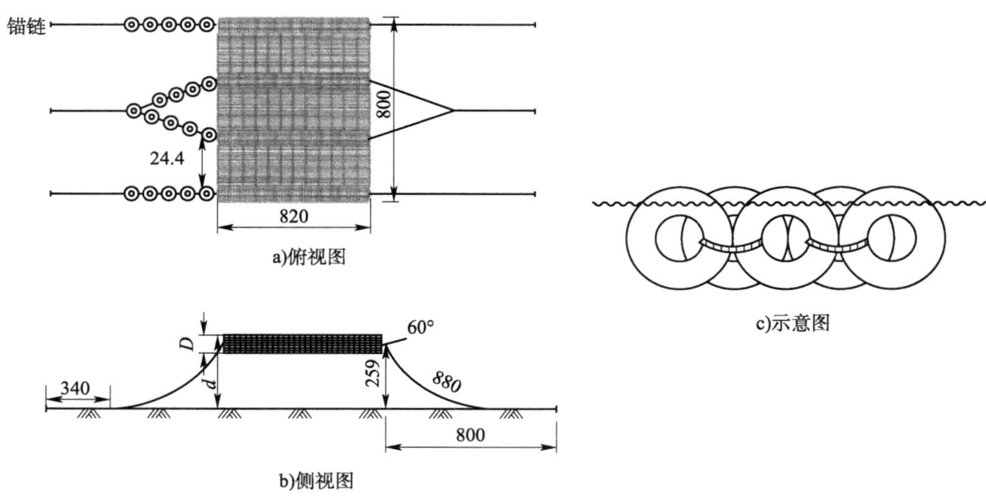


图 5.44　废旧轮胎式防波堤(尺寸单位:mm)

(4)浮漂式防波堤

旨在模仿水生植物浮漂的结构形式设计的一种新形式的防波堤,如图 5.45 所示。试验结果表明该结构具有消浪性能,并且其固定方式采用系泊于水下的消浪效果优于系泊于岸边的情况。

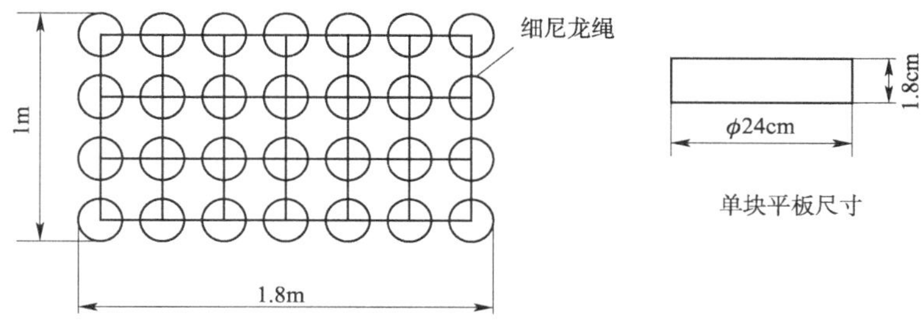

图5.45 浮漂式防波堤

(5)浮箱—水平板式浮防波堤

主要包括垂直导桩锚泊浮箱—水平板式浮防波堤和锚链锚泊浮箱—水平板式浮防波堤两种结构形式,见图5.46和图5.47。试验结果表明,垂直导桩锚泊浮箱—水平板式浮防波堤在相对宽度为0.2时,可使透射系数低于0.5;即使在长周期波浪(在试验范围内,周期为1.28~1.55s的波浪)作用时,透射系数也可降至0.8左右。

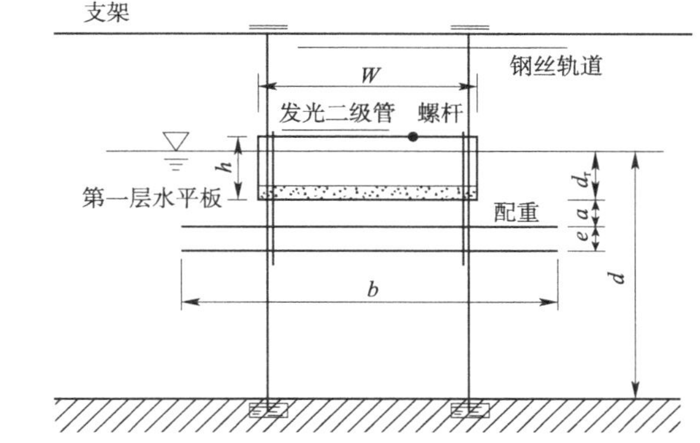

图5.46 垂直导桩锚泊浮箱—水平板式浮防波堤模型示意图

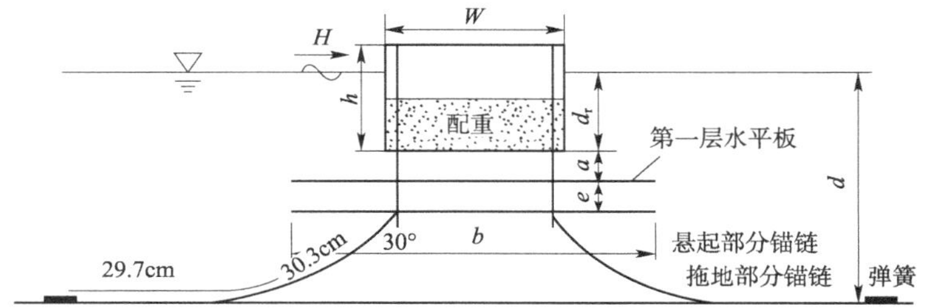

图5.47 锚链锚泊浮箱—水平板式浮防波堤模型示意图

(6)开孔圆弧、矩形方箱和锚链系统组成的新型浮式防波堤

该种浮式防波堤是结合开孔圆弧形结构和矩形结构在防波堤工程上应用的优

点提出的,在模型中的布置见图5.48。试验结果表明,在试验范围内该新型浮堤具有消浪效果好、运动幅度小以及锚链受力小等良好的水动力特性。

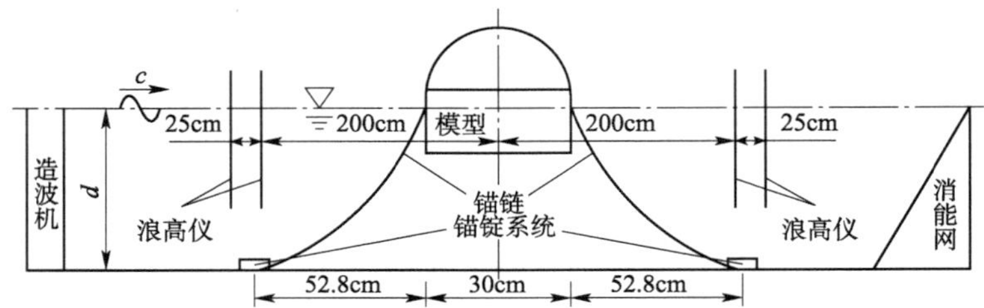


图5.48　开孔圆弧、矩形方箱和锚链系统组成的新型浮式防波堤示意图

(7)多孔浮式防波堤

该种类型的浮式防波堤由多菱形模块拼装而成,实物模型见图5.49,模型布置见图5.50。试验结果表明,该结构形式的浮堤消波效果好且受波浪力小。

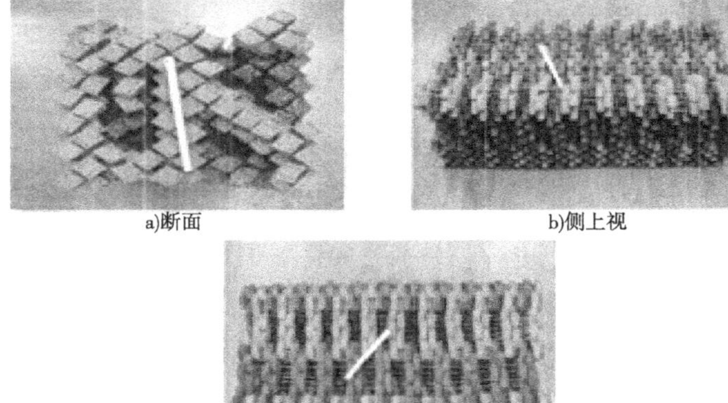

a)断面　b)侧上视　c)仰视

图5.49　多孔浮式防波堤模型照片

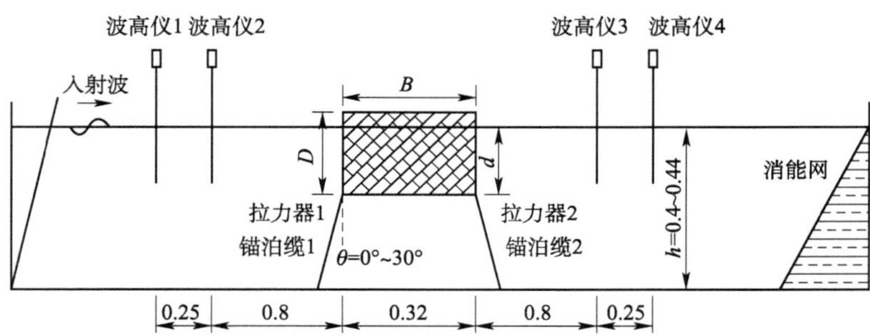


图5.50　模型试验在水槽中的布置(尺寸单位:m)

### 5.5.3 新型浮式防波堤的开发研究

1)研发目的和内容

受挡沙堤掩护的环抱式布置,中心渔港整体泊稳条件较好,特别是作业区均能满足对应船舶的安全作业要求,但是游艇港区由于船型小,因此其泊稳条件要求较高。同时,由于休闲区港内水域面积相对较大、纵深较长,其泊位易受小风区风浪影响,特别是大风浪天时,过大的船艇运动量不但会使艇身摩擦码头损坏漆面,而且造成游艇间的磕碰,甚至缆绳受力不均、影响系泊安全,因此采用紧急消浪防护措施是有利于港内停泊稳定的。在此背景下拟通过研究开发一种快速应急的新型浮式防波堤,并对其透浪性能进行研究和总结,使其安装后的透浪效果能够满足中心渔港游艇码头泊位处的要求。

本章研究主要通过波浪水槽物理模型试验,测试推荐浮式防波堤结构在不同波浪、水深组合下的消浪效果,并分析不同工况下的透浪系数。并在此基础上,结合第2章中小风区波浪场计算,估算设置该浮堤后休闲区港内的波高改善效果。

2)新型浮式防波堤的提出

(1)港域波高分析

结合前文波浪条件的计算结果和游艇泊稳要求的分析,考察港内波高是否满足游艇安全停泊的要求。

首先,确定合适的港内波高,考虑最不利的港内波高叠加小风区风成浪的情况,作为恶劣天气风浪条件来衡量游艇港内泊稳情况。利用第2章港区波浪数学模型和小风区波浪推算方法对SE向和SSE向$H_{4\%}$波浪进行计算,并提取相同点的波高,计算点位见图5.51,合成后结果见表5.14。

然后,由前文第3章结论可知,一般游艇的允许波高重现期2年$H_{4\%}$为0.3m;重现期25年$H_{4\%}$为0.4m。由表5.14可知,SSE浪向重现期2年的$H_{4\%}$波高14个点中有8个点的波高值均大于等于0.3m,SE向浪有3个点的波高值大于等于0.30m;而重现期25年的波浪中也有的波高值超过了0.4m。结果表明,在考虑小风区风成浪影响后的最不利情况时(较大风浪天气时),休闲区泊位处波高有难以满足泊稳条件的情况出现。

基于上述分析,若考虑一种拆装方便、结构简单的消浪措施,来对休闲区泊位进行防护,使游艇区重现期2年$H_{4\%}$降至0.3m以下,重现期25年$H_{4\%}$降至0.4m以下,即可满足游艇的泊稳要求。

图 5.51　休闲港区游艇停泊水域风成浪计算点位置示意图

(2)新型浮式防波堤的提出

综上所述,可反复利用的、还可快速布设的浮式防波堤恰好符合这样的要求。通过对已有浮式防波堤的相关研究成果表明,浮式防波堤的消浪效果主要受结构形式和几何尺度的影响。针对中心渔港所处地理位置和波浪的特点,结合已有浮式防波堤的有益研究成果,提出多种结构形式的浮式防波系统和浮式防波堤进行预试验,并经过波高测试和不断调整,最终提出一种结构较为简单、制作较为方便、拆装较为容易的凹菱形浮式防波堤。该浮式防波堤的迎浪侧和背浪侧上、下部均为弧形,即可以近似认为将菱形的四个直边换为不同弧度的弧形,且弧线的凹面均和水接触,离远处看又似星形,因而也称为星形浮式防波堤(为了消除底部水流的影响在堤底部挂上了若干直径为 1cm、长为 30cm 的麻绳),见图 5.52。

天津中心渔港休闲区(游艇港)$H_{4\%}$波浪情况(单位:m)　　表5.14

| 计算点 | 外海来浪传播入港 | | | | | | 休闲区小风区风成浪 | | | | | | 叠加合成的最不利情况 | | | | | |
|---|---|---|---|---|---|---|---|---|---|---|---|---|---|---|---|---|---|---|
| | SE 向 | | | SSE 向 | | | SE 向 | | | SSE 向 | | | SE 向 | | | SSE 向 | | |
| | 25a | 10a | 2a | 25a | 10a | 2a | 25a | 10a | 2a | 25a | 10a | 2a | 25a | 10a | 2a | 25a | 10a | 2a |
| 1 | 0.16 | 0.14 | 0.09 | 0.26 | 0.22 | 0.14 | 0.44 | 0.38 | 0.26 | 0.44 | 0.38 | 0.29 | 0.47 | 0.40 | 0.28 | 0.51 | 0.44 | 0.32 |
| 2 | 0.12 | 0.10 | 0.06 | 0.17 | 0.15 | 0.09 | 0.43 | 0.37 | 0.25 | 0.39 | 0.35 | 0.25 | 0.44 | 0.38 | 0.26 | 0.43 | 0.38 | 0.27 |
| 3 | 0.10 | 0.08 | 0.05 | 0.14 | 0.12 | 0.08 | 0.43 | 0.37 | 0.26 | 0.44 | 0.39 | 0.29 | 0.44 | 0.38 | 0.27 | 0.46 | 0.41 | 0.30 |
| 4 | 0.08 | 0.07 | 0.04 | 0.12 | 0.10 | 0.06 | 0.41 | 0.36 | 0.25 | 0.38 | 0.33 | 0.25 | 0.42 | 0.36 | 0.26 | 0.40 | 0.35 | 0.26 |
| 5 | 0.02 | 0.02 | 0.01 | 0.08 | 0.07 | 0.04 | 0.32 | 0.28 | 0.20 | 0.36 | 0.31 | 0.23 | 0.32 | 0.28 | 0.20 | 0.37 | 0.32 | 0.23 |
| 6 | 0.02 | 0.02 | 0.01 | 0.08 | 0.07 | 0.04 | 0.32 | 0.28 | 0.20 | 0.37 | 0.32 | 0.24 | 0.32 | 0.28 | 0.20 | 0.38 | 0.33 | 0.24 |
| 7 | 0.02 | 0.02 | 0.01 | 0.08 | 0.07 | 0.04 | 0.41 | 0.36 | 0.25 | 0.43 | 0.38 | 0.28 | 0.41 | 0.36 | 0.25 | 0.43 | 0.39 | 0.28 |
| 8 | 0.02 | 0.02 | 0.01 | 0.08 | 0.07 | 0.04 | 0.48 | 0.41 | 0.30 | 0.46 | 0.40 | 0.30 | 0.48 | 0.41 | 0.30 | 0.47 | 0.41 | 0.30 |
| 9 | 0.02 | 0.02 | 0.01 | 0.08 | 0.07 | 0.04 | 0.46 | 0.40 | 0.29 | 0.47 | 0.41 | 0.31 | 0.46 | 0.40 | 0.29 | 0.48 | 0.42 | 0.31 |
| 10 | 0.02 | 0.02 | 0.01 | 0.08 | 0.07 | 0.04 | 0.40 | 0.36 | 0.25 | 0.45 | 0.40 | 0.29 | 0.40 | 0.36 | 0.25 | 0.46 | 0.41 | 0.29 |
| 11 | 0.02 | 0.02 | 0.01 | 0.08 | 0.07 | 0.04 | 0.49 | 0.44 | 0.31 | 0.47 | 0.41 | 0.31 | 0.49 | 0.44 | 0.31 | 0.48 | 0.42 | 0.31 |
| 12 | 0.02 | 0.02 | 0.01 | 0.08 | 0.07 | 0.04 | 0.49 | 0.43 | 0.30 | 0.49 | 0.44 | 0.32 | 0.49 | 0.43 | 0.30 | 0.50 | 0.44 | 0.32 |
| 13 | 0.02 | 0.02 | 0.01 | 0.08 | 0.07 | 0.04 | 0.45 | 0.39 | 0.28 | 0.48 | 0.43 | 0.31 | 0.45 | 0.39 | 0.28 | 0.49 | 0.43 | 0.31 |
| 14 | 0.02 | 0.02 | 0.01 | 0.08 | 0.07 | 0.04 | 0.51 | 0.44 | 0.31 | 0.51 | 0.45 | 0.33 | 0.51 | 0.44 | 0.31 | 0.51 | 0.45 | 0.34 |

图 5.52 新型浮式防波堤示意图

3)试验场地和仪器设备

试验在交通运输部天津水运工程科学研究院波浪厅水槽进行,该水槽长 65m、宽 1m、高 1m,水槽内配有先进的吸收式造波机(图 5.53)。造波机可产生最大 0.5m波高,造波周期为 0.5 ~5s。造波机为电机伺服驱动推板吸收式造波机,可以产生规则波与不规则波。该设备由生波机械、电伺服控制系统、计算机和无反射模块组成。其生波原理为造波试验时,由计算机根据输入的造波参数计算出目标波浪的板前波浪信号,并按一定算法将其转换成相当于造波板运动速度和位置的数据,输入到 D/A 转换器中,D/A 转换器将数字量信号转换为伺服驱动器所需要的模拟电压信号,由伺服驱动器输出脉冲信号控制伺服电机的转速和转动的角度,通过滚珠丝杠副驱动直线运动单元带动推波板在水中按照预定的运动规律运动,从而实现所期望的波浪;伺服驱动器直接对电机编码器反馈信号进行采样,内部构成速度闭环控制以提高控制精度与运动速度的稳定性,避免电机丢步现象;同时,控制采集卡接收电机编码器的反馈信号,实时跟踪造波板的运动位置,外部构成位置闭环以提高推波板的定位精度;用波高传感器实时采集造波板前的波浪信号,并输入到计算机中与目标波浪相比较,以提取(分离)反射波信号,并将该信号以反相形式加到控制信号中去,使造波板的运动附加一个可消除二次反射波的位移运动,实现了可吸收二次反射波的造波功能。

波高采用电容式波高传感器进行测量,通过 TK2008 型动态采集分析系统(图 5.54)进行波高和周期数据的采集与分析。

水槽两端均设有消波装置,同时水槽侧面设有连通管,以使造波过程中模型两侧的水位保持不变。水位通过测针测量,试验过程中采用摄像机记录波面过程和上水、越浪等试验现象。

图5.53　风浪水槽实景

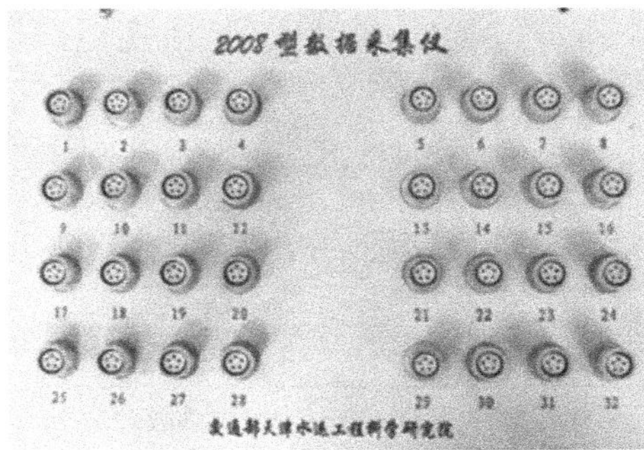


图5.54　TK2008型电容式波浪试验采集系统

4)试验方法

(1)模型设计与制作

模型按重力相似准则设计,结构断面尺寸按几何相似准则设计,各比尺关系如下:

$$\lambda = \frac{l_P}{l_m} \tag{5.30}$$

$$\lambda_t = \lambda^{1/2} \tag{5.31}$$

$$\lambda_F = \lambda^3 \tag{5.32}$$

式中:$\lambda$——模型长度比尺;

$l_P$——原型长度;

$l_m$——模型长度;

$\lambda_t$——时间比尺;

$\lambda_F$——力比尺。

根据试验水槽的尺度、试验波浪条件及水槽造波能力等,最终将长度比尺确定为1:20,模型布置见图5.55。模型选用直径为300mm的PVC管进行浮式防波堤的制作，主要设计参数见表5.15。由表5.15可知：模型长度98cm，断面形状为凹菱形，最大宽度为24cm，最大高度为19.5cm，防波堤结构按0.6g/cm³的密度考虑，内部除进行必要的均匀配重外，其余空间填充泡沫。在迎浪和背浪侧各安放两根300cm长锚链，其中一端与凹菱形结构的端部相连，另一端自然悬浮垂地后锚固于试验水槽底部，锚链的具体尺度见表5.16。

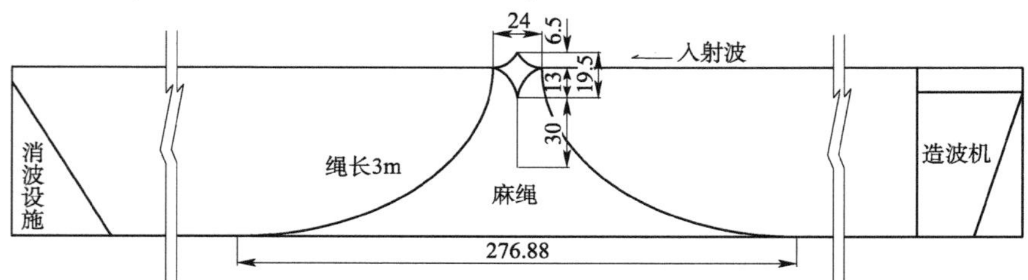


图5.55 水槽内模型布置示意图（尺寸单位：cm）

**凹菱形（星形）浮式防波堤主要设计参数** 表5.15

| 凹菱形（星形）浮式防波堤 | | | | |
|---|---|---|---|---|
| 长（cm） | 宽（cm） | 高（cm） | 重度（g/cm³） | 质量（kg/m³） |
| 98 | 24 | 19.5 | 0.6 | 8.3 |

注：底部装有30cm直径为1cm的麻绳若干。

**锚链椭圆圈的主要参数** 表5.16

| 长（mm） | | 宽（mm） | | 链径（mm） | 质量 | |
|---|---|---|---|---|---|---|
| 外径 | 内径 | 外径 | 内径 | | g/m | g/个 |
| 13.3 | 10.7 | 5.9 | 3.3 | 1.3 | 24.12 | 0.32 |

（2）波浪模拟

考虑规则波与不规则波两种波浪试验条件。规则波采用微幅波模拟；不规则波采用频谱模拟，试验采用了国内外工程界常用的JONSWAP谱。

该谱与规范谱比较接近，其解析式为：

$$S(f)=\beta_j H_{1/3}^2 T_p^{-4} f^{-5}\exp\left[-\frac{5}{4}(T_p f)^{-4}\right]\times r^{\exp[-(f/f_p-1)^2/2\sigma^2]} \tag{5.33}$$

$$\beta_j=\frac{0.06238}{0.230+0.0336r-0.185(1.9+r)^{-1}}(1.094-0.01915\ln r)$$

$$T_p=T/[1-0.532(r+2.5)^{-0.569}]$$

$$\sigma=\begin{cases}0.07 & (f\leqslant f_p)\\ 0.09 & (f>f_p)\end{cases}$$

式中：$r$——谱峰因子，试验取3.3；

$f_p$——峰频，为谱峰频周期 $T_p$ 的倒数；

$S(f)$——谱密度；

$H_{1/3}$——有效波高；

$f$——频率；

$T$——平均周期。

(3)波浪率定

为了保证模拟精度和造波工作效率，在模型摆放之前，首先率定原始波要素。通过在模型摆放位置处布置波高仪来测定波高，以达到目标值。

对于规则波，根据试验要求，找出模型相应位置处产生相应波浪时的造波机偏心距与周期值。平均波高和波周期偏差均不超过±5%。

对于不规则波采用频谱模拟，将给定的有效波高及周期送入计算机进行波谱模拟，经过修正后，使峰频附近谱密度、峰频、谱能量、有效波高等满足试验规程要求。即：①波能谱总能量的允许偏差为±10%；②峰频模拟值的允许偏差为±5%；③在谱密度大于或等于0.5倍谱密度峰值的范围内，谱密度分布的允许偏差为±15%；④有效波高、有效波周期或谱峰周期的允许偏差为±5%；⑤模拟的波列中1%累积频率波高、有效波与平均波高比值的允许偏差为±15%。每组波要素的波列都保持波个数在100以上，根据试验要求，针对不同断面，在各个水位依据给定的波浪要素进行率定，将最后得到的造波参数存储在计算机中。本次试验中波要素为极限值时，在试验波高率定时，选取波浪在模型试验段破碎的不规则波 $H_{13\%}$ 作为率定结果。

试验时，依据对应率定好的造波信号进行造波。造波时启动无反射实时吸收造波功能，通过造波板前的水位传感器，实时监测水面变化，利用入反射波叠加和分离原理，分析出反射波并通过计算在控制信号中实时叠加一个与反射波相反的信号，消除造波板的二次反射，保证入射波的准确性。

(4)模型试验方法

试验主要是对堤前、堤后波高的测量。在浮式防波堤前方1m和2m处布设2根波高传感器，在堤后每隔1m布设1根波高传感器，共布设4根。对规则波，测量值取平均波高；对于不规则波，取有效波高进行分析。

进行试验时，不同组次至少重复3次；当3次试验现象和测量结果差别较大时，增加重复次数。

5)试验组次

为了探明浮式防波堤透浪系数与浮式防波堤宽度、入水深度和水深之间的关系，考虑三种水深，对浮式防波堤进行不同周期、不同波高作用时的消浪效果试验（试验照片见图5.56），试验波型分为规则波和不规则波，组次分别见表5.17和表5.18。

a)规则波作用下

b)不规则波作用下

图5.56　浮堤试验照片

**规则波试验组次**　　表5.17

| 水深(m) | 波高(m) | 周期(s) | 水深(m) | 波高(m) | 周期(s) | 水深(m) | 波高(m) | 周期(s) |
|---|---|---|---|---|---|---|---|---|
| 0.6 | 0.010 | 0.5 | 0.5 | 0.010 | 0.5 | 0.4 | 0.010 | 0.5 |
| | 0.015 | | | 0.015 | | | 0.015 | |
| | 0.020 | | | 0.020 | | | 0.020 | |
| | 0.020 | 0.6 | | 0.020 | 0.6 | | 0.020 | 0.6 |
| | 0.025 | | | 0.025 | | | 0.025 | |
| | 0.030 | | | 0.030 | | | 0.030 | |
| | 0.030 | 0.7 | | 0.030 | 0.7 | | 0.030 | 0.7 |
| | 0.040 | | | 0.040 | | | 0.040 | |
| | 0.050 | | | 0.050 | | | 0.050 | |
| | 0.050 | 0.9 | | 0.050 | 0.9 | | 0.050 | 0.9 |
| | 0.060 | | | 0.060 | | | 0.060 | |
| | 0.070 | | | 0.070 | | | 0.070 | |
| | 0.070 | 1.2 | | 0.070 | 1.2 | | 0.070 | 1.2 |
| | 0.080 | | | 0.080 | | | 0.080 | |
| | 0.090 | | | 0.090 | | | 0.090 | |

**不规则波试验组次**　　表5.18

| 水深(m) | 波高(m) | 周期(s) | 水深(m) | 波高(m) | 周期(s) | 水深(m) | 波高(m) | 周期(s) |
|---|---|---|---|---|---|---|---|---|
| 0.6 | 0.020 | 0.5 | 0.5 | 0.020 | 0.5 | 0.4 | 0.020 | 0.5 |
| | 0.030 | 0.6 | | 0.030 | 0.6 | | 0.030 | 0.6 |
| | 0.040 | 0.7 | | 0.040 | 0.7 | | 0.040 | 0.7 |
| | 0.060 | 1.0 | | 0.060 | 1.0 | | 0.060 | 1.0 |
| | 0.080 | 1.3 | | 0.080 | 1.3 | | 0.080 | 1.3 |

6)试验结果及分析

按表5.17、表5.18组次和率定好的波要素进行规则波和不规则波试验,并统计各组次透浪系数(堤后波高与堤前波高比),结果如表5.19、表5.20所示。

**规则波试验结果** 表5.19

| 水深(m) | 波高(m) | 周期(s) | 透浪系数(%) | 水深(m) | 波高(m) | 周期(s) | 透浪系数(%) | 水深(m) | 波高(m) | 周期(s) | 透浪系数(%) |
|---|---|---|---|---|---|---|---|---|---|---|---|
| 0.6 | 0.010 | 0.5 | 33.4 | 0.5 | 0.010 | 0.5 | 30.1 | 0.4 | 0.010 | 0.5 | 37.8 |
| | 0.015 | | 26.1 | | 0.015 | | 24.7 | | 0.015 | | 22.2 |
| | 0.020 | | 53.0 | | 0.020 | | 33.4 | | 0.020 | | 40.3 |
| | 0.020 | 0.6 | 38.7 | | 0.020 | 0.6 | 32.5 | | 0.020 | 0.6 | 31.2 |
| | 0.025 | | 36.4 | | 0.025 | | 42.4 | | 0.025 | | 41.2 |
| | 0.030 | | 42.2 | | 0.030 | | 37.1 | | 0.030 | | 36.5 |
| | 0.030 | 0.7 | 55.0 | | 0.030 | 0.7 | 52.4 | | 0.030 | 0.7 | 53.8 |
| | 0.040 | | 56.3 | | 0.040 | | 53.5 | | 0.040 | | 59.8 |
| | 0.050 | | 57.9 | | 0.050 | | 52.7 | | 0.050 | | 56.8 |
| | 0.050 | 0.9 | 86.6 | | 0.050 | 0.9 | 81.7 | | 0.050 | 0.9 | 78.9 |
| | 0.060 | | 85.3 | | 0.060 | | 78.8 | | 0.060 | | 75.9 |
| | 0.070 | | 83.9 | | 0.070 | | 84.4 | | 0.070 | | 86.1 |
| | 0.070 | 1.2 | 84.7 | | 0.070 | 1.2 | 89.1 | | 0.070 | 1.2 | 91.4 |
| | 0.080 | | 84.8 | | 0.080 | | 82.3 | | 0.080 | | 94.9 |
| | 0.090 | | 84.7 | | 0.090 | | 83.4 | | 0.090 | | 95.3 |

**不规则波试验结果** 表5.20

| 水深(m) | 波高(m) | 周期(s) | 透浪系数(%) | 水深(m) | 波高(m) | 周期(s) | 透浪系数(%) | 水深(m) | 波高(m) | 周期(s) | 透浪系数(%) |
|---|---|---|---|---|---|---|---|---|---|---|---|
| 0.6 | 0.020 | 0.5 | 42.2 | 0.5 | 0.020 | 0.5 | 55.0 | 0.4 | 0.020 | 0.5 | 39.5 |
| | 0.030 | 0.6 | 50.7 | | 0.030 | 0.6 | 49.9 | | 0.030 | 0.6 | 56.4 |
| | 0.040 | 0.7 | 69.9 | | 0.040 | 0.7 | 66.8 | | 0.040 | 0.7 | 68.9 |
| | 0.060 | 1.0 | 84.6 | | 0.060 | 1.0 | 82.2 | | 0.060 | 1.0 | 87.1 |
| | 0.080 | 1.3 | 85.5 | | 0.080 | 1.3 | 88.4 | | 0.080 | 1.3 | 88.4 |

由表5.19、表5.20可得出初步的规律,规则波作用,水深和周期相同时,透射率随波高的变化是非线性关系;波高和周期相同时,透射率随水深的变化也不是线

性关系；波高、水深相同时，周期越大，透射率越大。

针对中心渔港游艇区的水深和波高情况，由试验结果可知，该种浮式防波堤的透射浪在25%～49%，消浪效果很明显。

### 5.5.4 游艇休闲区浮式防波结构效果分析

根据前述新型浮式防波堤水槽试验得到的透射率，即可检验其在中心渔港休闲区布设后的防护效果。采用第2章中小风区波浪场计算方法，计算在1号测点附近安放浮式防波堤后码头区的波高 $H_{4\%}$，浮堤布设位置如图5.57所示，计算结果见表5.21。

图5.57 休闲港区浮堤布设位置示意图

安放浮式防波堤后游艇码头附近波浪情况　　表5.21

| 编号 | 方向 | SE向 | | | SSE向 | | |
|---|---|---|---|---|---|---|---|
| | 重现期 | 25年 | 10年 | 2年 | 25年 | 10年 | 2年 |
| 4 | 北侧停泊区 | 0.2 | 0.17 | 0.11 | 0.19 | 0.16 | 0.1 |

续上表

| 编号 | 方向 | SE 向 | | | SSE 向 | | |
|---|---|---|---|---|---|---|---|
| | 重现期 | 25 年 | 10 年 | 2 年 | 25 年 | 10 年 | 2 年 |
| 5 | 南侧停泊区 | 0.16 | 0.13 | 0.08 | 0.18 | 0.15 | 0.09 |
| 6 | | 0.16 | 0.13 | 0.08 | 0.19 | 0.16 | 0.1 |
| 8 | 近岸停泊区 | 0.23 | 0.19 | 0.12 | 0.23 | 0.19 | 0.12 |
| 9 | | 0.22 | 0.19 | 0.12 | 0.24 | 0.2 | 0.13 |
| 10 | | 0.2 | 0.16 | 0.1 | 0.23 | 0.19 | 0.12 |
| 11 | | 0.24 | 0.2 | 0.13 | 0.24 | 0.2 | 0.13 |
| 12 | | 0.24 | 0.2 | 0.13 | 0.25 | 0.21 | 0.13 |
| 13 | | 0.22 | 0.18 | 0.11 | 0.24 | 0.2 | 0.13 |

由该结果可知，采用新型浮式防波堤后，不同游艇停泊区重现期为 2 年 $H_{4\%}$ 波高均不大于 0.3m，同时在 25 年波浪作用下，波高仍不大于 0.4m，满足泊稳要求。可见采用新型浮式防波堤结构，可有效减小游艇停泊区波浪，有助于改善停泊条件。

另外，在风浪天气过后亦可拆除浮堤，便于游艇进出港区，因此该浮堤可反复利用。考虑到浮堤防护的布设便利性，也可根据实际情况，在港内波高较大的其他水域进行临时性布设，更有助于港内整体水面稳定度的提高，利于游艇的安全停泊。

### 5.5.5 凹菱形(星形)浮式防波堤的应用前景及展望

浮式防波堤以其独特的优点著称，但由于推广不够，因而仅在国外有较多的应用实例，国内较少。如：英国于 1811 年在 Plymouth 港建造的木质浮式防波堤可以看作是世界上第一个浮式防波堤；第二次世界大战期间的 1944 年，盟军沿着诺曼底海岸离岸 1.6km 处安放了著名的 Bombardon 浮式防波堤，其每一个单元的尺度为长 60m、宽 7.5m、高 7.5m；日本 1976 年在福山建成一道矩形箱式浮堤，全长 275m，由两节 60cm 和两节 70cm 长的浮箱组成，浮箱宽 10m、型深 3m、吃水 2m，浮箱的纵向间距为 5m，每个浮箱有 6 个锚。

随着国家对环境、生态、海洋环保等的关注与投入，传统形式的防波堤会由于造价高昂、建设工期长等因素面临新的挑战，而浮式防波堤将会因为制作简单、施工快捷等优点有较好的应用前景。

此次提出的凹菱形(星形)浮式防波堤与现有科研成果中所提到的形式均不

同,首先在结构形式上是完全的创新;其次,凹菱形(星形)浮式防波堤针对中心渔港游艇区量身定做,试验结论可为设计参考;再次,凹菱形(星形)浮式防波堤结构较为简单,它的大力推广,将填补我国在该种形式浮式防波堤应用方面的空白,并可以推动科研人员对浮式防波堤由研究向应用型开发调整。

由于该种浮式防波堤的试验研究考虑了中心渔港游艇区的水深、波浪情况,且试验结果表明消浪效果很好,因而可以在该区使用。也可以在类似条件的区域推广使用。

此外,由于时间的关系,对该种浮式防波堤的研究还不够深入,如可适当增加不同水深、波高和周期的试验组次,制作不同弧度的更加精细的浮式防波堤的模型,使得在原体实施时更加得心应手、快捷方便。

# 第6章　挡沙堤稳定性研究

## 6.1　研究背景

作为天津市重点工程和渔港项目的中心工程，挡沙堤的完工标志着渔港项目"一年围海"的目标圆满完成，为后续航道疏浚、顺利通航提供基础条件。中心渔港挡沙堤工程按防波堤结构设计，建成后，挡沙堤与防波堤一起形成维护水面平稳的建筑物，其目的主要是避免波浪的影响和防止水域内泥沙的回淤，为船舶提供平稳、安全的停泊和作业水域，同时也改善了作业区内码头、护岸等建筑物的设计条件。

为改善航道的通航条件，维持航道尺寸，消除对船舶航行有影响的流态，一般需要在港区水工建筑物施工完成后，对航道进行疏浚。中心渔港东、西挡沙堤间距500m，为进出港的主要航道，现状涂面较高，航道疏浚深度达10m。

国内目前研究主要集中于航道疏浚对海域环境、潮流泥沙运动规律的影响分析上，而对航道疏浚引起的水工建筑物的安全稳定性问题研究较少，疏浚的范围也仅凭常规计算方法而定，实质上，由于航道疏浚，潮流和泥沙沉积规律发生变化，加之波浪循环荷载作用下，地基土体的物理力学指标发生变化，建筑物的安全稳定计算条件也发生变化。国内因航道疏浚研究不充分导致抛石堤防发生破坏的事故出现不少，因此，有必要对航道疏浚对中心渔港挡沙堤的安全稳定性进行研究，从而确定航道疏浚的合理范围。

### 6.1.1　研究意义

在我国大部分近海地区的海岸和海底都存在着海相或湖相沉积的软土层，厚度几米到几十米不等，如长江口、珠江口、渤海湾等地区，软土层的物理力学指标较差，承载能力较低。软土地基上恶劣波浪条件下防波堤的稳定性研究至关重要。抛石防波堤由于工艺简单、施工方便、造价较低等特点，成为传统的重力式防波堤结构。为保持堤身整体抗滑稳定，抛石防波堤常结合塑料排水板、砂桩等地基处理方式一起使用。

抛石防波堤整体抗滑稳定分析方法可分为极限平衡法和有限单元法(或有限差分法)。

极限平衡法是经典的确定性分析方法,在工程界应用非常广泛。具体做法是:将有滑动趋势范围内的边坡土体沿某一滑动面切成若干竖条或斜条,在分析条块受力基础上建立整个滑动土体力或力矩平衡方程,并以此作为基础确定边坡的稳定安全系数。极限平衡法的条分法虽然不考虑土体的应力应变关系,但因其计算原理简单、清晰,计算简便、快捷,至今仍是防波堤整体抗滑稳定分析采用的主要方法。

在以往的有限元法中,通常根据防波堤边坡的位移场、应力场、塑性区来间接评价,或者根据有限元法计算出应力分布之后再利用极限平衡法计算出一个安全系数,很难被工程技术人员所掌握,但在强度折减法出现以后,这一格局发生了改变,它直接通过有限元分析得出一个安全系数,不仅概念明确,结果直观,而且可以模拟很多复杂条件下防波堤的稳定分析,例如可以模拟波浪循环动力荷载作用下防波堤的稳定。随着现代计算机性能的提升以及大型数值模拟软件的出现,采用常规极限平衡法与有限元法相结合解决实际工程问题成为可能。

中心渔港东、西挡沙堤间距500m,为进出港的主要航道,现状涂面较高,航道疏浚深度达10m。航道疏浚后挡沙堤的稳定性至关重要,一旦挡沙堤发生整体抗滑失稳,势必对港区船只的进出造成影响,经济损失巨大。本书研究既针对依托工程航道疏浚后挡沙堤稳定性进行计算分析,确定本工程的航道疏浚范围;又针对波浪循环荷载作用条件下,波浪—防波堤—地基相互作用问题,通过现场观测、数值模拟、理论分析、土工离心机试验,研究波浪循环荷载作用下防波堤整体抗滑稳定计算理论,以理论来指导试验、以试验来验证理论,为航道疏浚提供技术支持。

### 6.1.2 国内外研究现状

金钢锋基于二维广义 Biot 动力固结理论,建立波浪作用下海床和海堤动力响应模型和考虑土骨架加速度项在内的有限元控制方程,利用无条件稳定的隐—隐式交叉迭代法并结合 Newmark 法进行时域内求解,并编制了有限元分析程序。通过一定数量的具体数值计算与分析,模拟海床土的有效应力时空分布、变形及超静孔压的发展。通过对几个影响海堤和海床动力稳定性的主要因素及影响程度分析,研究表明由于反射波的存在造成堤前海床上表层的超静孔隙水压力与有效应力响应增大,其影响沿海床深度逐渐减小;海床土质的层间差异将使堤前海床土体承受剪切的能力发生较大变化,均质海床要比成层海床稳定;波浪周期对堤前海床的动力反应影响较大,周期越短,产生的超静孔压幅值和竖向有效应力幅值越小,

反之成立。剪应力幅值的变化则较为复杂。

蔡敏敏以天津港新型的箱筒型基础防波堤为背景，通过土离心模拟技术、土体静动三轴试验和有限元数值模拟等手段对波浪荷载作用下复杂防波堤结构与软土地基相互作用的问题进行了研究。

封晓伟以天津港原状软黏土为研究对象，通过室内试验手段研究半圆体沉箱、筒形基础等港口结构物地基上在波浪作用下的强度软化特性及其稳定性分析方法。研究表明黏土的循环软化程度与土的灵敏度有关；采用室内十字板测试仪进行了灵敏度试验，重塑土样（充分扰动）的强度降低到原状土样的强度的22% ~ 42%，正常固结的饱和软黏土，经小排水循环后，土体抗剪强度发生降低，类似于金属的"疲劳"现象。

别社安、赵子丹、王光纶应用动弹性固结有限元法，求解了随机波浪作用下饱和海床土体中的孔隙水压力、有效应力和位移的瞬态响应，并对海洋建筑物的稳定性进行分析。建立的有限元计算模型中采用了动弹性固结理论和线性渗流理论，海床可为具有任意边界条件的分层分块弹性多孔介质；利用简单条分法对海床和建筑物进行稳定性分析，在滑动面上考虑波浪附加应力的影响。孔隙水压力响应的理论计算结果与模型试验的量测值吻合得较好。计算表明，近海工程中考虑海床土体受到的波浪附加应力时，海床和建筑物的整体稳定安全系数将降低，降低幅度主要与海床面上的波浪压力、海床的渗透性有关。

栾茂田、王栋基于二维广义 Biot 理论，提出了线性或非线性波浪作用下饱和弹性海床动力反应的时域有限元数值解法。静力平衡条件和 Biot 方程组成的边值方程可视为其特例。在比较算例中，数值计算得到的孔压和有效应力幅值沿海床深度的分布与解析解十分吻合。土骨架和孔隙流体的加速度对海床动力反应的影响很小。具体算例表明，线性波沿缓坡海床传播时，土层中超静孔压和有效应力幅值随之增大，有可能发生滑动破坏。所提出的数值解法能够灵活地处理非线性波浪荷载、海底复杂地质条件和波浪沿缓坡传播等复杂情况。

谭昌明、姜朴通过土工离心机模型试验对挤於法修筑防波堤稳定性进行研究，结果表明挤淤法修筑防波堤时可以采用部分清淤的方法，此时需要确定一个合理的稳定泥石置换深度，利用条分法稳定分析能够做到这一点，但有待进一步工程验证和完善。对于淤泥强度很低的情况，最好进行全清淤处理。爆炸可能引起淤泥土层或别的软弱土层不排水强度下降。堤底宽度对防波堤稳定性的影响以及淤泥中的爆炸问题有待进一步研究。

问延煦、施建勇从常规固结试验入手，对固结系数进行了相关的研究。利用底部可测孔压的固结仪做了常规固结试验，发现试样底部孔压出现滞后现象。孔压峰值出现的前后，沉降曲线出现第 1 次转折，孔压完全消散后，沉降曲线出现第 2 次转折。因为孔压与位移有着紧密的联系，所以孔压的滞后会影响固结曲线，进而影响固结系数的确定。

李增志、别社安、任增金将抛石防波堤看作离散介质结构，运用二维刚性体离散单元法对抛石防波堤在波浪作用下的失稳过程和机理进行了研究。计算结果显示周期和波高越大，波浪的作用力也越大，对防波堤的破坏作用依次增大，防波堤的局部失稳主要表现为两侧堤肩块体的失稳，整体失稳是局部失稳累积的结果。

## 6.2 软基抛石堤稳定计算方法研究

本章首先对目前软基抛石防波堤的稳定计算方法进行归纳和总结，根据依托工程中心渔港挡沙堤工程的地质条件、航道疏浚深度，结合疏浚后港区水域潮流泥沙变化情况，采用规范法计算分析航道疏浚对依托工程的挡沙堤稳定性影响，确定了航道疏浚的合理范围。

### 6.2.1 依托工程挡沙堤概述

中心渔港工程挡沙堤包括东、西挡沙堤，其中东挡沙堤长 3694.403m，西挡沙堤全长 3701.252m。东、西挡沙堤工程均为斜坡式结构，堤身主要采用大块石填筑，护面结构采用钢筋混凝土栅栏板。地基处理方式采用铺设 1000mm 砂垫层 + 打设塑料排水板 + 铺设高强土工布的地基处理方法。为减少砂垫层的流失，在两侧抛袋装砂，形成挡砂埝。堤身结构如图 6.1 所示。

根据前文第 4 章相关研究成果，中心渔港防波堤建成后，两侧滩面均呈淤积趋势，在两年时间内，西侧滩面平均淤积厚度为 0.11 ~ 0.78m，其平均值为 0.47m，东侧滩面平均淤积厚度为 0.19 ~ 1.10m，其平均值为 0.61m，东侧淤积略强于西侧；滩面淤积厚度沿程分布，西侧呈由北向南逐渐减小趋势，而东侧则呈中部大、两边小的变化特点。

图 6.1 中心渔港东、西挡沙堤堤身结构图

天津中心渔港场区内地貌以滨海相沉积为主，陆相、河口三角洲沉积为辅，受地形影响，为泥质海岸，水下地形平缓向海中

倾斜，场地内地层变化较小，表层多以淤泥或淤泥混粉砂为主，向东南随水深变深淤泥层逐渐变厚。地层由上而下分布为：

①$_1$ 淤泥层，流塑至软塑，层厚 0.2 ~ 0.5m，标准贯入数小于 1 击；

①$_2$ 粉质黏土，软塑，平均厚度约为 2.5m，标准贯入数为 3 击；

①$_3$ 粉土，局部混粉砂，平均厚度约为 2.5m，标准贯入数为 6 击；

①$_4$ 淤泥质粉质黏土，软塑，平均厚度为 5.6m，标准贯入数为 2 击；

①$_5$ 淤泥质黏土，软塑，混夹粉砂薄层，平均厚度 3.7m，标准贯入数为 2 ~ 3 击；

①$_6$ 粉土，混夹黏性土，平均厚度约为 2.4m，标准贯入数为 8 击；

①$_7$ 粉质黏土，混夹粉砂薄层，平均厚度为 4.7m，标准贯入数为 11 击；

②$_1$ 粉质黏土，可塑，混夹薄层粉砂，平均厚度约为 1.5m，标准贯入数为 12 击；

③$_1$ 粉土，混少量粉砂，平均厚度约为 1.2m，标准贯入数为 16 击；

③$_2$粉质黏土，混少量粉砂，可塑 ~ 硬塑，局部混粉砂和少量黏土薄层，平均厚度约为 4.5m，标准贯入数为 13 击；

③$_3$粉土，局部混较多黏性土，平均厚度大于 3.0m，标准贯入数为 30 击。

挡沙堤地基土层物理力学指标参见表 6.1。

### 6.2.2　抛石防波堤稳定性计算方法概述

极限平衡法在边坡工程应用中，仍是边坡稳定性分析应用较广的定量分析方法。它是基于摩尔—库仑强度准则，通过假设潜在滑面，将假设滑坡体划分成若干条块，建立力矩平衡，给出抗滑力(力矩)与下滑力(力矩)的关系式求出安全系数，从而达到定量评价的目的。常用的极限平衡法有瑞典条分法、毕肖普法、简布法等，其三大要点如下：

(1)刚体条件：在分析滑坡的受力和变形过程中，忽略滑体的内部变形，认为滑体为不可变形的刚体。

(2)极限强度条件：假定滑体处于极限强度状态。

(3)力的平衡条件：在考虑安全系数后，滑体在所受各种力的作用下处于平衡状态。

1)瑞典条分法

瑞典条分法的安全系数 $F_s$ 的一般计算公式为：

$$F_s = \frac{\sum (c_i l_i + W_i \cos\theta_i \tan\varphi_i)}{\sum W_i \sin\theta_i} \tag{6.1}$$

表 6.1

**挡沙堤地基土层物理力学指标**

| 层号 | 土名 | 含水量 | 重度 | 孔隙比 | 液限 | 塑限 | 塑性指数 | 液性指数 | 快剪 | | 固结快剪 | | 压缩系数 | 压缩模量 |
|---|---|---|---|---|---|---|---|---|---|---|---|---|---|---|
| | | $w$ (%) | $\gamma$ (kN/m$^3$) | $e$ | $w_L$ (%) | $w_P$ (%) | $I_P$ | $I_L$ | 黏聚力 (kPa) | 内摩擦角 (°) | 黏聚力 (kPa) | 内摩擦角 (°) | $a_{0.1-0.2}$ | $E_{s0.1-0.2}$ |
| ①$_1$ | 淤泥 | 64.70 | 16.47 | 1.69 | 42.93 | 22.23 | 20.70 | 2.13 | | | | | 1.32 | 2.08 |
| ①$_2$ | 粉质黏土 | 32.03 | 18.54 | 0.90 | 29.76 | 17.65 | 12.12 | 1.19 | 8.7 | 15.8 | 12.0 | 21.3 | 0.59 | 3.80 |
| ①$_3$ | 粉土 | 26.24 | 19.11 | 0.700 | 24.67 | 17.57 | 7.10 | 1.07 | 13.5 | 18.7 | 13.0 | 27.5 | 0.520 | 3.77 |
| ①$_4$ | 淤泥质粉质黏土 | 40.65 | 17.69 | 1.120 | 33.47 | 18.86 | 14.61 | 1.51 | 17.8 | 7.4 | 9.1 | 21.2 | 0.870 | 2.51 |
| ①$_5$ | 淤泥质黏土 | 46.60 | 17.17 | 1.300 | 38.98 | 20.78 | 18.21 | 1.44 | 12.9 | 4.9 | 10.5 | 13.7 | 0.920 | 2.53 |
| ①$_6$ | 粉土 | 26.80 | 19.18 | 0.750 | 24.52 | 15.78 | 8.73 | 1.18 | 22.0 | 30.6 | 6 | 16.2 | 0.270 | 6.78 |

式中,$W_i$ 为土条重力;$\theta_i$ 为土条底部中点与滑弧中心连线垂直夹角;抗剪强度指标 $c$、$\varphi$ 值为总应力指标,也可采用有效应力指标。工程中常用替代重度法进行计算,即公式中分子的重度在浸润线以上部分采用天然重度,以下采用浮重度;分母中浸润线以上部分采用天然重度,以下采用饱和重度,这种方法既考虑了稳定渗流对土坡稳定性的影响,又方便了计算,其精度也能较好地满足工程需要,因此在实际工程中得到广泛应用。

2)毕肖普法

毕肖普(Bishop)考虑了土条两边的侧向力的不平衡,土条上的受力有重力 $W_i$,滑面上的法向力 $N_i$,切向抗滑力 $T_i$,两侧面法向力 $E_i$ 和 $E_{i+1}$(水平向),切向力 $Y_i$ 和 $Y_{i+1}$(竖向)。它们是平衡的,形成封闭力多边形。根据竖向力平衡条件,有

$$W_i + \Delta Y_i - T_i\sin\alpha_i - N_i\cos\alpha_i = 0 \tag{6.2}$$

式中,$\Delta Y_i = Y_i - Y_{i+1}$,抗滑力 $T_i$ 是抗剪强度 $\tau_f$ 提供的。对于有一定安全性的土坡,抗剪强度并没有全部发挥,仅仅发挥了 $1/F_s$。毕肖普定义安全系数 $F_s$ 为土的实际抗剪强度与保持平衡(指总体平衡)所需要的强度之比。即 $F_s = \tau_f/\tau$,安全系数 $F_s$ 是对整个土坡而言的,对各土条均取这一相同的值,意味着假定滑动体各部分强度的发挥程度是一致的。

$$T_i = \tau_i l_i = \frac{(\sigma_i\tan\varphi + c)l_i}{F_s} = \frac{N_i\tan\varphi + cl_i}{F_s} \tag{6.3}$$

将其代入式(6.2)整理后求出 $N_i$,再将 $N_i$ 代入式(6.3)得:

$$T_i = \frac{1}{F_s}\,\frac{(W_i + \Delta Y_i)\tan\varphi}{m_{\alpha i}} - \frac{cl_i\sin\alpha_i\tan\varphi}{F_s m_{\alpha i}} = \frac{1}{F_s m_{\alpha i}}[(W_i + \Delta Y_i)\tan\varphi + cb] \tag{6.4}$$

式中,$b = l_i\cos\alpha_i$,为土条宽。

对滑动体建立整体力矩平衡方程,各土条间的侧向力成了内力,在整体方程中不出现,法向力 $N_i$ 通过圆心,又不引起力矩,故总体力矩平衡方程为 $\sum W_i\alpha_i - \sum T_i R = 0$。将式(6.4)代入上式,整理后可得:

$$F_s = \frac{\sum \frac{1}{m_{\alpha i}}[(W_i + \Delta Y_i)\tan\varphi + cb]}{\sum W_i\sin\alpha_i} \tag{6.5}$$

3)简布法

简布(Janbu)沿用了毕肖普关于安全系数的定义,以及土条的竖向力平衡的公式,因此式(6.2)、式(6.4)照用。简布补充了土条水平力的平衡方程:$E_i = N_i\sin\alpha_i/Ti\cos\alpha_i$,补充了土条的力矩平衡方程,为了力矩平衡方程的简化,将土条宽度取得很小,不用 $b$,而用 $\Delta x$ 来表示,它与土条高度相比是微量。这样对土条底面中心取力矩平衡,并略去高阶微量,可得

$$Y_i = E_i \tan\alpha_{li} + \frac{\Delta E_i}{\Delta x} h_i \tag{6.6}$$

简布假定土条侧向力作用位置在土条高的 1/3 处，将土条侧向力作点连成一线，叫推力线。式(6.6)中 $h_i$ 为推力线与滑面线之间的竖向距离，$\alpha_{li}$ 为推力线在各土条的仰角，它不同于滑面仰角 $\alpha_i$。

与毕肖普法所不同的是，简布法不是建立总体力矩平衡方程，而是建立总体水平向力的平衡方程，$\sum \Delta E_i = 0$。由式(6.6)得：

$$\sum (N_i \sin\alpha_i - T_i \cos\alpha_i) = 0 \tag{6.7}$$

由式(6.2)，将 $N_i$ 用 $T_i$ 表示，代入式(6.7)，再将式(6.4)代入可得：

$$F_s = \frac{\sum \frac{1}{m_{\alpha i} \cos\alpha_i} [(W_i + \Delta Y_i) \tan\varphi + c\Delta x]}{\sum (W_i + \Delta Y_i) \tan\varphi} \tag{6.8}$$

由于没有用整体力矩平衡方程，因此滑动面不需要假定为圆弧面，可以是任意形状的面，这也是与前两种方法不同的。当土层软硬变化使滑动面不成圆弧状时，这种方法显现其优越性。

我国《水运工程地基设计规范》(JTS 147—2017)基于广义极限平衡法，在土坡与地基稳定验算中增加了不需要任何假定条件的“广义极限平衡法”、广泛适用的“复合滑动面法”，考虑了强度增长的土坡与地基整体稳定性，考虑了滑动面不为圆弧面的情况。但其基本原理和瑞典圆弧法、毕肖普法、简布法在基本原理上是一致的，都是基于简单条分法。

本章计算通过分别采用瑞典圆弧法、毕肖普法、简布法、《港口工程地基规范》法对航道疏浚条件下东挡沙堤的稳定进行计算分析，确定航道疏浚距离挡沙堤堤脚距离。

## 6.3 航道疏浚条件下挡沙堤稳定计算分析

### 6.3.1 GeoStudio 软件简介

GeoStudio 是一套专业、高效而且功能强大的适用于岩土工程和岩土环境模拟计算的仿真软件。作为优秀的岩土工程设计分析软件，GeoStudio 目前已经成为上百万科学研究人员、工程技术人员、教育工作者及学生学习应用的软件之一。

GeoStudio 是以 Geo-SLOPE 为主体的一套地质构造模型软件的整体分析工具，它包括以下八种专业分析软件：

(1)SLOPE/W(边坡稳定性分析软件)。

(2)SEEP/W(地下水渗流分析软件)。

(3)SIGMA/W(岩土应力变形分析软件)。

(4)QUAKE/W(地震动力响应分析软件)。

(5)TEMP/W(地热分析软件)。

(6)CTRAN/W(地下水污染物传输分析软件)。

(7)AIR/W(空气流动分析软件)。

(8)VADOSE/W(综合渗流蒸发区和土壤表层分析软件)。

SLOPE/W 软件是计算岩土边坡安全系数的主流软件产品。SLOPE/W 软件对于综合问题公式化的特征使得它可以同时用八种方法分析计算简单的或复杂的边坡稳定问题,用户可以利用 SLOPE/W 软件对简单或者复杂的滑移面形状改变、孔隙水压力状况、土体性质、不同的加载方式等岩土工程问题进行分析。

SLOPE/W 软件使用极限平衡理论对不同土体类型、复杂地层和滑移面形状的边坡中的孔隙水压力分布状况进行建模分析,SLOPE/W 提供多种不同类型的土体模型,并使用确定性的和随机的输入参数方法来进行分析,也可让用户做随机稳定性分析。除用极限平衡理论计算土质和岩质边坡(含路堤)的安全性外,SLOPE/W 软件还使用有限元应力分析法来对大部分边坡稳定性问题进行有效计算和分析。

本章采用 SLOP/W 软件对航道疏浚条件防波堤的稳定进行计算,主要考虑航道疏浚起始点距离防波堤堤脚距离和防波堤外海侧泥沙淤积情况。

### 6.3.2　航道疏浚条件下防波堤稳定计算分析

工况一:航道疏浚距离堤脚 100m,防波堤外侧滩面淤积深度 2m,计算结果图见图 6.2,防波堤整体抗滑稳定计算结果见表 6.2。

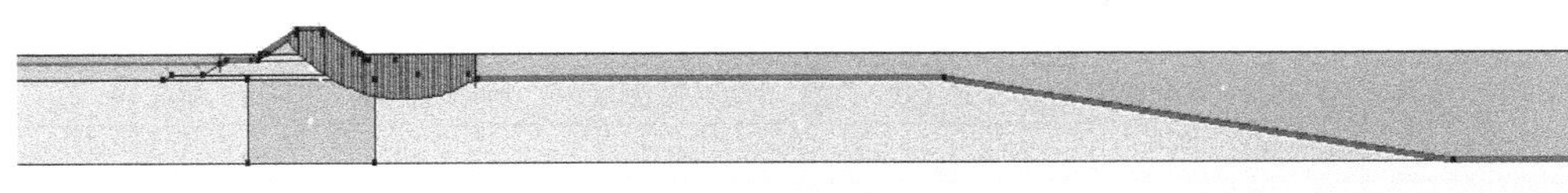

图 6.2　航道疏浚条件下防波堤整体抗滑稳定计算图(疏浚距离 100m)

航道疏浚条件下防波堤整体抗滑稳定计算结果表　　表 6.2

| 计算方法 | 《水运工程地基设计规范》法 | 瑞典圆弧法 | 毕肖普法 | 简布法 |
|---|---|---|---|---|
| 计算结果(安全系数) | 1.38 | 1.40 | 1.85 | 1.76 |

工况二:航道疏浚距离堤脚 80m,防波堤外侧滩面淤积深度 2m,计算结果图见图 6.3,防波堤整体抗滑稳定计算结果见表 6.3。

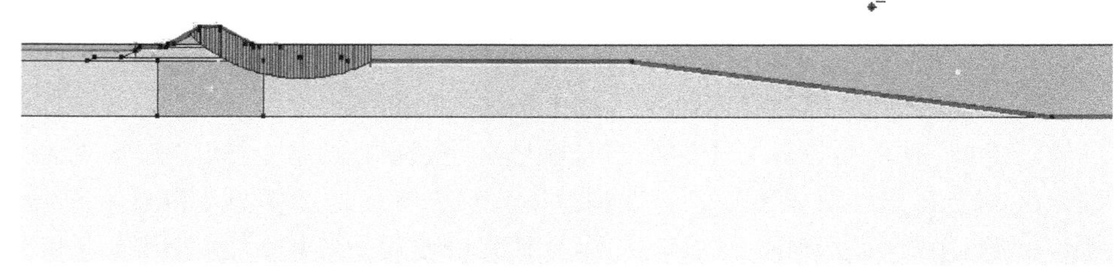

图 6.3　航道疏浚条件下防波堤整体抗滑稳定计算图(疏浚距离 80m)

航道疏浚条件下防波堤整体抗滑稳定计算结果表　　表 6.3

| 计算方法 | 《水运工程地基设计规范》法 | 瑞典圆弧法 | 毕肖普法 | 简布法 |
|---|---|---|---|---|
| 计算结果(安全系数) | 1.35 | 1.39 | 1.76 | 1.62 |

工况三:航道疏浚距离堤脚 30m,防波堤外侧滩面淤积深度厚度 2m,计算结果图见图 6.4,防波堤整体抗滑稳定计算结果见表 6.4。

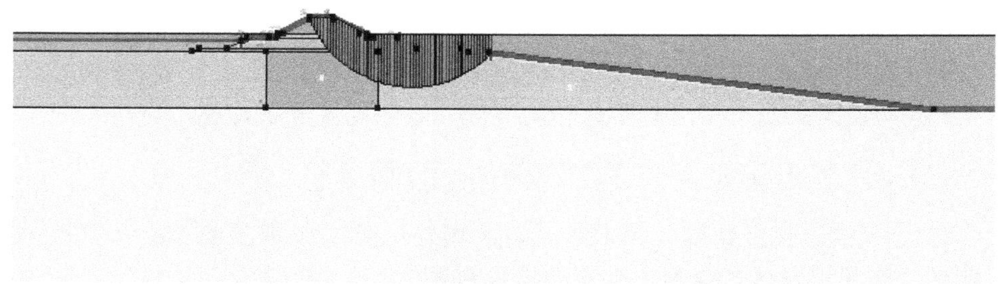

图 6.4　航道疏浚条件下防波堤整体抗滑稳定计算图(疏浚距离 30m)

航道疏浚条件下防波堤整体抗滑稳定计算结果表　　表 6.4

| 计算方法 | 《水运工程地基设计规范》法 | 瑞典圆弧法 | 毕肖普法 | 简布法 |
|---|---|---|---|---|
| 计算结果(安全系数) | 1.30 | 1.35 | 1.62 | 1.57 |

从上述模拟计算结果可以看出,在防波堤外侧滩面淤积深度 2m 的情况下,防波堤整体抗滑稳定安全系数随着航道疏浚距堤脚距离的减小而变小,原因为航道疏浚使得防波堤抗滑力矩减小;对比《水运工程地基设计规范》法、瑞典圆弧法、毕肖普法、简布法,可以看出《水运工程地基设计规范》法与瑞典圆弧法计算结果接近,其他两种方法计算结果偏大。综合来看,考虑防波堤外侧滩面淤积的情况下,

航道疏浚距离堤脚30m对防波堤整体抗滑稳定性影响较小,在安全控制范围之内。

## 6.4　航道疏浚对防波堤稳定性影响有限元数值分析

本章根据依托中心渔港东挡沙堤工程,建立防波堤—地基基础模型,研究了防波堤在波浪循环荷载下动力学特性;考虑软黏土地基在循环荷载作用下强度弱化特性,研究软土地基循环弱化效应对防波堤稳定性的影响,综合上述两种模型,建立波浪—防波堤—地基基础有限元数值分析模型,研究航道疏浚对防波堤稳定性的影响,分析不同条件下,防波堤的稳定安全问题,提出航道疏浚的合理范围。

### 6.4.1　有限元简介

数值模拟方法是20世纪70年代随着有限元理论和计算机技术的发展而发展起来的工程计算方法,数值模拟方法在土木工程中的应用大大降低了试验的风险和费用,有限元方法是20世纪50年代随着电子计算机技术的发展而发展起来的一种求解偏微分方程的数值计算方法。随着计算机的发展,有限元的应用越来越广泛,本节采用有限元程序分析波浪循环荷载作用下,防波堤和地基基础的应力、位移问题,分析防波堤的稳定性。

有限元分析(Finite Elemen Analysis,简称FEA)的基本概念是用相对较简单的问题代替复杂问题后求解。有限元分析就是利用数学近似的方法对真实的物理系统(和荷载工况)进行模拟,还利用简单而相互联络的元素,即单元,就可以用有限数量的未知量去逼近无限未知数量的真实系统。有限元模型是真实系统理想化的数学抽象。结构分析的有限元方法是由一批学术界和工业界的研究者在20世纪50年代到20世纪60年代创立的。

有限元模型主要由单元和节点组成,给节点和单元施加合适的约束和载荷就可以对模型进行分析。每个单元的特性是通过几个线性方程式来描述的。作为一个整体,有限个单元形成了整体结构的数学模型。信息是通过单元间公共节点进行传递的,节点自由度是随着单元类型变化而变化的。

因为FEA仅仅求解节点处的DOF值,而单元形函数是一种数学函数,规定了从节点DOF值计算单元内所有节点处DOF值的方法。因此单元形函数提供出一种描述单元内部结果的“形状”。即:单元形函数描述的是给定单元的一种假定的特性。单元形函数与真实工作特性吻合程度直接影响求解进度。

DOF值可以精确或不太精确地等于在节点处的真实解,但单元内的平均值与实际情况吻合得很好。这些平均意义上的典型解是从单元DOF推导出来的。如果单元形函数不能精确描述单元内部DOF,就不能很好得到导出的数据,因为这些导出数据是通过单元形函数推导出来的变量的近似值。对于计算结果的质量,将通过与设计准则提供的允许值比较来评价并确定是否需要重复计算。

简而言之,有限元分析可分为三个阶段,前处理、处理和后处理。前处理是建立有限元模型,完成单元网格划分;处理就是把模型的荷载和约束施加在节点上后进行运算;后处理则是采集处理分析结果,使用户能简便提取信息,了解计算结果,达到分析的目的。

有限元网格生成就是将工作环境下的物体离散成简单单元的过程,常用的简单单元包括:一维杆件单元及集中质量单元、二维三角形、四边形和三维四面体、五面体和六面体单元。他们的边界形状主要有直线型、曲线型和曲面型。对于边界为曲线(面)型的单元,有限元分析要求各边或面上有若干点,这样,既可以保证单元的形状,同时,又可以提高求解进度、准确性及加快收敛速度。不同维数的同一物体可以剖分为由多种单元混合而成的网格。网格剖分应该满足以下要求:

合法性:一个单元的节点不能落入其他单元内部,在单元边界上的节点均应作为单元的节点,不可丢弃。

相容性:单元必须落在待分区域内部,不能落入外部,且单元并集等于待分区域。

逼近精确性:待分区域的顶点(包括特殊点)必须是单元的节点,待分区域的边界(包括特殊边及面)被单元边界所逼近。

良好的单元形状:单元最佳形状是正多边形或正多面体。

良好的剖分过渡性:单元之间过渡应该相对平稳,否则将影响计算结果的准确性,甚至使得有限元计算无法进行下去。

网格剖分的自适应性:在几何尖角处、应力温度变化大处网格应密集,其他部位应较稀疏,这样可以保证计算解精确可靠。

### 6.4.2 ABAQUS计算软件简介

ABAQUS是一套功能强大的工程有限元分析软件,其解决问题的范围从相对简单的线性分析到许多复杂的非线性问题。它包括一个非常丰富的、可模拟任意形状的单元库,以及与之相对应的各种类型的材料模型库。可以模拟大多数典型工程材料的性能,其中包括金属、橡胶、高分子材料、复合材料、钢筋混凝土、可压缩的高弹性泡沫材料以及类似于土与岩石等的地质材料。作为通用的模拟计算工具,ABAQUS能解决结构的许多问题。它可以模拟各种领域的问题,例如热传导、介质扩散、电子部分的热控制、声学分析、岩土力学分析以及压电介质分析等。

ABAQUS/CAE 是前后处理模块,是连接 ABAQUS 各个模块之间的纽带,用户可以用它提供的图形界面做各种前后处理工作,包括建立几何模型、定义材料属性、划分单元网格等。CAE 中的每个模块可以和输入文件(iPnutflie)交互提供关键词(keywords)、参数印(armaeters)及数据(data),输入文件通常要依据模拟的实际问题的复杂性来进行修改。最后,可以通过 ABAQUS/CAE 来读取输入数据,显示分析结果,并通过不同的方式重新得到网格中要求位置的结果。ABAQUS/Stnad 是通用计算模块。ABAQUS/Snad 的数据平台包括两部分:模型数据(mdoeldata)和过程数据(histoyrdata)。模型数据用来定义一个单元模型,包括单元、节点、单元特性、材料定义等。过程数据用来定义模拟过程发生的顺序,可以很方便地将加载过程分解为一系列步骤,每一步骤定义一个结构的加载不同阶段,可以是历史过程中任意阶段。同时,可以在每一荷载步中依据模拟的实际问题增加或减少单元、改变边界条件等。

### 6.4.3　防波堤—地基基础有限元数值模型

1)岩土材料本构模型的选取

由于抛石防波堤堤身及护面结构主要由块石和钢筋混凝土制成,结构强度和刚度远远大于土体强度和刚度,结构系统的位移和失稳破坏主要决定于地基土的变形和承载能力,故在有限元分析中防波堤结构采用弹性模型,并且考虑到结构各部分连接牢固,有限元分析中对其进行整体建模。

线弹性模型基于广义胡克定律,是最简单的本构模型,其本构方程可表示为:

$$\{\sigma\} = [D]\{\varepsilon\} = [D][B]\{\varepsilon\} \tag{6.9}$$

线弹性模型所包含的参数较少,只涉及两个独立的参数:弹性模量 $E$ 和泊松比 $\nu$,并且这两个参数很容易从试验以及以往经验中获取。本章中抛石体和栅栏板护面结构均采用线弹性模型。

实际工程中土的应力—应变关系是很复杂的,具有非线性、弹塑性、黏塑性、剪胀性、各向异性等性状,同时应力路径,强度发挥度以及土的组成、结构、状态和温度等均对其有影响。事实上没有任何一种模型能够适应于所有土类和加载情况。土的本构模型理论研究目前有两种倾向:一种是为了建立用于解决实际问题的实用模型;另一种是比较精细的理论模型,目的是为了进一步揭示土体应力应变特性的内在规律。土的本构模型大体上可分为弹性模型、弹塑性模型、黏弹塑性模型、内时塑性模型以及损伤模型等几类。本章中土体采用 Mohr-Coulomb(摩尔—库仑)模型。

Mohr-Coulomb 破坏和强度准则在岩土工程中的应用十分广泛,大量的岩土工程设计计算都采用了 Mohr-Coulomb 强度准则。该强度准则的模型特性有:①模拟服从经典 Mohr-Coulomb 屈服准则的材料;②允许材料各向同性硬性或软化;③采用光滑的塑性流动势,流动势在子午面上为双曲线形状,在偏应力平面上为分段椭圆形;④与线弹性模型结合使用;⑤在岩土工程领域,可用来模拟单调荷载作用下材料的力学性状。

Mohr-Coulomb 屈服准则假定:作用在某一点的剪应力等于该点的抗剪强度时,该点发生破坏,剪切强度与作用在该面的正应力呈线性关系。Mohr-Coulomb 模型是基于材料破坏时应力状态的莫尔圆提出了,破坏线是与这些莫尔圆相切的直线,如图 6.5 所示。Mohr-Coulomb 的强度准则为:

$$\tau = c + \sigma\tan\varphi \tag{6.10}$$

式中,$\tau$ 为剪切强度;$\sigma$ 为正应力;$c$ 为材料的黏聚力;$\varphi$ 为材料的内摩擦角。

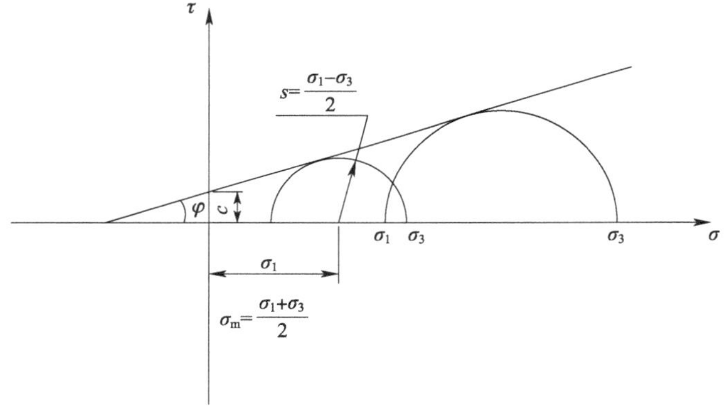


图 6.5　Mohr-Coulomb 破坏模型

从莫尔圆可以得到以下关系

$$\begin{cases}\tau = s\cos\varphi \\ \sigma = \sigma_m + s\sin\varphi\end{cases} \tag{6.11}$$

把 $\tau$ 和 $\sigma$ 代入式(6.11),则 Mohr-Coulomb 准则可写为:

$$s + \sigma_m\sin\varphi - c\cos\varphi = 0 \tag{6.12}$$

式中,$s = \dfrac{\sigma_1 - \sigma_3}{2}$为大小主应力差的一半,即为最大剪应力,$\sigma_m = \dfrac{\sigma_1 + \sigma_3}{2}$为大小主应力的平均值,因此,和 Drucker-Prager 屈服准则不同,Mohr-Coulomb 屈服准则假定材料的破坏和主应力无关,典型的岩土材料的破坏通常会受主应力的影响,但这种影响比较小,所以,对于大部分的应用来说,Mohr-Coulomb 准则都具有足够的精度。在π平面上,Mohr-Coulomb模型为等边不等角的六边形,屈服面存在尖角,如图6.6所示。

ABAQUS采用的本构模型是经典Mohr-Coulomb屈服准则的扩展,采用Mohr-Coulomb屈服函数,包括黏聚力的各向同性的硬化和软化,但该模型的流动势函数在子午面上的形状为双曲线,在π平面上没有尖角,因此势函数完全光滑,确保了塑性流动方向的唯一性。

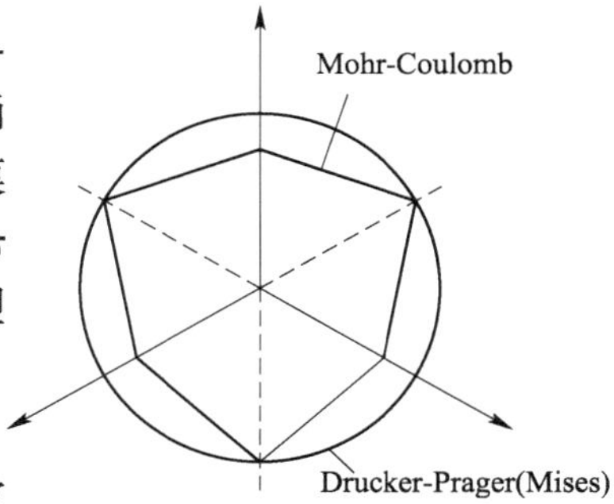

图6.6　Mohr-Coulomb和Drucker-Prager(Mises)在π平面

2)边坡稳定性分析数值模型

边坡稳定性分析一直是岩土工程的重要研究领域。目前边坡稳定性的分析方法主要可以分为两大类,即极限平衡法和有限元(或有限差分)分析方法。在极限平衡分析方法中,以安全系数来评价边坡的稳定性,其原理简单,物理意义明确,是最重要、最常用和最直观的稳定性评价指标。

目前一些数值计算软件,如FLAC等,已经内置了强度折减法。ABAQUS中虽然没有提供该种方法,但实现起来是相当简单地。从强度折减法的基本原理看,其基本实质就是材料的$c$和$\varphi$逐渐降低,导致某单元的应力无法和强度配套,或超出了屈服面,不能承受的应力将逐渐转移到周围土体单元中去,当出现连续滑动面(屈服点连成贯通面)之后,土体就将失稳。而在ABAQUS中,材料的参数是可以随温度或常变量变化的,我们可以很简单的实现强度参数减小的过程,具体步骤为:①定义场变量,通常就将其取为强度折减系数;②定义随场变量变化的材料模型参数;③在分析开始指定场变量的大小,并对模型施加重力(体力)荷载,建立平衡应力状态,为了避免在这个时候破坏,折减系数可取得较小,即放大了强度;④在后续分析步中线性增加场变量,计算终止(数值不收敛)后对结果进行处理,按照失稳评价标准确定安全系数。

本次数值模拟采用强度折减法,通过折减地基土体材料参数,评价航道疏浚条件下防波堤的整体稳定性。

### 6.4.4　挡沙堤沉降位移情况数值模拟

1)有限元模型的建立

根据依托工程防波堤典型断面,选取单个栅栏板宽度为计算单元,建立防波堤三维有限元数值分析模型,单元采用八节点六面体划分网格,共划分9857个单元。模型建立材料如图6.7所示,有限元建立模型如图6.8所示。

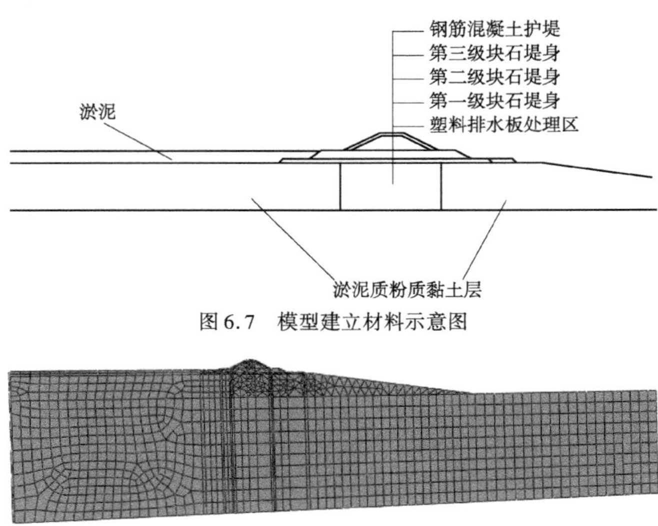


图 6.7　模型建立材料示意图

图 6.8　有限元建立模型

2)有限元计算过程的实现

本节内容拟模拟现场实际加载过程,块石 1、块石 2、块石 3 及上部混凝土盖、挡沙堤内淤积泥土对整个断面沉降的影响。使用 * model change, remove, type = element 及 * model change, add, type = element 等语句对于模型中不同单元集合进行移出与激活操作,使得在不同分析步下各荷载能够及时施加。

(1)横断面应力变化云图

①竖向应力变化云图

图 6.9 为挡沙堤下土体在自重应力下竖向应力图。

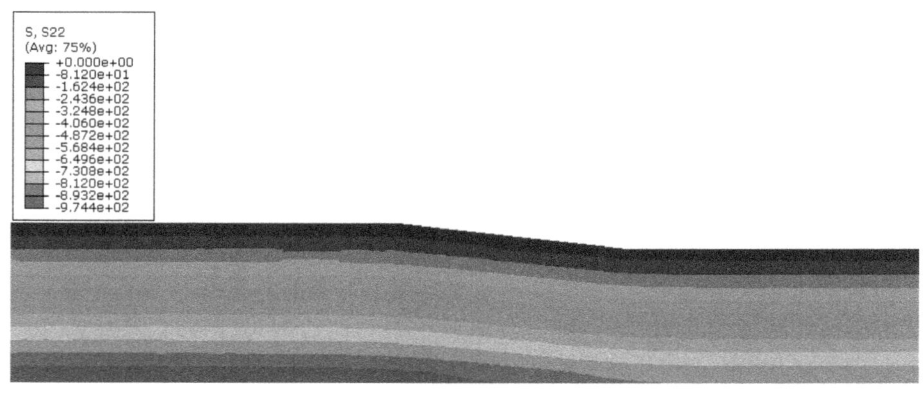


图 6.9　挡沙堤下土体在自重应力下竖向应力图

由图6.9可以看出,在重力荷载作用下挡沙堤堤身以下土体应力呈现良好的成层性,因将下部土体假设为均质土体,从而使得不同深度处竖向应力呈现均匀增大,说明了计算模型的准确性。

图6.10为第一层块石施工完成后挡沙堤横断面竖向应力图。

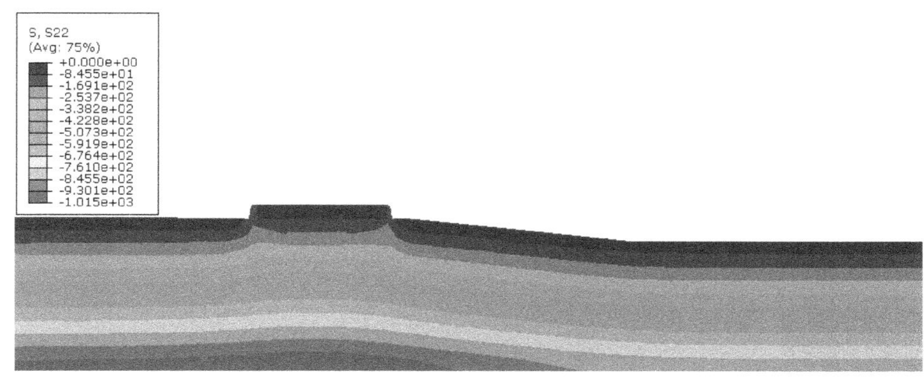


图6.10　第一层块石施工完成后挡沙堤横断面竖向应力图

由图6.10可知,在第一级堤身块石荷载作用下,挡沙堤竖向应力产生变化,应相对于整个横断面第一级堤身荷载影响较小,仅在其上部一定范围内具有一定影响,且由于堤身下部部分土体采用塑料排水板进行地基加固处理,与周围土体相比能承担较大荷载,因此堤身下部呈现三角形区域。

第二级块石、第三级块石、栅栏板护面结构、当挡沙堤内部有淤泥淤积时、考虑强度折减时竖向应力如图6.11~图6.15所示。

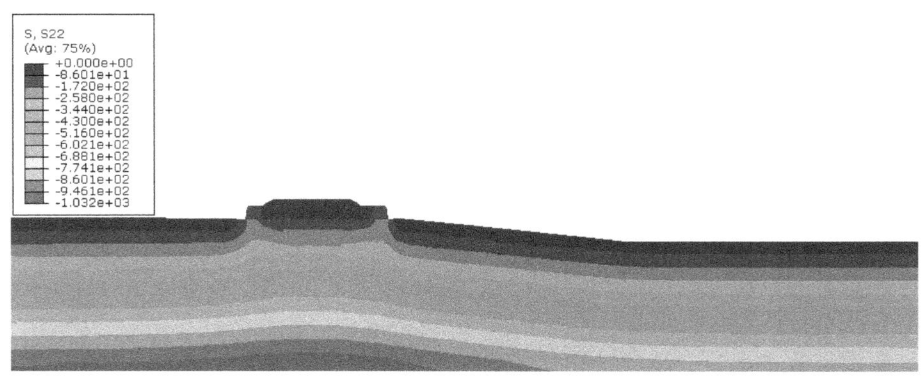


图6.11　第二级块石施工完成后挡沙堤横断面竖向应力图

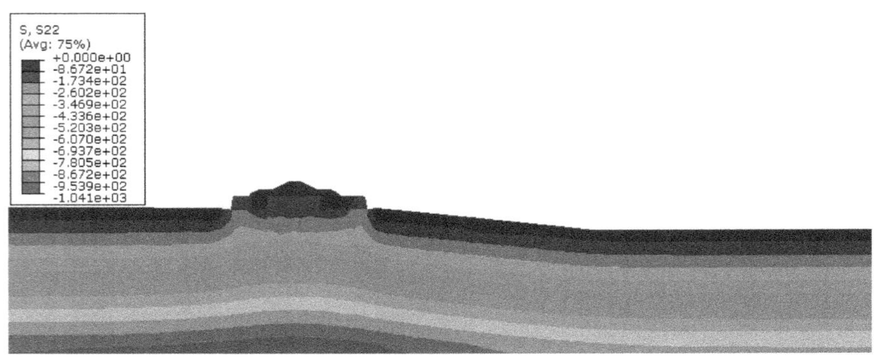


图6.12　第三级块石施工完成后挡沙堤横断面竖向应力图

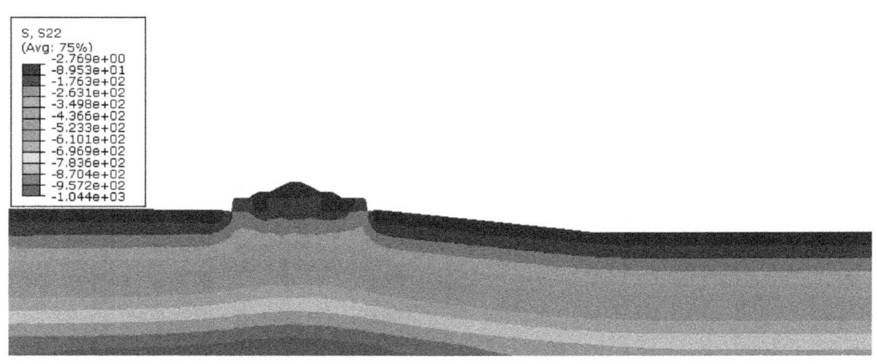


图6.13　栅栏板护面结构施工完成后挡沙堤横断面竖向应力图

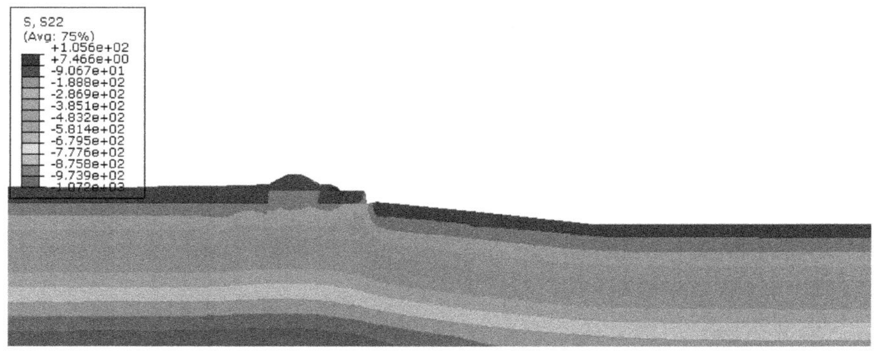


图6.14　当挡沙堤内部有淤泥淤积时对挡沙堤竖向应力图

图 6.15　考虑强度折减时挡沙堤竖向应力图

②水平向应力变化云图

水平向应力变化云图如图 6.16 ~ 图 6.22 所示。

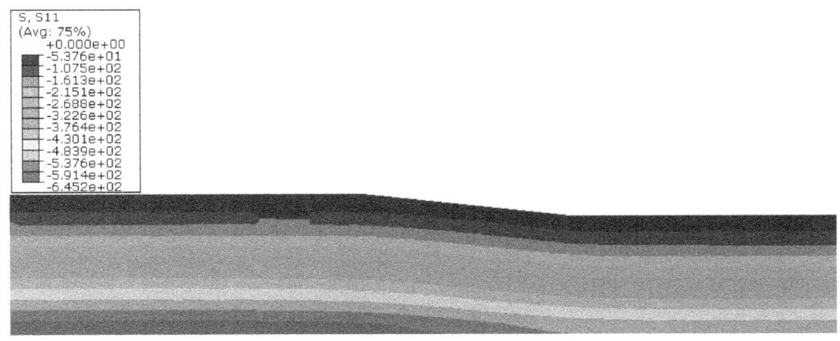


图 6.16　在重力荷载作用下挡沙堤下部土体水平向应力图

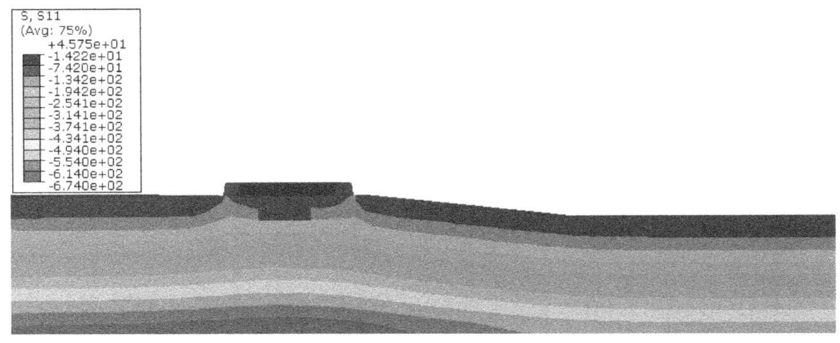


图 6.17　第一级堤身块石施工完成后水平向应力图

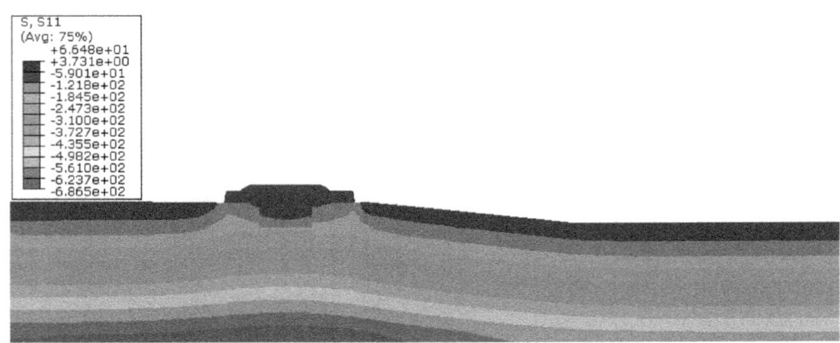


图 6.18　第二级堤身块石施工完成后水平向应力图

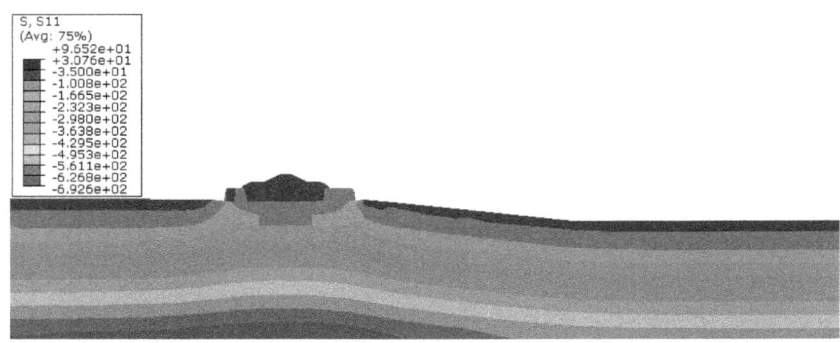


图 6.19　第三级堤身块石施工完成后水平向应力图

图 6.20　栅栏板护面结构施工完成后水平向应力图

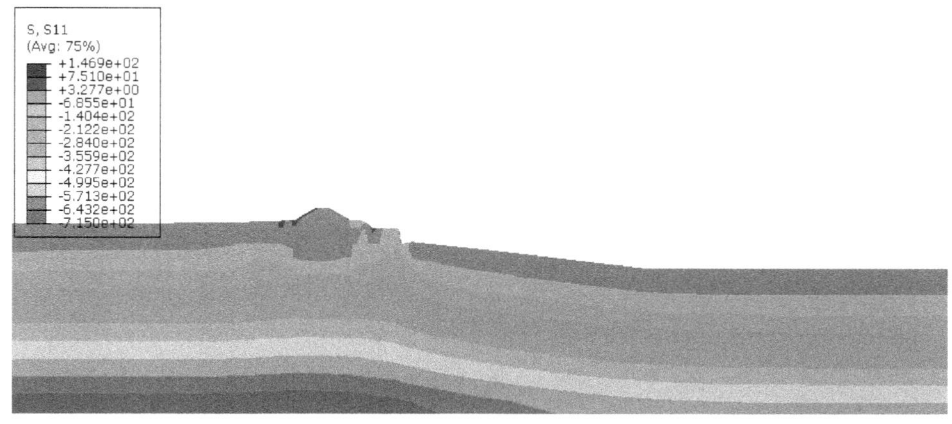


图6.21 防波堤内部淤泥淤积对挡沙堤水平向应力图

图6.22 考虑强度折减后挡沙堤水平向应力图

由图6.16~图6.22中可以看出,堤身以下由塑料排水板处理后土体强度明显提高,其承担水平向应力明显较大,可见塑料排水板的加固作用明显。

(2)有限元计算位移变化情况

①竖向位移变化

竖向位移图如图6.23~图6.29所示。

图 6.23　挡沙堤下土体在自重应力下竖向位移图

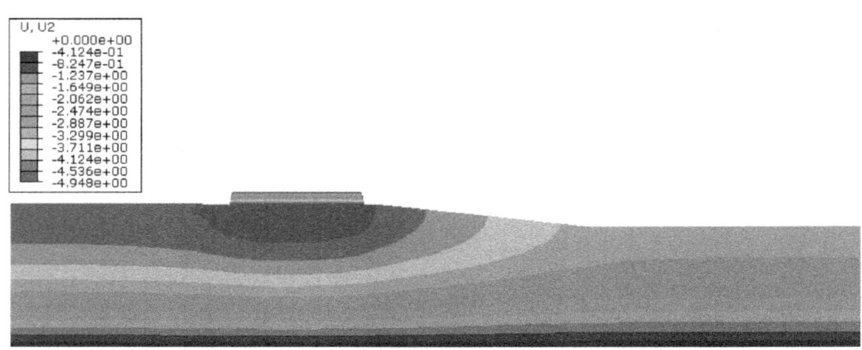


图 6.24　第一层块石施工完成后挡沙堤横断面竖向位移图

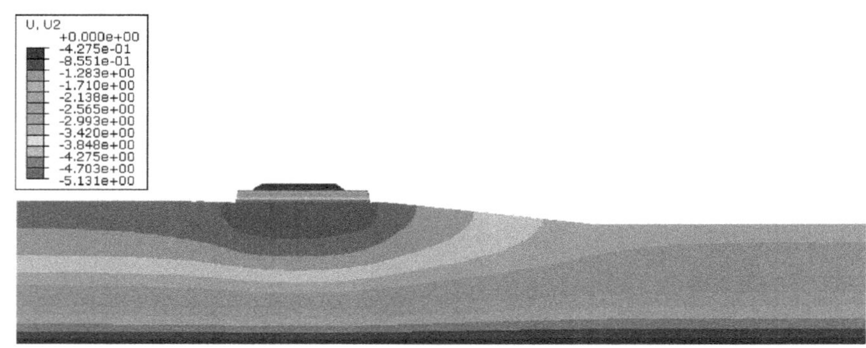


图 6.25　第二级块石施工完成后挡沙堤横断面竖向位移图

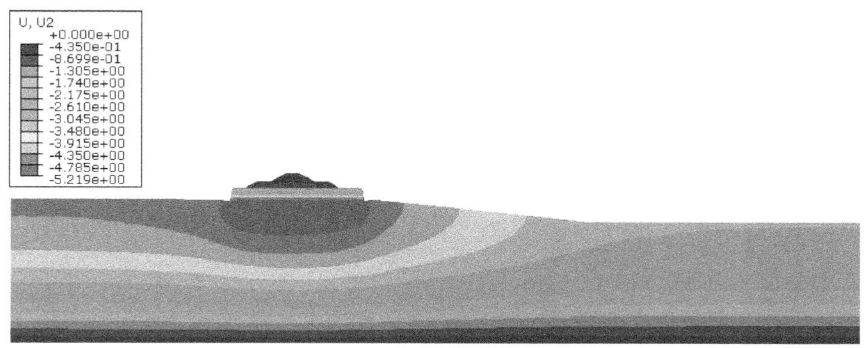


图6.26 第三级块石施工完成后挡沙堤横断面竖向位移图

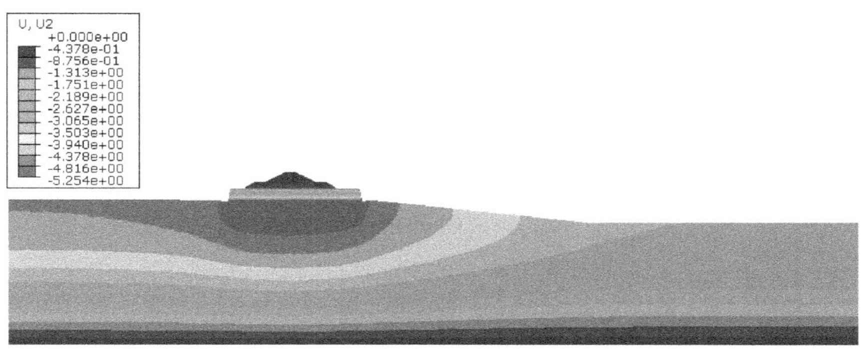


图6.27 栅栏板护面结构施工完成后挡沙堤横断面竖向位移图

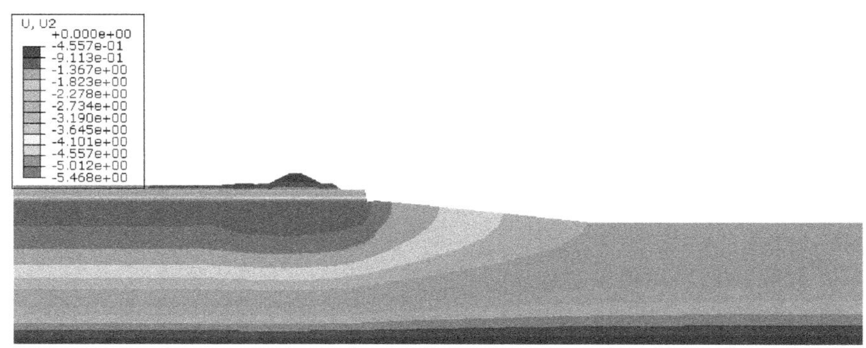


图6.28 挡沙堤内淤泥淤积时竖向位移图

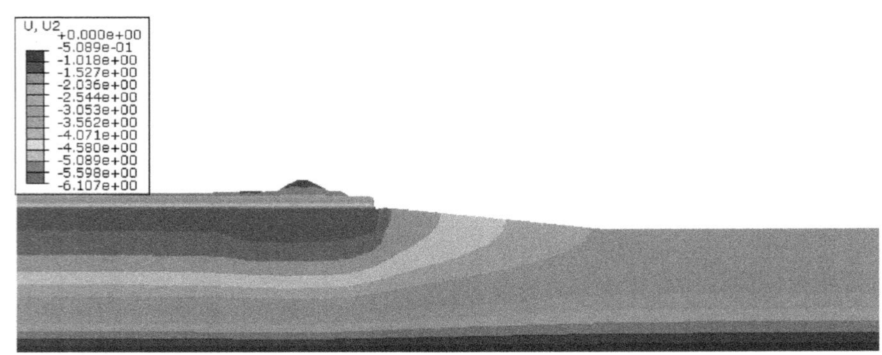


图 6.29　考虑强度折减挡沙堤竖向位移图

在模拟基坑开挖、隧道开挖、铁路设计中的工后沉降、桩土复合地基、挡土墙等土木工程问题中，都需要平衡初始地应力。定义初始地应力时需要满足下面两个条件。①平衡条件：由应力场形成的等效节点荷载要和外荷载相平衡，如果平衡条件得不到满足，将不能得到一个位移为 0 的初始状态，此时所对应的应力场也不再是所施加的初始应力场。②屈服条件：若通过直接定义高斯点上的应力状态的方式施加初始应力场，常常会出现应力转移调整过来，但这毕竟是不合理的。当大面积的高斯点上的应力超出屈服面之后，应力转移要通过大量的迭代才能完成，而且有可能出现不收敛的情况。

经过修正后在各级荷载作用下，挡沙堤横断面竖向位移变化情况如图 6.30 ~ 图 6.36 所示。

图 6.30　挡沙堤横断面竖向位移修正图

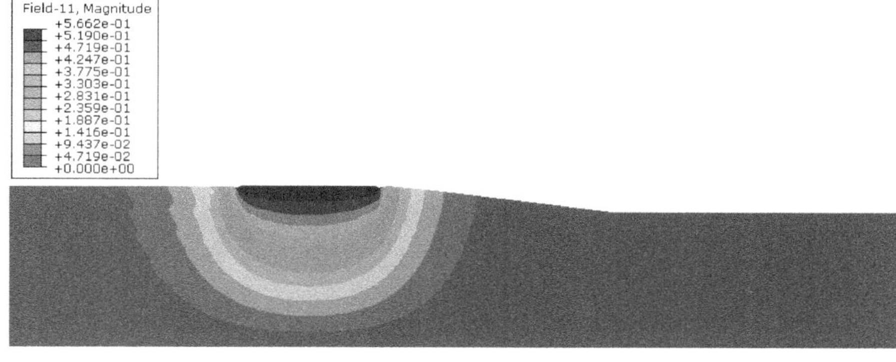


图6.31 第一级挡沙堤块石施工完成后竖向位移图

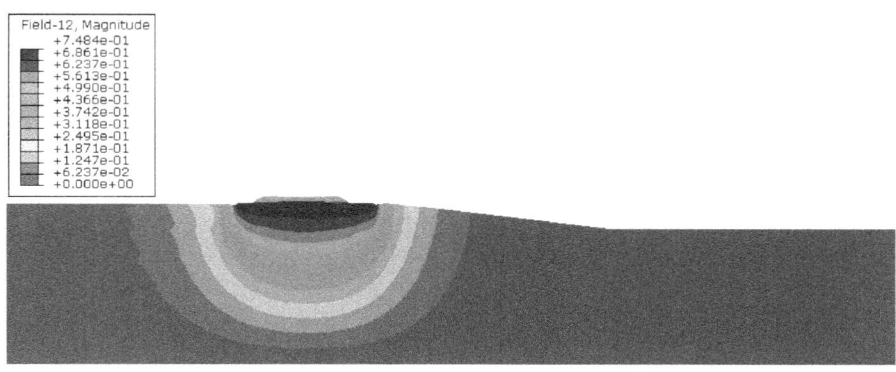


图6.32 第二级挡沙堤块石施工完成后竖向位移图

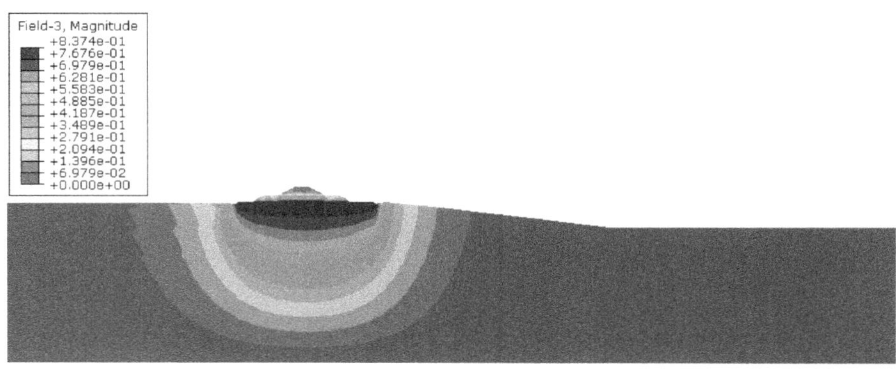


图6.33 第三级挡沙堤块石施工完成后断面竖向位移图

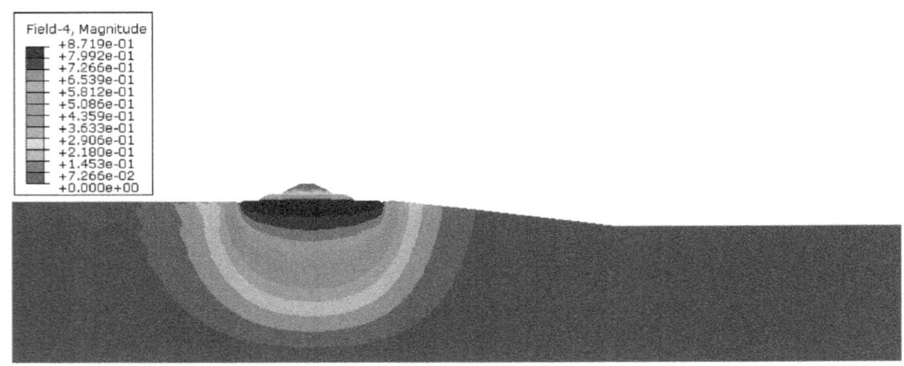


图 6.34　栅栏板施工完成后断面竖向位移图

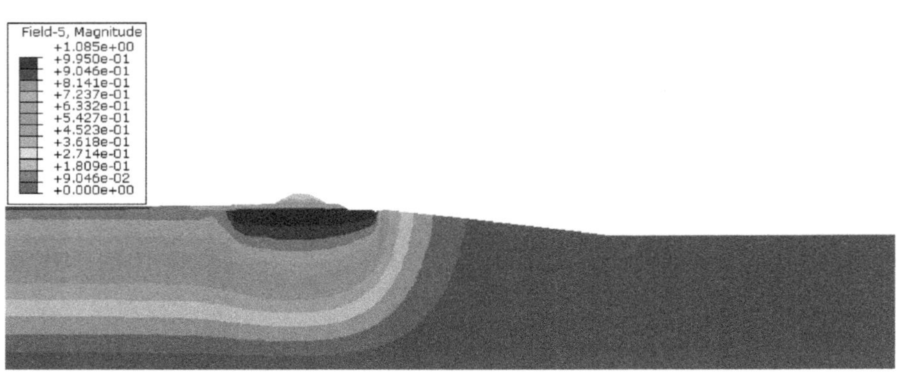


图 6.35　挡沙堤内淤泥泥土时横断面竖向位移图

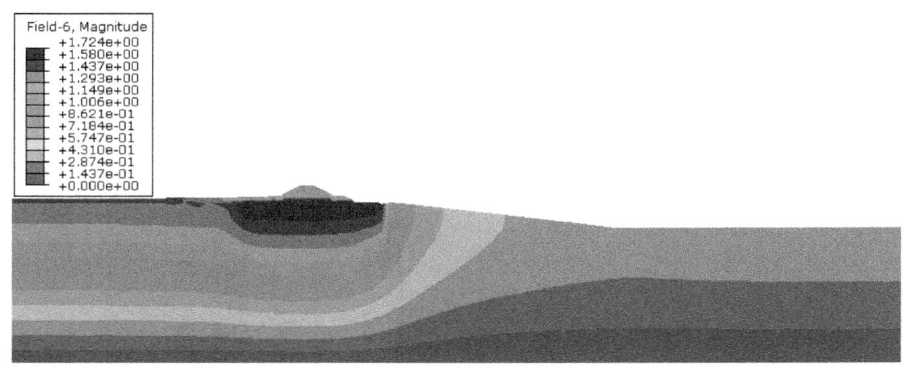


图 6.36　考虑强度折减后横断面竖向位移图

由图 6.30 ~ 图 6.36 可以看出,第一级挡沙堤块石堤身完成后竖向位移急剧减小,且在横断面中的影响深度较深。最大位移达到 566mm 左右。

②横向水平位移变化

横向水平位移变化如图 6.37 ~ 图 6.40 所示。

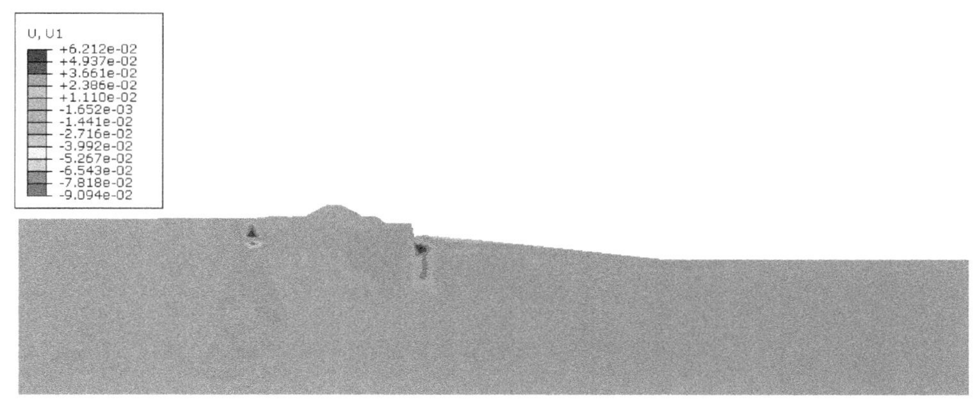


图 6.37　挡沙堤断面水平向位移图

由图 6.37 中可以看出最大水平向位移主要发生于第一级堤身块石材料两端,特别在堤背处有较大区域。

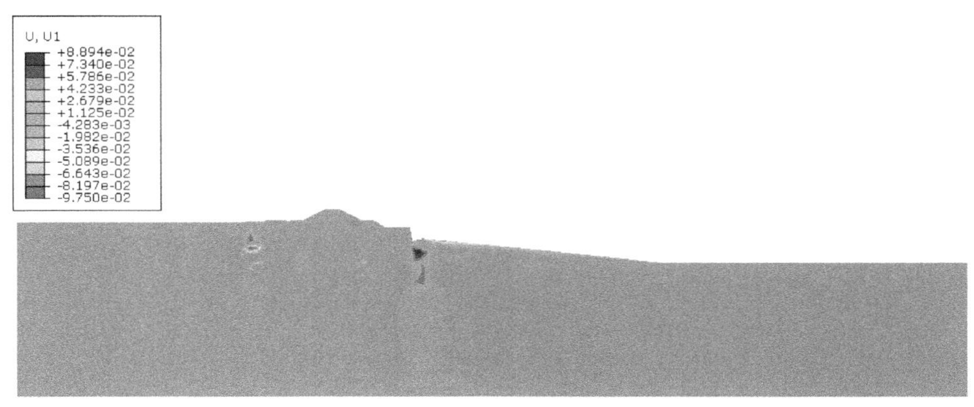


图 6.38　考虑强度折减后挡沙堤断面水平位移图

考虑强度折减后离水面水平向位移发生范围较大,但是均处于较小数值范围内。

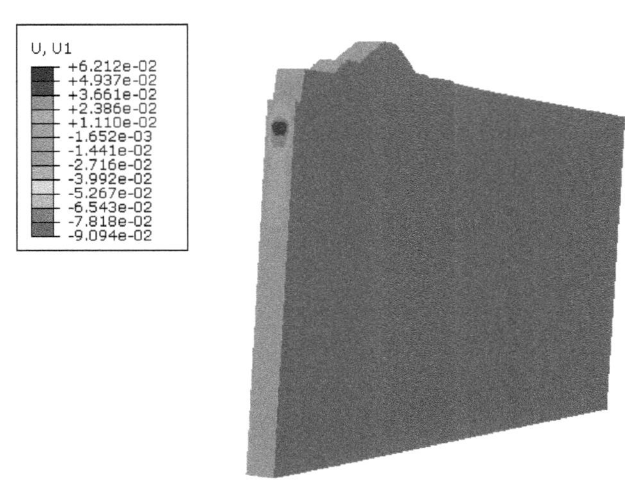


图 6.39　荷载全部施加完成后最大水平向位移图

由图 6.39 可以看出,在斜向淤泥质黏土坡与堤身材料交界段存在横向水平位移,最大横向水平位移为 62.1mm。

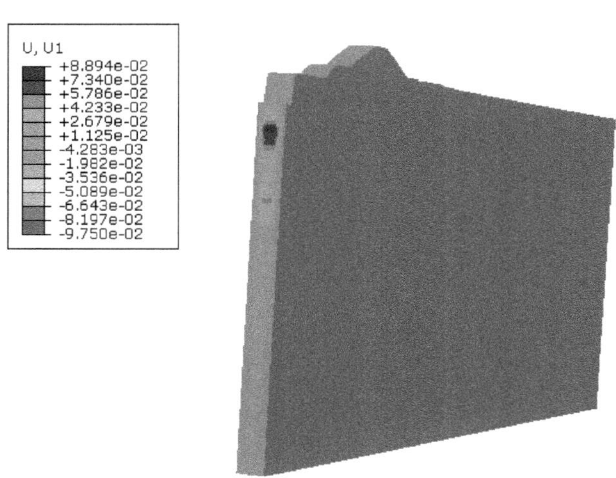


图 6.40　考虑强度折减后最大水平向位移图

由图 6.40 可以看出,当考虑强度折减作用时挡沙堤位移有进一步的变化,水平向位移将增大约 27mm,达到 88.8mm 左右。

## 6.5　航道疏浚对防波堤稳定性影响离心机试验

国际上早在 1869 年 E. Phillips 就提出了离心模型试验的设想,并建议用其对横跨英吉利海峡的大钢桥进行验证,但限于当时的条件,没有得到应用。此后一直沉寂了 60 余年,直到 20 世纪 30 年代,这一概念才在美国和苏联被重新提出并开始进行试验工作。

1931 年美国人 Buky 在哥伦比亚大学将此技术用于矿山模型试验时,所用的离心机半径仅 25cm,因过小难以进行定量观测模型变化,也就没有继续进行下去。

1932 年 Pokrovky 和 Fedorow 在苏联又重新提出使用此项技术,在此后的 20 多年间先后建置了半径 1m 左右的小离心机 8 台,虽然 20 世纪 60 年代后期建置的规模稍大,半径达到 2 ~ 2.5m,并于 1974 年在巴库建成苏联最大的离心机,半径 5.5m,容量达到 1500g-t。但由于其结构形式较为单一,加之测量设备较为简单,限制了它在岩土工程研究领域中更大的发展。

20 世纪 60 年代后期,继美国和苏联之后,日本和英国也开始了离心模型试验的研究工作。日本从 1965 年在 M. Mikasa 的领导下建立第一台离心机到 1980 年建成容量 300gt 的大型土工离心机,经过近 20 年的发展在不同研究机构建成了容量不等、数量众多的离心机,初步形成了一定的规模。其中日本大阪市立大学离心机用安装在模型箱底部的水箱来控制模型中的水位,运转过程中并可使模型箱在 ±16.70m 范围内倾斜来模拟水平向地震力的作用。同时英国也在 A. N. Schofield 等的领导下建立了近 10 台离心机,并形成了剑桥大学、曼彻斯特大学和利物浦大学 3 个离心模型试验中心,这一时期离心机性能开始有显著提高,如剑桥大学 108gt 离心机采用可控硅恒速装置,使调速精度优于 1%,吊篮形式也由过去习惯采用的固定式改为摆动式,并首先配备了一种称为颠簸道路(Bumpy Road)式的激震装置进行动力离心模型试验。

20 世纪 80 年代以后,离心模型在美国、德国、法国、荷兰、意大利等国相继开始得到不同程度的发展,使国际上离心机不仅在数量上有了显著的增长,而且在容量上也有了长足的进步。其中美国由原宇航试验中心离心机改装成的国家离心机,半径 9.2m,容量达到 1080gt。

近年来,离心模型试验除在传统工程领域如大坝、边坡及挡土墙、地基基础和隧洞、地基处理等方面的研究继续深入外,得益于量测仪器的发展和模型制备技术的提高,在环境岩土工程、地震工程等新的研究领域也取得了很大进展。

对施工过程的模拟是提高离心模型试验准确性的关键技术,也是预测施工安全的重要措施之一。在离心模型试验中如土石坝的分层填筑过程、不同工作条件(低水位、高水位、水位骤降等)下的坝体性状等,再如基坑开挖、打桩过程、隧洞施工、水下抛填等问题,即在离心机高速运转的条件下进行上述过程的模拟,而不是在开机前或在中途停机情况下进行,目前这方面已经取得较大进展,部分研究成果如利用一套在乳胶囊内的铝筒模拟隧洞的衬砌,用乳胶囊内的气压力变化模拟隧洞施工过程中洞壁的支护力、利用机载机器人在离心机运转过程中将模型桩插入砂中模拟入桩过程,模拟基坑开挖等已经在具体试验中得到了应用,并取得了良好的试验成果。

### 6.5.1 离心模拟的基本原理和相似准则

模型试验物理量的相似是原型物理量与模型物理量在大小、方向、分布上存在的某种确定性关系,可表示为:

$$\frac{\text{原型物理量}}{\text{模型物理量}} = \text{相似常数}$$

物理量是蕴于物理过程中的,物理过程中的各物理量是相互联系相互影响的,物理过程的相似是通过各特征物理量的相似来表现的,相似物理过程各特征物理量之间的关系为相似条件,是模型试验必须遵守的原则。一般的力学现象相似需要满足物质相似、几何相似、动力学相似和运动学相似等条件。

在连续介质力学中,研究区域内的平衡律表示为:

$$\sigma_{ij,j} + f_i = 0 \tag{6.13}$$

从平衡律得到模型与原型的相似条件为:

$$\frac{C_\sigma}{C_l C_\gamma} = 1 \tag{6.14}$$

式中,$C_\sigma$、$C_l$、$C_\gamma$ 分别是应力、长度、重度的相似常数。

岩土材料的应力、变形具有以下主要性质:受固结应力、非线性和非弹性、压硬性和剪胀性、硬化和软化、应力路径和应力历史等的影响,决定了岩土材料的力学性质必然受应力水平的影响。离心试验中,在模型材料与原型相同的条件下,将原型缩尺 $n$ 倍,并对模型施加离心惯性力使得模型重度达到原型的 $n$ 倍,则可满足模型中的应力状态与原型应力状态相同,因此通过离心试验可反映地基土体在原型应力水平下的性质,真实地展现地基土体与结构的相互作用,同时离心模型试验可根据原型合理地设计边界和受力条件,预测不同工况和不同因素影响下的工程性状。所以土工离心模型试验是满足力学相似性最好的物理模型试验方法,是岩土工程研究中最先进、最重要的手段之一。

## 6.5.2　离心机试验主要设备

大型土工离心机一般由转臂、转台、吊篮、拖动及其控制系统、通电通水装置、数据采集系统以及试验室土建工程等部分组成，离心机主体设备如图6.41～图6.43所示。

图6.41　土工离心机

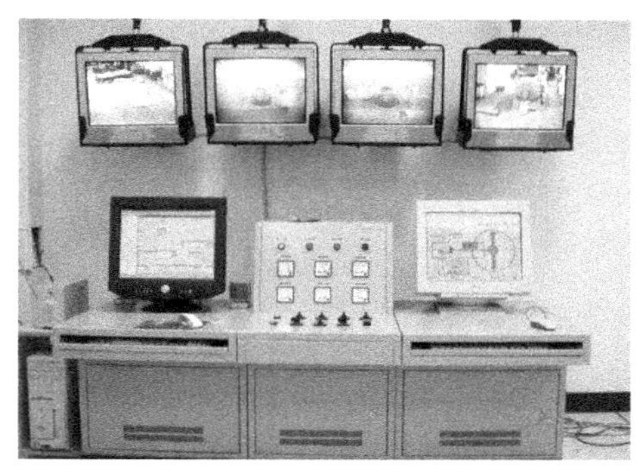

图6.42　离心机控制系统

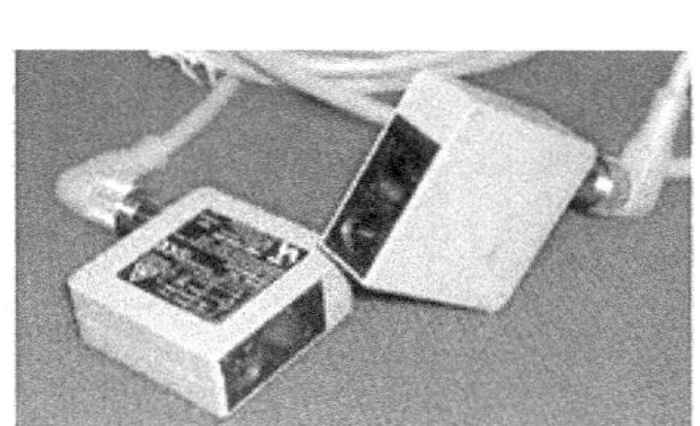

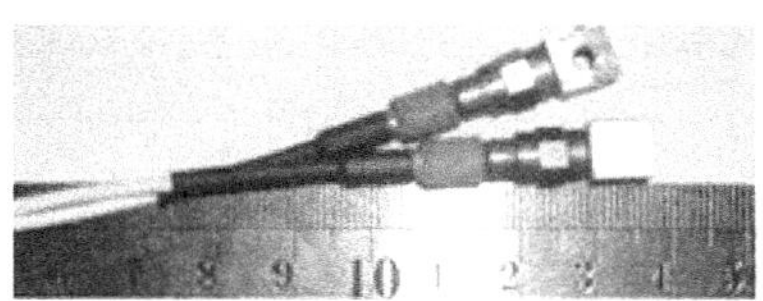

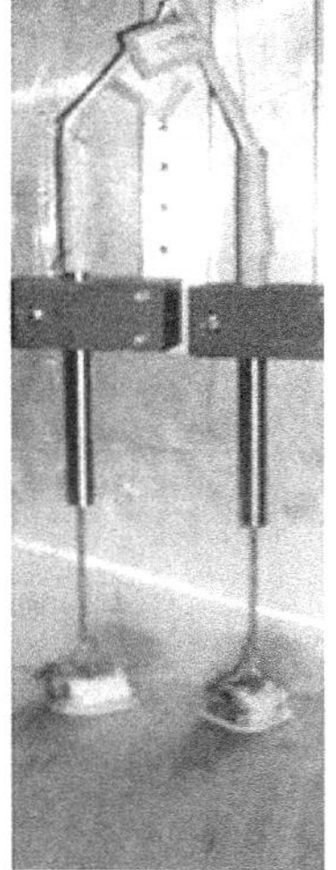

图6.43　离心机量测仪器

## 6.5.3　航道疏浚对防波堤稳定性影响离心机试验

试验模拟的主要对象为堤体结构本身及其下部5m深度范围内的地基土体。离心机试验的目的在于：分析和评价防波堤内侧航道疏浚对防波堤稳定性产生的影响。

本次试验采用1∶100（模型∶原型）的离心试验模型，内侧航道清淤采取释放重液的方法(例如:Zheng 等,2010a;2010b;Hong&Ng,2011),而外侧航道的泥沙淤积层用丰浦砂垫层代替。现场淤泥清淤的深度为10m,在离心机试验中,分三步模拟淤泥清淤产生的应力释放效应。每步开挖的深度对应到原型尺寸为3m、3m 和4m,模拟开挖的时间对应到现场为3 个月。试验中铺设20mm 的砂垫层,以达到与现场泥沙淤积层相同的应力效果。

本次离心机试验采取两次高倍加速度(100$g$)的土体固结,第一次固结完成后,进行防波堤和泥沙淤积层的堆筑。堆筑完成后,立刻进行第二次的固结,等固结完成后进行应力释放效应的开挖模拟。

1)试验相似关系

离心模型试验是通过离心加速度增加土体自重应力使得原型与模型达到应力应变相等、变形相似。主要物理量原型与模型的比尺关系见表6.5。

**主要物理量比尺关系**(Garnier 等,2007)　　表6.5

| 物 理 量 | 加速度 $ng$ 时的比尺(模型/原型) | 物 理 量 | 加速度 $ng$ 时的比尺(模型/原型) |
|---|---|---|---|
| 加速度 $a$ | $n$ | 沉降 $s$ | $n$ |
| 线性尺度 $L$ | $1/n$ | 应力 $\sigma$ | 1 |
| 面积 $A$ | $1/n^2$ | 应变 $\varepsilon$ | 1 |
| 体积 $V$ | $1/n^3$ | 力 $F$ | $1/n^2$ |
| 时间(固结/渗流)$t$ | $1/n^2$ | 密度 $\rho$ | 1 |
| 渗流速度 $\nu$ | $n$ | 质量 $m$ | $1/n^3$ |
| 渗透系数 $k$ | $n$ | 弯曲刚度 $EI$ | $1/n^4$ |

2)试验土料

(1)粉质黏土

根据现场钻孔的数据可知,堤坝下6.8m 范围的土体由淤泥质黏土(0~0.8m)、淤泥质粉质黏土(0.8~1.8m,5.8~6.8m)、粉土(1.8~4.8m)和粉质黏土(4.8~5.8m)组成。本次试验将坝体下地基土简化成一层粉质黏土,提供的参数见表6.6。

**粉 质 黏 土 参 数**　　表6.6

| 土的物理性质 | | | | | | 界限含水量 | | | | 直剪快剪 | | 直剪固快 | | 压缩性 | |
|---|---|---|---|---|---|---|---|---|---|---|---|---|---|---|---|
| 含水率 $w$ (%) | 土比重 $G_s$ | 湿密度 $\rho$ (g/cm³) | 干密度 $\rho_d$ | 饱和度 $S_r$ (%) | 孔隙比 $e$ | 液限 $w_L$ (%) | 塑限 $w_p$ (%) | 塑性指数 $I_P$ | 液性指数 $I_L$ | 黏聚力 $c$ (kPa) | 内摩擦角 $\varphi$ (°) | 黏聚力 $c$ (kPa) | 内摩擦角 $\varphi$ (°) | 压缩系数 $a_{v1-2}$ ($MP_a^{-1}$) | 压缩模量 $E_{s1-2}$ (MPa) |
| 28.9 | 2.72 | 1.91 | 1.48 | 99 | 0.798 | 28.3 | 16.3 | 12.0 | 1.05 | 17.0 | 18.0 | | | 0.373 | 4.82 |

试验采用实验室现有的粉质黏土作为本次试验的土料。此粉质黏土的比重

($G_s$)为2.66,液限($w_L$)为31%,塑限($w_p$)为22%。图6.44显示了粉质黏土的击实曲线,最优含水量为14%,对应的最大干密度为1.82g/cm$^3$。由直接剪切试验得到土体的有效摩擦角($\varphi'$)为31°,有效黏聚力($c'$)为0kPa。

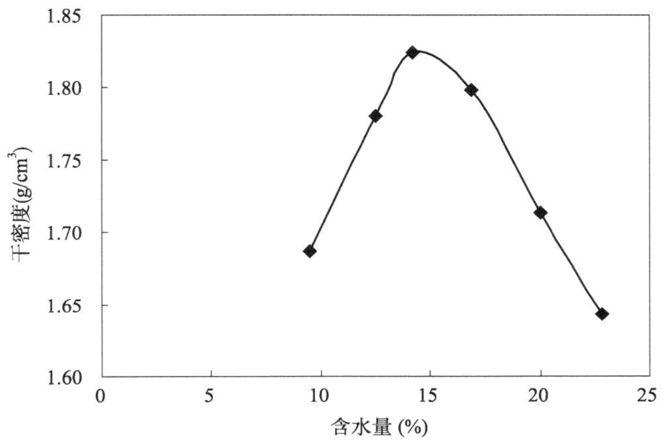


图6.44　粉质黏土的击实曲线

(2)堆石料

图6.45显示了本次试验用来堆筑防波堤的堆石料。现场中,防波堤的填筑材料采用的是10~100kg的抛石。根据表6.5提供的相似性原则,原型质量和模型质量的关系为n$^3$,计算得到相应的堆石的直径为2.1~4.6mm。

(3)丰浦砂

丰浦砂比重为2.65,平均颗粒直径$D_{50}$为0.17mm,最大孔隙比$e_{max}$为0.977,最小孔隙比$e_{min}$为0.597,临界状态摩擦角$\varphi'_{cu}$=31°(Ishihara,1993)。丰浦砂的主要矿物为石英,在相当高的压力(高于4000kPa)下才会出现压碎的情况(Verdugo and Ishihara,1996),因此试验中不需要考虑砂颗粒被压碎而导致的砂土性质的改变。

图6.45　堆石料

3)试验模型

图6.46显示了离心机试验模型的正视图和俯视图。试验土料是由粉质黏土层、堆石料和丰浦砂层组成。粉质黏土层的厚度为400mm,对应到现场的土层厚度为40m。粉质黏土层下部为一层50mm的丰浦砂垫层,用来提供排水路径;上部为防波堤和泥沙淤积层。

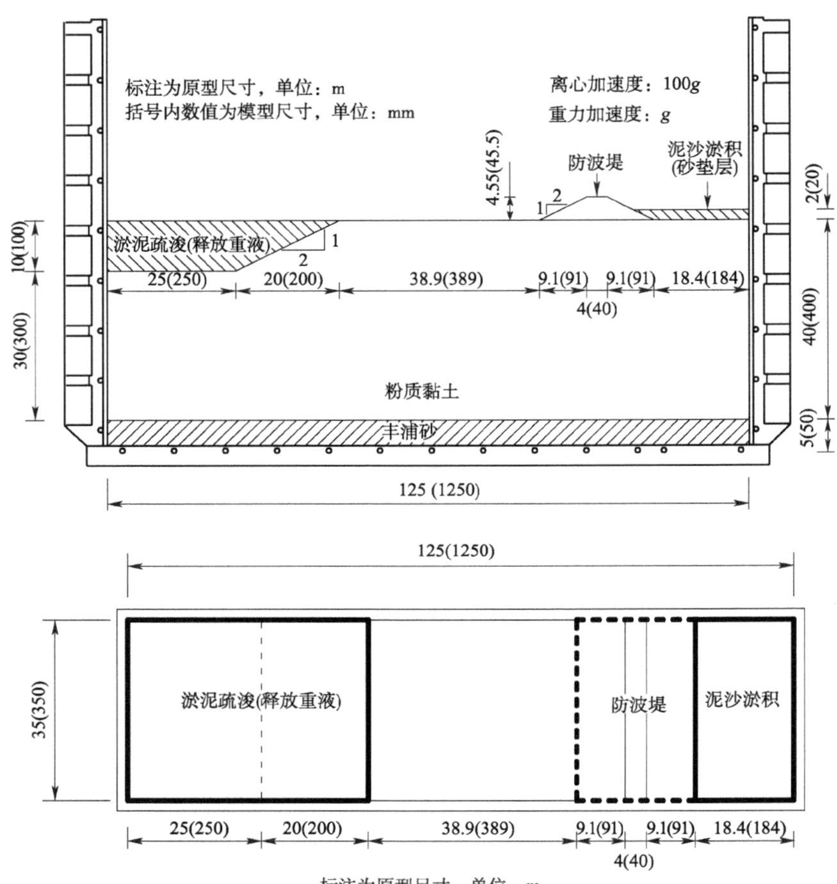


图 6.46　离心机试验模型正视图与俯视图

模型箱的左侧为一个预留的梯形体槽，用来模拟淤泥疏浚开挖的区域，其深度、底部宽度和上部宽度分别为 100mm、250mm 和 450mm，对应原型尺寸为 10m、25m 和 45m。模型箱的右侧为防波堤和泥沙淤积层。防波堤的堤脚离淤泥疏浚开挖点的距离为 389mm，对应原型尺寸为 38.9m。模型中防波堤的横截面尺寸为现场的尺寸 1/100，上部宽度、下部宽度和高度分别为 40mm、222mm 和 45.5mm。堆筑防波堤时按照计算得到颗粒粒径范围的堆石料进行堆筑。防波堤外侧的砂垫层厚度为 20mm，则对应到现场相同厚度（2m）的泥沙淤积层。

4）试验数据采集

本次离心机模型试验中，两台数码摄像机用来录制整个试验的过程，两台高清

数码相机用来记录试验过程的录像,为土体位移场的分析提供信息。同时,在防波堤的堤脚和顶部处安装竖向位移传感器来测量地表沉降和防波堤的沉降。

(1)数码摄像机

在整个试验过程中,为了监测应力释放对防波堤的稳定性产生的影响,两台数码摄像机(像素 1024×1024)用来监测防波堤。一台摄像机正对着防波堤的侧面,另一台摄像机安装在防波堤的正上方。

(2)图像分析技术(PIV)

试验的过程中,数码相机用来记录试验过程中的图像。英国剑桥大学 White 等(2003)开发了一套图像分析技术(PIV)用于测量土体位移。基于 PIV 技术,通过对比两个不同时刻拍摄的图像,就可以得到土体在相应时间段产生的位移场。本试验采用两台像素较高(像素 2560×1920)的数码相机进行图像拍摄,这两台相机几乎覆盖全部土体。在释放重液模拟应力释放效应时,设置相机拍摄图片的最短间隔时间(30s 一张)。试验结束后,通过 PIV 软件可以得到土体的位移场。

(3)位移传感器(LVDT)

试验中,采用位移传感器来测定防波堤堤脚处土体和防波堤顶部的竖向位移,此传感器的精度为 0.1mm。

5)试验模型制备流程

(1)照片处理技术控制点

图 6.47 显示了此次试验中所采用的二维模型箱和照片处理技术的控制点。有机玻璃上的黑点为照片处理技术的控制点,点与点之间的间距为 80mm。试验完成后,可以通过这些控制点得到土体的位移场。

(2)排水通道

图 6.48 显示在高倍加速度下土体固结的排水通道。主要由四条管子组成,每个管子上面布置了许多排水孔,外侧用土工布进行包扎。

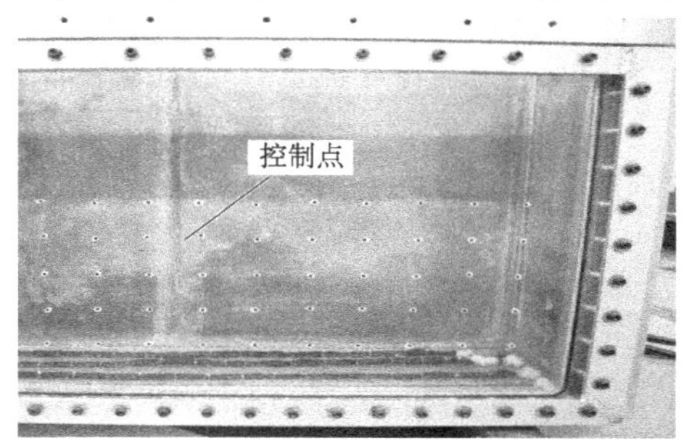


图 6.47 模型箱和照片处理技术控制点

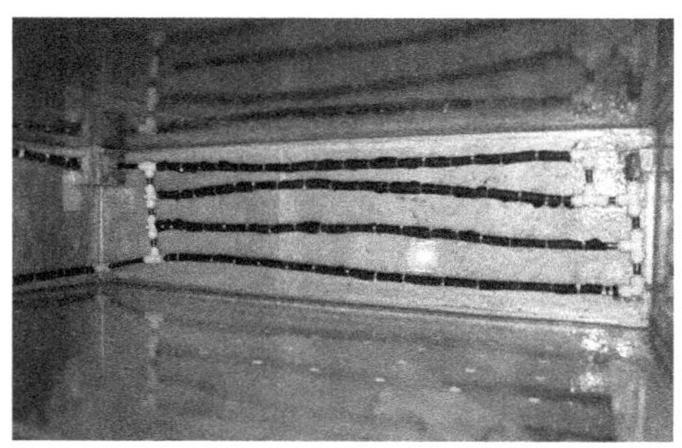

图 6.48 模型排水系统

(3)丰浦砂垫层

图6.49显示了为了提供排水的路径的丰浦砂层。丰浦砂从模型箱顶部撒入，其厚度为50mm。采用水头饱和，排除砂中的空气。

(4)粉质黏土层

该试验制模过程中采用的土样为香港科技大学现有的粉质黏土。以与现场土相同的干密度(1.48g/cm$^3$)作为控制参数，含水量为20%。图6.50显示了调配的粉质黏土，调配完成后，采用筛子进行筛分，去除大的颗粒。

图6.49　砂雨法制备砂垫层

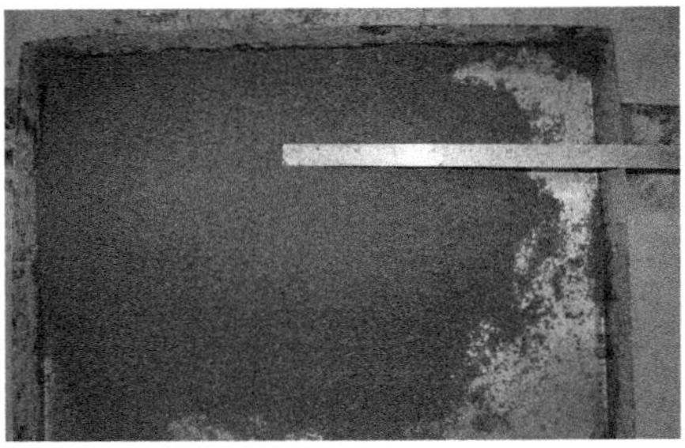

图6.50　配置粉质黏土

图6.51显示了分层制样的粉质黏土层。土层的总厚度为400mm，分16层进行制样，每层试样的厚度为25mm。制样的过程中，每层土的含水量有不同程度的损失，因此，每两层土样制备完成后，进行含水量的测试。表6.7总结了各土层的含水量，平均值为18.7%，反算得到试样的真实干密度为1.5g/cm$^3$。完成每层土体后，在有机玻璃侧的土体上撒黑砂，并把每层土体表面刮花(图6.51)。图6.52显示了试样制好的正视图和俯视图。

**制样完毕后各层土样的平均含水量**　　表6.7

| 土层 | 1-2 | 3-4 | 5-6 | 7-8 | 9-10 | 11-12 | 13-14 | 15-16 | 平均 |
|---|---|---|---|---|---|---|---|---|---|
| 含水量(%) | 18.8 | 18.6 | 18.4 | 18.3 | 18.2 | 18.1 | 19.8 | 19.5 | 18.7 |

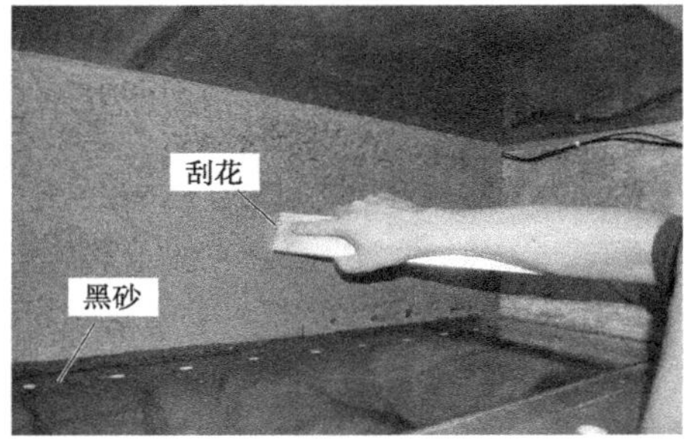


图6.51　分层制样(刮花，测定每层土的含水量)

a)正视图

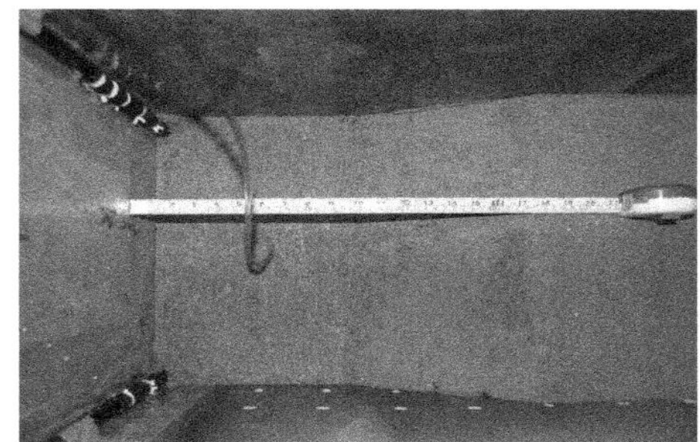

b)俯视图

图6.52 完成试样的制备

(5)水袋安装和试样饱和

图6.53显示用来盛放重液的橡胶袋。此橡胶袋采用无刚度的橡皮膜制作,其橡皮膜袋底部的大小与预留的开挖槽大小一致。安装水袋后,进行测验,无漏水现象。把清水排除后,将事先配置好的重液倒入橡皮膜中。图6.54显示了土体饱和后的相片。采用水头饱和的方式,从试样底部缓慢进水,直至达到并维持水位在试样的表面。

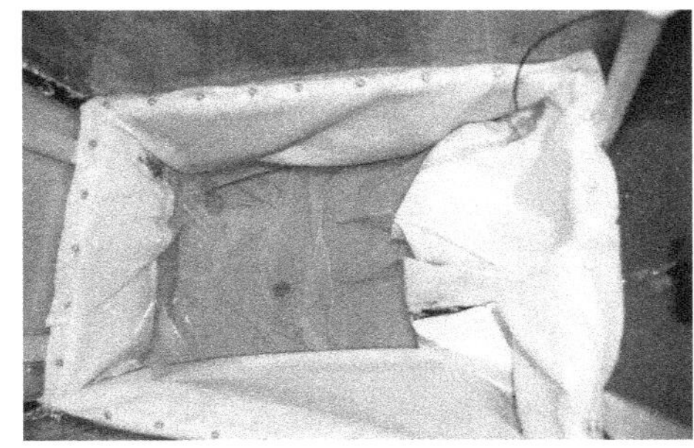

图6.53 存储重液的橡胶袋

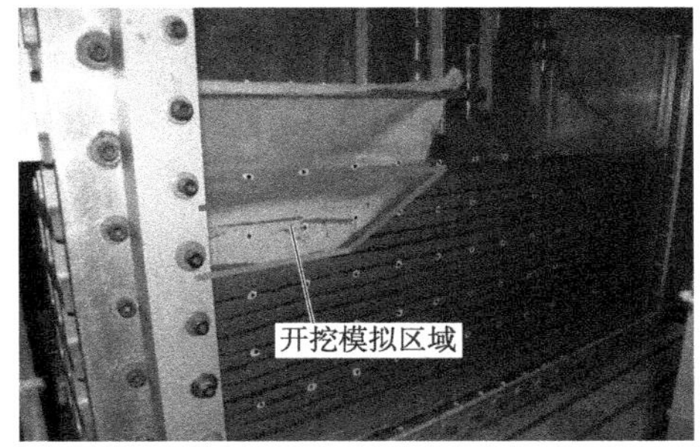


图6.54 试样饱和

(6)第一次固结

图6.55显示了第一次高倍加速度固结前的仪器装置。仪器主要装置包括:两台数码相机,两台数码摄像机,三个位移传感器和两个水箱。

(7)防波堤和泥沙淤积层堆筑

第一次固结完成后,停机并进行防波堤和砂层的堆筑。图6.56显示了防波堤和泥沙淤积层的堆筑。试验中,所用的堆石和丰浦砂的质量分别为2.9kg和3.3kg。计算得到防波堤和泥沙淤积层的堆积密度分别为:1.39g/cm$^3$和1.75g/cm$^3$。堆筑完成后,进行第二次的高倍加速度固结。

图 6.55　离心机模型(进行第一次固结)

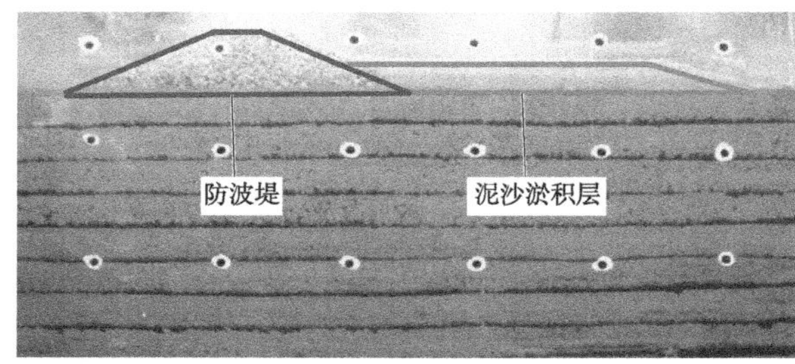


图 6.56　第一次固结完成后堆筑坝体、铺设砂垫层

6)试验流程与结果

本次试验对土体进行二次固结,并在高倍加速度下模拟开挖效应。具体的步骤如下:

(1)升至 $100g$ 进行第一次固结

离心机目标加速度为 100 倍重力加速度($100g$),整个升 $g$ 过程为 10min。当位移传感器的读数稳定后,认为土体的固结完成,整个固结过程为 6h。

(2)降到 $1g$ 状态,进行防波堤和砂垫层的堆筑

第一次固结完成以后,在约 60min 内降重力加速度回 $1g$,立刻进行防波堤和砂垫层的堆筑。

(3)升至 $100g$ 进行第二次固结

堆筑结束后,离心机的加速度再次升到 100 倍重力加速度($100g$),进行第二次固结,整个过程为 4h。

(4)模拟开挖

等位移传感器读数稳定后,分三次模拟淤泥清淤所产生的应力释放效应,对应

到原型尺寸，每步开挖的深度分别为 3m、3m 和 4m，总共模拟开挖的时间对应到原型为 3 个月。

除非特别说明，所有试验结果均为根据相似关系转换后的原型结果。图 6.57 为试验结束后，整个模型的正视图和俯视图。

a)正视图

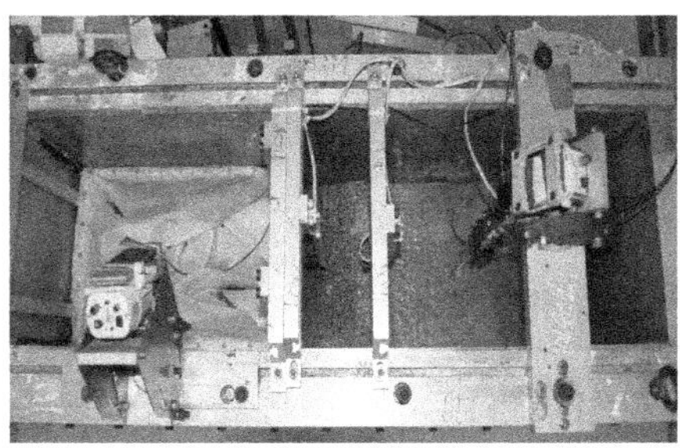

b)俯视图

图 6.57　试验完成后的模型图片

图 6.58 和图 6.59 为开挖三个月后的防波堤的正视图和俯视图。从图中可以清楚地发现，防波堤在开挖完成后依然稳定。

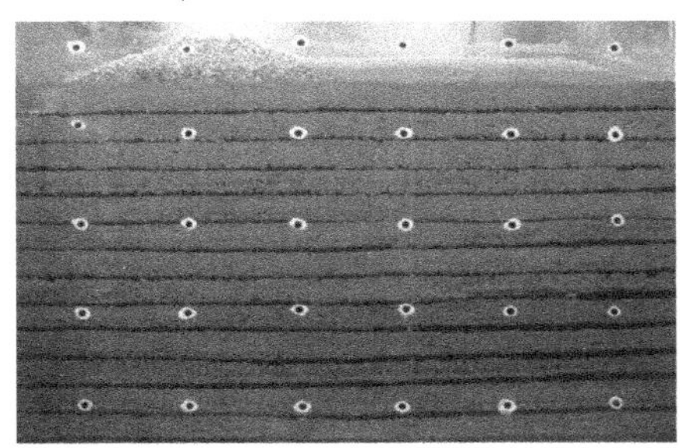

a)开挖前

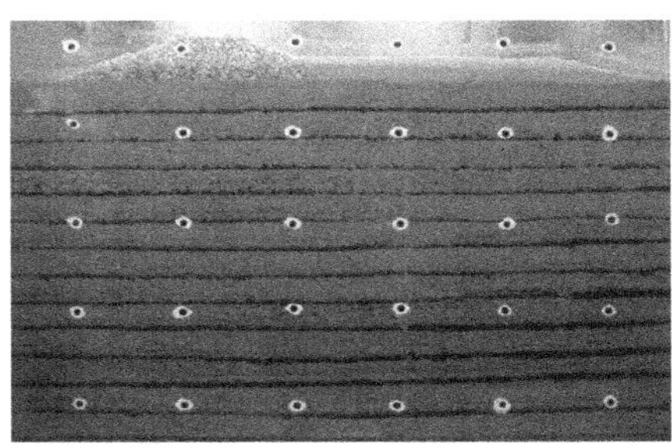

b)开挖后三个月

图 6.58　防波堤正视图

a)开挖前

b)试验结束后

图 6.59　防波堤俯视图

图6.60显示了模型试验在开挖三个月后引起的整体土体位移场。

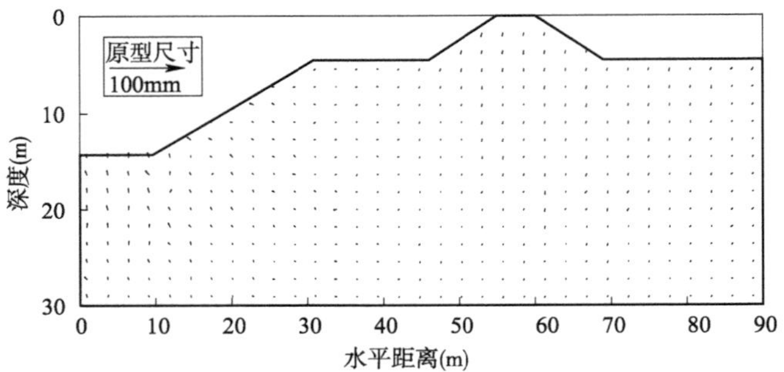


图6.60 整体土体位移场(开挖3个月后)

本次试验中,布置竖向位移传感器用来监测大坝的竖向位移。开挖后的三个月,大坝顶部的沉降为6mm。

在距离淤泥清淤点15m处(防波堤的堤脚)安装了位移传感器,用来测量土体的竖向位移。开挖后三个月,由位移传感器得到的竖向位移为4mm。

由上述结果可见,航道疏浚距离堤脚30m时,防波堤的位移变化较小,航道疏浚对防波堤整体稳定性影响不大。

# 第7章　防波堤堤身变形现场观测数据分析

本章根据依托工程现场监测数据,对中心渔港挡沙堤的沉降和水平位移监测数据进行分析和整理,确定防波堤外侧泥沙淤积和航道疏浚后,挡沙堤的沉降、水平位移变化控制标准。

## 7.1　概　　述

由于土是三相体系,其受力后的力学特性是相当复杂的,各地区的软土成分又不尽相同,目前土的参数测试技术和理论计算水平还在发展成熟之中。软土地基处理的事前设计,一般是以室内试验结果得到的各土质参数为依据,事前设计假定的施工过程、填筑材料等均与实际施工时有一定的出入,以及地质钻孔布置不可能很密集,因此事前设计的理论计算产生一定的误差是公认的。这样施工时对软土地基变形和稳定的监测,进行动态管理施工是十分必要的。通过系统连续正确完整的观测及分析,掌握、控制挡沙堤稳定和沉降,对于预测沉降趋势,验证和指导工程设计及施工,控制填筑速率确保挡沙堤稳定性具有重要的意义。

动态控制工作应建立在准确实测沉降数据和加载数据以及合理沉降变形分析的基础上。因此现场获得客观真实的沉降变形观测数据是一项基本工作。

软土地基变形和稳定现场监测的内容,对于一般防波堤段,主要是沉降板、位移桩(或测斜管)的观测和分析,特殊堤段还应设置若干典型断面埋设测斜管、孔隙水压力计等详细监测仪器进行观测。

## 7.2　沉降和稳定观测的目的和项目

软土地基施工期和运行期的沉降和稳定观测是软基防波堤的重要环节,一般应委托专业单位实施,确保观测质量,及时和正确地提供沉降观测资料,做到资料真实、连续、完整。软土地基沉降和稳定观测项目、目的、仪器见表7.1。软土地基试验工程观测项目应根据试验工程的研究目的和研究内容有选择性地确定,每个试验段的所有观测点宜集中设置在同一个横断面上。在典型软弱地基、软基深厚、地形变化大的地段,不同地基处理段及其过渡段等区段内均应设置观测点。同一堤段不同观测项目的测点宜布置在同一横断面上,以便取得纵、横向连续沉降变化特征。变形观测包括沉降观测和水平位移观测;应力观测包括土压力观测、孔隙水应力观测。仪器均应在软弱土地基处理完成后方能进行埋设,并在观测到稳定的初始值后,方可进行防波堤的填筑或进行后一工序的施工。试验段具体观测项目、目的、仪器见表7.2。

**软土地基防波堤堤基沉降和稳定动态观测** 表7.1

| 观测项目 | 仪器名称 | 观测目的 |
|---|---|---|
| 地表沉降量 | 地表沉降计<br>(水准仪) | 用于沉降分析。根据测定数据调整填土速率;预测沉降趋势,提供施工期间沉降土方量的计算依据 |
| 地表水平位移量 | 地表水平位移桩<br>(全站仪) | 用于稳定分析。监测地表水平位移及隆起情况,以确保防波堤施工的安全和稳定 |
| 地下土体<br>水平位移量 | 地下水平位移计<br>(测斜仪) | 用于稳定分析与研究。用作掌握分层位移量,推定土体剪切破坏的位置 |

**软土地基防波堤试验工程沉降和稳定动态观测** 表7.2

| 观测项目 | | 仪具名称 | 观测目的 |
|---|---|---|---|
| 沉降 | 地表沉降 | 地表沉降计(沉降板) | 地表以下土体沉降总量。常规观测项目 |
| | 地基深层沉降 | 深层沉降标 | 地基某一层位以下沉降量。按需要设置 |
| | 地基分层沉降 | 深层分层沉降标 | 地基不同层位分层沉降量。按需要设置 |
| 水平位移 | 地面水平位移 | 水平位移边桩 | 测定防波堤侧向地面水平位移量并兼测地面沉降用于稳定监测。常规观测项目 |
| | 地基土体<br>水平位移 | 地下水平位移标<br>(测斜仪、管) | 观测地基各层位土体侧向位移量,用于稳定监测和了解土体各层侧向变位以及附加应力增加过程中的变位发展情况。常规观测项目 |
| 应力 | 地基孔隙<br>水应力 | 孔隙水应力计 | 观测地基孔隙水应力变化,分析地基土固结情况 |
| | 土压力 | 土压力计(盒) | 测定测点位置的土应力及应力分布情况。按需要设置 |
| | 承载力 | 荷载试验仪 | 一般用于地基处理的承载能力测定 |
| 其他 | 地下水位<br>(辅助观测) | 地下水位观测计 | 观测地基处理后地下水位的变化情况,校验孔隙水应力计读数 |
| | 出水量<br>(辅助观测) | 单孔出水量计 | 检测单个竖向排水井排水量,了解地基排水情况 |

# 7.3 沉降和稳定观测的要求

## 7.3.1 前期准备

观测分期指防波堤填筑期观测、完工后观测两个阶段。各个观测分期均应有准备阶段、现场观测阶段、资料汇总及两个分析阶段,每月应提供月报或季报。

准备阶段包括进行动态观测设计,制订观测计划,布置观测用的水准点、观测仪器、水准尺、各种用表,埋设沉降标等工作。在施工单位对地基处理结束和经监理认可后,方可进场埋板观测。

## 7.3.2 观测水准点的要求

水准点分地面水准点和路上水准点两种,不同埋设位置有不同的要求。

(1)地面水准点

地面水准点密度应满足沉降观测断面的要求,一般以一个测站视距到达为原则。对于三等水准一般每200m有一个水准点,对于二等水准则应按小于100m间距布设一点。水准点应设在土质坚硬便于长期保存和使用的地点(长期无车辆和行人走动)。

(2)观测的精度和等级

对于新建防波堤工程,软基上的沉降观测针对不同工程性质、不同施工期限的变形规律和各相应区同沉降量大小应采用的观测精度、观测仪具及观测技术是不同的,一般情况下,施工期和运行期沉降速率小于4mm/月,观测精度应取1~2mm才有意义,应选择二等水准进行观测。二、三、四等水准的理论精度列于表7.3。

水准测量的精度　　表7.3

| 等级 | $m_{观}$(mm) | 红、黑面平均值或基、辅分划平均值的高差中误差(mm) | 二期观测由一个测站完成的高差之差的中误差(mm) | 二期观测由两个测站完成的高差之差的中误差(水准点到沉降点中加一个转点)(mm) |
|---|---|---|---|---|
| 二 | 0.18 | $m_{观}=m_{站}=0.18$ | $0.18\times\sqrt{2}\pm0.25$ | $\pm0.25\sqrt{2}=\pm0.35$ |
| 三 | 0.78 | $m_{观}=m_{站}=0.78$ | $0.78\times\sqrt{2}\pm1.1$ | $\pm1.1\sqrt{2}=\pm1.6$ |
| 四 | 1.04 | $m_{观}=m_{站}=1.04$ | $1.08\times\sqrt{2}\pm1.5$ | $\pm1.04\sqrt{2}=\pm2.1$ |

注:$m_{观}$－水准尺上的中丝读数误差(取自国家水准测量规范);$m_{站}$－一个测站高差中误差。

满足三、四等水准精度要求的水准仪,宜采用徕卡NA728或蔡司Ni30等放大倍数为28～32的进口自动安平水准仪，国产水准仪宜选用苏－光DSZ2型；二等水准宜采用徕卡$NA_2$或日本尼康AS-2带有测微器的进口水准仪，苏－光DSZ2带有测微器的也可使用。有条件的单位可选用电子水准仪，以提高观测速度及精度。电子数字水准仪宜采用最新型号徕卡DNAO3(DNA10)中文效字水准仪。

三、四等水准尺宜采用3m长的木质双面水准尺，二等水准宜配用铟瓦水准标尺，电子水准仪宜配用编码水准尺。

为了消除或减少观测中的某些系统误差，每次观测应在相同的观测条件下进行，需做到五个固定。五固定是：后视尺固定(例如用4.687的木质水准尺专门放在水准点上)；测站位置固定；仪器固定；观测人员(司仪器及持尺人员)固定；转点固定。五个固定中重点是测站固定和持尺人员固定，特别是观测人员应受过专门的训练。

外业手簿是长期保存和使用的基本资料，应做到认真、字迹清晰、整洁、格式统一。记录不得转抄或涂改，如观测、记录数据有误，应在观测记录时即将错误数据用单线画去，在其上方写上正确数字，正确数字及被画去数字均应清晰可辨认。手簿及其他资料图表应有专人保管，不得遗失。

规定四等水准可直读视距；二、三等水准应读上、下丝，计算前、后视距、视距差及累积差等。

## 7.4 防波堤的沉降观测及资料整理

### 7.4.1 观测点布置原则

(1)沉降位移监测标的埋设

沉降监测点与位移监测点使用同一点，测量时再安装强制对中标芯。

由施工单位设置沉降位移监测标。沿堤轴线方向，每间隔100m布设一个沉降位移监测标，用以监测施工过程中的基础沉降和堤身的水平位移。

(2)深层位移监测标的埋设

埋设位置：设在镇脚抛石与堤体交接的坡脚处，每间隔600m布设一组。

埋设时间：与施工进度同步进行，随时了解施工计划和工程进度，在砂垫层施工与塑料排水板施工完成后，抛石之前埋设。

埋设方法：埋设深度约20m，用钻机钻至泥面下20m，将测斜管埋入孔内，测斜管连接处用胶带缠结实，测斜管与孔壁之间用砂填实。

保护方法：测斜管外设置保护管；将测斜管接高，使其在高潮水位时露出水面；

设立监测点标识,以便施工船只看到,在保护管外涂上红白相间的颜色或在附近配备彩旗示意;布设监测点后,将监测点坐标告知施工单位,使施工船只及机械在其附近施工时能够避让。

### 7.4.2　水准仪的检验与校正

水准仪必须符合等级水准测量要求。水准仪各部分转动应灵活、稳当,制、微动螺旋作用应灵活转动,调整透镜运行及目镜调节不能有明显的晃动现象。每次观测前除圆水准仪检、校,十字丝位置正确性,自动安平水准仪补偿灵敏度等项目外,还需对 $i$ 角进行检验。

### 7.4.3　观测频率和技术指标

考虑防波堤沉降动态控制的需要,建议增加观测频率,填筑期的观测频率为每填筑一层至少观测一次,停止施工的间歇期,每星期观测一次。

防波堤填筑期沉降量相对较大,可按三等或四等水准要求观测,若要求精度更高,可按二等水准要求观测。二、三、四等水准的仪器型号及各项技术指标(视距,前、后视距差,累积差,红、黑面高差之差等)均列于表7.4。视线高度要求三丝均能读数,读数取位为1mm,高差计算取位为0.5mm。观测中要特别注意水准尺上圆气泡居中时的垂直度。严禁用塔尺观测。转点必须使用尺垫,禁止用砖石代替尺垫。水准点至沉降点之间一般由一个测站完成,最多增设一个转点。

**水准测量的主要技术指标表**　　表7.4

| 等级 | 水准仪的型号 | 视线长度(m) | 前后视距差(m) | 前后视累计差(m) | 红、黑面(基、辅面)读数较差(mm) | 红、黑面(基、辅面)高差较差(mm) | 往、返较差,附合允许闭合差(mm) |
|---|---|---|---|---|---|---|---|
| 四 | DS3 | 80 | 5 | 10 | 3 | 5 | $\pm 6\sqrt{n}$或$\pm 20\sqrt{L}$ |
| 三 | DS1 | 100 | 3 | 6 | 1.0 | 1.5 | $\pm 4\sqrt{n}$或$\pm 12\sqrt{L}$ |
|  | DS3 | 75 |  |  | 2.0 | 3.0 |  |
| 二 | DS1 | 50 | 1 | 3 | 0.5 | 0.7 | $\pm 6\sqrt{n}$或$\pm 4\sqrt{L}$ |

注:$n$-测站数;$L$-水准路线长度(以km计)。

沉降板埋设时先观测首节管顶和底板的高程,底板高程也可以用首节管顶高程减去管高获得。为了检查累计沉降的正确性,质检单位适时用钻孔方法测定底板高程,以资检验,因此,底板高程应十分正确。初读数观测时,应绘好水准点与沉降位置图,作为以后每次观测固定仪器位置的依据。也可以为竣工存档资料之一,由专人保管,适时上交。

第二次观测时,先由施工单位挖出点位,而后观测接管上、下两个管顶的高程。下节管顶高程用于计算第一次沉降量,上节管顶高程作为下一次计算沉降量的初值,循序逐节升高,重复上述工作。接管上、下高程填入表中斜线的上、下方,以便计算时段沉降量及累计沉降量。

使用观测手簿时,一张表格填入一个沉降观测点,注明每次观测的日期即可。一个观测点集中在一张表格中,便于查看沉降量的变化情况。每次观测时,施工单位负责测前找点、挖点、测后覆土等工作。

### 7.4.4 资料整理

资料整理的内容包括将防波堤填筑期中相关数据依次填入表中,逐一算出每个点的沉降量及月沉降速率,最后上报甲方,作为月报内容的核心部分。具体操作时,先检查观测手簿中每个数据,无误后根据观测点高程计算出沉降量、累计沉降量,计算日沉降速率及月沉降速率,用以控制抛石填筑速率。

## 7.5 防波堤水平位移观测及资料整理

### 7.5.1 观测仪器埋设要求

埋设位置:设在镇脚抛石与堤体交接的坡脚处,每间隔600m布设一组。

埋设时间:与施工进度同步进行,随时了解施工计划和工程进度,在砂垫层施工与塑料排水板施工完成后,抛石之前埋设。

埋设方法:埋设深度约20m,用钻机钻至泥面下20m,将测斜管埋入孔内,测斜管连接处用胶带缠结实,测斜管与孔壁之间用砂填实。

保护方法:测斜管外设置保护管;将测斜管接高,使其在高潮水位时露出水面;设立监测点标识,以便施工船只看到,在保护管外涂上红白相间的颜色或在附近配备彩旗示意;布设监测点后,将监测点坐标告知施工单位,使施工船只及机械在其附近施工时能够避让。

### 7.5.2 观测仪器

位移监测采用全站仪和RTK静态控制测量相结合方法进行。位移观测在沉降位移监测点布设完成后,立即测量各监测点坐标,作为初始值。以后每次测量监测点的坐标,从而求得各监测点的监测期间的坐标值与对应各监测点的初始值的差值,进而计算出各监测点的位移值和累计位移量。

观测周期：与沉降观测同步进行。观测频率基本上与路堤施工中沉降观测同步，即路堤每填1～2层观测一次，预压前期沉降量较大，每7～10d观测一次，后期每15～20d观测一次，路面结构层施工期每填筑一层观测一次。

测斜仪工作原理是测量测斜管轴线与铅垂线之间夹角变化，从而计算土体在不同高程的水平位移。测斜仪由探头、电缆、数据采集仪（读数仪）组成。测斜仪精度可控制在0.01～0.1mm之间。测斜管埋设位置在路堤坡趾部位。

### 7.5.3　水平位移观测设计与观测方法

防波堤两侧边桩的水平位移主要出现在垂直于路中心线方向上，且测站点（工作基点）和后视点（校核基点）设置在边桩断面线上，两次测得平距差求得水平位移，该方法称平距法。当测站点 $A$ 与后视点 $B$ 由于地形或地物障碍无法与边桩在同一断面上，则可参照桥头水平位移观测方法，采用极坐标法进行。

1）平距法

（1）全站仪平距观测方法

全站仪安置在测站点 $A$ 上，反光棱镜架在边桩点上，经对中、整平后，瞄准边桩上的棱镜中心，再按下列程序按键操作：

①开机，旋转望远镜过零。

②仪器望远镜照准棱镜中心，按下“测量1”键进行测量。

③待测量停止后，屏幕上显示的“HD”为平距；“SD”为斜距；“VD”为高差。为了校核，变动仪器高和棱镜高再观测一次，两次观测的平距差即为水平位移。

（2）钢尺丈量法

每次观测用同一把钢尺，施以固定拉力直接读取测站点 $A$ 到边桩的水平距离。为了提高精度，每一个测点，要测读4次，取其平均值。由于每次观测条件相同，可不考虑尺长和倾斜改正。但要加以温度修正，求得正确的水平距离。两次测量的平距差，即为水平位移。

2）极坐标法

当测站点和后视点无法设在边桩断面上时，则可采用极坐标法进行。坐标系可设在边桩断面的左侧或右侧。坐标系的 $y$ 轴要大致平行于道路中心线（即 $x$ 轴平行于边桩断面线）。两次观测的 $x$ 坐标差即为水平位移，具体实施方法与要求和桥头部位的观测方法相同。

### 7.5.4　深层水平位移观测方法

测斜管布设3日后观测初始值，之后投入正常观测。深层土体位移监测（测斜)，用 CX-3C 型测斜仪探头,从测斜管底部由下而上沿垂直于围堤的槽口方向每 0.5m 测一组数据,然后将探头调转 180°,以同样方法由下而上测量一组数据,每一位置的正反方向数据经相应的软件处理,得出各测斜孔的数据;第一次测量时,第一次观测 3 个测回的平均值作为原始值。以后每次观测 1 个测回,用同样方法测量得出的数据与原始数据比较,即为土体的累计位移值。

观测周期:原则上与施工单位加载相配合,施工加载期间每日监测一次,施工结束后每个星期测一次至数据稳定结束监测,有特殊要求除外。

1)测斜仪工作原理

目前测量土体内部水平位移大多使用测斜仪。它的工作原理是测量测斜管轴线与铅垂线之间的夹角变化,从而计算土体在不同高程的水平位移。一般先在土体中埋设一竖直、互成 90°四个导槽的管子(铝合金或 PVC 塑料管)。管子在土体中受力后发生变形,这时将测斜仪探头放入测斜管导槽内,每间隔一定距离(通常为 0.5m)测量变形后管子的轴与垂直线的夹角 $\theta$,按公式(7.1)计算不同高程处的水平位移增量:

$$\Delta d_i = l\sin\theta_i \tag{7.1}$$

测得各分段位移后,可以测斜管底部或顶部为基准开始累加,求得任一高程处的实际位移数值。测斜仪的工作原理见图 7.1。

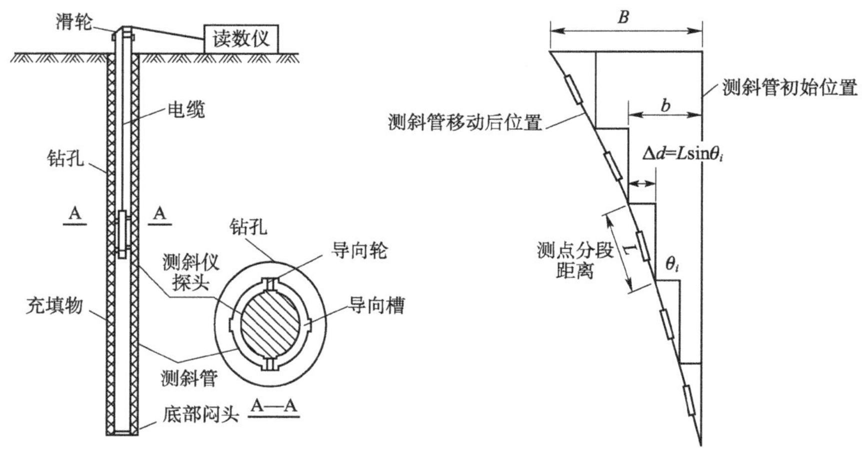


图 7.1　测斜仪工作原理图

2)测斜仪的结构及技术指标

一般测斜仪由探头、电缆、数据采集仪(读数仪)组成。目前使用最多的是伺服式测斜仪,探头外形如图 7.2 所示,由电缆适配器、滑轮、加速计、底垫、电缆卡等组成。

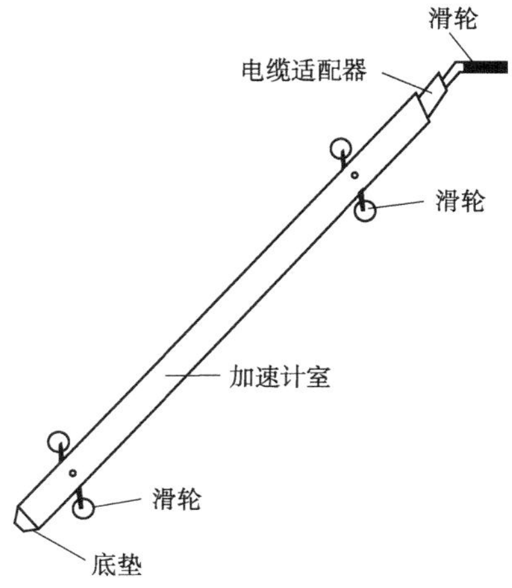


图7.2 测斜仪构造图

测斜仪的精度主要由探头的精度控制。其主要技术指标是:量程、灵敏度、稳定性及抗渗性能。测斜仪的先进性则由数据采集仪控制。采集仪体积小、内存大,配置优良的预处理软件是其先进性的表现。

如瑞士 RocTest 测斜仪技术指标是:

探头:量程 0°~30°。

精度:0.01mm/50cm,25m 累计误差 ±2mm。

指示器:液晶。

温度:-25~65℃。

电源:充电电池。

接口:com 接口。

3)测斜管的埋设

测斜管埋设步骤如下:

(1)钻孔

钻孔要求:

①定位准确;

②倾斜度小于1°;

③钻孔直径与测斜管匹配(比测斜管略大)。

(2)检查测斜管

下管前必须对斜管进行检查。对外观质量较差、受力后弯曲变形、老化、受损的不合格管子,应予报废。底部测斜管应用闷头封好,以防泥浆进入。

(3)下管准备

下管前计算好长度、节数。接头处打好自攻螺丝导孔。准备好下管时固定用的麻绳或卡口。

(4)下管

用经纬仪确定导向槽的方向,逐节连接下管。下深孔时应采用钻机或吊车等机械设备,并向管内注入清水,当上浮力太大或钻孔缩孔时,应适当施加压力,但不可将测斜管压弯。

(5)孔壁回填

当测斜仪较浅(一般小于20m),且埋管与观测时间间隔较长(大于两个月)时,可采用细砂回填和自然塌落消除孔壁空隙。但细砂回填时一定要用长钢筋捣动,且间隔一定时间加砂,达到真正密实。

当测斜孔较深,或埋管与观测时间间隔较短,此时应采用孔壁注浆的方法。孔壁注浆有管外注浆和管内注浆两种方法。管外注浆是在管壁外下注浆管,然后用水泥浆泵注入泥浆。管内注浆则是采用特殊的注浆闷头,将其安装在测斜管底部,然后在管中接上注浆管,由下向上注入水泥浆,直至水泥浆溢出地面。

(6)孔口设置

测量测斜管顶端坐标及高程,安装保护盖,测斜管四周砌设混凝土墩,并做好标志。

(7)埋设记录

测斜管埋设记录包括:工程名称、测斜孔编号、孔深、孔口坐标、高程、导槽方向、管径、主要埋设人员、日期等。

4)观测

观测的技术要点是:

(1)测斜仪探头必须经过率定,数据采集仪、电缆等应预先检查合格。

(2)应同一人、同一仪器观测同一测斜孔,且应将电缆放置在同一槽口处观测。

(3)每次观测时,应先将探头放入孔中一段时间,以消除温差影响(特别在夏天)。

(4)同一轴线正反向读数偏差不得大于规定要求(不同仪器偏差规定不同),偏差过大时应进行复测,复测后偏差仍过大时应停止观测,寻找原因并及时纠正。

(5)观测时及时做好记录或储存好数据,检查合格后方可收线。

(6)每次观测时,应同时测量测斜管孔口高程。

5)观测成果

由观测数据绘制位移—深度曲线。根据工程性质的不同,绘制位移曲线时一般以孔口为基准点,也可以孔底为基准点。

## 7.6　防波堤土压力观测及资料整理

为监测航道疏浚和防波堤外侧滩面泥沙淤积、防波堤地基土层土压力变化情况,在防波堤两侧堤脚处埋设土压力计,本次沿东西挡沙堤共埋设16只土压力计。

### 7.6.1　仪器埋设

1)水平安装

(1)准备所需物品:细土或粉砂。安装前应对土压力计读数进行检查和记录,确认压力计工作正常。

(2)安装前,将土压力计所在位置的地面压平、压实。然后将土压力计放在预定位置,记录安装位置、压力计编号及初始读数。然后将砂或细料放在土压力计周围小心压实(最好手压)。

(3)安装时,一定要注意避免直接接触大的骨料或者岩石,以免使其面板局部形变,影响土压力计的测量。安装部位与土压力计直接接触的底层(200mm厚)及回填覆盖层的骨料的粒径应不大于10mm,最好使用细土。然后分层回填不同尺寸骨料组成的过渡层。初期回填应采取人工方式,回填厚度达到250mm后,才能使用夯实机夯实,达到500mm后,才可使用碾压设备碾压(使用振动碾压设备时不能振动碾压),厚度达到1m以上时可使用机械回填,用振动碾压设备振动碾压。

2)垂直安装

(1)对土压力计进行检查和测试,保证其工作正常。

(2)确定好土压力计的埋设位置,将土压力计所在位置的平面打扫干净,压平或者垫砂使其平整。用销钉确定好压力计所在的位置。

(3)放好压力计,使其受力面向外。用先前固定好的销钉确保压力计位置不动。在回填过程中,保证与受力面接触的回填料的粒径不得超过10mm。此时最好用手把回填料压实。当回填厚度超过250mm后,方可用较大粒径的料回填。

埋设电缆时,最好使用电缆保护管。电缆上用于标志仪器的编号要小心保护,必要时可增设标识,以防造成混乱。电缆应远离电力源,如电力线、发电机、变压器、电机、弧焊机等。

### 7.6.2　观测仪器及方法

(1)普通型测试仪

普通型测试仪为人工记录模式,能直接读取当前的测量值。根据传感器原理不同及功能的差别，普通型测试仪选用 TGCD-1-100 型。

使用时，将电缆带有插头的一端接到测试仪的相应插孔，如压力计是夹线式的，则按对应的颜色将插座端电缆与压力计电缆夹好，打开测试仪，便可直接读取当前测量值。测试仪的详细使用方法请见其说明书。

(2)智能型测试仪

智能型测试仪不仅能读取当前测量值，还具有存储、查询等功能。与计算机连接可以进行后续的数据分析与处理。根据传感器原理不同及功能的差别，智能型测试仪分为：TGCD-1-200、TGCD-1-600、TGCD-1-800 等型号。

使用时，将压力计端电缆与测试仪连接好，打开测试仪，等待命令出现后按测量键即可进入正式测量状态。测试仪的详细使用方法请见其说明书。

(3)多通道工程测试仪

采用我公司生产的多通道工程测试仪，可实现对现场所有传感器的自动采集、动态监测和远程无线控制。多通道工程测试仪分为 TGCD-2-100、TGCD-2-200 两种型号，详细使用方法见其使用说明书。

注意：每次测试完毕，将防水保护盖盖好、拧紧，以防水和潮气浸入。一定做好防水、防潮工作。

## 7.7 防波堤孔隙水压力观测及资料整理

孔隙水压力观测是了解地基土固结状态较直观的手段，通过在地基不同深度埋设孔隙水压力计可以对荷载的影响深度、不同土层的固结度等进行研究。

### 7.7.1 仪器埋设

(1)埋设前先于现场率定孔压计的基本参数，并将透水石洗净，煮沸 30 ~ 60min 后，并浸在清水中；

(2)根据测点位置，钻孔定位开孔，孔深达测点以上 20 ~ 50cm，清孔后，将浸在清水中的孔压计迅速提出放入钻孔内；

(3)利用钻杆和压具，把孔压计压至测点深度，注意保护电缆；

(4)小心钻起钻杆，稍等片刻，用频率仪检测孔压计频率变化是否正常，若发现异常，可利用铅丝将孔压计提起；

(5)待孔压计探头埋设完成后，将电缆引至水面以上，并加装护套管，避免电缆在施工中遭到破坏。

### 7.7.2　观测要求

(1)用频率仪测试时必须等读数稳定后读取;

(2)注意各点电缆线的保护,将归绕成一束的电缆呈波浪形摆好,测头统一放入上部观测箱,观测仪器用振弦频率仪;

(3)观测频率为:在加荷期间每天观测一次,非加荷段 2d 观测一次,后期可调整为 3 ~4d 观测一次。

## 7.8　防波堤现场观测数据分析

本章观测数据分析选取典型断面,分别对该断面堤顶沉降观测数据、地基土体深层位移观测数据、堤脚土压力观测数据、孔隙水压力观测数据进行分析。

### 7.8.1　防波堤堤顶竖向位移观测分析

图 7.3 为防波堤 1 号观测点堤顶竖向位移—时间曲线。

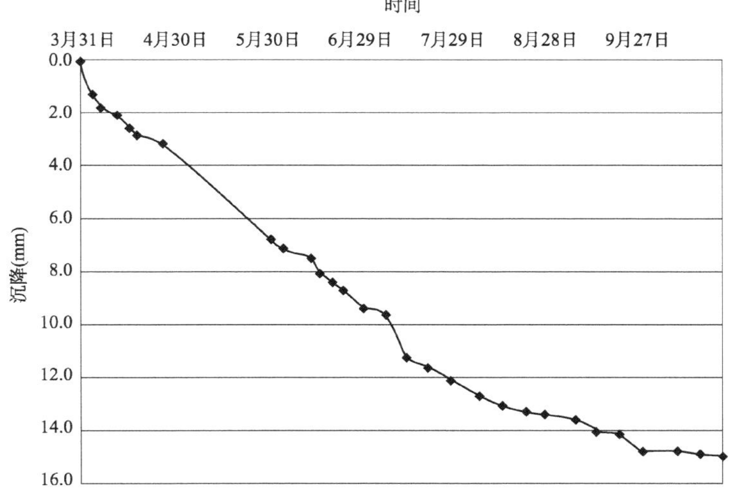


图 7.3　防波堤 1 号观测点堤顶竖向位移—时间曲线

从图 7.3 可以看出,防波堤完工后沉降稳定,月沉降量小于 4mm,在观测期内总沉降量约为 15mm,防波堤两侧滩面淤积对防波堤沉降影响不明显。

### 7.8.2　防波堤堤顶水平位移观测分析

图 7.4 为防波堤 1 号观测点堤顶水平位移—时间曲线。

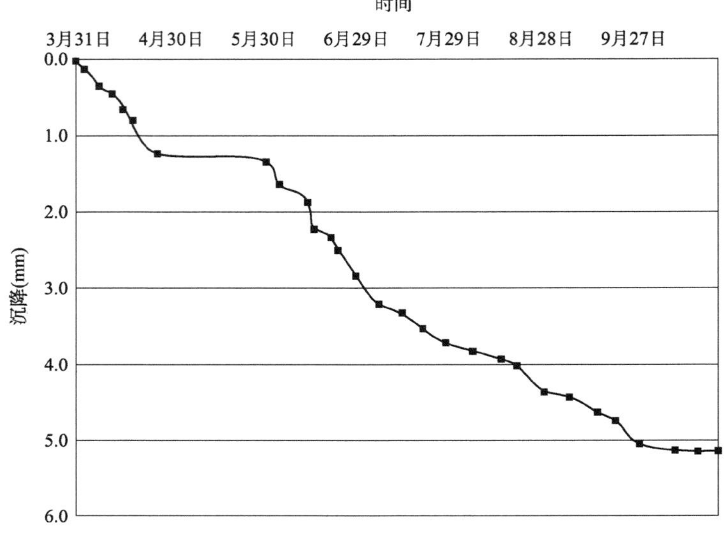


图7.4　防波堤1号观测点堤顶水平位移—时间曲线

从图7.4中观测数据可以看出,总体水平位移约5mm,防波堤两侧滩面淤积对防波堤沉降影响不明显。

### 7.8.3　防波堤两侧堤脚土层深层水平位移观测数据分析

为了监测不同深度土体在施工期间的位移情况,在东、西挡沙堤的内侧共布设了9组测斜管。本次选择4号测斜管数据进行分析(图7.5)。

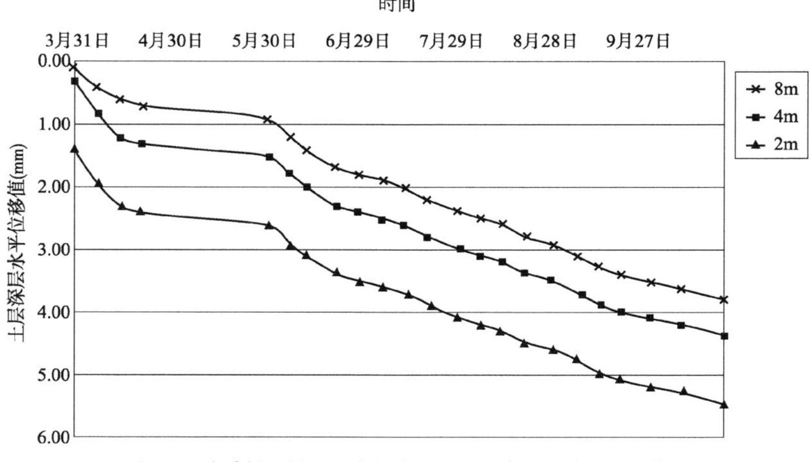


图7.5　防波堤4号观测点堤脚土层深层水平位移—时间曲线

从图 7.5 中数据可以看出，随着时间的增长防波堤堤脚两侧土层深层水平位移总体呈消散趋势，但增量较小，量级为 mm 级，反映出由于防波堤外侧泥沙淤积较快，防波堤内侧深层土层有影响，但影响不大。

### 7.8.4　防波堤两侧堤脚土层土压力观测数据分析

为了监测不同深度土体在泥沙淤积时的土压力分布情况，在东、西挡沙堤两侧堤脚共设 16 个土压力观测点。图 7.6 为 1 号观测点土压力观测曲线。

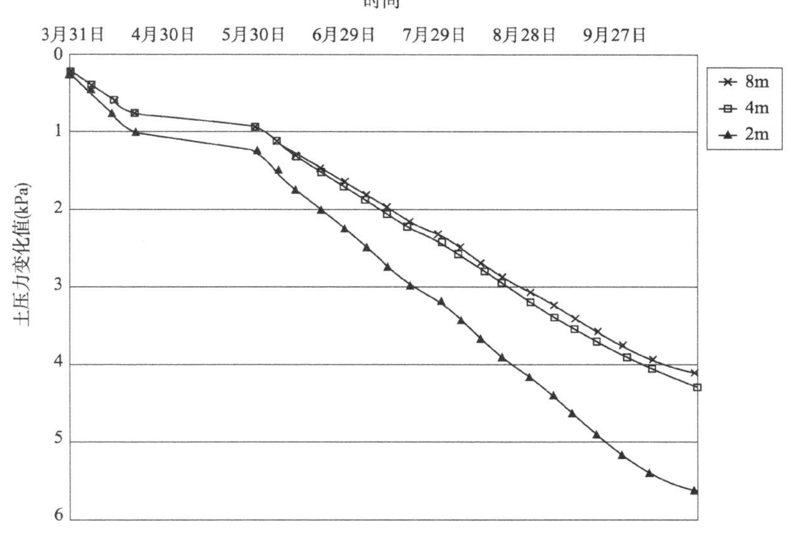


图 7.6　防波堤 1 号观测断面堤脚土层土压力—时间曲线

从图 7.6 可以看出，随着时间的增长，防波堤堤脚两侧土压力总体呈增长趋势，但增量较小，反映出泥沙淤积对土压力分布产生的影响。从实测数据分析，防波堤堤脚两侧土层土压力增量与前文所分析的中心渔港泥沙沉积规律基本吻合。

### 7.8.5　防波堤两侧堤脚土层孔隙水压力观测数据分析

为了监测不同深度土体在泥沙淤积时的孔隙水压力分布情况，在东、西挡沙堤两侧堤脚共设 16 个孔隙水压力观测点。图 7.7 为 4 号观测点孔隙水压力—时间观测曲线。

从图 7.7 可以看出，随着时间的增长防波堤堤脚两侧孔隙水压力总体呈消散趋势，局部时间段孔隙水压力呈增长趋势，但增量较小，反映出泥沙淤积和潮汐作用对土体内孔隙水压力分布产生的影响。从测试结果数据来看，防波堤堤脚两侧土层孔隙水压力增量与前文所分析的泥沙沉积规律基本吻合。

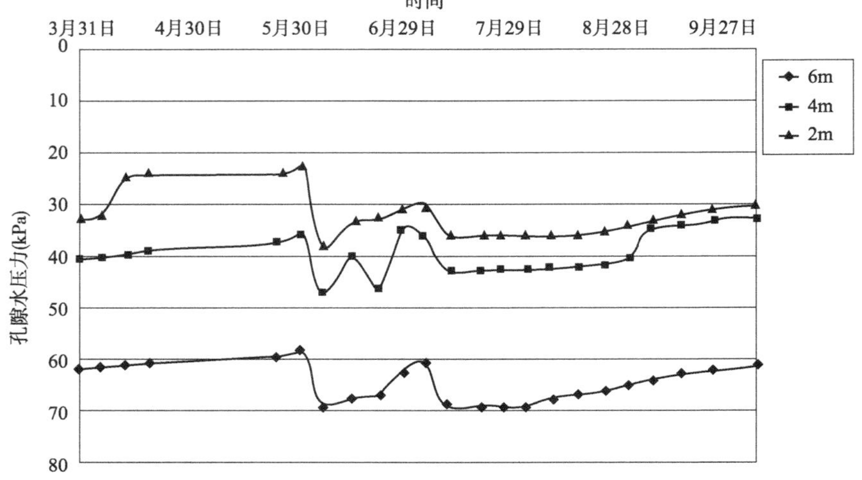


图 7.7　防波堤 4 号观测点土层孔隙水压力—时间曲线图

# 第 8 章　海船船行波对游艇航行安全影响

## 8.1　主要研究内容

由于商港航道和游艇渔港航道相临,船型相差大,且两堤之间的航道在设计高水位以下形成限制性航道,因此需要研究海船进出港时产生的船行波对游艇航行安全的影响,开展本工程船行波对游艇航行安全影响的物理模型试验,以为工程设计提供依据,主要研究内容包括:

(1)观测海船不同航速航行时,沿航道横断面方向船行波波高的分布以及游艇航道的船行波波高情况。

(2)观测海船和一条游艇交会时的船行波,分析对游艇的影响;观测海船和 2 条航行游艇交会时,游艇航行安全情况。

(3)评估船行波对游艇安全进出港的影响。

(4)提出上述不同条件下,游艇安全航行时,3 万吨级海船的安全限制航速以及游艇安全航行的限制航速。

## 8.2　试 验 条 件

### 8.2.1　试验水位(天津港理论最低潮面基准)

设计高水位: +4.30m;
乘潮水位: +2.5m。

### 8.2.2　试验船型

(1)3 万吨级海船:尺寸为 181 ×27.6 ×11.0(m)(长 × 宽 × 满载吃水);
(2)游艇:尺寸为 12.19 ×3.96 ×1.22(m)(长 × 宽 × 吃水),排水量约 25t。

### 8.2.3　航道条件

本工程航道为复式断面,海船进出港航道宽 128m,底高程 -10.9m,在整个航道的西部，游艇航道宽50m，底高程-3.8m，在整个航道的东边。两航道之间相距135m，两航道与挡沙堤之间区域底高程为0.0m，边坡1:5，详见图8.1。

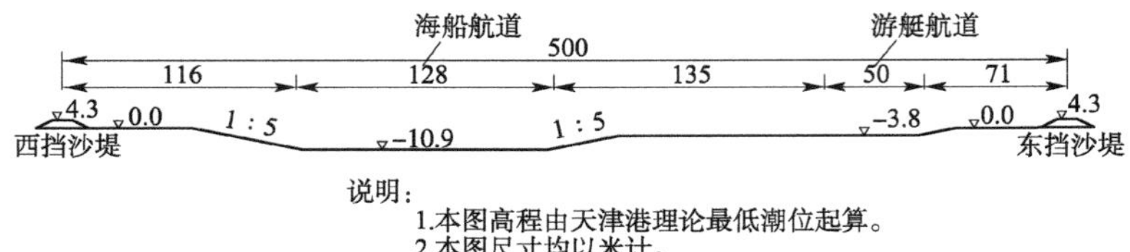


图8.1　工程进港航道断面图

### 8.2.4　挡沙堤的结构形式

挡沙堤采用斜坡式的结构形式，栅栏板护面，斜坡坡度1:2。

### 8.2.5　试验航速

海船设计进出港航速6~8kn。根据项目技术要求和工作大纲，试验需进行不同航速条件下的船行波试验，以确定安全进港航速。一般海船进出港航速不大于12kn。试验航速确定如下：

海船航速为：6kn、8kn、10kn、12kn；

游艇航速为：0kn、8kn、10kn、12kn、14kn；

游艇航速为0kn时，主要观测船行波对静止游艇的影响。

## 8.3　模型试验研究方法

根据波浪资料的统计，该海区常浪向为ENE和E，频率分别为9.68%和9.53%，强浪向为ENE，该向$H_{4\%}$>1.5m的波高频率为1.35%，两防沙堤和航道方向为SSE-NNW。常浪向和强浪向在设计高水位以下时被阻挡，可不考虑。SSE和SE向的波浪正对口门，为顺浪，对航行影响要远弱于横浪。本工程航道走向与海区潮流流向基本一致，对航道内的船舶通航造成的影响不大，另外，当外海风浪较大时，游艇通常不出海。因此本模型不考虑波浪和潮流的作用，在静水中，对海船采用牵引的方式，使其运动，产生船行波，测量不同航速条件下的船行波。由于海船和游艇的尺度相差悬殊，在同一个模型中很难实现海船对游艇安全航行的影响，试验分两步进行：

(1)根据海船尺度、试验场地条件等，选取较大比尺的物理模型，采用牵引的方法量测出海船不同航速下船行波的波高和周期。

(2)改变模型比尺，选取小比尺模型模拟游艇，使用造波机模拟。

### 8.3.1 模型设计

船行波试验采用正态模型,根据海船尺度、试验场地条件和船行波模拟试验的有关经验,物理模型和船模比尺均取为1:60。模型按重力相似准则设计。对于船模,除几何尺度、形状、吃水和排水量都应与实船相似外,其运动速度及时间也应与实船相似(表8.1、表8.2)。模型中各物理量之间的比尺关系如下:

几何比尺:$\lambda_L=60$

速度比尺:$\lambda_v=\lambda_L^{\frac{1}{2}}=7.74$

时间比尺:$\lambda_t=\lambda_L^{\frac{1}{2}}=7.74$

糙率比尺:$\lambda_n=\lambda_L^{\frac{1}{6}}=1.98$

吃水比尺:$\lambda_T=60$

排水量比尺:$\lambda_W=\lambda_L^3=216000$

**海船船模主要技术参数** 表8.1

| 船　　型 | 总长(m) | 宽度(m) | 满载吃水(m) | 满载排水量($m^3$) | 压载吃水(m) | 压载排水量($m^3$) |
|---|---|---|---|---|---|---|
| 3万吨级海船船模 | 3.02 | 0.46 | 0.18 | 0.26 | 0.10 | 0.14 |

**模型中船模航速** 表8.2

| 原体航速(kn) | 6 | 8 | 10 | 12 |
|---|---|---|---|---|
| 模型航速(m/s) | 0.40 | 0.53 | 0.66 | 0.80 |

船模的雷诺数:$Re=\dfrac{VL}{\nu}=\dfrac{0.4\times3.02}{0.01\times10^{-4}}=1.21\times10^6>10^6$,最小航速满足船周水流为紊流。

关于船形波模型试验的缩尺影响,有关研究表明,当试验航速大于0.5m/s时,船模的缩尺影响较小,因此本试验当航速≥8kn时,缩尺影响较小,小于8kn时的船行波波高数据将根据大航速的试验结果内延进行修正。模型范围包括东西挡沙堤、航道及其外侧部分水域,模型宽10m,最大水深0.5m,总长约46m,模拟了原体约2.7km的航道。

### 8.3.2 模型制作

模型建在矩形通直水池中,航道地形用桩点法制作,高程用水准仪精确控制,水泥砂浆抹面压光,误差≤±1mm,挡沙堤中栅栏板护面用小石子模拟,并撒上素水泥固结。模型采用无极绳系统牵引船模,由直流力矩可调控电机调节航速。模型两端部设置消波框。3 万吨级海船用木材制作。船模按实船的线型图制作完成后，经过加固、打磨、刷漆等工艺，制作出满足外形尺度、强度等要求的船体。船模制作时严格控制船体主甲板以下部分尺寸的精确度，对上层结构则进行了简化。制作完成的物理模型和海船船模见图 8.2 和图 8.3。

图 8.2　制作完成的 1:60 物理模型

图 8.3　制作完成的 1:60 海船船模

### 8.3.3　量测设备

水位用测针测量；地形高程用水准仪测量；波高采用 SG2002 型动态测试系统(图 8.4)进行测量。航速用秒表记录航行距离的时间计算得出。直流力矩速度控制柜如图 8.5 所示。

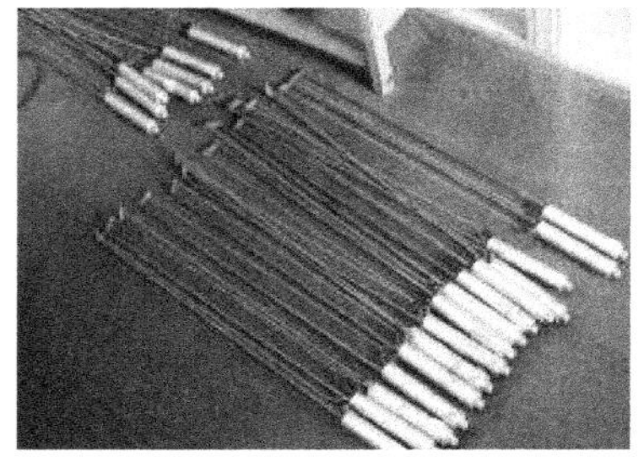

图 8.4　SG2002 型波浪试验测试系统

图8.5 直流力矩速度控制柜

# 8.4 试验成果及分析

本工程商船航道为单线航道,海船一般航行在航道中线,为了较系统地观测海船船行波,试验进行了船舶满载、压载时,中航线和边航线条件下的船模航行试验,边航线布置在中航线的东侧,距中航线40m(原体值),见图8.6a)。

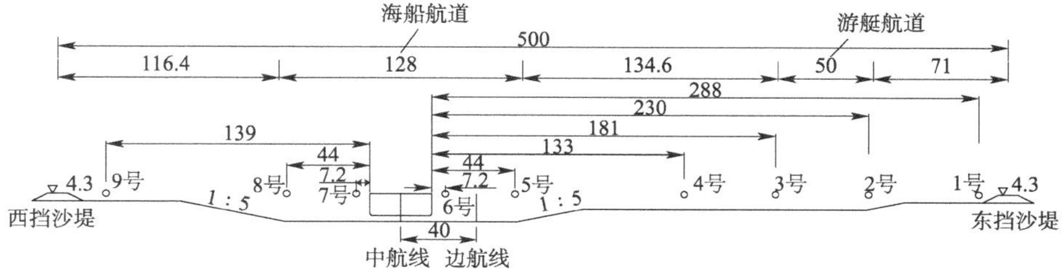


a)

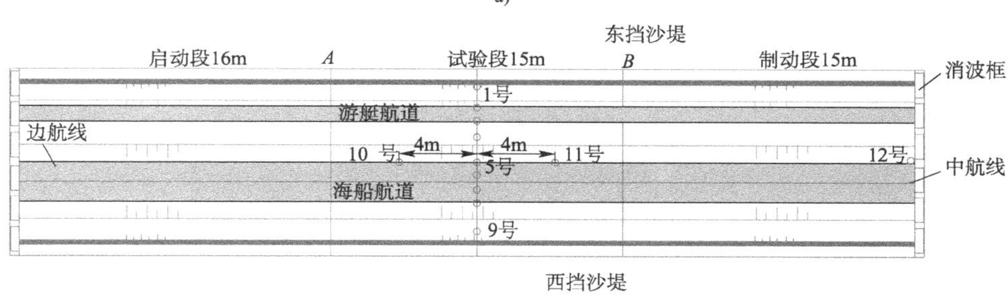


b)

图8.6 测点布置图(尺寸单位:m)

## 8.4.1 测点和航线布置

模型测点布置见图8.6。设置启动段16m,试验段15m,制动段15m。测点布置在试验段中间,沿航道横断面布置了9个测点,其中2号、3号测点布置在游艇航道上;沿航道纵向布置了2个测点10号和11号,通过10号、5号和11号可以得知船形波在纵向方向的传递;在制动段末端布置了12号测点,监测波反射,试验时,采集时间小于船模开始制动后产生的波动反射回试验区。边航线航行时,6号测点去掉。

试验时,船模逐渐加速至要求航速,当船头至$A$号断面位置时(此时已达到要求航速),开始采集,当船尾至$B$号断面时逐渐减速至零。

### 8.4.2 船行波形态特征

海船在渠道中航行,船体附近的水体受到行驶中船体的排挤,过水断面发生变化,引起流速和压力的变化,受重力和表面张力作用,水面形成波浪并向周围水域扩散,形成船行波。船行波的理论分析和试验研究近百年来已取得丰富成果。对于无边界约束的水域,船行波通常由船首波系和船尾波系组成,而无论船首或船尾波系,都是由两组明显的散波和横波组成,其中船首、尾散波呈斜向扩散,横波则垂直船体轴线延伸,散波和横波交汇,波面叠加。

研究表明,影响船行波的因素较为复杂,其大小与船型、船舶装载量、航速、航道断面形状和尺度以及船舶(队)航线到岸线的距离等有关。航速是影响船行波最突出的因素,船行波波高随航速的增大而增大;当航速增大到一定时,船行波达到最大值。其次船行波随航道断面系数$n$值的增大而减小,当$n$值大于一定值时,继续增大$n$值对降低船行波波高作用不明显。船行波的平面形态随佛劳德数$F_r$变化而发生改变,随着佛劳德数$F_r$的提高,船行波由深水特性转为浅水特性,散波扩散角(波峰线与船舶纵轴线夹角)增大,在一定条件下,会产生较大波幅的横波。本工程航道在低于设计高水位时为限制性航道,试验特征参数见表8.3。

**试验特征参数** 表8.3

| 水位(m) | 载度 | 水深$H$(m) | 相对水深$H/T$ | 过水面积$A$($m^2$) | 断面系数$n$ | 佛劳德数$F_r$ | | | |
|---|---|---|---|---|---|---|---|---|---|
| | | | | | | 6kn | 8kn | 10kn | 12kn |
| 4.3 | 满载 | 15.2 | 1.27 | 4683.7 | 19.3 | 0.25 | 0.34 | 0.42 | 0.51 |
| | 压载 | | 2.24 | | 35.4 | | | | |
| 2.5 | 满载 | 13.4 | 1.12 | 3797.4 | 15.6 | 0.27 | 0.36 | 0.45 | 0.54 |
| | 压载 | | 1.97 | | 28.7 | | | | |

注:表中佛劳德数$F_r=V/(gH)^{0.5}$;$V$-航速、$H$-航道水深;$T$-船舶吃水,断面系数$n=A/\omega$;$A$-渠道过水断面积;$\omega$-船舶设计吃水的舯横剖面浸水面积,海船方形系数取0.8。

船舶在该航道中航行时产生的船行波具有下列特点：

(1)从航道纵向测点10号、5号和11号船行波过程线(图8.7)可以看出，当船接近测点时，由于船首的排水作用，水面一般发生微幅壅高，当船舶经过测点时，两侧水体迅速补回船体的排水，引起水面的下降，随后水位回升，船行波传过，通常称船舶航行经过时引起的水位的小幅壅高和水位下降之和为船首波 $H_s$，船首波的周期 $T_s$ 定义为水位降低后与水位先壅高时的时间差，而后者称为船体波 $H_t$，船体波的波周期 $T_t$ 为两个波峰或波谷的时间差。

(2)从船行波波面过程线(图8.8)可知，通常船首波较大，船体波相对船首波小得多，同时船首波的周期也大，而船体波的周期较短，为短周期的连续波动。

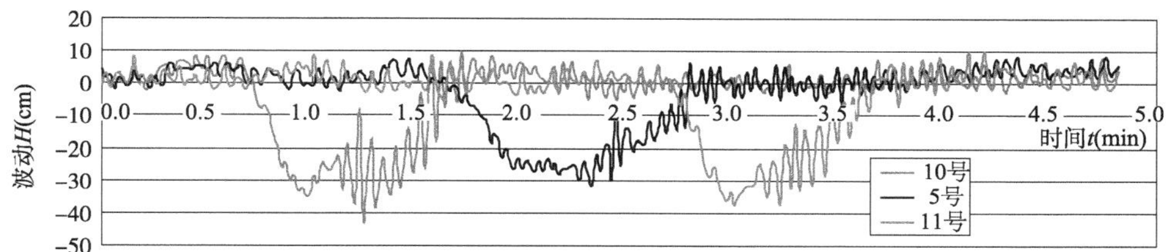


图8.7　水位2.5m，满载、航速8kn，航道纵向测点10号、5号和11号船行波过程线

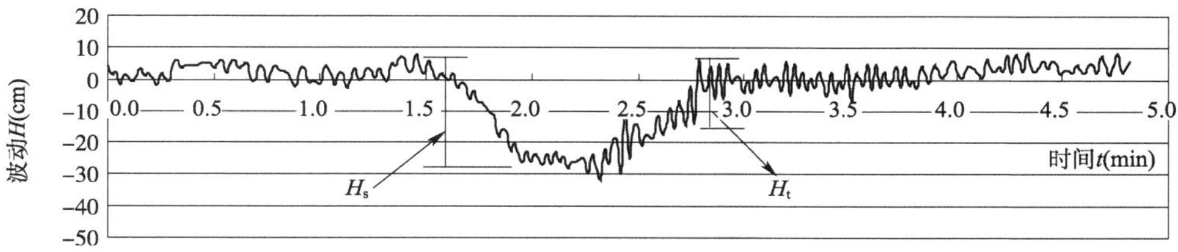


图8.8　船首波 $H_s$ 和船体波 $H_t$ 的定义(水位2.5m，满载、航速8kn、5号测点)

(3)船舶在航道中航行产生的船行波随着航速的增大而增大，当航速增大到一定时，船尾产生幅度较大的横波(表8.4、图8.9～图8.11)。产生横波的条件除与航速有关外，还与水位(水深)、断面系数、船舶载度和船舶航线距挡沙堤的距离有关，水位越高、装载度越小、航线距挡沙堤的距离越大，挡沙堤对波的反射也弱，出现船尾横波要求的航速越大；水位2.5m、船舶满载、航速10kn时，海船航线西侧出现横波，但东侧由于有游艇航道，海船航线距东挡沙堤较远而未产生船尾横波；横波主要产生在0.0m高程的区域，此处水深最小。

(4)船行波在未产生船尾横波前，散波的波峰线与船舶纵中剖面或航线的夹角在25°～35°，当船尾产生横波时，则夹角在70°～90°之间。

(5)离船舶航线越远位置处的船行波，船首排水作用产生的壅高不明显，而水位的下降也减小，船行波高减小(图8.12)。

船模航道中行线进出港航行时船行波现象 表8.4

| 水位(m) | 船舶载度 | 航速(kn) | | | |
|---|---|---|---|---|---|
| | | 6 | 8 | 10 | 12 |
| 2.5 | 满载 | 船行波较小 | 船行波较明显,两侧未出现较大幅度的横波 | 海船航道西侧出现较大幅度的横波,东侧未出现 | 海船航道两侧均出现较大幅度的横波,但东侧出现的时间要晚于西侧 |
| | 压载 | 船行波较小 | 船行波较小 | 船行波较明显,两侧未出现较大幅度的横波 | 海船航道西侧出现较大幅度的横波,东侧未出现 |
| 4.3 | 满载 | 船行波较小 | 船行波较明显,两侧没有出现较大幅度的横波 | 船行波明显,两侧没有出现较大幅度的横波 | 海船航道西侧出现较大幅度的横波,东侧未出现 |
| | 压载 | 船行波很小 | 船行波较小 | 船行波较明显,两侧没有出现较大幅度的横波 | 船行波明显,没有出现较大幅度的横波 |

图8.9 2.5m水位,满载,8kn航速的船行波(波峰线与航线交角约35°)

图8.10 2.5m水位,满载,10kn航速的船行波

图 8.11　2.5m 水位,满载,12kn 航速的船行波

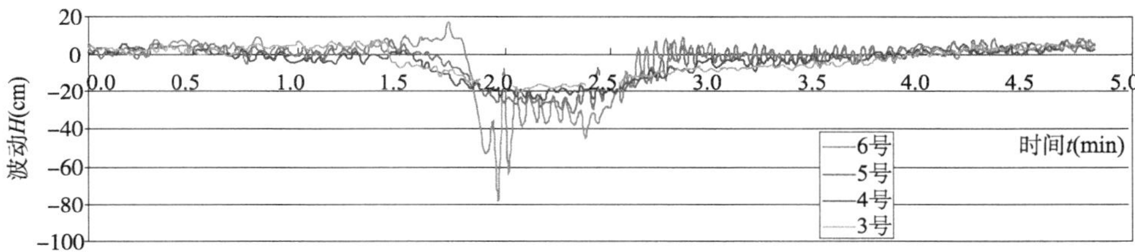


图 8.12　沿航道横断面船行波的变化

综上所述,海船在该航道航行,断面系数最小为 15.6(水位 2.5m),比内河中运河的断面系数 7 要大,但仍然体现出较明显的限制性航道的特点。

## 8.4.3　船行波波高

1)不同测点船行波波高和周期

统计了船舶满载、中航线,水位为 2.5m 和 4.3m 条件下,各测点船行波的波高和周期,见表 8.5 和表 8.6。

**船舶满载、中航线,水位为 2.5m 条件,各测点的波高和周期**　　表 8.5

| 航速(kn) | 波高和周期 | 测点号 | | | | | | | |
|---|---|---|---|---|---|---|---|---|---|
| | | 1 号 | 3 号 | 4 号 | 5 号 | 6 号 | 7 号 | 8 号 | 9 号 |
| 6 | $H_s$(m) | 0.09 | 0.20 | 0.23 | 0.24 | 0.38 | 0.35 | 0.25 | 0.22 |
| | $T_s$(s) | 26.10 | 21.62 | 20.91 | 20.53 | 15.10 | 15.03 | 34.47 | 48.76 |
| | $H_t$(m) | / | / | / | 0.07 | 0.06 | 0.05 | 0.06 | 0.05 |
| | $T_t$(s) | / | / | / | 3.49 | 4.67 | 3.49 | 2.90 | 4.66 |
| 8 | $H_s$(m) | 0.35 | 0.42 | 0.45 | 0.57 | 0.94 | 0.88 | 0.52 | 0.43 |
| | $T_s$(s) | 25.56 | 24.49 | 23.03 | 24.89 | 12.78 | 12.78 | 24.40 | 39.50 |
| | $H_t$(m) | 0.05 | 0.07 | 0.09 | 0.18 | 0.23 | 0.25 | 0.17 | 0.09 |
| | $T_t$(s) | 4.90 | 4.80 | 3.20 | 2.90 | 3.49 | 2.32 | 2.90 | 6.39 |

续上表

| 航速(kn) | 波高和周期 | 测点号 | | | | | | | |
|---|---|---|---|---|---|---|---|---|---|
| | | 1号 | 3号 | 4号 | 5号 | 6号 | 7号 | 8号 | 9号 |
| 10 | $H_s$(m) | 0.92 | 0.89 | 0.91 | 0.98 | 1.36 | 1.33 | 0.92 | 1.52 |
| | $T_s$(s) | 30.71 | 28.87 | 20.48 | 25.28 | 12.78 | 13.94 | 34.24 | 29.30 |
| | $H_t$(m) | 0.13 | 0.14 | 0.28 | 0.29 | 0.36 | 0.32 | 0.31 | 0.48 |
| | $T_t$(s) | 5.06 | 4.90 | 3.32 | 3.49 | 4.07 | 4.07 | 2.32 | 4.65 |
| 12 | $H_s$(m) | 2.02 | 1.76 | 1.82 | 1.89 | 2.08 | 2.06 | 1.76 | 2.10 |
| | $T_s$(s) | 22.46 | 25.00 | 28.80 | 29.43 | 8.97 | 9.59 | 29.43 | 24.79 |
| | $H_t$(m) | 0.65 | 0.42 | 0.54 | 0.81 | 0.73 | 0.67 | 0.85 | 0.56 |
| | $T_t$(s) | 3.89 | 4.60 | 3.87 | 3.06 | 4.26 | 2.94 | 2.94 | 3.49 |

注:表中3号测点为游艇航道测点,6号和7号测点为离船最近的测点。"/"表示未统计。表8.6同。

从表8.6中可以得知:

(1)随着测点位置离船舶航线越远,如2号、3号、4号测点,船行波较小,说明船行波随离船距离而衰减。游艇航道离海船航道100余米,相同航速下,游艇航道船行波明显小于船边测点。

(2)船首波和船体波的波高和周期不同。船首波的波高明显大于船体波,且周期也明显大于船体波。

**船舶满载、中航线,水位为4.3m条件,各测点的波高和周期** 表8.6

| 航速(kn) | 波高和周期 | 测点号 | | | | | | | |
|---|---|---|---|---|---|---|---|---|---|
| | | 1号 | 3号 | 4号 | 5号 | 6号 | 7号 | 8号 | 9号 |
| 8 | $H_s$(m) | 0.19 | 0.28 | 0.29 | 0.34 | 0.67 | 0.56 | 0.41 | 0.38 |
| | $T_s$(s) | 28.34 | 28.09 | 25.84 | 27.61 | 12.43 | 12.43 | 30.99 | 29.76 |
| | $H_t$(m) | 0.04 | 0.05 | 0.07 | 0.14 | 0.20 | 0.24 | 0.16 | 0.08 |
| | $T_t$(s) | 3.80 | 4.90 | 4.10 | 4.10 | 3.71 | 3.71 | 3.10 | 3.32 |
| 10 | $H_s$(m) | 0.40 | 0.57 | 0.60 | 0.71 | 1.07 | 0.90 | 0.69 | 0.58 |
| | $T_s$(s) | 24.30 | 27.96 | 24.58 | 27.47 | 11.36 | 11.75 | 26.79 | 33.69 |
| | $H_t$(m) | 0.06 | 0.20 | 0.23 | 0.27 | 0.32 | 0.29 | 0.28 | 0.23 |
| | $T_t$(s) | 2.55 | 3.89 | 3.49 | 3.87 | 3.49 | 4.26 | 3.10 | 2.71 |
| 12 | $H_s$(m) | 0.95 | 1.18 | 1.20 | 1.27 | 1.77 | 1.58 | 1.16 | 1.67 |
| | $T_s$(s) | 23.83 | 26.16 | 29.26 | 20.91 | 8.42 | 8.82 | 27.50 | 25.70 |
| | $H_t$(m) | 0.18 | 0.38 | 0.35 | 0.21 | 0.25 | 0.29 | 0.29 | 0.46 |
| | $T_t$(s) | 3.83 | 4.76 | 3.68 | 4.49 | 3.45 | 3.49 | 3.26 | 4.65 |

船首波波周期在船边测点6号和7号最小,随航速大小略有不同,周期一般在

8～15s之间，平均约12s，而两边测点的船首波周期较大，周期一般在20～30s之间，游艇航道处(3号测点)的船首波波周期平均为26s。

船体波的波周期一般在2～6s之间，为短周期波。游艇航道处(3号测点)的船体波周期平均为4.6s。

(3)船舶满载、中航线，水位2.5m，8kn航速条件下，游艇航道船首波的波高为0.42m，而船体波的波高仅为0.07m，船体波远小于船首波，因此在以下研究海船船行波对游艇安全的影响时，游艇航道处的船行波波高取船首波，其结果是偏于安全的。

(4)当航速增大时，挡沙堤对船行波有反射作用，1号和9号测点的波高反而增大，尤其当产生较大横波时，9号测点的波高明显增大。

2)不同条件下游艇航道的波高

船舶满载、压载时，中航线和边航线，不同航速条件下，游艇航道的船行波波高见表8.7和表8.8、图8.13。从图表中可知：满载时的游艇航道的船行波波高要大于压载，边航线航行时，游艇航道的船行波波高要大于中行线。水位越高，水深越大，航道断面系数也越大，船行波则减小。

**水位2.5m，3万吨海船中航线和边航线航行时，游艇航道的最大波高**　表8.7

| 航　线 | 船舶载量 | 波动(m) | 航速(kn) | | | |
|---|---|---|---|---|---|---|
| | | | 6 | 8 | 10 | 12 |
| 中航线 | 满载 | 波峰 | 0.03 | 0.10 | 0.39 | 0.62 |
| | | 波谷 | 0.17 | 0.32 | 0.50 | 1.14 |
| | | 波高 | 0.20 | 0.42 | 0.89 | 1.76 |
| | 压载 | 波峰 | 0.02 | 0.05 | 0.18 | 0.39 |
| | | 波谷 | 0.10 | 0.21 | 0.26 | 0.65 |
| | | 波高 | 0.12 | 0.26 | 0.44 | 1.04 |
| 边航线 | 满载 | 波峰 | 0.08 | 0.12 | 0.31 | 0.52 |
| | | 波谷 | 0.16 | 0.34 | 0.63 | 1.32 |
| | | 波高 | 0.24 | 0.46 | 0.94 | 1.84 |
| | 压载 | 波峰 | 0.02 | 0.04 | 0.17 | 0.38 |
| | | 波谷 | 0.12 | 0.22 | 0.28 | 0.82 |
| | | 波高 | 0.14 | 0.26 | 0.45 | 1.20 |

注：边航线为靠近游艇航道一侧，距中航线40m，表8.8同。

水位 4.3m,3 万吨级海船中航线和边航线航行时,游艇航道的最大波高　表 8.8

| 航　线 | 船舶载量 | 波动(m) | 航速(kn) | | | |
|---|---|---|---|---|---|---|
| | | | 6 | 8 | 10 | 12 |
| 中航线 | 满载 | 波峰 | / | 0.06 | 0.30 | 0.40 |
| | | 波谷 | / | 0.22 | 0.27 | 0.78 |
| | | 波高 | 0.14 | 0.28 | 0.57 | 1.18 |
| | 压载 | 波峰 | / | 0.03 | 0.10 | 0.22 |
| | | 波谷 | 0.08 | 0.13 | 0.18 | 0.40 |
| | | 波高 | 0.08 | 0.16 | 0.28 | 0.62 |
| 边航线 | 满载 | 波峰 | / | 0.06 | 0.19 | 0.39 |
| | | 波谷 | / | 0.24 | 0.40 | 0.94 |
| | | 波高 | 0.16 | 0.30 | 0.59 | 1.33 |
| | 压载 | 波峰 | / | 0.04 | 0.09 | 0.19 |
| | | 波谷 | / | 0.15 | 0.23 | 0.51 |
| | | 波高 | 0.10 | 0.19 | 0.32 | 0.70 |

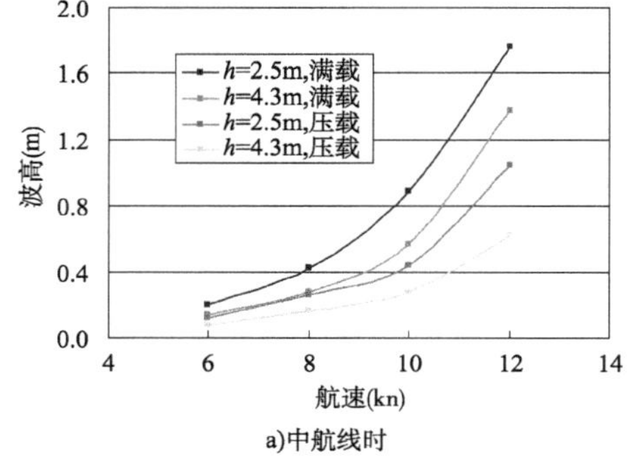

a)中航线时

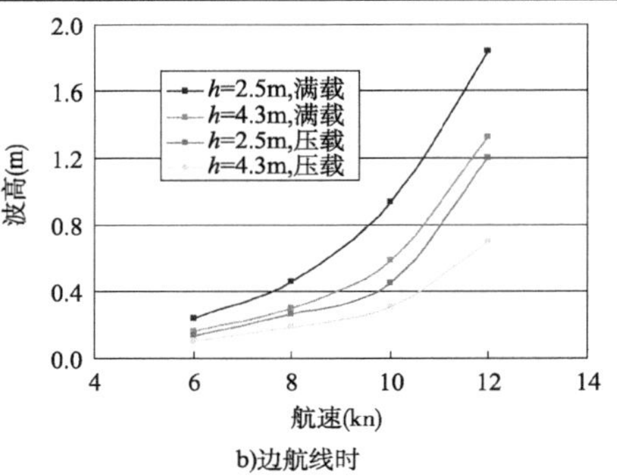

b)边航线时

图 8.13　不同航速和水位($h$)条件下游艇航道的最大波高

3 万吨级海船满载、2.5m 水位、8kn 航速航行条件下,中航线航行时在游艇处产生的波高为 0.42m,边航线航行时产生的波高为 0.46m。

3 万吨级海船满载、4.3m 水位、8kn 航速航行条件下,中航线航行时在游艇处产生的波高为 0.28m,边航线航行时产生的波高为 0.30m。

## 8.5　海船船行波对遥控自航游艇船模的影响试验

### 8.5.1　模型设计

采用正态模型,根据游艇尺度、试验场地条件,模型和游艇船模比尺均取为

1:20。模型按重力相似准则设计。对于游艇船模，除几何尺度、形状、吃水和排水量都应与实船相似外，其运动速度及时间也应与实船相似(表 8.9、表 8.10)。受场地和造波机限制，航道模型范围长约 40m，宽 20m，对应于 2.5m 水位时的水深为 31.5cm。

模型中各物理量之间的比尺关系如下：

几何比尺：$\lambda_L = 20$

时间比尺：$\lambda_t = \lambda_L^{\frac{1}{2}} = 4.472$

速度比尺：$\lambda_v = \lambda_L^{\frac{1}{2}} = 4.472$

吃水比尺：$\lambda_T = 20$

排水量比尺：$\lambda_W = \lambda_L^3 = 8000$

**游艇船模主要技术参数**　　表 8.9

| 船　型 | 总长(cm) | 宽度(cm) | 满载吃水(cm) | 排水量($m^3$) |
|---|---|---|---|---|
| 游艇船模 | 61 | 19.8 | 6.1 | $3.1 \times 10^{-3}$ |

**试验特征参数**　　表 8.10

| 水位(m) | 水深 $H$(m) | 相对水深 $H/T$ | 过水面积 $A$($m^2$) | 断面系数 $n$ | 佛劳德数 $F_r$ | | | |
|---|---|---|---|---|---|---|---|---|
| | | | | | 8kn | 10kn | 12kn | 14kn |
| 4.3 | 8.1 | 6.64 | 4683.7 | 2154 | 0.46 | 0.58 | 0.69 | 0.81 |
| 2.5 | 6.3 | 5.16 | 3797.4 | 1746 | 0.52 | 0.65 | 0.78 | 0.92 |

注：表中佛劳德数 $F_r = V/(gH)^{0.5}$，$V$-航速、$H$-航道水深、$T$-游艇吃水，断面系数 $n = A/\omega$，$A$-渠道过水断面积、$\omega$-船舶设计吃水的舯横剖面浸水面积，游艇方形系数取 0.45。

## 8.5.2　模型制作

航道模型四周围设置消波框消波。根据本项目游艇的尺度要求，购买了合适的游艇模型，根据试验航速要求，安装了舵机、接收机和电机，使得游艇模型可以遥控自航，航速可以调整，满足试验要求，同时安装了螺旋桨转速计数器，以率定不同航速与螺旋桨转速的关系，试验时，按率定好的转速来对应模型航速。游艇模型改装了 2 条，如图 8.14 所示。

图 8.14　订制完成的 2 条比例游艇自航模型

## 8.5.3　试验条件

(1)波峰线与航线的夹角(波向)

根据第 6kn 的试验结果，海船船行波波峰线与航线的夹角在没有产生横波之前在25°~35°之间，产生横波后在70°~90°之间。波峰线与航线的夹角在25°~35°之间时，对于航行游艇为斜浪作用，如以小于45°为横浪来衡量，则该角度对航行游艇近乎横浪作用。试验主要进行了海船船行波波峰线与航线夹角为25°条件，也兼顾进行35°和80°的情况。

(2)试验水深

由于2.5m水位时，海船船行波最大，因此试验水深取2.5m水位时的水深，为31.5cm(模型值)。

(3)试验波高和周期

考虑最不利情况和海船的设计航速，试验波高取水位2.5m，满载，海船航速8kn和10kn的船首波$H_s$。周期取一个短波周期4.6s(模型为1.03s)，对于船首波$H_s$的较长周期，根据造波机的实际条件和本次的试验波高，最大周期选用8.9s(模型2.0s)。试验波高和周期见表8.11。

**试验波高和周期** 表8.11

<table>
<tr><th rowspan="2">水　　位</th><th rowspan="2">海船航速<br>(kn)</th><th colspan="2">原　体　值</th><th colspan="2">模　型　值</th></tr>
<tr><th>波高(m)</th><th>周期(s)</th><th>波高(cm)</th><th>周期(s)</th></tr>
<tr><td rowspan="4">2.5m</td><td rowspan="2">8</td><td rowspan="2">0.46</td><td>4.8</td><td>2.3</td><td>1.03</td></tr>
<tr><td>8.9</td><td rowspan="3">4.7</td><td>2.0</td></tr>
<tr><td rowspan="2">10</td><td rowspan="2">0.94</td><td>4.8</td><td>1.03</td></tr>
<tr><td>8.9</td><td>2.0</td></tr>
</table>

(4)航线及波高测点布置

两条游艇对开，航线和波高测点布置见图8.15。

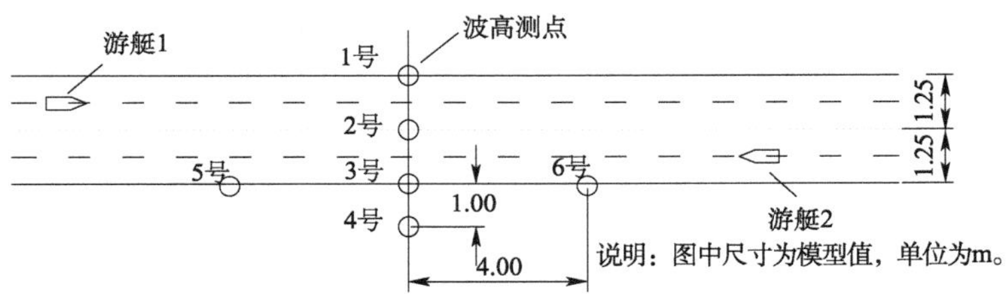


图8.15　游艇航线及波高测点布置

## 8.5.4　试验成果与分析

1)游艇的船行波

单独对游艇的船行波进行了测量，试验分别在上述水池中和港池40m×20m中进行。在水池中进行游艇航行试验时，按1:20的比尺将水深增大到约32cm，由

于游艇模型宽 19.8cm,水池宽 10m,为游艇模型宽的 50 倍,因此水池长和宽可以满足 1:20 游艇模型试验。水池和港池的游艇船行波试验结果也表明两者差别很小。

(1)单游艇航行船行波

单游艇航行产生的船行波波面时间过程线见图 8.16,不同航速下的波高和周期见表 8.12,试验场内波态见图 8.17。游艇航行产生的船行波为短周期波,周期在 2.2 ~3.5s 之间,平均波周期为 2.8s,是较典型的深水船行波,航道对其没有限制性,因此也不存在船周水位的明显降低现象。离游艇航线最近的 3 号测点波高最大,离航线越远波高减小。船行波波高随航速的增大而增大,10kn、12kn 和 14kn 航速时,3 号测点的波高分别为 0.43m、0.83m 和 0.92m。

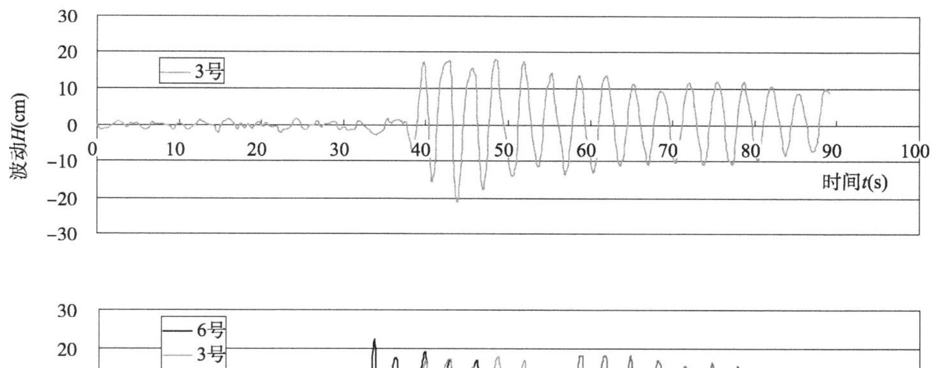




图 8.16　单游艇航行的船行波波面时间过程线(航速 10kn)

**单游艇航行产生的船行波波高和周期**　　表 8.12

| 游艇航速(km) | 测点号 | | | | | |
|---|---|---|---|---|---|---|
| | 1 号 | | 2 号和 3 号 | | 4 号 | |
| | 波高(m) | 周期(s) | 波高(m) | 周期(s) | 波高(m) | 周期(s) |
| 8 | 0.21 | 2.53 | 0.33 | 2.24 | 0.32 | 2.24 |
| 10 | 0.30 | 2.91 | 0.43 | 2.68 | 0.40 | 3.13 |
| 12 | 0.76 | 3.58 | 0.83 | 3.35 | 0.79 | 2.91 |
| 14 | 0.80 | 2.68 | 0.92 | 2.68 | 0.86 | 2.46 |

图 8.17　单游艇航行时的船行波波态照片(航速 10 ~ 12kn)

(2)游艇对开的船行波

游艇对开航行产生的船行波波面时间过程线见图 8.18,不同航速下的波高和周期见表 8.13,波态图见图 8.19。从图表中可知:

游艇对开航行产生的船行波较单游艇航行大;离游艇航线最近的 2 号测点波高最大,离航线越远波高减小。船行波波高随对开航速的增大而增大,8kn、10kn 和 12kn 航速时,2 号测点的波高分别为 0.60m、0.97m 和 1.04m。

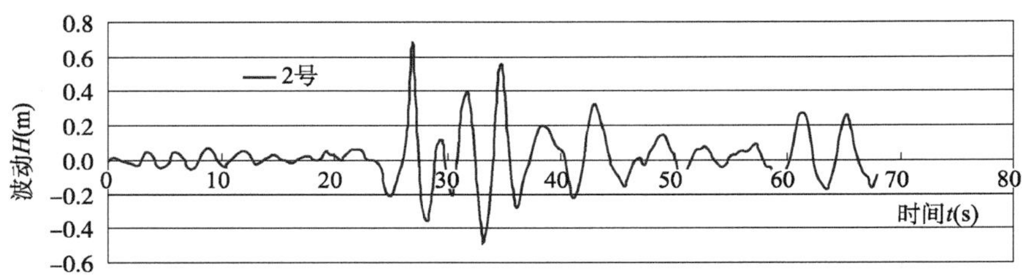


图 8.18　游艇对开航行时的船行波波面时间过程线(航速 12kn)

游艇对开航行产生的船行波波高和周期　　表 8.13

| 游艇航速(kn) | 测点号 | | | | | |
| --- | --- | --- | --- | --- | --- | --- |
| | 2 号 | | 3 号 | | 4 号 | |
| | 波高(m) | 周期(s) | 波高(m) | 周期(s) | 波高(m) | 周期(s) |
| 8 | 0.60 | 2.68 | 0.50 | 2.54 | 0.38 | 2.73 |
| 10 | 0.97 | 2.68 | 0.61 | 2.68 | 0.57 | 2.68 |
| 12 | 1.04 | 2.88 | 0.96 | 2.68 | 0.88 | 2.68 |

另外,试验过程中,对开游艇虽然没有出现倾覆和倾斜进水的危险情况,但当一艘游艇达到 12kn 航速时,船行波波高 0.83m,游艇航行时上下起伏的幅度较大,本试验游艇未出现在波浪中航行时船前部钻水的情况。但对于不同游艇,航行状态不同,当航行速度和波浪较大时,应注意游艇前部钻水的危险,因此,建议两游艇航行相遇时的航速宜 <12kn。

图 8.19　游艇对开航行时的船行波波态照片(航速 10kn)

2)船行波对游艇静止状态时的影响

在港池中,观测了海船船行波对游艇静止状态(游艇为自由状)时的影响,试验表明:由于游艇的排水量小,吃水浅,在25°横浪作用下,波浪对它的横推作用并不剧烈,游艇在波浪作用下主要表现为上下起伏,且有横摇。顺浪作用时,横摇较小。25°横浪,两个波高条件下游艇的首尾升沉和横摇角见表8.14。在0.46m(海船航速8kn在游艇航道处产生的波高)波浪作用下,静止游艇的横摇角为4.3°,试验中,游艇未出现侧倾进水等危险状态,游艇是安全的。

**25°横浪波浪条件作用下,静止游艇的运动量** 表8.14

| 海船航速(kn) | 波高(m) | 物理量 | | |
|---|---|---|---|---|
| | | 船首升沉(m) | 船尾升沉(m) | 横摇角 |
| 8 | 0.46 | 0.18 | 0.21 | 4.3° |
| 10 | 0.94 | 0.38 | 0.40 | 7.8° |

3)船形波对航行游艇安全影响试验及分析

该试验采用规则波,进行了海船船行波对单游艇以及两艘游艇等对开情况下的试验。由于目前模型试验中缺少可供观测如此小型船模且航速较快情况下的航行船模的运动量,因此试验主要通过照相和摄像来定性分析此种条件下的航行游艇安全。部分试验照片如图8.20、图8.21所示,以及海船单游艇航行共同产生的船行波波高,见表8.15。

**海船与单游艇航行时在游艇航道产生的船行波波高**(单位:m) 表8.15

| 海船航速(kn) | 造波机模拟波高(m) | 游艇航速(kn) | 测点号 | | |
|---|---|---|---|---|---|
| | | | 1号 | 2号和3号 | 4号 |
| 8 | 0.46 | 8 | 0.57 | 0.62 | 0.59 |
| | | 10 | 0.70 | 0.80 | 0.75 |
| | | 12 | 0.94 | 1.10 | 0.98 |
| 10 | 0.94 | 8 | 1.05 | 1.18 | 1.07 |
| | | 10 | 1.20 | 1.30 | 1.23 |
| | | 12 | 1.50 | 1.62 | 1.56 |

a)波高0.46m，周期4.8s，游艇航速10kn

b)波高0.46m，周期8.9s，游艇航速12kn

图 8.20　海船船行波与游艇对开相互作用航态图(一)

a)波高0.94m，周期4.8s，游艇航速12kn

b)波高0.94m，周期8.9s，游艇航速12kn

图 8.21　海船船行波与游艇对开相互作用航态图(二)

试验表明：

(1)波浪条件下，船体随浪起伏，水浪击底，由于吃水浅，波浪对船身的横向作用并不大，尤其是对正在航行的游艇。

(2)由于游艇较灵活，转向快，适当转向使船头迎浪更具有抗浪性，试验时，横浪条件比顺浪操纵难度要大些。

(3)海船航速 8kn 时，在游艇航道的波高 0.46m，对单游艇航行安全影响不大，游艇航态较好；海船航速 10kn 时，在游艇航道的波高 0.94m，单游艇航行航态明显变差，游艇起伏较大。

(4)海船航速 8kn，单游艇航速 10kn 时产生的波高为 0.8m，对另一艘相遇的游艇将产生一定影响，游艇对开航行(游艇航速 10kn)试验也表明，游艇的上下起伏较大，航态不理想。

(5)海船航速 10kn，单游艇航速 8kn，产生的波高 1.18m，对另一艘相遇的游艇将产生一定影响，游艇对开航行(游艇航速 8kn)试验也表明，游艇的上下起伏较大，航态较差。

综上所述，当海船航速≤8kn 时，对单游艇航行安全不构成影响；当海船航速 8kn 与两艘游艇同时相遇时，建议游艇航速宜≤10kn。

目前国内外还没有对航行游艇的抗浪安全性有一个统一的标准，而不同类型的游艇其特性也是不同的。在游艇码头的设计中，对港内游艇的泊稳条件有一个限制值，这一限制条件主要是考虑波浪作用下浮式码头结构抗浪能力、系泊游艇与码头之间相互碰撞，另一主要原因是考虑在系泊游艇上休闲的人们舒适性来确定游艇码头泊稳允许波高。法国建筑工程部于 1975 年颁布的标准中规定游艇泊位前允许波高为 0.4m；美国学者在 1974 年给美国陆军工程部的报告中指出，港内 1～1.5ft(即 0.305～0.46m)的波高是可以接受的，如果将港内波高减到最大 1ft，则在港内因波浪引起的摇晃可以忽略。文献[8]中，游艇码头的泊稳允许波高(重现期 2 年 $H_{4\%}$)应小于等于 0.3m，港内靠泊允许波高(25 年一遇 $H_{4\%}$)应小于等于0.5m。上述资料主要是针对游艇停泊的条件，与航行时不同，但仍可参考。另外，由于船行波的波数有限，对航行游艇影响限制在较短时间内，而海船航道与游艇航道相距 135m，海船对游艇难以产生船吸等现象。

综合本次试验结果和有关文献资料，本工程海船航速 8kn 时在游艇航道中产生的最大波高为 0.46m，该波高条件下对单游艇航行安全危害性很小，因此建议海船航速应≤8kn，此时航速条件下，当海船、两艘游艇同时相遇时，建议降低游艇航速，游艇航速宜≤10kn。

# 第9章 结论和建议

## 9.1 主要结论

本书根据依托工程天津中心渔港工程，从中心渔港泥沙回淤特征、中心渔港游艇码头泊稳及防护措施、中心渔港防波堤安全稳定性、植被消波以及船行波影响等几个方面对天津中心渔港水动力及防波堤稳定性关键技术进行研究。得到研究主要结论如下：

(1)该工程建成后，与以往资料相比，滩面沉积物粒径及粒级含量差异不大，海域的底质泥沙环境没有发生变化。两侧滩面均呈淤积趋势，在两年时间内，西侧滩面平均淤积厚度为0.11～0.78m，东侧滩面平均淤积厚度为0.19～1.10m，东侧淤积略强于西侧；滩面淤积厚度沿程分布，西侧呈由北向南逐渐减小趋势，而东侧则呈中部大、两边小的变化特点。

(2)防波堤堤头部位局部略呈冲刷状态。东防波堤堤头冲刷趋势明显，冲刷深度介于0～0.5m，东堤内侧西防波堤堤头冲刷范围较小，冲刷深度介于0～0.2m。渔港作业区的一、二区断面年平均淤积厚度为0.26～0.80m，三、四区断面年平均淤积厚度为0.21～0.23m，五、六区年平均淤积厚度为0.65～0.94m，航道沿程淤积分布基本呈由内向外逐渐减小的趋势，航道断面年平均淤积厚度为0.15～0.49m。

(3)在SSE、SE向浪作用下，港内波高较小，重现期2年一遇港内计算点中最大波高($H_{4\%}$)分别为0.34m和0.26m，此时波高均不超过1m，表明挡沙堤起到了阻断波浪直接作用、围护港池、维持水面平稳以保护港口免受坏天气影响的作用，该布置有利于船舶安全停泊和作业，掩护条件较好。因此，港内休闲区游艇码头主要受小风区风成浪的影响。按照泊位设计长度作为所对应的设计游艇船型的分类标准，中心渔港休闲区泊位长度小于15m游艇泊位约占总数的14%，在$15 < L \leqslant 20$m的约占71%、$20 < L \leqslant 30$m约占14%和$L > 30$m约占1%，因此以15～20m艇长为主的游艇基地，若考虑20～30m之间的大型游艇，则可构成85%的比例。结合上述游艇规划规模，港内泊稳允许波高($H_{4\%}$)应控制在0.3m，当重现期25年时可至0.4m。

(4)采用凹菱形(星形)浮式防波堤后,不同游艇停泊区重现期为2年$H_{4\%}$波高均不大于0.3m,同时在25年波浪作用下,波高仍不大于0.4m,满足泊稳要求。可见采用新型浮式防波堤结构,可有效减小游艇停泊区波浪,有助于改善停泊条件。风浪天气过后亦可拆除浮堤,便于游艇进出港区,该浮堤可反复利用,考虑到浮堤防护的布设便利性,也可根据实际情况,在港内波高较大的其他水域进行临时性布设,更有助于港内整体水面稳定度的提高,利于游艇的安全停泊。

(5)护岸植被对波浪有一定的消减作用,可减小波浪对护面结构的直接冲击,并降低越浪量,且护岸植被并未对护面块体的稳定性产生不利影响。植被的消波效果只对一定范围内的波浪有效,当入射波高大于某一值时植被的消波效果是逐渐减弱的。对本试验而言,表现在肩台种树方案+4.30m水位波浪作用下,当入射波高小于1.0m时,消波系数随入射波高的增大而增大;当入射波高大于1.0m时,消波系数随入射波高的增大而逐渐减小。植被的消波效果受植株布置方式的影响较小,矩形布置方案略好于梅花形布置方案。

(6)在肩台种树方案中,随着树木种植排数的增加,消波区域逐渐增长,植被后波高值也随之减小,堤顶越浪量减少,消波效果越好。另外,对于某一固定排数,随着入射波高的增大,植被后的波高值逐渐增大。通过不同淹没水深时$k$值的变化,说明树木枝叶的摆动对波浪的消减起主要作用,因此半淹没时的消波效果略好于全淹没状态。且通过对堤顶种树方案和斜坡种树方案消浪机理的分析还表明树木枝叶的消波能力要强于树干的消波能力。通过对栅栏板和六角型多孔块体两种护面不同种树位置时越浪变化的分析,表明斜坡种树方案的消波效果要优于肩台和堤顶种树方案,且堤顶种树方案的消波效果好于肩台方案。对于栅栏板和六角型多孔块体两种护面结构肩台种树方案,通过对波高和越浪量的分析,表明植被对于改善消能较差的护面块体的消波效果更明显。

(7)结合天津中心渔港东导堤护岸结构,综合上述结论,对于护岸植被的消波效果,当植被处于护岸斜坡位置且入射波浪的破碎带位于植被的上部枝叶部分时消浪效果是最优的,另外当植被密度越大,种植宽度越长,植被的消波效果越好。

(8)航道疏浚后,从极限平衡法计算结果可以看出,由于防波堤外海泥沙淤积量较小、航道疏浚的起始点离防波堤堤脚距离在防波堤整体滑弧之外,防波堤整体稳定性受到影响较小,防波堤的稳定性在安全控制范围之内。

(9)从防波堤—地基基础三维有限元数值模型计算结果可以看出,航道疏浚后,防波堤及地基土体整体位移变化不大,水平位移增大约88mm,竖向位移变化较小,说明航道疏浚和外海侧泥沙淤积对防波堤地基土层的附加应力分布影响较小。

(10)从航道疏浚后防波堤离心机模型试验结果可以看出,防波堤、地基土体的位移场和应力场分布均匀,水平位移和竖向位移都在mm量级,说明航道疏浚对防波堤影响较小,与极限平衡法和有限元法的计算结果一致,总体来看,有限元位移计算结果略大于离心机模型试验结果,说明本书采用的有限元数值计算模型是合理的。

(11)防波堤两侧泥沙淤积厚度的增加对防波堤水平位移和竖向位移有一定影响,但影响不大,在观测周期内防波堤堤顶最大沉降15mm,最大水平位移5mm,防波堤堤脚土层土压力和孔隙水压力增量较小,深层土体位移最大值6mm,与有限元和离心机模型试验结果相差不大,说明防波堤两侧泥沙淤积对防波堤的影响较小。

(12)3万吨级海船在本工程航道中航行,当水位不高于4.3m时,挡沙堤露出水面,乘潮水位时断面系数为15.6,航道具有限制性航道的特点,表现在当船舶经过时,船首水面微幅壅高,随后两侧水体迅速补回船体的排水,引起水面的大幅下降(称船首波$H_s$),接着水位回升,船行散波传过(称船体波$H_t$)。

(13)海船在航道中航行产生的船行波随着航速的增大而增大,当航速增大到一定时,船尾产生较大幅度的横波,横波产生在0.0m高程的区域,此处水深最小。水位越高、装载度越小、航线距挡沙堤的距离越大,船尾出现较大幅度横波要求的航速越大。

(14)船行波在未产生船尾横波前,散波的波峰线与船舶纵中剖面或航线的夹角在25°~35°之间,当船尾产生较大幅度的横波时,则夹角在70°~90°之间。

(15)船首波和船体波的波高和周期不同。船首波的波高和周期大于船体波。游艇航道处的船首波周期平均为26s,船体波周期平均为4.6s。在研究海船船行波对游艇安全的影响时,游艇航道处的船行波波高取船首波,试验偏于安全。

(16)3万吨级海船满载、2.5m和4.3m水位条件下、8kn航速中航线航行时在游艇处产生的波高分别为0.42m和0.28m,10kn航速中航线航行时在游艇处产生的波高分别为0.89m和0.57m。

(17)单游艇航行产生的船行波为短周期波,平均波周期为2.8s,是较典型的深水船行波,航道对其没有限制性,船行波波高随航速的增大而增大,10kn、12kn和14kn航速时,波高分别为0.43m、0.83m和0.92m。因此当游艇航速达到12kn时,产生的船行波波高对其他游艇的影响不容忽视,两游艇航行相遇时的航速宜<12kn。

(18)波浪条件下,游艇随浪起伏,由于吃水浅,波浪对船身的横向作用并不大。不同波浪条件下,对开游艇均未出现侧翻或侧倾进水等不安全现象,本试验游艇未出现在波浪中航行时船前部钻水的情况;但对于不同游艇,航行状态不同,当航行速度和波浪较大时,应注意游艇前部钻水的危险。

(19)综合本次试验结果和有关文献资料,本工程海船航速 8kn 时在游艇航道中产生的最大波高为 0.46m,该波高条件下对单游艇航行安全危害性不大,因此海船设计航速≤8kn 是合理的;此航速条件下,当海船、两艘游艇同时相遇时,建议降低游艇航速,此时游艇航速宜≤10kn。

## 9.2 建　　议

(1)泥沙运动是非常复杂的,要想掌握一个港口的泥沙回淤规律需要开展长期的观测和研究。通过本次研究,初步掌握了中心渔港的港池和防波堤内开挖航道段的泥沙回淤特征,可为航道运营初期的水深维护疏浚安排提供参考。但需要指出的是,本次分析所依据的水深测图是施工期或建设完成后初期测量的,则分析出的泥沙淤积特征受到了施工影响,因此建议在航道正常运营期间,继续开展泥沙回淤监测和分析工作,进而掌握中心渔港的泥沙回淤规律,为制定更科学的维护疏浚方案提供依据。

(2)航道疏浚后,船行波会对防波堤堤脚土体产生循环荷载,对堤脚产生一定的冲刷,建议航道疏浚后,沿堤脚 15m 宽度范围内铺设砂肋软体排,以消弱由于防波堤堤脚冲刷对防波堤整体稳定性的影响。

(3)在航道正常运营期间,继续开展泥沙回淤监测和分析工作,进而掌握中心渔港的泥沙回淤规律,为制定更科学的维护疏浚方案提供依据。

# 附录1 天津中心渔港海域等深线(-7 ~ +3m)波要素计算结果

天津中心渔港海域等深线(-7 ~ +3m)波要素计算结果见附表1.1 ~ 附表1.11。

**-7m 等深线波要素** 附表1.1

| 水位(m) | 重现期(年) | 浪向 | $H_{1\%}$(m) | $H_{4\%}$(m) | $H_{5\%}$(m) | $H_{13\%}$(m) | $H$(m) | $\bar{T}$(s) | $L$(m) |
|---|---|---|---|---|---|---|---|---|---|
| 5.88 | 50 | ENE | 5.03 | 4.34 | 4.22 | 3.62 | 2.38 | 8.10 | 78.98 |
| 4.30 | 50 | ENE | 4.46 | 3.85 | 3.74 | 3.21 | 2.11 | 8.10 | 75.35 |
| 0.50 | 50 | ENE | 2.95 | 2.55 | 2.48 | 2.12 | 1.40 | 8.10 | 64.09 |
| -1.29 | 50 | ENE | 2.70 | 2.35 | 2.29 | 1.98 | 1.33 | 8.10 | 57.04 |
| 5.88 | 5 | ENE | 3.64 | 3.11 | 3.02 | 2.56 | 1.65 | 6.50 | 58.20 |
| 4.30 | 5 | ENE | 3.30 | 2.81 | 2.73 | 2.32 | 1.49 | 6.50 | 56.16 |
| 0.50 | 5 | ENE | 2.27 | 1.94 | 1.89 | 1.60 | 1.04 | 6.50 | 49.06 |
| -1.29 | 5 | ENE | 2.08 | 1.79 | 1.74 | 1.48 | 0.97 | 6.50 | 44.19 |
| 5.88 | 2 | ENE | 2.98 | 2.53 | 2.46 | 2.07 | 1.32 | 5.60 | 46.08 |
| 4.30 | 2 | ENE | 2.74 | 2.33 | 2.26 | 1.91 | 1.22 | 5.60 | 44.93 |
| 0.50 | 2 | ENE | 1.96 | 1.66 | 1.62 | 1.37 | 0.88 | 5.60 | 40.30 |
| -1.29 | 2 | ENE | 1.78 | 1.53 | 1.48 | 1.26 | 0.82 | 5.60 | 36.75 |
| 5.88 | 50 | E | 5.00 | 4.31 | 4.20 | 3.59 | 2.37 | 7.60 | 72.59 |
| 4.30 | 50 | E | 4.58 | 3.96 | 3.86 | 3.31 | 2.19 | 7.60 | 69.44 |
| 0.50 | 50 | E | 3.46 | 3.01 | 2.93 | 2.53 | 1.69 | 7.60 | 59.45 |
| -1.29 | 50 | E | 3.12 | 2.74 | 2.68 | 2.34 | 1.60 | 7.60 | 53.06 |
| 5.88 | 5 | E | 3.93 | 3.36 | 3.27 | 2.77 | 1.79 | 6.20 | 54.20 |
| 4.30 | 5 | E | 3.66 | 3.14 | 3.05 | 2.59 | 1.68 | 6.20 | 52.45 |
| 0.50 | 5 | E | 2.86 | 2.47 | 2.40 | 2.06 | 1.35 | 6.20 | 46.17 |
| -1.29 | 5 | E | 2.60 | 2.26 | 2.20 | 1.90 | 1.27 | 6.20 | 41.73 |
| 5.88 | 2 | E | 3.28 | 2.79 | 2.71 | 2.29 | 1.47 | 5.40 | 43.36 |
| 4.30 | 2 | E | 3.10 | 2.65 | 2.57 | 2.17 | 1.40 | 5.40 | 42.40 |
| 0.50 | 2 | E | 2.51 | 2.15 | 2.09 | 1.78 | 1.16 | 5.40 | 38.32 |

续上表

| 水位(m) | 重现期(年) | 浪向 | $H_{1\%}$(m) | $H_{4\%}$(m) | $H_{5\%}$(m) | $H_{13\%}$(m) | $H$(m) | $\bar{T}$(s) | $L$(m) |
|---|---|---|---|---|---|---|---|---|---|
| -1.29 | 2 | E | 2.28 | 1.97 | 1.92 | 1.65 | 1.09 | 5.40 | 35.07 |
| 5.88 | 50 | ESE | 5.07 | 4.37 | 4.26 | 3.65 | 2.41 | 7.60 | 72.59 |
| 4.30 | 50 | ESE | 4.77 | 4.13 | 4.02 | 3.46 | 2.30 | 7.60 | 69.44 |
| 0.50 | 50 | ESE | 4.04 | 3.55 | 3.46 | 3.02 | 2.07 | 7.60 | 59.45 |
| -1.29 | 50 | ESE | (3.43) | 3.27 | 3.21 | 2.83 | 2.00 | 7.60 | 53.06 |
| 5.88 | 5 | ESE | 3.94 | 3.37 | 3.28 | 2.78 | 1.80 | 6.20 | 54.20 |
| 4.30 | 5 | ESE | 3.72 | 3.18 | 3.10 | 2.63 | 1.71 | 6.20 | 52.45 |
| 0.50 | 5 | ESE | 3.16 | 2.74 | 2.66 | 2.29 | 1.52 | 6.20 | 46.17 |
| -1.29 | 5 | ESE | 2.89 | 2.52 | 2.46 | 2.14 | 1.45 | 6.20 | 41.73 |
| 5.88 | 2 | ESE | 3.21 | 2.73 | 2.65 | 2.24 | 1.43 | 5.40 | 43.36 |
| 4.30 | 2 | ESE | 3.03 | 2.58 | 2.51 | 2.12 | 1.36 | 5.40 | 42.40 |
| 0.50 | 2 | ESE | 2.58 | 2.22 | 2.16 | 1.84 | 1.20 | 5.40 | 38.32 |
| -1.29 | 2 | ESE | 2.37 | 2.05 | 1.99 | 1.71 | 1.13 | 5.40 | 35.07 |
| 5.88 | 50 | SE | 4.05 | 3.46 | 3.37 | 2.86 | 1.85 | 5.80 | 48.80 |
| 4.30 | 50 | SE | 3.81 | 3.27 | 3.18 | 2.71 | 1.76 | 5.80 | 47.46 |
| 0.50 | 50 | SE | 3.24 | 2.81 | 2.74 | 2.36 | 1.57 | 5.80 | 42.28 |
| -1.29 | 50 | SE | 2.96 | 2.59 | 2.53 | 2.20 | 1.50 | 5.80 | 38.42 |
| 5.88 | 5 | SE | 2.69 | 2.28 | 2.21 | 1.86 | 1.18 | 4.80 | 35.22 |
| 4.30 | 5 | SE | 2.54 | 2.15 | 2.09 | 1.76 | 1.12 | 4.80 | 34.75 |
| 0.50 | 5 | SE | 2.16 | 1.85 | 1.80 | 1.52 | 0.98 | 4.80 | 32.26 |
| -1.29 | 5 | SE | 1.99 | 1.70 | 1.66 | 1.41 | 0.92 | 4.80 | 29.94 |
| 5.88 | 2 | SE | 1.95 | 1.64 | 1.59 | 1.33 | 0.84 | 4.30 | 28.64 |
| 4.30 | 2 | SE | 1.84 | 1.55 | 1.50 | 1.26 | 0.79 | 4.30 | 28.45 |
| 0.50 | 2 | SE | 1.57 | 1.33 | 1.29 | 1.09 | 0.69 | 4.30 | 27.11 |
| -1.29 | 2 | SE | 1.44 | 1.23 | 1.19 | 1.01 | 0.64 | 4.30 | 25.56 |
| 5.88 | 50 | SSE | 4.02 | 3.44 | 3.34 | 2.84 | 1.84 | 5.80 | 48.80 |
| 4.30 | 50 | SSE | 3.80 | 3.26 | 3.17 | 2.70 | 1.76 | 5.80 | 47.46 |
| 0.50 | 50 | SSE | 3.25 | 2.82 | 2.75 | 2.37 | 1.57 | 5.80 | 42.28 |
| -1.29 | 50 | SSE | 2.98 | 2.61 | 2.55 | 2.22 | 1.51 | 5.80 | 38.42 |
| 5.88 | 5 | SSE | 2.67 | 2.26 | 2.20 | 1.85 | 1.17 | 4.80 | 35.22 |

续上表

| 水位(m) | 重现期（年） | 浪向 | $H_{1\%}$（m） | $H_{4\%}$（m） | $H_{5\%}$（m） | $H_{13\%}$（m） | $H$(m) | $\bar{T}$（s） | $L$(m) |
|---|---|---|---|---|---|---|---|---|---|
| 4.30 | 5 | SSE | 2.53 | 2.14 | 2.08 | 1.75 | 1.12 | 4.80 | 34.75 |
| 0.50 | 5 | SSE | 2.17 | 1.86 | 1.80 | 1.53 | 0.98 | 4.80 | 32.26 |
| -1.29 | 5 | SSE | 2.00 | 1.72 | 1.67 | 1.43 | 0.93 | 4.80 | 29.94 |
| 5.88 | 2 | SSE | 1.93 | 1.63 | 1.58 | 1.32 | 0.83 | 4.30 | 28.64 |
| 4.30 | 2 | SSE | 1.83 | 1.54 | 1.50 | 1.25 | 0.79 | 4.30 | 28.45 |
| 0.50 | 2 | SSE | 1.58 | 1.34 | 1.30 | 1.09 | 0.69 | 4.30 | 27.11 |
| -1.29 | 2 | SSE | 1.45 | 1.24 | 1.20 | 1.02 | 0.65 | 4.30 | 25.56 |
| 5.88 | 50 | S | 4.17 | 3.57 | 3.47 | 2.96 | 1.92 | 5.57 | 45.67 |
| 4.30 | 50 | S | 3.87 | 3.32 | 3.23 | 2.75 | 1.79 | 5.57 | 44.55 |
| 0.50 | 50 | S | 3.00 | 2.59 | 2.52 | 2.17 | 1.43 | 5.57 | 40.01 |
| -1.29 | 50 | S | 2.77 | 2.41 | 2.35 | 2.04 | 1.37 | 5.57 | 36.50 |
| 5.88 | 5 | S | 2.16 | 1.83 | 1.77 | 1.48 | 0.93 | 3.83 | 22.84 |
| 4.30 | 5 | S | 2.09 | 1.76 | 1.71 | 1.44 | 0.91 | 3.83 | 22.79 |
| 0.50 | 5 | S | 1.80 | 1.53 | 1.49 | 1.25 | 0.80 | 3.83 | 22.23 |
| -1.29 | 5 | S | 1.68 | 1.43 | 1.39 | 1.18 | 0.76 | 3.83 | 21.35 |
| 5.88 | 2 | S | 1.40 | 1.17 | 1.14 | 0.95 | 0.59 | 3.17 | 15.67 |
| 4.30 | 2 | S | 1.37 | 1.16 | 1.12 | 0.93 | 0.58 | 3.17 | 15.67 |
| 0.50 | 2 | S | 1.27 | 1.07 | 1.04 | 0.87 | 0.55 | 3.17 | 15.60 |
| -1.29 | 2 | S | 1.19 | 1.01 | 0.98 | 0.82 | 0.52 | 3.17 | 15.38 |
| 5.88 | 50 | SSW | 3.58 | 3.05 | 2.96 | 2.51 | 1.61 | 5.24 | 41.18 |
| 4.30 | 50 | SSW | 3.25 | 2.77 | 2.69 | 2.28 | 1.47 | 5.24 | 40.36 |
| 0.50 | 50 | SSW | 2.29 | 1.96 | 1.91 | 1.62 | 1.05 | 5.24 | 36.72 |
| -1.29 | 50 | SSW | 2.03 | 1.75 | 1.70 | 1.45 | 0.95 | 5.24 | 33.71 |
| 5.88 | 5 | SSW | 2.18 | 1.84 | 1.79 | 1.50 | 0.94 | 3.87 | 23.31 |
| 4.30 | 5 | SSW | 2.06 | 1.74 | 1.69 | 1.41 | 0.89 | 3.87 | 23.26 |
| 0.50 | 5 | SSW | 1.59 | 1.35 | 1.31 | 1.10 | 0.70 | 3.87 | 22.64 |
| -1.29 | 5 | SSW | 1.43 | 1.21 | 1.18 | 0.99 | 0.64 | 3.87 | 21.71 |
| 5.88 | 2 | SSW | 1.43 | 1.21 | 1.17 | 0.97 | 0.61 | 3.21 | 16.07 |
| 4.30 | 2 | SSW | 1.39 | 1.17 | 1.13 | 0.95 | 0.59 | 3.21 | 16.07 |
| 0.50 | 2 | SSW | 1.18 | 0.99 | 0.96 | 0.81 | 0.51 | 3.21 | 15.98 |

续上表

| 水位(m) | 重现期(年) | 浪向 | $H_{1\%}$(m) | $H_{4\%}$(m) | $H_{5\%}$(m) | $H_{13\%}$(m) | $H$(m) | $\bar{T}$(s) | $L$(m) |
|---|---|---|---|---|---|---|---|---|---|
| -1.29 | 2 | SSW | 1.07 | 0.90 | 0.88 | 0.73 | 0.46 | 3.21 | 15.74 |
| 5.88 | 50 | SW | 4.03 | 3.45 | 3.35 | 2.84 | 1.84 | 6.13 | 53.25 |
| 4.30 | 50 | SW | 3.56 | 3.05 | 2.96 | 2.52 | 1.63 | 6.13 | 51.58 |
| 0.50 | 50 | SW | 2.28 | 1.95 | 1.89 | 1.60 | 1.04 | 6.13 | 45.49 |
| -1.29 | 50 | SW | 1.89 | 1.62 | 1.57 | 1.34 | 0.87 | 6.13 | 41.16 |
| 5.88 | 5 | SW | 2.74 | 2.32 | 2.25 | 1.89 | 1.20 | 4.57 | 32.15 |
| 4.30 | 5 | SW | 2.49 | 2.11 | 2.05 | 1.72 | 1.10 | 4.57 | 31.83 |
| 0.50 | 5 | SW | 1.68 | 1.43 | 1.39 | 1.17 | 0.74 | 4.57 | 29.90 |
| -1.29 | 5 | SW | 1.41 | 1.20 | 1.16 | 0.98 | 0.63 | 4.57 | 27.94 |
| 5.88 | 2 | SW | 1.66 | 1.40 | 1.36 | 1.13 | 0.71 | 3.62 | 20.42 |
| 4.30 | 2 | SW | 1.57 | 1.33 | 1.29 | 1.07 | 0.67 | 3.62 | 20.40 |
| 0.50 | 2 | SW | 1.19 | 1.01 | 0.98 | 0.82 | 0.52 | 3.62 | 20.07 |
| -1.29 | 2 | SW | 1.02 | 0.86 | 0.84 | 0.70 | 0.44 | 3.62 | 19.44 |
| 5.88 | 50 | WSW | 2.46 | 2.08 | 2.02 | 1.69 | 1.07 | 4.37 | 29.54 |
| 4.3 | 50 | WSW | 2.23 | 1.89 | 1.83 | 1.54 | 0.98 | 4.37 | 29.32 |
| 0.5 | 50 | WSW | 1.47 | 1.24 | 1.20 | 1.01 | 0.64 | 4.37 | 27.84 |
| -1.29 | 50 | WSW | 1.22 | 1.03 | 1.00 | 0.84 | 0.54 | 4.37 | 26.18 |
| 5.88 | 5 | WSW | 1.33 | 1.12 | 1.08 | 0.90 | 0.56 | 3.37 | 17.71 |
| 4.3 | 5 | WSW | 1.28 | 1.07 | 1.04 | 0.87 | 0.54 | 3.37 | 17.70 |
| 0.5 | 5 | WSW | 0.98 | 0.83 | 0.80 | 0.67 | 0.42 | 3.37 | 17.55 |
| -1.29 | 5 | WSW | 0.83 | 0.70 | 0.68 | 0.57 | 0.36 | 3.37 | 17.18 |
| 5.88 | 2 | WSW | 0.95 | 0.80 | 0.77 | 0.64 | 0.40 | 2.87 | 12.85 |
| 4.3 | 2 | WSW | 0.93 | 0.78 | 0.76 | 0.63 | 0.39 | 2.87 | 12.85 |
| 0.5 | 2 | WSW | 0.78 | 0.66 | 0.63 | 0.53 | 0.33 | 2.87 | 12.83 |
| -1.29 | 2 | WSW | 0.67 | 0.57 | 0.55 | 0.46 | 0.29 | 2.87 | 12.75 |

**-6m 等深线波要素**　　附表 1.2

| 水位(m) | 重现期(年) | 浪向 | $H_{1\%}$(m) | $H_{4\%}$(m) | $H_{5\%}$(m) | $H_{13\%}$(m) | $H$(m) | $\bar{T}$(s) | $L$(m) |
|---|---|---|---|---|---|---|---|---|---|
| 5.88 | 50 | ENE | 4.64 | 4.00 | 3.89 | 3.34 | 2.20 | 8.10 | 76.74 |
| 4.30 | 50 | ENE | 4.03 | 3.47 | 3.38 | 2.90 | 1.91 | 8.10 | 72.77 |
| 0.50 | 50 | ENE | 2.40 | 2.07 | 2.01 | 1.72 | 1.13 | 8.10 | 60.33 |

续上表

| 水位(m) | 重现期(年) | 浪向 | $H_{1\%}$(m) | $H_{4\%}$(m) | $H_{5\%}$(m) | $H_{13\%}$(m) | $H$(m) | $\bar{T}$(s) | $L$(m) |
|---|---|---|---|---|---|---|---|---|---|
| -1.29 | 50 | ENE | 2.08 | 1.80 | 1.76 | 1.51 | 1.01 | 8.10 | 52.37 |
| 5.88 | 5 | ENE | 3.39 | 2.89 | 2.81 | 2.38 | 1.53 | 6.50 | 56.96 |
| 4.30 | 5 | ENE | 3.01 | 2.57 | 2.50 | 2.12 | 1.36 | 6.50 | 54.63 |
| 0.50 | 5 | ENE | 1.87 | 1.59 | 1.55 | 1.31 | 0.84 | 6.50 | 46.50 |
| -1.29 | 5 | ENE | 1.62 | 1.39 | 1.35 | 1.15 | 0.75 | 6.50 | 40.84 |
| 5.88 | 2 | ENE | 2.79 | 2.37 | 2.30 | 1.94 | 1.24 | 5.60 | 45.39 |
| 4.30 | 2 | ENE | 2.52 | 2.14 | 2.08 | 1.75 | 1.12 | 5.60 | 44.01 |
| 0.50 | 2 | ENE | 1.62 | 1.38 | 1.34 | 1.13 | 0.72 | 5.60 | 38.46 |
| -1.29 | 2 | ENE | 1.41 | 1.20 | 1.17 | 0.99 | 0.64 | 5.60 | 34.19 |
| 5.88 | 50 | E | 4.63 | 4.00 | 3.89 | 3.33 | 2.20 | 7.60 | 70.66 |
| 4.30 | 50 | E | 4.18 | 3.61 | 3.52 | 3.02 | 2.00 | 7.60 | 67.18 |
| 0.50 | 50 | E | 2.94 | 2.56 | 2.49 | 2.15 | 1.44 | 7.60 | 56.05 |
| -1.29 | 50 | E | 2.56 | 2.24 | 2.19 | 1.91 | 1.31 | 7.60 | 48.80 |
| 5.88 | 5 | E | 3.72 | 3.18 | 3.09 | 2.63 | 1.70 | 6.20 | 53.14 |
| 4.30 | 5 | E | 3.41 | 2.92 | 2.84 | 2.42 | 1.57 | 6.20 | 51.12 |
| 0.50 | 5 | E | 2.49 | 2.15 | 2.09 | 1.79 | 1.18 | 6.20 | 43.84 |
| -1.29 | 5 | E | 2.18 | 1.89 | 1.85 | 1.59 | 1.07 | 6.20 | 38.64 |
| 5.88 | 2 | E | 3.11 | 2.65 | 2.57 | 2.17 | 1.39 | 5.40 | 42.79 |
| 4.30 | 2 | E | 2.90 | 2.47 | 2.40 | 2.03 | 1.31 | 5.40 | 41.60 |
| 0.50 | 2 | E | 2.19 | 1.88 | 1.83 | 1.56 | 1.01 | 5.40 | 36.64 |
| -1.29 | 2 | E | 1.92 | 1.66 | 1.62 | 1.39 | 0.92 | 5.40 | 32.69 |
| 5.88 | 50 | ESE | 4.88 | 4.22 | 4.11 | 3.53 | 2.34 | 7.60 | 70.66 |
| 4.30 | 50 | ESE | 4.58 | 3.98 | 3.88 | 3.34 | 2.23 | 7.60 | 67.18 |
| 0.50 | 50 | ESE | 3.84 | 3.39 | 3.32 | 2.91 | 2.02 | 7.60 | 56.05 |
| -1.29 | 50 | ESE | (2.83) | (2.83) | (2.83) | 2.74 | 1.99 | 7.60 | 48.80 |
| 5.88 | 5 | ESE | 3.80 | 3.25 | 3.16 | 2.69 | 1.74 | 6.20 | 53.14 |
| 4.30 | 5 | ESE | 3.57 | 3.07 | 2.98 | 2.54 | 1.66 | 6.20 | 51.12 |
| 0.50 | 5 | ESE | 3.01 | 2.62 | 2.55 | 2.20 | 1.48 | 6.20 | 43.84 |
| -1.29 | 5 | ESE | 2.73 | 2.40 | 2.35 | 2.06 | 1.42 | 6.20 | 38.64 |
| 5.88 | 2 | ESE | 3.10 | 2.64 | 2.56 | 2.16 | 1.39 | 5.40 | 42.79 |

续上表

| 水位(m) | 重现期(年) | 浪向 | $H_{1\%}$(m) | $H_{4\%}$(m) | $H_{5\%}$(m) | $H_{13\%}$(m) | $H$(m) | $\bar{T}$(s) | $L$(m) |
|---|---|---|---|---|---|---|---|---|---|
| 4.30 | 2 | ESE | 2.91 | 2.49 | 2.41 | 2.05 | 1.32 | 5.40 | 41.60 |
| 0.50 | 2 | ESE | 2.46 | 2.12 | 2.06 | 1.77 | 1.16 | 5.40 | 36.64 |
| -1.29 | 2 | ESE | 2.24 | 1.95 | 1.90 | 1.65 | 1.11 | 5.40 | 32.69 |
| 5.88 | 50 | SE | 3.90 | 3.34 | 3.25 | 2.76 | 1.80 | 5.80 | 47.99 |
| 4.30 | 50 | SE | 3.66 | 3.15 | 3.06 | 2.61 | 1.71 | 5.80 | 46.40 |
| 0.50 | 50 | SE | 3.09 | 2.69 | 2.62 | 2.27 | 1.52 | 5.80 | 40.27 |
| -1.29 | 50 | SE | 2.79 | 2.47 | 2.42 | 2.12 | 1.47 | 5.80 | 35.68 |
| 5.88 | 5 | SE | 2.59 | 2.20 | 2.13 | 1.79 | 1.14 | 4.80 | 34.95 |
| 4.30 | 5 | SE | 2.44 | 2.07 | 2.01 | 1.70 | 1.08 | 4.80 | 34.32 |
| 0.50 | 5 | SE | 2.06 | 1.77 | 1.72 | 1.46 | 0.95 | 4.80 | 31.09 |
| -1.29 | 5 | SE | 1.88 | 1.62 | 1.58 | 1.36 | 0.90 | 4.80 | 28.13 |
| 5.88 | 2 | SE | 1.88 | 1.58 | 1.53 | 1.28 | 0.81 | 4.30 | 28.53 |
| 4.30 | 2 | SE | 1.77 | 1.49 | 1.45 | 1.21 | 0.76 | 4.30 | 28.25 |
| 0.50 | 2 | SE | 1.50 | 1.27 | 1.24 | 1.04 | 0.66 | 4.30 | 26.35 |
| -1.29 | 2 | SE | 1.37 | 1.17 | 1.14 | 0.96 | 0.62 | 4.30 | 24.23 |
| 5.88 | 50 | SSE | 3.88 | 3.33 | 3.23 | 2.75 | 1.79 | 5.80 | 47.99 |
| 4.30 | 50 | SSE | 3.66 | 3.14 | 3.06 | 2.61 | 1.71 | 5.80 | 46.40 |
| 0.50 | 50 | SSE | 3.11 | 2.70 | 2.64 | 2.28 | 1.54 | 5.80 | 40.27 |
| -1.29 | 50 | SSE | 2.82 | 2.50 | 2.44 | 2.15 | 1.49 | 5.80 | 35.68 |
| 5.88 | 5 | SSE | 2.58 | 2.19 | 2.12 | 1.79 | 1.14 | 4.80 | 34.95 |
| 4.30 | 5 | SSE | 2.43 | 2.07 | 2.01 | 1.69 | 1.08 | 4.80 | 34.32 |
| 0.50 | 5 | SSE | 2.08 | 1.78 | 1.73 | 1.47 | 0.95 | 4.80 | 31.09 |
| -1.29 | 5 | SSE | 1.90 | 1.64 | 1.60 | 1.37 | 0.91 | 4.80 | 28.13 |
| 5.88 | 2 | SSE | 1.87 | 1.58 | 1.53 | 1.28 | 0.80 | 4.30 | 28.53 |
| 4.30 | 2 | SSE | 1.76 | 1.49 | 1.44 | 1.21 | 0.76 | 4.30 | 28.25 |
| 0.50 | 2 | SSE | 1.51 | 1.28 | 1.24 | 1.05 | 0.67 | 4.30 | 26.35 |
| -1.29 | 2 | SSE | 1.39 | 1.18 | 1.15 | 0.97 | 0.63 | 4.30 | 24.23 |
| 5.88 | 50 | S | 3.97 | 3.40 | 3.31 | 2.82 | 1.83 | 5.57 | 45.00 |
| 4.30 | 50 | S | 3.68 | 3.16 | 3.07 | 2.62 | 1.72 | 5.57 | 43.65 |
| 0.50 | 50 | S | 2.85 | 2.47 | 2.41 | 2.07 | 1.38 | 5.57 | 38.19 |

续上表

| 水位(m) | 重现期(年) | 浪向 | $H_{1\%}$(m) | $H_{4\%}$(m) | $H_{5\%}$(m) | $H_{13\%}$(m) | $H$(m) | $\bar{T}$(s) | $L$(m) |
|---|---|---|---|---|---|---|---|---|---|
| -1.29 | 50 | S | 2.61 | 2.30 | 2.24 | 1.96 | 1.35 | 5.57 | 33.97 |
| 5.88 | 5 | S | 2.06 | 1.74 | 1.69 | 1.41 | 0.89 | 3.83 | 22.81 |
| 4.30 | 5 | S | 1.99 | 1.68 | 1.63 | 1.37 | 0.87 | 3.83 | 22.73 |
| 0.50 | 5 | S | 1.71 | 1.46 | 1.42 | 1.20 | 0.77 | 3.83 | 21.82 |
| -1.29 | 5 | S | 1.59 | 1.37 | 1.33 | 1.13 | 0.74 | 3.83 | 20.47 |
| 5.88 | 2 | S | 1.33 | 1.12 | 1.08 | 0.90 | 0.56 | 3.17 | 15.67 |
| 4.30 | 2 | S | 1.31 | 1.10 | 1.07 | 0.89 | 0.56 | 3.17 | 15.67 |
| 0.50 | 2 | S | 1.21 | 1.02 | 0.99 | 0.83 | 0.53 | 3.17 | 15.51 |
| -1.29 | 2 | S | 1.13 | 0.96 | 0.93 | 0.79 | 0.50 | 3.17 | 15.07 |
| 5.88 | 50 | SSW | 3.41 | 2.91 | 2.82 | 2.39 | 1.54 | 5.24 | 40.70 |
| 4.30 | 50 | SSW | 3.09 | 2.64 | 2.57 | 2.18 | 1.41 | 5.24 | 39.67 |
| 0.50 | 50 | SSW | 2.18 | 1.87 | 1.82 | 1.55 | 1.01 | 5.24 | 35.18 |
| -1.29 | 50 | SSW | 1.92 | 1.66 | 1.62 | 1.39 | 0.92 | 5.24 | 31.49 |
| 5.88 | 5 | SSW | 2.08 | 1.76 | 1.70 | 1.43 | 0.90 | 3.87 | 23.28 |
| 4.30 | 5 | SSW | 1.96 | 1.66 | 1.61 | 1.35 | 0.85 | 3.87 | 23.18 |
| 0.50 | 5 | SSW | 1.52 | 1.29 | 1.25 | 1.05 | 0.67 | 3.87 | 22.21 |
| -1.29 | 5 | SSW | 1.35 | 1.16 | 1.12 | 0.95 | 0.61 | 3.87 | 20.80 |
| 5.88 | 2 | SSW | 1.37 | 1.15 | 1.11 | 0.93 | 0.58 | 3.21 | 16.07 |
| 4.30 | 2 | SSW | 1.32 | 1.11 | 1.08 | 0.90 | 0.57 | 3.21 | 16.06 |
| 0.50 | 2 | SSW | 1.12 | 0.95 | 0.92 | 0.77 | 0.49 | 3.21 | 15.88 |
| -1.29 | 2 | SSW | 1.01 | 0.86 | 0.83 | 0.70 | 0.45 | 3.21 | 15.40 |
| 5.88 | 50 | SW | 3.99 | 3.42 | 3.33 | 2.83 | 1.84 | 6.13 | 52.24 |
| 4.30 | 50 | SW | 3.52 | 3.02 | 2.94 | 2.50 | 1.63 | 6.13 | 50.30 |
| 0.50 | 50 | SW | 2.23 | 1.91 | 1.86 | 1.59 | 1.03 | 6.13 | 43.22 |
| -1.29 | 50 | SW | 1.84 | 1.59 | 1.55 | 1.33 | 0.87 | 6.13 | 38.13 |
| 5.88 | 5 | SW | 2.72 | 2.31 | 2.24 | 1.89 | 1.20 | 4.57 | 31.97 |
| 4.30 | 5 | SW | 2.46 | 2.09 | 2.03 | 1.71 | 1.09 | 4.57 | 31.52 |
| 0.50 | 5 | SW | 1.65 | 1.41 | 1.36 | 1.15 | 0.74 | 4.57 | 28.92 |
| -1.29 | 5 | SW | 1.38 | 1.18 | 1.14 | 0.97 | 0.63 | 4.57 | 26.34 |
| 5.88 | 2 | SW | 1.66 | 1.40 | 1.35 | 1.13 | 0.71 | 3.62 | 20.41 |

续上表

| 水位(m) | 重现期(年) | 浪向 | $H_{1\%}$(m) | $H_{4\%}$(m) | $H_{5\%}$(m) | $H_{13\%}$(m) | $H$(m) | $\bar{T}$(s) | $L$(m) |
|---|---|---|---|---|---|---|---|---|---|
| 4.30 | 2 | SW | 1.57 | 1.32 | 1.28 | 1.07 | 0.67 | 3.62 | 20.37 |
| 0.50 | 2 | SW | 1.18 | 1.00 | 0.97 | 0.81 | 0.51 | 3.62 | 19.79 |
| -1.29 | 2 | SW | 1.00 | 0.85 | 0.83 | 0.69 | 0.44 | 3.62 | 18.77 |
| 5.88 | 50 | WSW | 2.43 | 2.06 | 1.99 | 1.68 | 1.06 | 4.37 | 29.42 |
| 4.3 | 50 | WSW | 2.20 | 1.86 | 1.81 | 1.52 | 0.97 | 4.37 | 29.10 |
| 0.5 | 50 | WSW | 1.42 | 1.20 | 1.17 | 0.98 | 0.62 | 4.37 | 27.02 |
| -1.29 | 50 | WSW | 1.16 | 0.99 | 0.96 | 0.81 | 0.52 | 4.37 | 24.78 |
| 5.88 | 5 | WSW | 1.32 | 1.11 | 1.08 | 0.90 | 0.56 | 3.37 | 17.71 |
| 4.3 | 5 | WSW | 1.26 | 1.06 | 1.03 | 0.86 | 0.54 | 3.37 | 17.69 |
| 0.5 | 5 | WSW | 0.96 | 0.81 | 0.78 | 0.65 | 0.41 | 3.37 | 17.39 |
| -1.29 | 5 | WSW | 0.80 | 0.68 | 0.66 | 0.55 | 0.35 | 3.37 | 16.72 |
| 5.88 | 2 | WSW | 0.95 | 0.79 | 0.77 | 0.64 | 0.40 | 2.87 | 12.85 |
| 4.3 | 2 | WSW | 0.93 | 0.78 | 0.75 | 0.63 | 0.39 | 2.87 | 12.85 |
| 0.5 | 2 | WSW | 0.76 | 0.64 | 0.62 | 0.52 | 0.32 | 2.87 | 12.80 |
| -1.29 | 2 | WSW | 0.65 | 0.55 | 0.53 | 0.45 | 0.28 | 2.87 | 12.61 |

**-5m 等深线波要素** 附表 1.3

| 水位(m) | 重现期(年) | 浪向 | $H_{1\%}$(m) | $H_{4\%}$(m) | $H_{5\%}$(m) | $H_{13\%}$(m) | $H$(m) | $\bar{T}$(s) | $L$(m) |
|---|---|---|---|---|---|---|---|---|---|
| 5.88 | 50 | ENE | 4.56 | 3.95 | 3.85 | 3.31 | 2.19 | 8.10 | 74.29 |
| 4.30 | 50 | ENE | 3.94 | 3.41 | 3.32 | 2.86 | 1.90 | 8.10 | 69.94 |
| 0.50 | 50 | ENE | 2.27 | 1.96 | 1.91 | 1.64 | 1.08 | 8.10 | 56.11 |
| -1.29 | 50 | ENE | 1.87 | 1.63 | 1.59 | 1.38 | 0.94 | 8.10 | 46.98 |
| 5.88 | 5 | ENE | 3.36 | 2.87 | 2.79 | 2.37 | 1.53 | 6.50 | 55.54 |
| 4.30 | 5 | ENE | 2.96 | 2.54 | 2.46 | 2.09 | 1.36 | 6.50 | 52.87 |
| 0.50 | 5 | ENE | 1.77 | 1.52 | 1.47 | 1.25 | 0.81 | 6.50 | 43.53 |
| -1.29 | 5 | ENE | 1.47 | 1.27 | 1.23 | 1.06 | 0.70 | 6.50 | 36.87 |
| 5.88 | 2 | ENE | 2.78 | 2.37 | 2.30 | 1.94 | 1.24 | 5.60 | 44.56 |
| 4.30 | 2 | ENE | 2.49 | 2.12 | 2.06 | 1.74 | 1.12 | 5.60 | 42.89 |
| 0.50 | 2 | ENE | 1.54 | 1.32 | 1.28 | 1.08 | 0.70 | 5.60 | 36.26 |
| -1.29 | 2 | ENE | 1.28 | 1.10 | 1.07 | 0.91 | 0.59 | 5.60 | 31.07 |
| 5.88 | 50 | E | 4.61 | 3.99 | 3.89 | 3.34 | 2.22 | 7.60 | 68.52 |

续上表

| 水位(m) | 重现期(年) | 浪向 | $H_{1\%}$(m) | $H_{4\%}$(m) | $H_{5\%}$(m) | $H_{13\%}$(m) | $H$(m) | $\bar{T}$(s) | $L$(m) |
|---|---|---|---|---|---|---|---|---|---|
| 4.30 | 50 | E | 4.15 | 3.60 | 3.51 | 3.02 | 2.02 | 7.60 | 64.68 |
| 0.50 | 50 | E | 2.87 | 2.51 | 2.45 | 2.13 | 1.45 | 7.60 | 52.21 |
| -1.29 | 50 | E | (2.23) | 2.15 | 2.10 | 1.86 | 1.32 | 7.60 | 43.84 |
| 5.88 | 5 | E | 3.74 | 3.21 | 3.12 | 2.66 | 1.74 | 6.20 | 51.92 |
| 4.30 | 5 | E | 3.42 | 2.94 | 2.86 | 2.45 | 1.60 | 6.20 | 49.58 |
| 0.50 | 5 | E | 2.46 | 2.13 | 2.08 | 1.79 | 1.20 | 6.20 | 41.13 |
| -1.29 | 5 | E | 2.08 | 1.83 | 1.79 | 1.57 | 1.08 | 6.20 | 34.95 |
| 5.88 | 2 | E | 3.12 | 2.67 | 2.59 | 2.19 | 1.41 | 5.40 | 42.08 |
| 4.30 | 2 | E | 2.90 | 2.48 | 2.41 | 2.05 | 1.33 | 5.40 | 40.63 |
| 0.50 | 2 | E | 2.16 | 1.86 | 1.81 | 1.55 | 1.02 | 5.40 | 34.61 |
| -1.29 | 2 | E | 1.84 | 1.61 | 1.57 | 1.36 | 0.92 | 5.40 | 29.77 |
| 5.88 | 50 | ESE | 4.69 | 4.07 | 3.96 | 3.41 | 2.27 | 7.60 | 68.52 |
| 4.30 | 50 | ESE | 4.39 | 3.82 | 3.73 | 3.23 | 2.17 | 7.60 | 64.68 |
| 0.50 | 50 | ESE | (3.30) | 3.24 | 3.17 | 2.81 | 1.99 | 7.60 | 52.21 |
| -1.29 | 50 | ESE | (2.23) | (2.23) | (2.23) | (2.23) | 2.04 | 7.60 | 43.84 |
| 5.88 | 5 | ESE | 3.66 | 3.14 | 3.05 | 2.60 | 1.69 | 6.20 | 51.92 |
| 4.30 | 5 | ESE | 3.43 | 2.95 | 2.87 | 2.45 | 1.61 | 6.20 | 49.58 |
| 0.50 | 5 | ESE | 2.85 | 2.50 | 2.44 | 2.12 | 1.44 | 6.20 | 41.13 |
| -1.29 | 5 | ESE | (2.23) | (2.23) | (2.23) | 1.99 | 1.43 | 6.20 | 34.95 |
| 5.88 | 2 | ESE | 2.98 | 2.54 | 2.47 | 2.09 | 1.34 | 5.40 | 42.08 |
| 4.30 | 2 | ESE | 2.80 | 2.39 | 2.32 | 1.97 | 1.27 | 5.40 | 40.63 |
| 0.50 | 2 | ESE | 2.34 | 2.03 | 1.97 | 1.70 | 1.13 | 5.40 | 34.61 |
| -1.29 | 2 | ESE | 2.10 | 1.85 | 1.81 | 1.59 | 1.09 | 5.40 | 29.77 |
| 5.88 | 50 | SE | 3.75 | 3.22 | 3.13 | 2.67 | 1.74 | 5.80 | 47.03 |
| 4.30 | 50 | SE | 3.51 | 3.03 | 2.95 | 2.52 | 1.66 | 5.80 | 45.14 |
| 0.50 | 50 | SE | 2.93 | 2.57 | 2.51 | 2.18 | 1.49 | 5.80 | 37.89 |
| -1.29 | 50 | SE | (2.23) | (2.23) | (2.23) | 2.05 | 1.48 | 5.80 | 32.37 |
| 5.88 | 5 | SE | 2.49 | 2.12 | 2.06 | 1.73 | 1.10 | 4.80 | 34.58 |
| 4.30 | 5 | SE | 2.34 | 1.99 | 1.93 | 1.63 | 1.04 | 4.80 | 33.75 |
| 0.50 | 5 | SE | 1.96 | 1.69 | 1.64 | 1.40 | 0.92 | 4.80 | 29.59 |

续上表

| 水位(m) | 重现期（年） | 浪向 | $H_{1\%}$(m) | $H_{4\%}$(m) | $H_{5\%}$(m) | $H_{13\%}$(m) | $H$(m) | $\bar{T}$(s) | $L$(m) |
|---|---|---|---|---|---|---|---|---|---|
| -1.29 | 5 | SE | 1.77 | 1.54 | 1.51 | 1.30 | 0.88 | 4.80 | 25.80 |
| 5.88 | 2 | SE | 1.81 | 1.53 | 1.48 | 1.24 | 0.78 | 4.30 | 28.38 |
| 4.30 | 2 | SE | 1.70 | 1.43 | 1.39 | 1.17 | 0.74 | 4.30 | 27.97 |
| 0.50 | 2 | SE | 1.43 | 1.22 | 1.18 | 1.00 | 0.64 | 4.30 | 25.31 |
| -1.29 | 2 | SE | 1.29 | 1.11 | 1.08 | 0.92 | 0.60 | 4.30 | 22.43 |
| 5.88 | 50 | SSE | 3.74 | 3.21 | 3.12 | 2.66 | 1.73 | 5.80 | 47.03 |
| 4.30 | 50 | SSE | 3.52 | 3.03 | 2.95 | 2.52 | 1.66 | 5.80 | 45.14 |
| 0.50 | 50 | SSE | 2.95 | 2.59 | 2.53 | 2.20 | 1.51 | 5.80 | 37.89 |
| -1.29 | 50 | SSE | (2.23) | (2.23) | (2.23) | 2.09 | 1.51 | 5.80 | 32.37 |
| 5.88 | 5 | SSE | 2.49 | 2.11 | 2.05 | 1.73 | 1.10 | 4.80 | 34.58 |
| 4.30 | 5 | SSE | 2.34 | 1.99 | 1.93 | 1.63 | 1.04 | 4.80 | 33.75 |
| 0.50 | 5 | SSE | 1.98 | 1.70 | 1.66 | 1.42 | 0.93 | 4.80 | 29.59 |
| -1.29 | 5 | SSE | 1.80 | 1.57 | 1.53 | 1.32 | 0.89 | 4.80 | 25.80 |
| 5.88 | 2 | SSE | 1.80 | 1.52 | 1.47 | 1.23 | 0.78 | 4.30 | 28.38 |
| 4.30 | 2 | SSE | 1.70 | 1.43 | 1.39 | 1.17 | 0.74 | 4.30 | 27.97 |
| 0.50 | 2 | SSE | 1.44 | 1.23 | 1.19 | 1.01 | 0.65 | 4.30 | 25.31 |
| -1.29 | 2 | SSE | 1.31 | 1.13 | 1.10 | 0.94 | 0.61 | 4.30 | 22.43 |
| 5.88 | 50 | S | 3.84 | 3.30 | 3.21 | 2.74 | 1.79 | 5.57 | 44.19 |
| 4.30 | 50 | S | 3.54 | 3.05 | 2.96 | 2.54 | 1.67 | 5.57 | 42.55 |
| 0.50 | 50 | S | 2.67 | 2.33 | 2.27 | 1.97 | 1.33 | 5.57 | 36.01 |
| -1.29 | 50 | S | (2.23) | 2.13 | 2.09 | 1.84 | 1.30 | 5.57 | 30.88 |
| 5.88 | 5 | S | 2.02 | 1.71 | 1.65 | 1.39 | 0.88 | 3.83 | 22.77 |
| 4.30 | 5 | S | 1.94 | 1.64 | 1.59 | 1.34 | 0.85 | 3.83 | 22.62 |
| 0.50 | 5 | S | 1.64 | 1.40 | 1.36 | 1.15 | 0.74 | 3.83 | 21.19 |
| -1.29 | 5 | S | 1.50 | 1.29 | 1.26 | 1.08 | 0.71 | 3.83 | 19.18 |
| 5.88 | 2 | S | 1.31 | 1.10 | 1.07 | 0.89 | 0.56 | 3.17 | 15.67 |
| 4.30 | 2 | S | 1.29 | 1.08 | 1.05 | 0.88 | 0.55 | 3.17 | 15.66 |
| 0.50 | 2 | S | 1.17 | 0.99 | 0.96 | 0.81 | 0.51 | 3.17 | 15.33 |
| -1.29 | 2 | S | 1.08 | 0.93 | 0.90 | 0.76 | 0.49 | 3.17 | 14.47 |
| 5.88 | 50 | SSW | 3.25 | 2.78 | 2.70 | 2.29 | 1.48 | 5.24 | 40.09 |

续上表

| 水位(m) | 重现期(年) | 浪向 | $H_{1\%}$(m) | $H_{4\%}$(m) | $H_{5\%}$(m) | $H_{13\%}$(m) | $H$(m) | $\bar{T}$(s) | $L$(m) |
|---|---|---|---|---|---|---|---|---|---|
| 4.30 | 50 | SSW | 2.93 | 2.50 | 2.43 | 2.07 | 1.34 | 5.24 | 38.81 |
| 0.50 | 50 | SSW | 1.98 | 1.70 | 1.65 | 1.41 | 0.92 | 5.24 | 33.28 |
| −1.29 | 50 | SSW | 1.69 | 1.47 | 1.43 | 1.24 | 0.83 | 5.24 | 28.72 |
| 5.88 | 5 | SSW | 2.00 | 1.69 | 1.64 | 1.38 | 0.87 | 3.87 | 23.23 |
| 4.30 | 5 | SSW | 1.87 | 1.59 | 1.54 | 1.29 | 0.82 | 3.87 | 23.07 |
| 0.50 | 5 | SSW | 1.39 | 1.19 | 1.15 | 0.97 | 0.62 | 3.87 | 21.54 |
| −1.29 | 5 | SSW | 1.21 | 1.04 | 1.01 | 0.86 | 0.56 | 3.87 | 19.46 |
| 5.88 | 2 | SSW | 1.33 | 1.12 | 1.08 | 0.90 | 0.56 | 3.21 | 16.07 |
| 4.30 | 2 | SSW | 1.28 | 1.08 | 1.04 | 0.87 | 0.55 | 3.21 | 16.05 |
| 0.50 | 2 | SSW | 1.05 | 0.89 | 0.86 | 0.72 | 0.46 | 3.21 | 15.68 |
| −1.29 | 2 | SSW | 0.92 | 0.79 | 0.76 | 0.64 | 0.41 | 3.21 | 14.76 |
| 5.88 | 50 | SW | 3.76 | 3.23 | 3.14 | 2.68 | 1.74 | 6.13 | 51.07 |
| 4.30 | 50 | SW | 3.28 | 2.82 | 2.74 | 2.34 | 1.53 | 6.13 | 48.81 |
| 0.50 | 50 | SW | 1.94 | 1.67 | 1.63 | 1.39 | 0.91 | 6.13 | 40.56 |
| −1.29 | 50 | SW | 1.55 | 1.34 | 1.31 | 1.12 | 0.74 | 6.13 | 34.50 |
| 5.88 | 5 | SW | 2.57 | 2.19 | 2.12 | 1.79 | 1.14 | 4.57 | 31.71 |
| 4.30 | 5 | SW | 2.31 | 1.96 | 1.91 | 1.61 | 1.03 | 4.57 | 31.09 |
| 0.50 | 5 | SW | 1.45 | 1.24 | 1.20 | 1.01 | 0.65 | 4.57 | 27.64 |
| −1.29 | 5 | SW | 1.17 | 1.00 | 0.97 | 0.83 | 0.54 | 4.57 | 24.26 |
| 5.88 | 2 | SW | 1.58 | 1.33 | 1.29 | 1.08 | 0.68 | 3.62 | 20.39 |
| 4.30 | 2 | SW | 1.48 | 1.25 | 1.21 | 1.01 | 0.64 | 3.62 | 20.31 |
| 0.50 | 2 | SW | 1.05 | 0.89 | 0.86 | 0.72 | 0.46 | 3.62 | 19.33 |
| −1.29 | 2 | SW | 0.86 | 0.73 | 0.71 | 0.60 | 0.38 | 3.62 | 17.70 |
| 5.88 | 50 | WSW | 2.27 | 1.92 | 1.87 | 1.57 | 1.00 | 4.37 | 29.24 |
| 4.3 | 50 | WSW | 2.03 | 1.73 | 1.67 | 1.41 | 0.90 | 4.37 | 28.78 |
| 0.5 | 50 | WSW | 1.22 | 1.03 | 1.00 | 0.84 | 0.54 | 4.37 | 25.92 |
| −1.29 | 50 | WSW | 0.96 | 0.82 | 0.79 | 0.67 | 0.43 | 4.37 | 22.90 |
| 5.88 | 5 | WSW | 1.23 | 1.04 | 1.01 | 0.84 | 0.52 | 3.37 | 17.70 |
| 4.3 | 5 | WSW | 1.18 | 0.99 | 0.96 | 0.80 | 0.50 | 3.37 | 17.67 |
| 0.5 | 5 | WSW | 0.84 | 0.71 | 0.68 | 0.57 | 0.36 | 3.37 | 17.10 |

续上表

| 水位(m) | 重现期(年) | 浪向 | $H_{1\%}$(m) | $H_{4\%}$(m) | $H_{5\%}$(m) | $H_{13\%}$(m) | $H$(m) | $\bar{T}$(s) | $L$(m) |
|---|---|---|---|---|---|---|---|---|---|
| -1.29 | 5 | WSW | 0.68 | 0.57 | 0.55 | 0.46 | 0.29 | 3.37 | 15.92 |
| 5.88 | 2 | WSW | 0.88 | 0.74 | 0.72 | 0.60 | 0.37 | 2.87 | 12.85 |
| 4.3 | 2 | WSW | 0.86 | 0.72 | 0.70 | 0.58 | 0.36 | 2.87 | 12.84 |
| 0.5 | 2 | WSW | 0.68 | 0.57 | 0.55 | 0.46 | 0.29 | 2.87 | 12.73 |
| -1.29 | 2 | WSW | 0.56 | 0.47 | 0.46 | 0.38 | 0.24 | 2.87 | 12.28 |

**-4m 等深线波要素**

附表 1.4

| 水位(m) | 重现期(年) | 浪向 | $H_{1\%}$(m) | $H_{4\%}$(m) | $H_{5\%}$(m) | $H_{13\%}$(m) | $H$(m) | $\bar{T}$(s) | $L$(m) |
|---|---|---|---|---|---|---|---|---|---|
| 5.88 | 50 | ENE | 4.29 | 3.72 | 3.63 | 3.12 | 2.08 | 8.10 | 71.61 |
| 4.30 | 50 | ENE | 3.65 | 3.16 | 3.08 | 2.66 | 1.77 | 8.10 | 66.82 |
| 0.50 | 50 | ENE | 1.88 | 1.63 | 1.58 | 1.36 | 0.90 | 8.10 | 51.30 |
| -1.29 | 50 | ENE | (1.63) | 1.50 | 1.47 | 1.29 | 0.91 | 8.10 | 40.58 |
| 5.88 | 5 | ENE | 3.18 | 2.72 | 2.65 | 2.25 | 1.46 | 6.50 | 53.92 |
| 4.30 | 5 | ENE | 2.76 | 2.37 | 2.30 | 1.96 | 1.27 | 6.50 | 50.87 |
| 0.50 | 5 | ENE | 1.48 | 1.27 | 1.23 | 1.05 | 0.68 | 6.50 | 40.06 |
| -1.29 | 5 | ENE | 1.32 | 1.15 | 1.12 | 0.97 | 0.66 | 6.50 | 32.05 |
| 5.88 | 2 | ENE | 2.65 | 2.25 | 2.19 | 1.85 | 1.19 | 5.60 | 43.56 |
| 4.30 | 2 | ENE | 2.33 | 1.99 | 1.93 | 1.64 | 1.05 | 5.60 | 41.56 |
| 0.50 | 2 | ENE | 1.29 | 1.11 | 1.07 | 0.91 | 0.59 | 5.60 | 33.59 |
| -1.29 | 2 | ENE | 1.15 | 1.00 | 0.97 | 0.84 | 0.56 | 5.60 | 27.18 |
| 5.88 | 50 | E | 4.32 | 3.75 | 3.65 | 3.15 | 2.10 | 7.60 | 66.16 |
| 4.30 | 50 | E | 3.83 | 3.33 | 3.24 | 2.80 | 1.88 | 7.60 | 61.90 |
| 0.50 | 50 | E | 2.45 | 2.15 | 2.10 | 1.83 | 1.26 | 7.60 | 47.82 |
| -1.29 | 50 | E | (1.63) | (1.63) | (1.63) | 1.53 | 1.10 | 7.60 | 37.93 |
| 5.88 | 5 | E | 3.53 | 3.04 | 2.95 | 2.52 | 1.65 | 6.20 | 50.50 |
| 4.30 | 5 | E | 3.18 | 2.74 | 2.67 | 2.29 | 1.50 | 6.20 | 47.80 |
| 0.50 | 5 | E | 2.12 | 1.84 | 1.80 | 1.55 | 1.04 | 6.20 | 37.92 |
| -1.29 | 5 | E | (1.63) | 1.50 | 1.47 | 1.29 | 0.91 | 6.20 | 30.43 |
| 5.88 | 2 | E | 2.98 | 2.55 | 2.48 | 2.10 | 1.36 | 5.40 | 41.22 |
| 4.30 | 2 | E | 2.73 | 2.34 | 2.27 | 1.93 | 1.26 | 5.40 | 39.45 |
| 0.50 | 2 | E | 1.88 | 1.62 | 1.58 | 1.36 | 0.90 | 5.40 | 32.13 |

续上表

| 水位(m) | 重现期(年) | 浪向 | $H_{1\%}$(m) | $H_{4\%}$(m) | $H_{5\%}$(m) | $H_{13\%}$(m) | $H$(m) | $\bar{T}$(s) | $L$(m) |
|---|---|---|---|---|---|---|---|---|---|
| -1.29 | 2 | E | 1.51 | 1.33 | 1.30 | 1.13 | 0.78 | 5.40 | 26.08 |
| 5.88 | 50 | ESE | 4.50 | 3.91 | 3.81 | 3.29 | 2.20 | 7.60 | 66.16 |
| 4.30 | 50 | ESE | 4.20 | 3.67 | 3.58 | 3.11 | 2.11 | 7.60 | 61.90 |
| 0.50 | 50 | ESE | (2.70) | (2.70) | (2.70) | (2.70) | 2.00 | 7.60 | 47.82 |
| -1.29 | 50 | ESE | (1.63) | (1.63) | (1.63) | (1.63) | (1.63) | 7.60 | 37.93 |
| 5.88 | 5 | ESE | 3.51 | 3.02 | 2.93 | 2.50 | 1.64 | 6.20 | 50.50 |
| 4.30 | 5 | ESE | 3.28 | 2.83 | 2.75 | 2.36 | 1.56 | 6.20 | 47.80 |
| 0.50 | 5 | ESE | 2.69 | 2.38 | 2.33 | 2.05 | 1.42 | 6.20 | 37.92 |
| -1.29 | 5 | ESE | (1.63) | (1.63) | (1.63) | (1.63) | 1.49 | 6.20 | 30.43 |
| 5.88 | 2 | ESE | 2.86 | 2.45 | 2.38 | 2.01 | 1.30 | 5.40 | 41.22 |
| 4.30 | 2 | ESE | 2.68 | 2.29 | 2.23 | 1.90 | 1.23 | 5.40 | 39.45 |
| 0.50 | 2 | ESE | 2.21 | 1.93 | 1.88 | 1.63 | 1.10 | 5.40 | 32.13 |
| -1.29 | 2 | ESE | (1.63) | (1.63) | (1.63) | 1.54 | 1.11 | 5.40 | 26.08 |
| 5.88 | 50 | SE | 3.60 | 3.10 | 3.01 | 2.58 | 1.69 | 5.80 | 45.89 |
| 4.30 | 50 | SE | 3.36 | 2.91 | 2.83 | 2.43 | 1.60 | 5.80 | 43.65 |
| 0.50 | 50 | SE | (2.70) | 2.44 | 2.39 | 2.11 | 1.47 | 5.80 | 35.04 |
| -1.29 | 50 | SE | (1.63) | (1.63) | (1.63) | (1.63) | 1.55 | 5.80 | 28.27 |
| 5.88 | 5 | SE | 2.40 | 2.04 | 1.98 | 1.67 | 1.07 | 4.80 | 34.10 |
| 4.30 | 5 | SE | 2.24 | 1.91 | 1.86 | 1.57 | 1.01 | 4.80 | 33.01 |
| 0.50 | 5 | SE | 1.86 | 1.61 | 1.57 | 1.35 | 0.89 | 4.80 | 27.68 |
| -1.29 | 5 | SE | (1.63) | 1.46 | 1.43 | 1.26 | 0.88 | 4.80 | 22.77 |
| 5.88 | 2 | SE | 1.74 | 1.47 | 1.42 | 1.19 | 0.75 | 4.30 | 28.15 |
| 4.30 | 2 | SE | 1.63 | 1.38 | 1.34 | 1.12 | 0.71 | 4.30 | 27.56 |
| 0.50 | 2 | SE | 1.35 | 1.16 | 1.12 | 0.95 | 0.62 | 4.30 | 23.89 |
| -1.29 | 2 | SE | 1.21 | 1.05 | 1.03 | 0.89 | 0.59 | 4.30 | 19.97 |
| 5.88 | 50 | SSE | 3.60 | 3.10 | 3.01 | 2.57 | 1.68 | 5.80 | 45.89 |
| 4.30 | 50 | SSE | 3.37 | 2.91 | 2.84 | 2.43 | 1.61 | 5.80 | 43.65 |
| 0.50 | 50 | SSE | (2.70) | 2.47 | 2.42 | 2.13 | 1.49 | 5.80 | 35.04 |
| -1.29 | 50 | SSE | (1.63) | (1.63) | (1.63) | (1.63) | 1.59 | 5.80 | 28.27 |
| 5.88 | 5 | SSE | 2.40 | 2.04 | 1.98 | 1.67 | 1.06 | 4.80 | 34.10 |

续上表

| 水位(m) | 重现期(年) | 浪向 | $H_{1\%}$(m) | $H_{4\%}$(m) | $H_{5\%}$(m) | $H_{13\%}$(m) | $H$(m) | $\bar{T}$(s) | $L$(m) |
|---|---|---|---|---|---|---|---|---|---|
| 4.30 | 5 | SSE | 2.25 | 1.92 | 1.86 | 1.57 | 1.01 | 4.80 | 33.01 |
| 0.50 | 5 | SSE | 1.88 | 1.63 | 1.59 | 1.36 | 0.90 | 4.80 | 27.68 |
| -1.29 | 5 | SSE | (1.63) | 1.49 | 1.46 | 1.29 | 0.90 | 4.80 | 22.77 |
| 5.88 | 2 | SSE | 1.74 | 1.47 | 1.42 | 1.19 | 0.75 | 4.30 | 28.15 |
| 4.30 | 2 | SSE | 1.63 | 1.38 | 1.34 | 1.12 | 0.71 | 4.30 | 27.56 |
| 0.50 | 2 | SSE | 1.37 | 1.17 | 1.14 | 0.97 | 0.62 | 4.30 | 23.89 |
| -1.29 | 2 | SSE | 1.24 | 1.07 | 1.05 | 0.90 | 0.60 | 4.30 | 19.97 |
| 5.88 | 50 | S | 3.82 | 3.29 | 3.20 | 2.74 | 1.81 | 5.57 | 43.21 |
| 4.30 | 50 | S | 3.51 | 3.04 | 2.96 | 2.55 | 1.69 | 5.57 | 41.24 |
| 0.50 | 50 | S | 2.62 | 2.32 | 2.27 | 1.99 | 1.38 | 5.57 | 33.37 |
| -1.29 | 50 | S | (1.63) | (1.63) | (1.63) | (1.63) | 1.43 | 5.57 | 27.01 |
| 5.88 | 5 | S | 2.02 | 1.71 | 1.66 | 1.39 | 0.88 | 3.83 | 22.69 |
| 4.30 | 5 | S | 1.94 | 1.64 | 1.60 | 1.34 | 0.86 | 3.83 | 22.44 |
| 0.50 | 5 | S | 1.62 | 1.40 | 1.36 | 1.16 | 0.76 | 3.83 | 20.24 |
| -1.29 | 5 | S | 1.47 | 1.29 | 1.26 | 1.10 | 0.75 | 3.83 | 17.28 |
| 5.88 | 2 | S | 1.31 | 1.11 | 1.07 | 0.89 | 0.56 | 3.17 | 15.66 |
| 4.30 | 2 | S | 1.29 | 1.09 | 1.05 | 0.88 | 0.55 | 3.17 | 15.63 |
| 0.50 | 2 | S | 1.16 | 0.99 | 0.96 | 0.81 | 0.52 | 3.17 | 14.97 |
| -1.29 | 2 | S | 1.07 | 0.92 | 0.90 | 0.77 | 0.51 | 3.17 | 13.39 |
| 5.88 | 50 | SSW | 3.20 | 2.74 | 2.67 | 2.27 | 1.47 | 5.24 | 39.33 |
| 4.30 | 50 | SSW | 2.87 | 2.46 | 2.40 | 2.04 | 1.33 | 5.24 | 37.74 |
| 0.50 | 50 | SSW | 1.90 | 1.64 | 1.60 | 1.38 | 0.91 | 5.24 | 30.95 |
| -1.29 | 50 | SSW | 1.61 | 1.42 | 1.39 | 1.22 | 0.85 | 5.24 | 25.21 |
| 5.88 | 5 | SSW | 1.99 | 1.68 | 1.63 | 1.37 | 0.87 | 3.87 | 23.14 |
| 4.30 | 5 | SSW | 1.85 | 1.57 | 1.53 | 1.28 | 0.82 | 3.87 | 22.88 |
| 0.50 | 5 | SSW | 1.35 | 1.15 | 1.12 | 0.95 | 0.61 | 3.87 | 20.56 |
| -1.29 | 5 | SSW | 1.16 | 1.01 | 0.98 | 0.85 | 0.56 | 3.87 | 17.51 |
| 5.88 | 2 | SSW | 1.32 | 1.11 | 1.08 | 0.90 | 0.57 | 3.21 | 16.06 |
| 4.30 | 2 | SSW | 1.27 | 1.07 | 1.04 | 0.87 | 0.55 | 3.21 | 16.02 |
| 0.50 | 2 | SSW | 1.02 | 0.87 | 0.84 | 0.71 | 0.45 | 3.21 | 15.29 |

续上表

| 水位(m) | 重现期(年) | 浪向 | $H_{1\%}$(m) | $H_{4\%}$(m) | $H_{5\%}$(m) | $H_{13\%}$(m) | $H$(m) | $\bar{T}$(s) | $L$(m) |
|---|---|---|---|---|---|---|---|---|---|
| -1.29 | 2 | SSW | 0.90 | 0.77 | 0.75 | 0.64 | 0.41 | 3.21 | 13.63 |
| 5.88 | 50 | SW | 3.65 | 3.14 | 3.06 | 2.61 | 1.71 | 6.13 | 49.70 |
| 4.30 | 50 | SW | 3.16 | 2.73 | 2.65 | 2.27 | 1.49 | 6.13 | 47.08 |
| 0.50 | 50 | SW | 1.80 | 1.56 | 1.52 | 1.30 | 0.86 | 6.13 | 37.42 |
| -1.29 | 50 | SW | 1.41 | 1.23 | 1.20 | 1.05 | 0.71 | 6.13 | 30.06 |
| 5.88 | 5 | SW | 2.52 | 2.14 | 2.08 | 1.76 | 1.13 | 4.57 | 31.36 |
| 4.30 | 5 | SW | 2.24 | 1.91 | 1.86 | 1.57 | 1.01 | 4.57 | 30.51 |
| 0.50 | 5 | SW | 1.35 | 1.16 | 1.12 | 0.95 | 0.62 | 4.57 | 25.95 |
| -1.29 | 5 | SW | 1.07 | 0.92 | 0.90 | 0.77 | 0.51 | 4.57 | 21.49 |
| 5.88 | 2 | SW | 1.56 | 1.32 | 1.27 | 1.07 | 0.67 | 3.62 | 20.35 |
| 4.30 | 2 | SW | 1.45 | 1.23 | 1.19 | 1.00 | 0.63 | 3.62 | 20.21 |
| 0.50 | 2 | SW | 0.99 | 0.84 | 0.82 | 0.69 | 0.44 | 3.62 | 18.58 |
| -1.29 | 2 | SW | 0.80 | 0.68 | 0.66 | 0.56 | 0.36 | 3.62 | 16.06 |
| 5.88 | 50 | WSW | 2.21 | 1.87 | 1.82 | 1.53 | 0.97 | 4.37 | 28.98 |
| 4.3 | 50 | WSW | 1.96 | 1.67 | 1.62 | 1.36 | 0.87 | 4.37 | 28.32 |
| 0.5 | 50 | WSW | 1.11 | 0.95 | 0.92 | 0.77 | 0.50 | 4.37 | 24.43 |
| -1.29 | 50 | WSW | 0.82 | 0.70 | 0.68 | 0.58 | 0.37 | 4.37 | 20.37 |
| 5.88 | 5 | WSW | 1.21 | 1.02 | 0.99 | 0.82 | 0.52 | 3.37 | 17.68 |
| 4.3 | 5 | WSW | 1.15 | 0.97 | 0.94 | 0.78 | 0.49 | 3.37 | 17.62 |
| 0.5 | 5 | WSW | 0.78 | 0.66 | 0.64 | 0.53 | 0.34 | 3.37 | 16.58 |
| -1.29 | 5 | WSW | 0.52 | 0.44 | 0.43 | 0.36 | 0.23 | 3.37 | 14.59 |
| 5.88 | 2 | WSW | 0.87 | 0.73 | 0.71 | 0.59 | 0.37 | 2.87 | 12.85 |
| 4.3 | 2 | WSW | 0.85 | 0.71 | 0.69 | 0.57 | 0.36 | 2.87 | 12.84 |
| 0.5 | 2 | WSW | 0.64 | 0.54 | 0.52 | 0.43 | 0.27 | 2.87 | 12.57 |
| -1.29 | 2 | WSW | 0.41 | 0.34 | 0.33 | 0.28 | 0.17 | 2.87 | 11.56 |

**-3m 等深线波要素**

附表1.5

| 水位(m) | 重现期(年) | 浪向 | $H_{1\%}$(m) | $H_{4\%}$(m) | $H_{5\%}$(m) | $H_{13\%}$(m) | $H$(m) | $\bar{T}$(s) | $L$(m) |
|---|---|---|---|---|---|---|---|---|---|
| 5.88 | 50 | ENE | 4.12 | 3.58 | 3.49 | 3.02 | 2.02 | 8.10 | 68.67 |
| 4.30 | 50 | ENE | 3.45 | 3.01 | 2.93 | 2.54 | 1.70 | 8.10 | 63.37 |
| 0.50 | 50 | ENE | 1.62 | 1.41 | 1.38 | 1.19 | 0.80 | 8.10 | 45.73 |

续上表

| 水位(m) | 重现期(年) | 浪向 | $H_{1\%}$(m) | $H_{4\%}$(m) | $H_{5\%}$(m) | $H_{13\%}$(m) | $H$(m) | $\bar{T}$(s) | $L$(m) |
|---|---|---|---|---|---|---|---|---|---|
| -1.29 | 50 | ENE | (1.03) | (1.03) | (1.03) | (1.03) | 0.90 | 8.10 | 32.58 |
| 5.88 | 5 | ENE | 3.07 | 2.64 | 2.56 | 2.19 | 1.43 | 6.50 | 52.06 |
| 4.30 | 5 | ENE | 2.63 | 2.26 | 2.20 | 1.88 | 1.23 | 6.50 | 48.58 |
| 0.50 | 5 | ENE | 1.28 | 1.10 | 1.07 | 0.92 | 0.60 | 6.50 | 35.94 |
| -1.29 | 5 | ENE | (1.03) | (1.03) | (1.03) | 0.92 | 0.65 | 6.50 | 25.88 |
| 5.88 | 2 | ENE | 2.57 | 2.19 | 2.13 | 1.80 | 1.16 | 5.60 | 42.36 |
| 4.30 | 2 | ENE | 2.23 | 1.91 | 1.86 | 1.58 | 1.02 | 5.60 | 39.96 |
| 0.50 | 2 | ENE | 1.13 | 0.97 | 0.94 | 0.80 | 0.52 | 5.60 | 30.33 |
| -1.29 | 2 | ENE | 0.97 | 0.85 | 0.83 | 0.73 | 0.50 | 5.60 | 22.08 |
| 5.88 | 50 | E | 4.17 | 3.63 | 3.54 | 3.06 | 2.06 | 7.60 | 63.55 |
| 4.30 | 50 | E | 3.66 | 3.19 | 3.12 | 2.70 | 1.83 | 7.60 | 58.80 |
| 0.50 | 50 | E | (2.10) | 1.96 | 1.92 | 1.70 | 1.19 | 7.60 | 42.69 |
| -1.29 | 50 | E | (1.03) | (1.03) | (1.03) | (1.03) | 0.90 | 7.60 | 30.49 |
| 5.88 | 5 | E | 3.41 | 2.94 | 2.86 | 2.45 | 1.61 | 6.20 | 48.87 |
| 4.30 | 5 | E | 3.04 | 2.63 | 2.56 | 2.20 | 1.46 | 6.20 | 45.73 |
| 0.50 | 5 | E | 1.91 | 1.68 | 1.64 | 1.43 | 0.98 | 6.20 | 34.08 |
| -1.29 | 5 | E | (1.03) | (1.03) | (1.03) | (1.03) | 0.87 | 6.20 | 24.62 |
| 5.88 | 2 | E | 2.92 | 2.50 | 2.43 | 2.07 | 1.34 | 5.40 | 40.16 |
| 4.30 | 2 | E | 2.64 | 2.27 | 2.21 | 1.89 | 1.23 | 5.40 | 38.01 |
| 0.50 | 2 | E | 1.72 | 1.50 | 1.46 | 1.27 | 0.85 | 5.40 | 29.07 |
| -1.29 | 2 | E | (1.03) | (1.03) | (1.03) | 1.02 | 0.75 | 5.40 | 21.23 |
| 5.88 | 50 | ESE | 4.31 | 3.76 | 3.67 | 3.18 | 2.14 | 7.60 | 63.55 |
| 4.30 | 50 | ESE | 4.00 | 3.52 | 3.44 | 3.00 | 2.06 | 7.60 | 58.80 |
| 0.50 | 50 | ESE | (2.10) | (2.10) | (2.10) | (2.10) | 2.06 | 7.60 | 42.69 |
| -1.29 | 50 | ESE | (1.03) | (1.03) | (1.03) | (1.03) | (1.03) | 7.60 | 30.49 |
| 5.88 | 5 | ESE | 3.36 | 2.90 | 2.82 | 2.41 | 1.59 | 6.20 | 48.87 |
| 4.30 | 5 | ESE | 3.13 | 2.71 | 2.64 | 2.27 | 1.51 | 6.20 | 45.73 |
| 0.50 | 5 | ESE | (2.10) | (2.10) | (2.10) | 1.98 | 1.43 | 6.20 | 34.08 |
| -1.29 | 5 | ESE | (1.03) | (1.03) | (1.03) | (1.03) | (1.03) | 6.20 | 24.62 |
| 5.88 | 2 | ESE | 2.75 | 2.35 | 2.28 | 1.94 | 1.25 | 5.40 | 40.16 |

续上表

| 水位(m) | 重现期(年) | 浪向 | $H_{1\%}$(m) | $H_{4\%}$(m) | $H_{5\%}$(m) | $H_{13\%}$(m) | $H$(m) | $\bar{T}$(s) | $L$(m) |
|---|---|---|---|---|---|---|---|---|---|
| 4.30 | 2 | ESE | 2.56 | 2.20 | 2.14 | 1.82 | 1.19 | 5.40 | 38.01 |
| 0.50 | 2 | ESE | 2.07 | 1.83 | 1.79 | 1.57 | 1.09 | 5.40 | 29.07 |
| -1.29 | 2 | ESE | (1.03) | (1.03) | (1.03) | (1.03) | (1.03) | 5.40 | 21.23 |
| 5.88 | 50 | SE | 3.45 | 2.98 | 2.90 | 2.48 | 1.63 | 5.80 | 44.55 |
| 4.30 | 50 | SE | 3.21 | 2.78 | 2.71 | 2.34 | 1.56 | 5.80 | 41.90 |
| 0.50 | 50 | SE | (2.10) | (2.10) | (2.10) | 2.04 | 1.48 | 5.80 | 31.59 |
| -1.29 | 50 | SE | (1.03) | (1.03) | (1.03) | (1.03) | (1.03) | 5.80 | 22.93 |
| 5.88 | 5 | SE | 2.30 | 1.96 | 1.90 | 1.61 | 1.03 | 4.80 | 33.46 |
| 4.30 | 5 | SE | 2.14 | 1.83 | 1.78 | 1.51 | 0.97 | 4.80 | 32.05 |
| 0.50 | 5 | SE | 1.75 | 1.53 | 1.49 | 1.29 | 0.88 | 4.80 | 25.23 |
| -1.29 | 5 | SE | (1.03) | (1.03) | (1.03) | (1.03) | 0.96 | 4.80 | 18.67 |
| 5.88 | 2 | SE | 1.67 | 1.41 | 1.37 | 1.15 | 0.73 | 4.30 | 27.81 |
| 4.30 | 2 | SE | 1.56 | 1.32 | 1.28 | 1.08 | 0.68 | 4.30 | 26.98 |
| 0.50 | 2 | SE | 1.28 | 1.10 | 1.07 | 0.91 | 0.60 | 4.30 | 21.97 |
| -1.29 | 2 | SE | (1.03) | 1.00 | 0.98 | 0.86 | 0.61 | 4.30 | 16.51 |
| 5.88 | 50 | SSE | 3.45 | 2.98 | 2.90 | 2.48 | 1.64 | 5.80 | 44.55 |
| 4.30 | 50 | SSE | 3.22 | 2.80 | 2.73 | 2.35 | 1.57 | 5.80 | 41.90 |
| 0.50 | 50 | SSE | (2.10) | (2.10) | (2.10) | 2.08 | 1.51 | 5.80 | 31.59 |
| -1.29 | 50 | SSE | (1.03) | (1.03) | (1.03) | (1.03) | (1.03) | 5.80 | 22.93 |
| 5.88 | 5 | SSE | 2.30 | 1.96 | 1.90 | 1.61 | 1.03 | 4.80 | 33.46 |
| 4.30 | 5 | SSE | 2.15 | 1.84 | 1.79 | 1.52 | 0.98 | 4.80 | 32.05 |
| 0.50 | 5 | SSE | 1.77 | 1.55 | 1.51 | 1.32 | 0.89 | 4.80 | 25.23 |
| -1.29 | 5 | SSE | (1.03) | (1.03) | (1.03) | (1.03) | 0.99 | 4.80 | 18.67 |
| 5.88 | 2 | SSE | 1.67 | 1.41 | 1.37 | 1.15 | 0.73 | 4.30 | 27.81 |
| 4.30 | 2 | SSE | 1.56 | 1.33 | 1.29 | 1.08 | 0.69 | 4.30 | 26.98 |
| 0.50 | 2 | SSE | 1.30 | 1.12 | 1.09 | 0.93 | 0.61 | 4.30 | 21.97 |
| -1.29 | 2 | SSE | (1.03) | 1.02 | 1.00 | 0.89 | 0.63 | 4.30 | 16.51 |
| 5.88 | 50 | S | 3.71 | 3.21 | 3.12 | 2.69 | 1.78 | 5.57 | 42.03 |
| 4.30 | 50 | S | 3.39 | 2.95 | 2.88 | 2.49 | 1.67 | 5.57 | 39.67 |
| 0.50 | 50 | S | (2.10) | (2.10) | (2.10) | 1.94 | 1.39 | 5.57 | 30.14 |

续上表

| 水位(m) | 重现期(年) | 浪向 | $H_{1\%}$(m) | $H_{4\%}$(m) | $H_{5\%}$(m) | $H_{13\%}$(m) | $H$(m) | $\bar{T}$(s) | $L$(m) |
|---|---|---|---|---|---|---|---|---|---|
| -1.29 | 50 | S | (1.03) | (1.03) | (1.03) | (1.03) | (1.03) | 5.57 | 21.96 |
| 5.88 | 5 | S | 1.97 | 1.67 | 1.62 | 1.37 | 0.87 | 3.83 | 22.56 |
| 4.30 | 5 | S | 1.89 | 1.61 | 1.56 | 1.32 | 0.84 | 3.83 | 22.16 |
| 0.50 | 5 | S | 1.55 | 1.35 | 1.31 | 1.13 | 0.75 | 3.83 | 18.84 |
| -1.29 | 5 | S | (1.03) | (1.03) | (1.03) | (1.03) | 0.80 | 3.83 | 14.45 |
| 5.88 | 2 | S | 1.29 | 1.09 | 1.05 | 0.88 | 0.55 | 3.17 | 15.65 |
| 4.30 | 2 | S | 1.26 | 1.07 | 1.03 | 0.87 | 0.55 | 3.17 | 15.59 |
| 0.50 | 2 | S | 1.12 | 0.96 | 0.94 | 0.80 | 0.52 | 3.17 | 14.29 |
| -1.29 | 2 | S | 1.01 | 0.89 | 0.87 | 0.76 | 0.53 | 3.17 | 11.49 |
| 5.88 | 50 | SSW | 3.06 | 2.63 | 2.56 | 2.18 | 1.42 | 5.24 | 38.39 |
| 4.30 | 50 | SSW | 2.72 | 2.34 | 2.28 | 1.95 | 1.28 | 5.24 | 36.43 |
| 0.50 | 50 | SSW | 1.72 | 1.50 | 1.46 | 1.27 | 0.86 | 5.24 | 28.05 |
| -1.29 | 50 | SSW | (1.03) | (1.03) | (1.03) | (1.03) | 0.83 | 5.24 | 20.55 |
| 5.88 | 5 | SSW | 1.91 | 1.62 | 1.57 | 1.32 | 0.84 | 3.87 | 23.00 |
| 4.30 | 5 | SSW | 1.77 | 1.50 | 1.46 | 1.23 | 0.79 | 3.87 | 22.57 |
| 0.50 | 5 | SSW | 1.24 | 1.06 | 1.03 | 0.88 | 0.58 | 3.87 | 19.11 |
| -1.29 | 5 | SSW | 1.02 | 0.90 | 0.88 | 0.77 | 0.54 | 3.87 | 14.62 |
| 5.88 | 2 | SSW | 1.27 | 1.07 | 1.04 | 0.87 | 0.55 | 3.21 | 16.04 |
| 4.30 | 2 | SSW | 1.22 | 1.03 | 1.00 | 0.84 | 0.53 | 3.21 | 15.97 |
| 0.50 | 2 | SSW | 0.95 | 0.81 | 0.78 | 0.66 | 0.43 | 3.21 | 14.57 |
| -1.29 | 2 | SSW | 0.80 | 0.70 | 0.68 | 0.59 | 0.39 | 3.21 | 11.67 |
| 5.88 | 50 | SW | 3.43 | 2.96 | 2.88 | 2.47 | 1.62 | 6.13 | 48.11 |
| 4.30 | 50 | SW | 2.93 | 2.53 | 2.47 | 2.12 | 1.40 | 6.13 | 45.07 |
| 0.50 | 50 | SW | 1.54 | 1.33 | 1.30 | 1.12 | 0.75 | 6.13 | 33.65 |
| -1.29 | 50 | SW | 0.97 | 0.85 | 0.83 | 0.73 | 0.50 | 6.13 | 24.33 |
| 5.88 | 5 | SW | 2.37 | 2.02 | 1.96 | 1.66 | 1.06 | 4.57 | 30.87 |
| 4.30 | 5 | SW | 2.09 | 1.78 | 1.73 | 1.47 | 0.94 | 4.57 | 29.73 |
| 0.50 | 5 | SW | 1.16 | 1.00 | 0.97 | 0.82 | 0.54 | 4.57 | 23.74 |
| -1.29 | 5 | SW | 0.86 | 0.75 | 0.73 | 0.64 | 0.43 | 4.57 | 17.68 |
| 5.88 | 2 | SW | 1.47 | 1.24 | 1.20 | 1.01 | 0.63 | 3.62 | 20.27 |

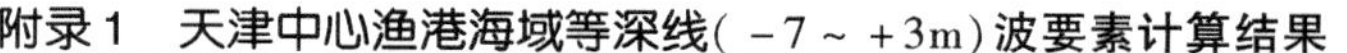

续上表

| 水位(m) | 重现期(年) | 浪向 | $H_{1\%}$(m) | $H_{4\%}$(m) | $H_{5\%}$(m) | $H_{13\%}$(m) | $H$(m) | $\bar{T}$(s) | $L$(m) |
|---|---|---|---|---|---|---|---|---|---|
| 4.30 | 2 | SW | 1.36 | 1.15 | 1.12 | 0.94 | 0.59 | 3.62 | 20.02 |
| 0.50 | 2 | SW | 0.86 | 0.73 | 0.71 | 0.60 | 0.38 | 3.62 | 17.41 |
| －1.29 | 2 | SW | 0.69 | 0.60 | 0.58 | 0.50 | 0.33 | 3.62 | 13.51 |
| 5.88 | 50 | WSW | 2.04 | 1.73 | 1.68 | 1.41 | 0.90 | 4.37 | 28.61 |
| 4.3 | 50 | WSW | 1.79 | 1.52 | 1.48 | 1.25 | 0.80 | 4.37 | 27.69 |
| 0.5 | 50 | WSW | 0.91 | 0.77 | 0.75 | 0.63 | 0.41 | 4.37 | 22.43 |
| －1.29 | 50 | WSW | 0.66 | 0.57 | 0.56 | 0.48 | 0.31 | 4.37 | 16.81 |
| 5.88 | 5 | WSW | 1.11 | 0.93 | 0.90 | 0.75 | 0.47 | 3.37 | 17.65 |
| 4.3 | 5 | WSW | 1.04 | 0.88 | 0.85 | 0.71 | 0.45 | 3.37 | 17.53 |
| 0.5 | 5 | WSW | 0.64 | 0.54 | 0.53 | 0.44 | 0.28 | 3.37 | 15.69 |
| －1.29 | 5 | WSW | 0.37 | 0.32 | 0.31 | 0.26 | 0.16 | 3.37 | 12.40 |
| 5.88 | 2 | WSW | 0.79 | 0.67 | 0.65 | 0.54 | 0.33 | 2.87 | 12.84 |
| 4.3 | 2 | WSW | 0.77 | 0.65 | 0.63 | 0.52 | 0.33 | 2.87 | 12.83 |
| 0.5 | 2 | WSW | 0.53 | 0.45 | 0.44 | 0.37 | 0.23 | 2.87 | 12.17 |
| －1.29 | 2 | WSW | 0.26 | 0.22 | 0.21 | 0.17 | 0.11 | 2.87 | 10.11 |

**－2m 等深线波要素**　　附表 1.6

| 水位(m) | 重现期(年) | 浪向 | $H_{1\%}$(m) | $H_{4\%}$(m) | $H_{5\%}$(m) | $H_{13\%}$(m) | $H$(m) | $\bar{T}$(s) | $L$(m) |
|---|---|---|---|---|---|---|---|---|---|
| 5.88 | 50 | ENE | 3.92 | 3.43 | 3.34 | 2.90 | 1.96 | 8.10 | 65.42 |
| 4.30 | 50 | ENE | 3.24 | 2.83 | 2.76 | 2.40 | 1.63 | 8.10 | 59.53 |
| 0.50 | 50 | ENE | 1.42 | 1.25 | 1.22 | 1.07 | 0.74 | 8.10 | 39.06 |
| －1.29 | 50 | ENE | (0.43) | (0.43) | (0.43) | (0.43) | 0.37 | 8.10 | 21.21 |
| 5.88 | 5 | ENE | 2.94 | 2.53 | 2.46 | 2.11 | 1.38 | 6.50 | 49.95 |
| 4.30 | 5 | ENE | 2.48 | 2.14 | 2.08 | 1.78 | 1.18 | 6.50 | 45.94 |
| 0.50 | 5 | ENE | 1.15 | 1.00 | 0.97 | 0.84 | 0.56 | 6.50 | 30.89 |
| －1.29 | 5 | ENE | (0.43) | (0.43) | (0.43) | (0.43) | 0.37 | 6.50 | 16.95 |
| 5.88 | 2 | ENE | 2.47 | 2.11 | 2.05 | 1.75 | 1.13 | 5.60 | 40.92 |
| 4.30 | 2 | ENE | 2.12 | 1.82 | 1.77 | 1.50 | 0.98 | 5.60 | 38.05 |
| 0.50 | 2 | ENE | 0.87 | 0.75 | 0.73 | 0.62 | 0.41 | 5.60 | 26.23 |
| －1.29 | 2 | ENE | (0.43) | (0.43) | (0.43) | (0.43) | 0.37 | 5.60 | 14.55 |
| 5.88 | 50 | E | 4.01 | 3.51 | 3.43 | 2.98 | 2.02 | 7.60 | 60.64 |

续上表

| 水位(m) | 重现期(年) | 浪向 | $H_{1\%}$(m) | $H_{4\%}$(m) | $H_{5\%}$(m) | $H_{13\%}$(m) | $H$(m) | $\bar{T}$(s) | $L$(m) |
|---|---|---|---|---|---|---|---|---|---|
| 4.30 | 50 | E | 3.47 | 3.05 | 2.98 | 2.61 | 1.79 | 7.60 | 55.32 |
| 0.50 | 50 | E | (1.50) | (1.50) | (1.50) | (1.50) | 1.16 | 7.60 | 36.52 |
| -1.29 | 50 | E | (0.43) | (0.43) | (0.43) | (0.43) | 0.37 | 7.60 | 19.88 |
| 5.88 | 5 | E | 3.27 | 2.83 | 2.76 | 2.37 | 1.57 | 6.20 | 46.97 |
| 4.30 | 5 | E | 2.88 | 2.51 | 2.44 | 2.11 | 1.41 | 6.20 | 43.33 |
| 0.50 | 5 | E | (1.50) | (1.50) | 1.48 | 1.31 | 0.93 | 6.20 | 29.34 |
| -1.29 | 5 | E | (0.43) | (0.43) | (0.43) | (0.43) | (0.43) | 6.20 | 16.15 |
| 5.88 | 2 | E | 2.84 | 2.44 | 2.38 | 2.03 | 1.33 | 5.40 | 38.88 |
| 4.30 | 2 | E | 2.54 | 2.19 | 2.14 | 1.83 | 1.21 | 5.40 | 36.27 |
| 0.50 | 2 | E | (1.50) | 1.36 | 1.33 | 1.17 | 0.82 | 5.40 | 25.18 |
| -1.29 | 2 | E | (0.43) | (0.43) | (0.43) | (0.43) | 0.37 | 5.40 | 14.01 |
| 5.88 | 50 | ESE | 4.12 | 3.61 | 3.52 | 3.06 | 2.09 | 7.60 | 60.64 |
| 4.30 | 50 | ESE | (3.78) | 3.36 | 3.29 | 2.89 | 2.02 | 7.60 | 55.32 |
| 0.50 | 50 | ESE | (1.50) | (1.50) | (1.50) | (1.50) | (1.50) | 7.60 | 36.52 |
| -1.29 | 50 | ESE | 0.35 | (0.43) | (0.43) | (0.43) | (0.43) | 7.60 | 19.88 |
| 5.88 | 5 | ESE | 3.22 | 2.78 | 2.71 | 2.32 | 1.54 | 6.20 | 46.97 |
| 4.30 | 5 | ESE | 2.98 | 2.59 | 2.53 | 2.19 | 1.47 | 6.20 | 43.33 |
| 0.50 | 5 | ESE | (1.50) | (1.50) | (1.50) | (1.50) | (1.50) | 6.20 | 29.34 |
| -1.29 | 5 | ESE | (0.43) | (0.43) | (0.43) | (0.43) | (0.43) | 6.20 | 16.15 |
| 5.88 | 2 | ESE | 2.63 | 2.25 | 2.19 | 1.87 | 1.21 | 5.40 | 38.88 |
| 4.30 | 2 | ESE | 2.44 | 2.10 | 2.05 | 1.75 | 1.15 | 5.40 | 36.27 |
| 0.50 | 2 | ESE | (1.50) | (1.50) | (1.50) | (1.50) | 1.13 | 5.40 | 25.18 |
| -1.29 | 2 | ESE | (0.43) | (0.43) | (0.43) | (0.43) | (0.43) | 5.40 | 14.01 |
| 5.88 | 50 | SE | 3.30 | 2.86 | 2.78 | 2.39 | 1.58 | 5.80 | 42.95 |
| 4.30 | 50 | SE | 3.05 | 2.66 | 2.60 | 2.25 | 1.52 | 5.80 | 39.83 |
| 0.50 | 50 | SE | (1.50) | (1.50) | (1.50) | (1.50) | (1.50) | 5.80 | 27.27 |
| -1.29 | 50 | SE | (0.43) | (0.43) | (0.43) | (0.43) | (0.43) | 5.80 | 15.08 |
| 5.88 | 5 | SE | 2.20 | 1.88 | 1.82 | 1.54 | 0.99 | 4.80 | 32.64 |
| 4.30 | 5 | SE | 2.04 | 1.75 | 1.70 | 1.45 | 0.94 | 4.80 | 30.82 |
| 0.50 | 5 | SE | (1.50) | 1.45 | 1.42 | 1.26 | 0.89 | 4.80 | 22.02 |

续上表

| 水位(m) | 重现期(年) | 浪向 | $H_{1\%}$(m) | $H_{4\%}$(m) | $H_{5\%}$(m) | $H_{13\%}$(m) | $H$(m) | $\bar{T}$(s) | $L$(m) |
|---|---|---|---|---|---|---|---|---|---|
| -1.29 | 5 | SE | (0.43) | (0.43) | (0.43) | (0.43) | (0.43) | 4.80 | 12.40 |
| 5.88 | 2 | SE | 1.60 | 1.35 | 1.31 | 1.10 | 0.70 | 4.30 | 27.34 |
| 4.30 | 2 | SE | 1.48 | 1.26 | 1.22 | 1.03 | 0.66 | 4.30 | 26.17 |
| 0.50 | 2 | SE | 1.20 | 1.04 | 1.02 | 0.88 | 0.59 | 4.30 | 19.34 |
| -1.29 | 2 | SE | (0.43) | (0.43) | (0.43) | (0.43) | (0.43) | 4.30 | 11.05 |
| 5.88 | 50 | SSE | 3.31 | 2.86 | 2.79 | 2.40 | 1.59 | 5.80 | 42.95 |
| 4.30 | 50 | SSE | 3.07 | 2.68 | 2.62 | 2.27 | 1.53 | 5.80 | 39.83 |
| 0.50 | 50 | SSE | (1.50) | (1.50) | (1.50) | (1.50) | (1.50) | 5.80 | 27.27 |
| -1.29 | 50 | SSE | (0.43) | (0.43) | (0.43) | (0.43) | (0.43) | 5.80 | 15.08 |
| 5.88 | 5 | SSE | 2.21 | 1.88 | 1.83 | 1.55 | 1.00 | 4.80 | 32.64 |
| 4.30 | 5 | SSE | 2.06 | 1.76 | 1.72 | 1.46 | 0.95 | 4.80 | 30.82 |
| 0.50 | 5 | SSE | (1.50) | 1.48 | 1.45 | 1.28 | 0.91 | 4.80 | 22.02 |
| -1.29 | 5 | SSE | (0.43) | (0.43) | (0.43) | (0.43) | (0.43) | 4.80 | 12.40 |
| 5.88 | 2 | SSE | 1.60 | 1.36 | 1.32 | 1.11 | 0.70 | 4.30 | 27.34 |
| 4.30 | 2 | SSE | 1.50 | 1.27 | 1.23 | 1.04 | 0.66 | 4.30 | 26.17 |
| 0.50 | 2 | SSE | 1.22 | 1.06 | 1.04 | 0.90 | 0.61 | 4.30 | 19.34 |
| -1.29 | 2 | SSE | (0.43) | (0.43) | (0.43) | (0.43) | (0.43) | 4.30 | 11.05 |
| 5.88 | 50 | S | 3.59 | 3.12 | 3.04 | 2.63 | 1.76 | 5.57 | 40.62 |
| 4.30 | 50 | S | 3.26 | 2.86 | 2.79 | 2.43 | 1.65 | 5.57 | 37.79 |
| 0.50 | 50 | S | (1.50) | (1.50) | (1.50) | (1.50) | 1.47 | 5.57 | 26.07 |
| -1.29 | 50 | S | (0.43) | (0.43) | (0.43) | (0.43) | (0.43) | 5.57 | 14.47 |
| 5.88 | 5 | S | 1.93 | 1.64 | 1.60 | 1.35 | 0.86 | 3.83 | 22.34 |
| 4.30 | 5 | S | 1.84 | 1.57 | 1.53 | 1.29 | 0.83 | 3.83 | 21.72 |
| 0.50 | 5 | S | 1.46 | 1.29 | 1.26 | 1.11 | 0.77 | 3.83 | 16.78 |
| -1.29 | 5 | S | (0.43) | (0.43) | (0.43) | (0.43) | (0.43) | 3.83 | 9.77 |
| 5.88 | 2 | S | 1.27 | 1.07 | 1.04 | 0.87 | 0.55 | 3.17 | 15.62 |
| 4.30 | 2 | S | 1.24 | 1.05 | 1.02 | 0.85 | 0.54 | 3.17 | 15.49 |
| 0.50 | 2 | S | 1.08 | 0.93 | 0.91 | 0.78 | 0.52 | 3.17 | 13.07 |
| -1.29 | 2 | S | (0.43) | (0.43) | (0.43) | (0.43) | (0.43) | 3.17 | 7.96 |
| 5.88 | 50 | SSW | 2.93 | 2.52 | 2.45 | 2.10 | 1.37 | 5.24 | 37.23 |

续上表

| 水位(m) | 重现期(年) | 浪向 | $H_{1\%}$(m) | $H_{4\%}$(m) | $H_{5\%}$(m) | $H_{13\%}$(m) | $H$(m) | $\bar{T}$(s) | $L$(m) |
|---|---|---|---|---|---|---|---|---|---|
| 4.30 | 50 | SSW | 2.57 | 2.22 | 2.17 | 1.86 | 1.23 | 5.24 | 34.83 |
| 0.50 | 50 | SSW | (1.50) | 1.34 | 1.32 | 1.16 | 0.81 | 5.24 | 24.34 |
| -1.29 | 50 | SSW | (0.43) | (0.43) | (0.43) | (0.43) | (0.43) | 5.24 | 13.58 |
| 5.88 | 5 | SSW | 1.84 | 1.57 | 1.52 | 1.28 | 0.82 | 3.87 | 22.76 |
| 4.30 | 5 | SSW | 1.69 | 1.44 | 1.40 | 1.18 | 0.76 | 3.87 | 22.10 |
| 0.50 | 5 | SSW | 1.11 | 0.96 | 0.94 | 0.81 | 0.54 | 3.87 | 17.00 |
| -1.29 | 5 | SSW | (0.43) | (0.43) | (0.43) | (0.43) | (0.43) | 3.87 | 9.88 |
| 5.88 | 2 | SSW | 1.24 | 1.05 | 1.01 | 0.85 | 0.53 | 3.21 | 16.01 |
| 4.30 | 2 | SSW | 1.18 | 1.00 | 0.97 | 0.81 | 0.51 | 3.21 | 15.85 |
| 0.50 | 2 | SSW | 0.87 | 0.74 | 0.72 | 0.62 | 0.40 | 3.21 | 13.30 |
| -1.29 | 2 | SSW | (0.43) | (0.43) | (0.43) | (0.43) | (0.43) | 3.21 | 8.07 |
| 5.88 | 50 | SW | 3.22 | 2.78 | 2.71 | 2.32 | 1.54 | 6.13 | 46.27 |
| 4.30 | 50 | SW | 2.70 | 2.34 | 2.28 | 1.96 | 1.31 | 6.13 | 42.72 |
| 0.50 | 50 | SW | 1.27 | 1.11 | 1.08 | 0.94 | 0.64 | 6.13 | 28.98 |
| -1.29 | 50 | SW | (0.43) | (0.43) | (0.43) | (0.43) | 0.37 | 6.13 | 15.96 |
| 5.88 | 5 | SW | 2.23 | 1.91 | 1.85 | 1.57 | 1.01 | 4.57 | 30.21 |
| 4.30 | 5 | SW | 1.94 | 1.66 | 1.61 | 1.37 | 0.88 | 4.57 | 28.69 |
| 0.50 | 5 | SW | 0.96 | 0.83 | 0.81 | 0.69 | 0.46 | 4.57 | 20.79 |
| -1.29 | 5 | SW | (0.43) | (0.43) | (0.43) | (0.43) | 0.37 | 4.57 | 11.78 |
| 5.88 | 2 | SW | 1.40 | 1.18 | 1.14 | 0.96 | 0.61 | 3.62 | 20.14 |
| 4.30 | 2 | SW | 1.28 | 1.08 | 1.05 | 0.88 | 0.56 | 3.62 | 19.72 |
| 0.50 | 2 | SW | 0.73 | 0.62 | 0.60 | 0.51 | 0.33 | 3.62 | 15.62 |
| -1.29 | 2 | SW | (0.43) | (0.43) | (0.43) | (0.43) | 0.37 | 3.62 | 9.20 |
| 5.88 | 50 | WSW | 1.89 | 1.60 | 1.56 | 1.31 | 0.84 | 4.37 | 28.08 |
| 4.3 | 50 | WSW | 1.63 | 1.39 | 1.35 | 1.14 | 0.73 | 4.37 | 26.83 |
| 0.5 | 50 | WSW | 0.74 | 0.63 | 0.62 | 0.52 | 0.34 | 4.37 | 19.72 |
| -1.29 | 50 | WSW | (0.43) | (0.43) | (0.43) | 0.43 | 0.31 | 4.37 | 11.24 |
| 5.88 | 5 | WSW | 1.02 | 0.86 | 0.84 | 0.70 | 0.44 | 3.37 | 17.59 |
| 4.3 | 5 | WSW | 0.96 | 0.81 | 0.78 | 0.66 | 0.41 | 3.37 | 17.35 |
| 0.5 | 5 | WSW | 0.45 | 0.38 | 0.37 | 0.31 | 0.20 | 3.37 | 14.21 |

续上表

| 水位(m) | 重现期(年) | 浪向 | $H_{1\%}$(m) | $H_{4\%}$(m) | $H_{5\%}$(m) | $H_{13\%}$(m) | $H$(m) | $\bar{T}$(s) | $L$(m) |
|---|---|---|---|---|---|---|---|---|---|
| -1.29 | 5 | WSW | 0.27 | 0.23 | 0.22 | 0.19 | 0.12 | 3.37 | 8.52 |
| 5.88 | 2 | WSW | 0.73 | 0.62 | 0.60 | 0.50 | 0.31 | 2.87 | 12.84 |
| 4.3 | 2 | WSW | 0.71 | 0.60 | 0.58 | 0.48 | 0.30 | 2.87 | 12.79 |
| 0.5 | 2 | WSW | 0.39 | 0.33 | 0.32 | 0.27 | 0.17 | 2.87 | 11.33 |
| -1.29 | 2 | WSW | 0.12 | 0.10 | 0.10 | 0.08 | 0.05 | 2.87 | 7.13 |

**-1m 等深线波要素**　　　附表1.7

| 水位(m) | 重现期(年) | 浪向 | $H_{1\%}$(m) | $H_{4\%}$(m) | $H_{5\%}$(m) | $H_{13\%}$(m) | $H$(m) | $\bar{T}$(s) | $L$(m) |
|---|---|---|---|---|---|---|---|---|---|
| 5.88 | 50 | ENE | 3.65 | 3.20 | 3.13 | 2.72 | 1.86 | 8.10 | 61.81 |
| 4.30 | 50 | ENE | 2.94 | 2.59 | 2.53 | 2.21 | 1.52 | 8.10 | 55.20 |
| 0.50 | 50 | ENE | (0.90) | (0.90) | (0.90) | (0.90) | 0.79 | 8.10 | 30.58 |
| 5.88 | 5 | ENE | 2.75 | 2.38 | 2.31 | 1.98 | 1.31 | 6.50 | 47.51 |
| 4.30 | 5 | ENE | 2.27 | 1.96 | 1.91 | 1.64 | 1.09 | 6.50 | 42.88 |
| 0.50 | 5 | ENE | (0.90) | 0.85 | 0.83 | 0.74 | 0.52 | 6.50 | 24.33 |
| 5.88 | 2 | ENE | 2.32 | 1.99 | 1.93 | 1.65 | 1.07 | 5.60 | 39.20 |
| 4.30 | 2 | ENE | 1.94 | 1.67 | 1.63 | 1.39 | 0.91 | 5.60 | 35.76 |
| 0.50 | 2 | ENE | 0.69 | 0.60 | 0.58 | 0.51 | 0.34 | 5.60 | 20.78 |
| 5.88 | 50 | E | 3.72 | 3.27 | 3.19 | 2.78 | 1.90 | 7.60 | 57.39 |
| 4.30 | 50 | E | 3.15 | 2.78 | 2.72 | 2.39 | 1.66 | 7.60 | 51.38 |
| 0.50 | 50 | E | (0.90) | (0.90) | (0.90) | (0.90) | 0.79 | 7.60 | 28.63 |
| 5.88 | 5 | E | 3.06 | 2.66 | 2.59 | 2.23 | 1.49 | 6.20 | 44.77 |
| 4.30 | 5 | E | 2.64 | 2.30 | 2.25 | 1.95 | 1.32 | 6.20 | 40.53 |
| 0.50 | 5 | E | (0.90) | (0.90) | (0.90) | (0.90) | 0.84 | 6.20 | 23.15 |
| 5.88 | 2 | E | 2.67 | 2.31 | 2.24 | 1.92 | 1.27 | 5.40 | 37.32 |
| 4.30 | 2 | E | 2.34 | 2.03 | 1.98 | 1.70 | 1.14 | 5.40 | 34.15 |
| 0.50 | 2 | E | (0.90) | (0.90) | (0.90) | (0.90) | 0.74 | 5.40 | 19.99 |
| 5.88 | 50 | ESE | 3.92 | 3.45 | 3.37 | 2.95 | 2.04 | 7.60 | 57.39 |
| 4.30 | 50 | ESE | (3.18) | (3.18) | 3.15 | 2.80 | 1.99 | 7.60 | 51.38 |
| 0.50 | 50 | ESE | (0.90) | (0.90) | (0.90) | (0.90) | (0.90) | 7.60 | 28.63 |
| 5.88 | 5 | ESE | 3.07 | 2.66 | 2.59 | 2.24 | 1.49 | 6.20 | 44.77 |
| 4.30 | 5 | ESE | 2.82 | 2.47 | 2.42 | 2.11 | 1.44 | 6.20 | 40.53 |
| 0.50 | 5 | ESE | (0.90) | (0.90) | (0.90) | (0.90) | (0.90) | 6.20 | 23.15 |

续上表

| 水位(m) | 重现期(年) | 浪向 | $H_{1\%}$(m) | $H_{4\%}$(m) | $H_{5\%}$(m) | $H_{13\%}$(m) | $H$(m) | $\bar{T}$(s) | $L$(m) |
|---|---|---|---|---|---|---|---|---|---|
| 5.88 | 2 | ESE | 2.51 | 2.16 | 2.10 | 1.79 | 1.17 | 5.40 | 37.32 |
| 4.30 | 2 | ESE | 2.31 | 2.01 | 1.95 | 1.68 | 1.12 | 5.40 | 34.15 |
| 0.50 | 2 | ESE | (0.90) | (0.90) | (0.90) | (0.90) | (0.90) | 5.40 | 19.99 |
| 5.88 | 50 | SE | 3.15 | 2.73 | 2.66 | 2.30 | 1.54 | 5.80 | 41.07 |
| 4.30 | 50 | SE | 2.89 | 2.54 | 2.48 | 2.17 | 1.48 | 5.80 | 37.36 |
| 0.50 | 50 | SE | (0.90) | (0.90) | (0.90) | (0.90) | (0.90) | 5.80 | 21.57 |
| 5.88 | 5 | SE | 2.10 | 1.80 | 1.75 | 1.48 | 0.96 | 4.80 | 31.57 |
| 4.30 | 5 | SE | 1.94 | 1.67 | 1.63 | 1.39 | 0.91 | 4.80 | 29.25 |
| 0.50 | 5 | SE | (0.90) | (0.90) | (0.90) | (0.90) | (0.90) | 4.80 | 17.60 |
| 5.88 | 2 | SE | 1.53 | 1.29 | 1.26 | 1.06 | 0.67 | 4.30 | 26.67 |
| 4.30 | 2 | SE | 1.41 | 1.20 | 1.17 | 0.99 | 0.63 | 4.30 | 25.06 |
| 0.50 | 2 | SE | (0.90) | (0.90) | (0.90) | 0.87 | 0.63 | 4.30 | 15.58 |
| 5.88 | 50 | SSE | 3.16 | 2.75 | 2.68 | 2.31 | 1.55 | 5.80 | 41.07 |
| 4.30 | 50 | SSE | 2.92 | 2.57 | 2.51 | 2.19 | 1.50 | 5.80 | 37.36 |
| 0.50 | 50 | SSE | (0.90) | (0.90) | (0.90) | (0.90) | (0.90) | 5.80 | 21.57 |
| 5.88 | 5 | SSE | 2.11 | 1.81 | 1.76 | 1.49 | 0.97 | 4.80 | 31.57 |
| 4.30 | 5 | SSE | 1.96 | 1.69 | 1.64 | 1.40 | 0.92 | 4.80 | 29.25 |
| 0.50 | 5 | SSE | (0.90) | (0.90) | (0.90) | (0.90) | (0.90) | 4.80 | 17.60 |
| 5.88 | 2 | SSE | 1.53 | 1.30 | 1.26 | 1.06 | 0.68 | 4.30 | 26.67 |
| 4.30 | 2 | SSE | 1.43 | 1.22 | 1.18 | 1.00 | 0.64 | 4.30 | 25.06 |
| 0.50 | 2 | SSE | (0.90) | (0.90) | (0.90) | 0.89 | 0.65 | 4.30 | 15.58 |
| 5.88 | 50 | S | 3.53 | 3.09 | 3.01 | 2.62 | 1.78 | 5.57 | 38.92 |
| 4.30 | 50 | S | (3.18) | 2.82 | 2.76 | 2.43 | 1.69 | 5.57 | 35.52 |
| 0.50 | 50 | S | (0.90) | (0.90) | (0.90) | (0.90) | (0.90) | 5.57 | 20.66 |
| 5.88 | 5 | S | 1.92 | 1.63 | 1.59 | 1.34 | 0.86 | 3.83 | 22.00 |
| 4.30 | 5 | S | 1.82 | 1.56 | 1.52 | 1.29 | 0.84 | 3.83 | 21.03 |
| 0.50 | 5 | S | (0.90) | (0.90) | (0.90) | (0.90) | 0.90 | 3.83 | 13.67 |
| 5.88 | 2 | S | 1.26 | 1.07 | 1.04 | 0.87 | 0.55 | 3.17 | 15.55 |
| 4.30 | 2 | S | 1.23 | 1.04 | 1.01 | 0.85 | 0.54 | 3.17 | 15.28 |
| 0.50 | 2 | S | (0.90) | (0.90) | (0.90) | 0.81 | 0.58 | 3.17 | 10.93 |

续上表

| 水位(m) | 重现期（年） | 浪向 | $H_{1\%}$(m) | $H_{4\%}$(m) | $H_{5\%}$(m) | $H_{13\%}$(m) | $H$(m) | $\bar{T}$(s) | $L$(m) |
|---|---|---|---|---|---|---|---|---|---|
| 5.88 | 50 | SSW | 2.84 | 2.46 | 2.39 | 2.05 | 1.36 | 5.24 | 35.80 |
| 4.30 | 50 | SSW | 2.48 | 2.15 | 2.10 | 1.81 | 1.22 | 5.24 | 32.86 |
| 0.50 | 50 | SSW | (0.90) | (0.90) | (0.90) | (0.90) | 0.88 | 5.24 | 19.35 |
| 5.88 | 5 | SSW | 1.81 | 1.54 | 1.49 | 1.26 | 0.81 | 3.87 | 22.40 |
| 4.30 | 5 | SSW | 1.65 | 1.41 | 1.37 | 1.16 | 0.75 | 3.87 | 21.38 |
| 0.50 | 5 | SSW | (0.90) | (0.90) | 0.89 | 0.79 | 0.56 | 3.87 | 13.84 |
| 5.88 | 2 | SSW | 1.22 | 1.03 | 1.00 | 0.84 | 0.53 | 3.21 | 15.93 |
| 4.30 | 2 | SSW | 1.16 | 0.98 | 0.95 | 0.80 | 0.51 | 3.21 | 15.62 |
| 0.50 | 2 | SSW | 0.80 | 0.71 | 0.69 | 0.60 | 0.41 | 3.21 | 11.10 |
| 5.88 | 50 | SW | 3.05 | 2.65 | 2.58 | 2.23 | 1.48 | 6.13 | 44.13 |
| 4.30 | 50 | SW | 2.53 | 2.20 | 2.15 | 1.86 | 1.25 | 6.13 | 39.98 |
| 0.50 | 50 | SW | (0.90) | 0.85 | 0.83 | 0.74 | 0.52 | 6.13 | 22.87 |
| 5.88 | 5 | SW | 2.14 | 1.83 | 1.78 | 1.51 | 0.98 | 4.57 | 29.33 |
| 4.30 | 5 | SW | 1.83 | 1.57 | 1.52 | 1.30 | 0.85 | 4.57 | 27.33 |
| 0.50 | 5 | SW | 0.74 | 0.65 | 0.63 | 0.55 | 0.37 | 4.57 | 16.67 |
| 5.88 | 2 | SW | 1.35 | 1.15 | 1.11 | 0.93 | 0.59 | 3.62 | 19.91 |
| 4.30 | 2 | SW | 1.22 | 1.04 | 1.01 | 0.85 | 0.54 | 3.62 | 19.20 |
| 0.50 | 2 | SW | 0.58 | 0.50 | 0.49 | 0.42 | 0.27 | 3.62 | 12.81 |
| 5.88 | 50 | WSW | 1.80 | 1.53 | 1.48 | 1.25 | 0.80 | 4.37 | 27.36 |
| 4.3 | 50 | WSW | 1.52 | 1.30 | 1.26 | 1.07 | 0.69 | 4.37 | 25.65 |
| 0.5 | 50 | WSW | 0.53 | 0.46 | 0.44 | 0.38 | 0.25 | 4.37 | 15.87 |
| 5.88 | 5 | WSW | 0.99 | 0.84 | 0.81 | 0.68 | 0.43 | 3.37 | 17.46 |
| 4.3 | 5 | WSW | 0.92 | 0.77 | 0.75 | 0.63 | 0.40 | 3.37 | 17.02 |
| 0.5 | 5 | WSW | 0.37 | 0.32 | 0.31 | 0.26 | 0.17 | 3.37 | 11.77 |
| 5.88 | 2 | WSW | 0.72 | 0.60 | 0.58 | 0.49 | 0.30 | 2.87 | 12.82 |
| 4.3 | 2 | WSW | 0.68 | 0.58 | 0.56 | 0.47 | 0.29 | 2.87 | 12.71 |
| 0.5 | 2 | WSW | 0.27 | 0.23 | 0.22 | 0.19 | 0.12 | 2.87 | 9.65 |

**0m 等深线波要素**　　附表 1.8

| 水位(m) | 重现期（年） | 浪向 | $H_{1\%}$(m) | $H_{4\%}$(m) | $H_{5\%}$(m) | $H_{13\%}$(m) | $H$(m) | $\bar{T}$(s) | $L$(m) |
|---|---|---|---|---|---|---|---|---|---|
| 5.88 | 50 | ENE | 3.35 | 2.95 | 2.88 | 2.52 | 1.74 | 8.10 | 57.77 |
| 4.30 | 50 | ENE | (2.58) | 2.31 | 2.26 | 1.99 | 1.39 | 8.10 | 50.26 |

续上表

| 水位(m) | 重现期(年) | 浪向 | $H_{1\%}$(m) | $H_{4\%}$(m) | $H_{5\%}$(m) | $H_{13\%}$(m) | $H$(m) | $\bar{T}$(s) | $L$(m) |
|---|---|---|---|---|---|---|---|---|---|
| 0.50 | 50 | ENE | (0.30) | (0.30) | (0.30) | (0.30) | 0.26 | 8.10 | 17.84 |
| 5.88 | 5 | ENE | 2.53 | 2.20 | 2.14 | 1.84 | 1.22 | 6.50 | 44.71 |
| 4.30 | 5 | ENE | 2.02 | 1.76 | 1.72 | 1.49 | 1.00 | 6.50 | 39.30 |
| 0.50 | 5 | ENE | (0.30) | (0.30) | (0.30) | (0.30) | 0.26 | 6.50 | 14.27 |
| 5.88 | 2 | ENE | 2.14 | 1.84 | 1.79 | 1.53 | 1.00 | 5.60 | 37.14 |
| 4.30 | 2 | ENE | 1.74 | 1.51 | 1.47 | 1.26 | 0.83 | 5.60 | 32.99 |
| 0.50 | 2 | ENE | (0.30) | (0.30) | (0.30) | (0.30) | 0.26 | 5.60 | 12.26 |
| 5.88 | 50 | E | 3.43 | 3.02 | 2.96 | 2.59 | 1.79 | 7.60 | 53.73 |
| 4.30 | 50 | E | (2.58) | (2.58) | (2.58) | 2.31 | 1.65 | 7.60 | 46.86 |
| 0.50 | 50 | E | (0.30) | (0.30) | (0.30) | (0.30) | 0.26 | 7.60 | 16.73 |
| 5.88 | 5 | E | 2.86 | 2.50 | 2.44 | 2.11 | 1.42 | 6.20 | 42.21 |
| 4.30 | 5 | E | 2.40 | 2.11 | 2.06 | 1.80 | 1.24 | 6.20 | 37.21 |
| 0.50 | 5 | E | (0.30) | (0.30) | (0.30) | (0.30) | (0.30) | 6.20 | 13.60 |
| 5.88 | 2 | E | 2.59 | 2.25 | 2.19 | 1.89 | 1.26 | 5.40 | 35.43 |
| 4.30 | 2 | E | 2.23 | 1.95 | 1.90 | 1.66 | 1.13 | 5.40 | 31.57 |
| 0.50 | 2 | E | (0.30) | (0.30) | (0.30) | (0.30) | 0.26 | 5.40 | 11.82 |
| 5.88 | 50 | ESE | (3.53) | 3.30 | 3.23 | 2.85 | 2.00 | 7.60 | 53.73 |
| 4.30 | 50 | ESE | (2.58) | (2.58) | (2.58) | (2.58) | 2.00 | 7.60 | 46.86 |
| 0.50 | 50 | ESE | (0.30) | (0.30) | (0.30) | (0.30) | (0.30) | 7.60 | 16.73 |
| 5.88 | 5 | ESE | 2.91 | 2.54 | 2.48 | 2.15 | 1.45 | 6.20 | 42.21 |
| 4.30 | 5 | ESE | (2.58) | 2.36 | 2.31 | 2.03 | 1.42 | 6.20 | 37.21 |
| 0.50 | 5 | ESE | (0.30) | (0.30) | (0.30) | (0.30) | (0.30) | 6.20 | 13.60 |
| 5.88 | 2 | ESE | 2.39 | 2.06 | 2.01 | 1.72 | 1.14 | 5.40 | 35.43 |
| 4.30 | 2 | ESE | 2.18 | 1.91 | 1.86 | 1.62 | 1.10 | 5.40 | 31.57 |
| 0.50 | 2 | ESE | (0.30) | (0.30) | (0.30) | (0.30) | (0.30) | 5.40 | 11.82 |
| 5.88 | 50 | SE | 2.99 | 2.61 | 2.55 | 2.21 | 1.50 | 5.80 | 38.84 |
| 4.30 | 50 | SE | (2.58) | 2.42 | 2.37 | 2.09 | 1.47 | 5.80 | 34.41 |
| 0.50 | 50 | SE | (0.30) | (0.30) | (0.30) | (0.30) | (0.30) | 5.80 | 12.71 |
| 5.88 | 5 | SE | 2.00 | 1.72 | 1.67 | 1.42 | 0.93 | 4.80 | 30.21 |
| 4.30 | 5 | SE | 1.84 | 1.59 | 1.55 | 1.33 | 0.89 | 4.80 | 27.24 |

续上表

| 水位(m) | 重现期(年) | 浪向 | $H_{1\%}$(m) | $H_{4\%}$(m) | $H_{5\%}$(m) | $H_{13\%}$(m) | $H$(m) | $\bar{T}$(s) | $L$(m) |
|---|---|---|---|---|---|---|---|---|---|
| 0.50 | 5 | SE | (0.30) | (0.30) | (0.30) | (0.30) | (0.30) | 4.80 | 10.47 |
| 5.88 | 2 | SE | 1.45 | 1.24 | 1.20 | 1.01 | 0.65 | 4.30 | 25.74 |
| 4.30 | 2 | SE | 1.34 | 1.15 | 1.11 | 0.95 | 0.61 | 4.30 | 23.55 |
| 0.50 | 2 | SE | (0.30) | (0.30) | (0.30) | (0.30) | (0.30) | 4.30 | 9.35 |
| 5.88 | 50 | SSE | 3.01 | 2.63 | 2.57 | 2.23 | 1.52 | 5.80 | 38.84 |
| 4.30 | 50 | SSE | (2.58) | 2.45 | 2.40 | 2.12 | 1.49 | 5.80 | 34.41 |
| 0.50 | 50 | SSE | (0.30) | (0.30) | (0.30) | (0.30) | (0.30) | 5.80 | 12.71 |
| 5.88 | 5 | SSE | 2.02 | 1.73 | 1.68 | 1.44 | 0.94 | 4.80 | 30.21 |
| 4.30 | 5 | SSE | 1.86 | 1.61 | 1.57 | 1.35 | 0.90 | 4.80 | 27.24 |
| 0.50 | 5 | SSE | (0.30) | (0.30) | (0.30) | (0.30) | (0.30) | 4.80 | 10.47 |
| 5.88 | 2 | SSE | 1.47 | 1.25 | 1.21 | 1.02 | 0.65 | 4.30 | 25.74 |
| 4.30 | 2 | SSE | 1.36 | 1.16 | 1.13 | 0.96 | 0.62 | 4.30 | 23.55 |
| 0.50 | 2 | SSE | (0.30) | (0.30) | (0.30) | (0.30) | (0.30) | 4.30 | 9.35 |
| 5.88 | 50 | S | 3.35 | 2.95 | 2.88 | 2.52 | 1.74 | 5.57 | 36.89 |
| 4.30 | 50 | S | (2.58) | (2.58) | (2.58) | 2.33 | 1.67 | 5.57 | 32.78 |
| 0.50 | 50 | S | (0.30) | (0.30) | (0.30) | (0.30) | (0.30) | 5.57 | 12.20 |
| 5.88 | 5 | S | 1.86 | 1.59 | 1.54 | 1.31 | 0.85 | 3.83 | 21.46 |
| 4.30 | 5 | S | 1.74 | 1.50 | 1.47 | 1.26 | 0.83 | 3.83 | 20.00 |
| 0.50 | 5 | S | (0.30) | (0.30) | (0.30) | (0.30) | (0.30) | 3.83 | 8.28 |
| 5.88 | 2 | S | 1.24 | 1.05 | 1.02 | 0.85 | 0.54 | 3.17 | 15.42 |
| 4.30 | 2 | S | 1.19 | 1.02 | 0.99 | 0.84 | 0.54 | 3.17 | 14.87 |
| 0.50 | 2 | S | (0.30) | (0.30) | (0.30) | (0.30) | (0.30) | 3.17 | 6.78 |
| 5.88 | 50 | SSW | 2.62 | 2.28 | 2.22 | 1.91 | 1.28 | 5.24 | 34.05 |
| 4.30 | 50 | SSW | 2.23 | 1.96 | 1.91 | 1.66 | 1.13 | 5.24 | 30.42 |
| 0.50 | 50 | SSW | (0.30) | (0.30) | (0.30) | (0.30) | (0.30) | 5.24 | 11.46 |
| 5.88 | 5 | SSW | 1.70 | 1.45 | 1.41 | 1.19 | 0.77 | 3.87 | 21.83 |
| 4.30 | 5 | SSW | 1.52 | 1.30 | 1.27 | 1.08 | 0.71 | 3.87 | 20.31 |
| 0.50 | 5 | SSW | (0.30) | (0.30) | (0.30) | (0.30) | (0.30) | 3.87 | 8.37 |
| 5.88 | 2 | SSW | 1.17 | 0.99 | 0.96 | 0.80 | 0.51 | 3.21 | 15.78 |
| 4.30 | 2 | SSW | 1.09 | 0.92 | 0.90 | 0.76 | 0.49 | 3.21 | 15.18 |

续上表

| 水位(m) | 重现期(年) | 浪向 | $H_{1\%}$(m) | $H_{4\%}$(m) | $H_{5\%}$(m) | $H_{13\%}$(m) | $H$(m) | $\bar{T}$(s) | $L$(m) |
|---|---|---|---|---|---|---|---|---|---|
| 0.50 | 2 | SSW | (0.30) | (0.30) | (0.30) | (0.30) | (0.30) | 3.21 | 6.87 |
| 5.88 | 50 | SW | 2.71 | 2.36 | 2.30 | 1.99 | 1.33 | 6.13 | 41.62 |
| 4.30 | 50 | SW | 2.16 | 1.89 | 1.85 | 1.60 | 1.09 | 6.13 | 36.72 |
| 0.50 | 50 | SW | (0.30) | (0.30) | (0.30) | (0.30) | 0.26 | 6.13 | 13.45 |
| 5.88 | 5 | SW | 1.91 | 1.64 | 1.59 | 1.36 | 0.88 | 4.57 | 28.17 |
| 4.30 | 5 | SW | 1.58 | 1.36 | 1.32 | 1.13 | 0.74 | 4.57 | 25.56 |
| 0.50 | 5 | SW | (0.30) | (0.30) | (0.30) | (0.30) | 0.26 | 4.57 | 9.95 |
| 5.88 | 2 | SW | 1.22 | 1.04 | 1.01 | 0.85 | 0.54 | 3.62 | 19.53 |
| 4.30 | 2 | SW | 1.08 | 0.92 | 0.89 | 0.75 | 0.48 | 3.62 | 18.38 |
| 0.50 | 2 | SW | (0.30) | (0.30) | (0.30) | (0.30) | 0.26 | 3.62 | 7.81 |
| 5.88 | 50 | WSW | 1.59 | 1.36 | 1.32 | 1.12 | 0.72 | 4.37 | 26.38 |
| 4.3 | 50 | WSW | 1.30 | 1.11 | 1.08 | 0.92 | 0.59 | 4.37 | 24.08 |
| 0.5 | 50 | WSW | 0.29 | 0.25 | 0.25 | 0.22 | 0.15 | 4.37 | 9.50 |
| 5.88 | 5 | WSW | 0.89 | 0.75 | 0.73 | 0.61 | 0.38 | 3.37 | 17.23 |
| 4.3 | 5 | WSW | 0.80 | 0.68 | 0.66 | 0.55 | 0.35 | 3.37 | 16.44 |
| 0.5 | 5 | WSW | 0.15 | 0.13 | 0.12 | 0.10 | 0.07 | 3.37 | 7.24 |
| -1.29 | 5 | WSW | 0.00 | 0.00 | 0.00 | 0.00 | 0.00 | 3.37 | 0.00 |
| 5.88 | 2 | WSW | 0.64 | 0.54 | 0.52 | 0.44 | 0.27 | 2.87 | 12.77 |
| 4.3 | 2 | WSW | 0.60 | 0.51 | 0.49 | 0.41 | 0.26 | 2.87 | 12.51 |
| 0.5 | 2 | WSW | 0.08 | 0.06 | 0.06 | 0.05 | 0.03 | 2.87 | 6.09 |

**1m 等深线波要素** 附表 1.9

| 水位(m) | 重现期(年) | 浪向 | $H_{1\%}$(m) | $H_{4\%}$(m) | $H_{5\%}$(m) | $H_{13\%}$(m) | $H$(m) | $\bar{T}$(s) | $L$(m) |
|---|---|---|---|---|---|---|---|---|---|
| 5.88 | 50 | ENE | (2.93) | 2.81 | 2.75 | 2.44 | 1.72 | 8.10 | 53.21 |
| 4.30 | 50 | ENE | (1.98) | (1.98) | (1.98) | 1.89 | 1.37 | 8.10 | 44.50 |
| 5.88 | 5 | ENE | 2.41 | 2.11 | 2.06 | 1.78 | 1.21 | 6.50 | 41.45 |
| 4.30 | 5 | ENE | 1.87 | 1.65 | 1.61 | 1.41 | 0.97 | 6.50 | 35.02 |
| 5.88 | 2 | ENE | 2.05 | 1.78 | 1.73 | 1.49 | 0.99 | 5.60 | 34.66 |
| 4.30 | 2 | ENE | 1.62 | 1.42 | 1.38 | 1.20 | 0.81 | 5.60 | 29.59 |
| 5.88 | 50 | E | (2.93) | 2.88 | 2.82 | 2.50 | 1.77 | 7.60 | 49.56 |
| 4.30 | 50 | E | (1.98) | (1.98) | (1.98) | (1.98) | 1.72 | 7.60 | 41.56 |

续上表

| 水位(m) | 重现期(年) | 浪向 | $H_{1\%}$(m) | $H_{4\%}$(m) | $H_{5\%}$(m) | $H_{13\%}$(m) | $H$(m) | $\bar{T}$(s) | $L$(m) |
|---|---|---|---|---|---|---|---|---|---|
| 5.88 | 5 | E | 2.89 | 2.55 | 2.50 | 2.19 | 1.52 | 6.20 | 39.21 |
| 4.30 | 5 | E | (1.98) | (1.98) | (1.98) | 1.90 | 1.38 | 6.20 | 33.22 |
| 5.88 | 2 | E | 2.51 | 2.19 | 2.14 | 1.86 | 1.26 | 5.40 | 33.13 |
| 4.30 | 2 | E | (1.98) | 1.89 | 1.85 | 1.63 | 1.15 | 5.40 | 28.37 |
| 5.88 | 50 | ESE | (2.93) | (2.93) | (2.93) | 2.76 | 1.99 | 7.60 | 49.56 |
| 4.30 | 50 | ESE | (1.98) | (1.98) | (1.98) | (1.98) | (1.98) | 7.60 | 41.56 |
| 5.88 | 5 | ESE | 2.75 | 2.42 | 2.37 | 2.07 | 1.43 | 6.20 | 39.21 |
| 4.30 | 5 | ESE | (1.98) | (1.98) | (1.98) | 1.97 | 1.44 | 6.20 | 33.22 |
| 5.88 | 2 | ESE | 2.26 | 1.97 | 1.92 | 1.66 | 1.11 | 5.40 | 33.13 |
| 4.30 | 2 | ESE | (1.98) | 1.81 | 1.78 | 1.56 | 1.10 | 5.40 | 28.37 |
| 5.88 | 50 | SE | 2.82 | 2.49 | 2.43 | 2.13 | 1.48 | 5.80 | 36.19 |
| 4.30 | 50 | SE | (1.98) | (1.98) | (1.98) | (1.98) | 1.49 | 5.80 | 30.80 |
| 5.88 | 5 | SE | 1.90 | 1.64 | 1.59 | 1.37 | 0.90 | 4.80 | 28.47 |
| 4.30 | 5 | SE | 1.73 | 1.51 | 1.48 | 1.28 | 0.87 | 4.80 | 24.66 |
| 5.88 | 2 | SE | 1.38 | 1.18 | 1.15 | 0.97 | 0.62 | 4.30 | 24.48 |
| 4.30 | 2 | SE | 1.26 | 1.09 | 1.06 | 0.91 | 0.60 | 4.30 | 21.51 |
| 5.88 | 50 | SSE | 2.85 | 2.52 | 2.46 | 2.16 | 1.50 | 5.80 | 36.19 |
| 4.30 | 50 | SSE | (1.98) | (1.98) | (1.98) | (1.98) | 1.53 | 5.80 | 30.80 |
| 5.88 | 5 | SSE | 1.92 | 1.66 | 1.61 | 1.38 | 0.91 | 4.80 | 28.47 |
| 4.30 | 5 | SSE | 1.75 | 1.54 | 1.50 | 1.31 | 0.89 | 4.80 | 24.66 |
| 5.88 | 2 | SSE | 1.40 | 1.19 | 1.16 | 0.98 | 0.63 | 4.30 | 24.48 |
| 4.30 | 2 | SSE | 1.28 | 1.11 | 1.08 | 0.92 | 0.61 | 4.30 | 21.51 |
| 5.88 | 50 | S | (2.93) | 2.84 | 2.78 | 2.46 | 1.74 | 5.57 | 34.43 |
| 4.30 | 50 | S | (1.98) | (1.98) | (1.98) | (1.98) | 1.72 | 5.57 | 29.40 |
| 5.88 | 5 | S | 1.79 | 1.54 | 1.49 | 1.28 | 0.84 | 3.83 | 20.65 |
| 4.30 | 5 | S | 1.66 | 1.45 | 1.41 | 1.23 | 0.83 | 3.83 | 18.49 |
| 5.88 | 2 | S | 1.20 | 1.02 | 0.99 | 0.83 | 0.53 | 3.17 | 15.14 |
| 4.30 | 2 | S | 1.15 | 0.99 | 0.96 | 0.82 | 0.53 | 3.17 | 14.10 |
| 5.88 | 50 | SSW | 2.43 | 2.12 | 2.07 | 1.80 | 1.22 | 5.24 | 31.90 |
| 4.30 | 50 | SSW | (1.98) | 1.79 | 1.75 | 1.54 | 1.08 | 5.24 | 27.38 |

续上表

| 水位(m) | 重现期(年) | 浪向 | $H_{1\%}$(m) | $H_{4\%}$(m) | $H_{5\%}$(m) | $H_{13\%}$(m) | $H$(m) | $\bar{T}$(s) | $L$(m) |
|---|---|---|---|---|---|---|---|---|---|
| 5.88 | 5 | SSW | 1.59 | 1.36 | 1.32 | 1.12 | 0.73 | 3.87 | 20.98 |
| 4.30 | 5 | SSW | 1.39 | 1.20 | 1.17 | 1.01 | 0.67 | 3.87 | 18.75 |
| 5.88 | 2 | SSW | 1.10 | 0.93 | 0.90 | 0.76 | 0.48 | 3.21 | 15.47 |
| 4.30 | 2 | SSW | 1.01 | 0.86 | 0.84 | 0.71 | 0.46 | 3.21 | 14.37 |
| 5.88 | 50 | SW | 2.42 | 2.11 | 2.06 | 1.79 | 1.21 | 6.13 | 38.68 |
| 4.30 | 50 | SW | 1.85 | 1.63 | 1.59 | 1.39 | 0.96 | 6.13 | 32.80 |
| 5.88 | 5 | SW | 1.71 | 1.47 | 1.43 | 1.22 | 0.79 | 4.57 | 26.65 |
| 4.30 | 5 | SW | 1.36 | 1.17 | 1.14 | 0.98 | 0.65 | 4.57 | 23.22 |
| 5.88 | 2 | SW | 1.09 | 0.93 | 0.90 | 0.76 | 0.48 | 3.62 | 18.90 |
| 4.30 | 2 | SW | 0.94 | 0.80 | 0.78 | 0.66 | 0.42 | 3.62 | 17.11 |
| 5.88 | 50 | WSW | 1.40 | 1.20 | 1.16 | 0.99 | 0.63 | 4.37 | 25.05 |
| 4.3 | 50 | WSW | 1.09 | 0.93 | 0.91 | 0.77 | 0.50 | 4.37 | 21.96 |
| 5.88 | 5 | WSW | 0.79 | 0.66 | 0.64 | 0.54 | 0.34 | 3.37 | 16.81 |
| 4.3 | 5 | WSW | 0.69 | 0.58 | 0.56 | 0.47 | 0.30 | 3.37 | 15.45 |
| 5.88 | 2 | WSW | 0.57 | 0.48 | 0.46 | 0.39 | 0.24 | 2.87 | 12.65 |
| 4.3 | 2 | WSW | 0.52 | 0.44 | 0.43 | 0.36 | 0.23 | 2.87 | 12.05 |

**2m 等深线波要素**

附表 1.10

| 水位(m) | 重现期(年) | 浪向 | $H_{1\%}$(m) | $H_{4\%}$(m) | $H_{5\%}$(m) | $H_{13\%}$(m) | $H$(m) | $\bar{T}$(s) | $L$(m) |
|---|---|---|---|---|---|---|---|---|---|
| 5.88 | 50 | ENE | (2.33) | (2.33) | (2.33) | 2.17 | 1.56 | 8.10 | 47.96 |
| 4.30 | 50 | ENE | (1.38) | (1.38) | (1.38) | (1.38) | 1.20 | 8.10 | 37.55 |
| 5.88 | 5 | ENE | 2.12 | 1.86 | 1.82 | 1.59 | 1.09 | 6.50 | 37.60 |
| 4.30 | 5 | ENE | (1.38) | 1.37 | 1.34 | 1.19 | 0.85 | 6.50 | 29.73 |
| 5.88 | 2 | ENE | 1.81 | 1.58 | 1.54 | 1.33 | 0.89 | 5.60 | 31.65 |
| 4.30 | 2 | ENE | 1.34 | 1.18 | 1.16 | 1.02 | 0.70 | 5.60 | 25.27 |
| 5.88 | 50 | E | (2.33) | (2.33) | (2.33) | (2.33) | 1.81 | 7.60 | 44.74 |
| 4.30 | 50 | E | (1.38) | (1.38) | (1.38) | (1.38) | (1.38) | 7.60 | 35.12 |
| 5.88 | 5 | E | (2.33) | 2.32 | 2.27 | 2.01 | 1.43 | 6.20 | 35.63 |
| 4.30 | 5 | E | (1.38) | (1.38) | (1.38) | (1.38) | 1.32 | 6.20 | 28.25 |
| 5.88 | 2 | E | 2.27 | 2.00 | 1.96 | 1.72 | 1.19 | 5.40 | 30.31 |
| 4.30 | 2 | E | (1.38) | (1.38) | (1.38) | (1.38) | 1.10 | 5.40 | 24.27 |

续上表

| 水位(m) | 重现期(年) | 浪向 | $H_{1\%}$(m) | $H_{4\%}$(m) | $H_{5\%}$(m) | $H_{13\%}$(m) | $H$(m) | $\bar{T}$(s) | $L$(m) |
|---|---|---|---|---|---|---|---|---|---|
| 5.88 | 50 | ESE | (2.33) | (2.33) | (2.33) | (2.33) | 2.02 | 7.60 | 44.74 |
| 4.30 | 50 | ESE | (1.38) | (1.38) | (1.38) | (1.38) | (1.38) | 7.60 | 35.12 |
| 5.88 | 5 | ESE | (2.33) | 2.31 | 2.26 | 2.00 | 1.42 | 6.20 | 35.63 |
| 4.30 | 5 | ESE | (1.38) | (1.38) | (1.38) | (1.38) | (1.38) | 6.20 | 28.25 |
| 5.88 | 2 | ESE | 2.13 | 1.87 | 1.83 | 1.60 | 1.09 | 5.40 | 30.31 |
| 4.30 | 2 | ESE | (1.38) | (1.38) | (1.38) | (1.38) | 1.15 | 5.40 | 24.27 |
| 5.88 | 50 | SE | (2.33) | (2.33) | 2.32 | 2.06 | 1.47 | 5.80 | 32.98 |
| 4.30 | 50 | SE | (1.38) | (1.38) | (1.38) | (1.38) | (1.38) | 5.80 | 26.27 |
| 5.88 | 5 | SE | 1.79 | 1.56 | 1.52 | 1.31 | 0.88 | 4.80 | 26.24 |
| 4.30 | 5 | SE | (1.38) | (1.38) | (1.38) | 1.25 | 0.90 | 4.80 | 21.25 |
| 5.88 | 2 | SE | 1.31 | 1.12 | 1.09 | 0.93 | 0.60 | 4.30 | 22.77 |
| 4.30 | 2 | SE | 1.18 | 1.03 | 1.01 | 0.87 | 0.59 | 4.30 | 18.70 |
| 5.88 | 50 | SSE | (2.33) | (2.33) | (2.33) | 2.10 | 1.50 | 5.80 | 32.98 |
| 4.30 | 50 | SSE | (1.38) | (1.38) | (1.38) | (1.38) | (1.38) | 5.80 | 26.27 |
| 5.88 | 5 | SSE | 1.82 | 1.58 | 1.54 | 1.33 | 0.89 | 4.80 | 26.24 |
| 4.30 | 5 | SSE | (1.38) | (1.38) | (1.38) | 1.28 | 0.92 | 4.80 | 21.25 |
| 5.88 | 2 | SSE | 1.33 | 1.14 | 1.11 | 0.94 | 0.61 | 4.30 | 22.77 |
| 4.30 | 2 | SSE | 1.20 | 1.05 | 1.03 | 0.89 | 0.61 | 4.30 | 18.70 |
| 5.88 | 50 | S | (2.33) | (2.33) | (2.33) | (2.33) | 1.84 | 5.57 | 31.45 |
| 4.30 | 50 | S | (1.38) | (1.38) | (1.38) | (1.38) | (1.38) | 5.57 | 25.12 |
| 5.88 | 5 | S | 1.73 | 1.50 | 1.46 | 1.26 | 0.84 | 3.83 | 19.44 |
| 4.30 | 5 | S | (1.38) | (1.38) | 1.37 | 1.22 | 0.87 | 3.83 | 16.26 |
| 5.88 | 2 | S | 1.17 | 1.00 | 0.97 | 0.82 | 0.53 | 3.17 | 14.60 |
| 4.30 | 2 | S | 1.10 | 0.96 | 0.94 | 0.81 | 0.55 | 3.17 | 12.74 |
| 5.88 | 50 | SSW | (2.33) | 2.07 | 2.02 | 1.78 | 1.24 | 5.24 | 29.23 |
| 4.30 | 50 | SSW | (1.38) | (1.38) | (1.38) | (1.38) | 1.19 | 5.24 | 23.47 |
| 5.88 | 5 | SSW | 1.51 | 1.30 | 1.27 | 1.08 | 0.71 | 3.87 | 19.72 |
| 4.30 | 5 | SSW | 1.25 | 1.10 | 1.07 | 0.94 | 0.64 | 3.87 | 16.47 |
| 5.88 | 2 | SSW | 1.03 | 0.88 | 0.85 | 0.72 | 0.46 | 3.21 | 14.90 |
| 4.30 | 2 | SSW | 0.94 | 0.81 | 0.79 | 0.68 | 0.45 | 3.21 | 12.95 |

续上表

| 水位(m) | 重现期(年) | 浪向 | $H_{1\%}$(m) | $H_{4\%}$(m) | $H_{5\%}$(m) | $H_{13\%}$(m) | $H$(m) | $\bar{T}$(s) | $L$(m) |
|---|---|---|---|---|---|---|---|---|---|
| 5.88 | 50 | SW | 2.31 | 2.04 | 2.00 | 1.75 | 1.22 | 6.13 | 35.17 |
| 4.30 | 50 | SW | (1.38) | (1.38) | (1.38) | 1.36 | 0.99 | 6.13 | 27.90 |
| 5.88 | 5 | SW | 1.66 | 1.44 | 1.40 | 1.20 | 0.80 | 4.57 | 24.65 |
| 4.30 | 5 | SW | 1.28 | 1.12 | 1.10 | 0.96 | 0.66 | 4.57 | 20.09 |
| 5.88 | 2 | SW | 1.09 | 0.93 | 0.91 | 0.77 | 0.49 | 3.62 | 17.92 |
| 4.30 | 2 | SW | 0.91 | 0.78 | 0.76 | 0.65 | 0.43 | 3.62 | 15.15 |
| 5.88 | 50 | WSW | 1.31 | 1.12 | 1.09 | 0.93 | 0.61 | 4.37 | 23.26 |
| 4.3 | 50 | WSW | 0.96 | 0.83 | 0.81 | 0.69 | 0.46 | 4.37 | 19.06 |
| 5.88 | 5 | WSW | 0.76 | 0.64 | 0.62 | 0.52 | 0.33 | 3.37 | 16.08 |
| 4.3 | 5 | WSW | 0.63 | 0.53 | 0.52 | 0.44 | 0.28 | 3.37 | 13.82 |
| 5.88 | 2 | WSW | 0.56 | 0.47 | 0.45 | 0.38 | 0.24 | 2.87 | 12.36 |
| 4.3 | 2 | WSW | 0.49 | 0.42 | 0.40 | 0.34 | 0.22 | 2.87 | 11.08 |

**3m 等深线波要素** 附表 1.11

| 水位(m) | 重现期(年) | 浪向 | $H_{1\%}$(m) | $H_{4\%}$(m) | $H_{5\%}$(m) | $H_{13\%}$(m) | $H$(m) | $\bar{T}$(s) | $L$(m) |
|---|---|---|---|---|---|---|---|---|---|
| 5.88 | 50 | ENE | (1.73) | (1.73) | (1.73) | (1.73) | 1.57 | 8.10 | 41.76 |
| 4.30 | 50 | ENE | (0.78) | (0.78) | (0.78) | (0.78) | (0.78) | 8.10 | 28.53 |
| 5.88 | 5 | ENE | (1.73) | (1.73) | 1.70 | 1.51 | 1.07 | 6.50 | 32.95 |
| 4.30 | 5 | ENE | (0.78) | (0.78) | (0.78) | (0.78) | (0.78) | 6.50 | 22.72 |
| 5.88 | 2 | ENE | 1.67 | 1.47 | 1.44 | 1.26 | 0.87 | 5.60 | 27.91 |
| 4.30 | 2 | ENE | (0.78) | (0.78) | (0.78) | (0.78) | 0.73 | 5.60 | 19.43 |
| 5.88 | 50 | E | (1.73) | (1.73) | (1.73) | (1.73) | (1.73) | 7.60 | 39.02 |
| 4.30 | 50 | E | (0.78) | (0.78) | (0.78) | (0.78) | (0.78) | 7.60 | 26.72 |
| 5.88 | 5 | E | (1.73) | (1.73) | (1.73) | (1.73) | 1.48 | 6.20 | 31.28 |
| 4.30 | 5 | E | (0.78) | (0.78) | (0.78) | (0.78) | (0.78) | 6.20 | 21.63 |
| 5.88 | 2 | E | (1.73) | (1.73) | (1.73) | 1.69 | 1.23 | 5.40 | 26.78 |
| 4.30 | 2 | E | (0.78) | (0.78) | (0.78) | (0.78) | (0.78) | 5.40 | 18.70 |
| 5.88 | 50 | ESE | (1.73) | (1.73) | (1.73) | (1.73) | (1.73) | 7.60 | 39.02 |
| 4.30 | 50 | ESE | (0.78) | (0.78) | (0.78) | (0.78) | (0.78) | 7.60 | 26.72 |
| 5.88 | 5 | ESE | (1.73) | (1.73) | (1.73) | (1.73) | 1.47 | 6.20 | 31.28 |
| 4.30 | 5 | ESE | (0.78) | (0.78) | (0.78) | (0.78) | (0.78) | 6.20 | 21.63 |

续上表

| 水位(m) | 重现期(年) | 浪向 | $H_{1\%}$(m) | $H_{4\%}$(m) | $H_{5\%}$(m) | $H_{13\%}$(m) | $H$(m) | $\bar{T}$(s) | $L$(m) |
|---|---|---|---|---|---|---|---|---|---|
| 5.88 | 2 | ESE | (1.73) | (1.73) | (1.73) | 1.55 | 1.11 | 5.40 | 26.78 |
| 4.30 | 2 | ESE | (0.78) | (0.78) | (0.78) | (0.78) | (0.78) | 5.40 | 18.70 |
| 5.88 | 50 | SE | (1.73) | (1.73) | (1.73) | (1.73) | 1.53 | 5.80 | 29.04 |
| 4.30 | 50 | SE | (0.78) | (0.78) | (0.78) | (0.78) | (0.78) | 5.80 | 20.16 |
| 5.88 | 5 | SE | 1.68 | 1.48 | 1.45 | 1.27 | 0.88 | 4.80 | 23.35 |
| 4.30 | 5 | SE | (0.78) | (0.78) | (0.78) | (0.78) | (0.78) | 4.80 | 16.48 |
| 5.88 | 2 | SE | 1.23 | 1.06 | 1.04 | 0.89 | 0.59 | 4.30 | 20.45 |
| 4.30 | 2 | SE | (0.78) | (0.78) | (0.78) | (0.78) | 0.65 | 4.30 | 14.62 |
| 5.88 | 50 | SSE | (1.73) | (1.73) | (1.73) | (1.73) | 1.56 | 5.80 | 29.04 |
| 4.30 | 50 | SSE | (0.78) | (0.78) | (0.78) | (0.78) | (0.78) | 5.80 | 20.16 |
| 5.88 | 5 | SSE | 1.70 | 1.50 | 1.47 | 1.29 | 0.90 | 4.80 | 23.35 |
| 4.30 | 5 | SSE | (0.78) | (0.78) | (0.78) | (0.78) | (0.78) | 4.80 | 16.48 |
| 5.88 | 2 | SSE | 1.25 | 1.08 | 1.06 | 0.91 | 0.60 | 4.30 | 20.45 |
| 4.30 | 2 | SSE | (0.78) | (0.78) | (0.78) | (0.78) | 0.67 | 4.30 | 14.62 |
| 5.88 | 50 | S | (1.73) | (1.73) | (1.73) | (1.73) | (1.73) | 5.57 | 27.74 |
| 4.30 | 50 | S | (0.78) | (0.78) | (0.78) | (0.78) | (0.78) | 5.57 | 19.32 |
| 5.88 | 5 | S | 1.59 | 1.40 | 1.37 | 1.19 | 0.82 | 3.83 | 17.66 |
| 4.30 | 5 | S | (0.78) | (0.78) | (0.78) | (0.78) | (0.78) | 3.83 | 12.85 |
| 5.88 | 2 | S | 1.14 | 0.98 | 0.95 | 0.82 | 0.54 | 3.17 | 13.62 |
| 4.30 | 2 | S | (0.78) | (0.78) | (0.78) | (0.78) | 0.62 | 3.17 | 10.33 |
| 5.88 | 50 | SSW | (1.73) | (1.73) | (1.73) | (1.73) | 1.34 | 5.24 | 25.87 |
| 4.30 | 50 | SSW | (0.78) | (0.78) | (0.78) | (0.78) | (0.78) | 5.24 | 18.11 |
| 5.88 | 5 | SSW | 1.43 | 1.25 | 1.22 | 1.06 | 0.72 | 3.87 | 17.90 |
| 4.30 | 5 | SSW | (0.78) | (0.78) | (0.78) | (0.78) | 0.68 | 3.87 | 13.00 |
| 5.88 | 2 | SSW | 0.98 | 0.84 | 0.82 | 0.70 | 0.45 | 3.21 | 13.87 |
| 4.30 | 2 | SSW | (0.78) | 0.76 | 0.74 | 0.66 | 0.47 | 3.21 | 10.48 |
| 5.88 | 50 | SW | (1.73) | (1.73) | (1.73) | 1.66 | 1.20 | 6.13 | 30.88 |
| 4.30 | 50 | SW | (0.78) | (0.78) | (0.78) | (0.78) | (0.78) | 6.13 | 21.37 |
| 5.88 | 5 | SW | 1.53 | 1.34 | 1.31 | 1.14 | 0.78 | 4.57 | 22.02 |
| 4.30 | 5 | SW | (0.78) | (0.78) | (0.78) | (0.78) | 0.69 | 4.57 | 15.63 |

续上表

| 水位(m) | 重现期(年) | 浪向 | $H_{1\%}$(m) | $H_{4\%}$(m) | $H_{5\%}$(m) | $H_{13\%}$(m) | $H$(m) | $\bar{T}$(s) | $L$(m) |
|---|---|---|---|---|---|---|---|---|---|
| 5.88 | 2 | SW | 1.03 | 0.88 | 0.86 | 0.73 | 0.48 | 3.62 | 16.39 |
| 4.30 | 2 | SW | (0.78) | 0.72 | 0.70 | 0.62 | 0.43 | 3.62 | 12.06 |
| 5.88 | 50 | WSW | 1.15 | 1.00 | 0.97 | 0.83 | 0.55 | 4.37 | 20.86 |
| 4.3 | 50 | WSW | 0.72 | 0.63 | 0.62 | 0.54 | 0.37 | 4.37 | 14.88 |
| 5.88 | 5 | WSW | 0.68 | 0.58 | 0.56 | 0.47 | 0.30 | 3.37 | 14.86 |
| 4.3 | 5 | WSW | 0.51 | 0.44 | 0.43 | 0.37 | 0.24 | 3.37 | 11.10 |
| 5.88 | 2 | WSW | 0.50 | 0.42 | 0.41 | 0.34 | 0.22 | 2.87 | 11.73 |
| 4.3 | 2 | WSW | 0.37 | 0.32 | 0.31 | 0.26 | 0.17 | 2.87 | 9.15 |

# 附录 2 新型浮式防波堤不规则波试验照片

新型浮式防波堤不规则波试验照片如附图 2.1 ~ 附图 2.15 所示。

附图 2.1 水深 $h = 60\text{cm}$，波高 $H = 1.5\text{cm}$，周期 $T = 0.5\text{s}$，规则波

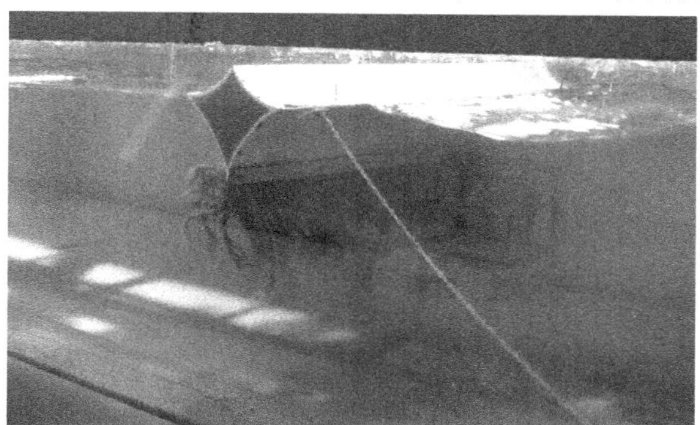

附图 2.2 水深 $h = 60\text{cm}$，波高 $H = 2.5\text{cm}$，周期 $T = 0.6\text{s}$，规则波

附图 2.3 水深 $h = 60\text{cm}$，波高 $H = 4.0\text{cm}$，周期 $T = 0.7\text{s}$，规则波

附图 2.4　水深 $h=60\text{cm}$,波高 $H=7.0\text{cm}$,周期 $T=0.9\text{s}$,规则波

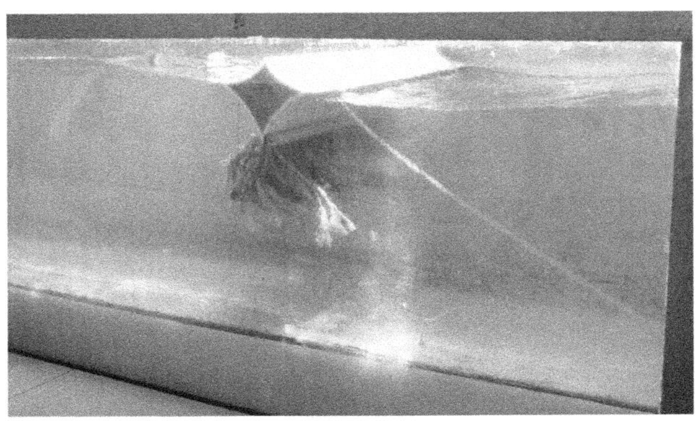

附图 2.5　水深 $h=60\text{cm}$,波高 $H=9.0\text{cm}$,周期 $T=1.2\text{s}$,规则波

附图 2.6　水深 $h=50\text{cm}$,波高 $H=1.5\text{cm}$,周期 $T=0.5\text{s}$,规则波

附图2.7 水深 $h=50\mathrm{cm}$,波高 $H=2.5\mathrm{cm}$,周期 $T=0.6\mathrm{s}$,规则波

附图2.8 水深 $h=50\mathrm{cm}$,波高 $H=4.0\mathrm{cm}$,周期 $T=0.7\mathrm{s}$,规则

附图2.9 水深 $h=50\mathrm{cm}$,波高 $H=7.0\mathrm{cm}$,周期 $T=0.9\mathrm{s}$,规则波

附图 2.10　水深 $h=50\text{cm}$,波高 $H=9.0\text{cm}$,周期 $T=1.2\text{s}$,规则波

附图 2.11　水深 $h=40\text{cm}$,波高 $H=1.5\text{cm}$,周期 $T=0.5\text{s}$,规则波

附图 2.12　水深 $h=40\text{cm}$,波高 $H=2.5\text{cm}$,周期 $T=0.6\text{s}$,规则波

附图 2.13　水深 $h=40\text{cm}$,波高 $H=4.0\text{cm}$,周期 $T=0.7\text{s}$,规则波

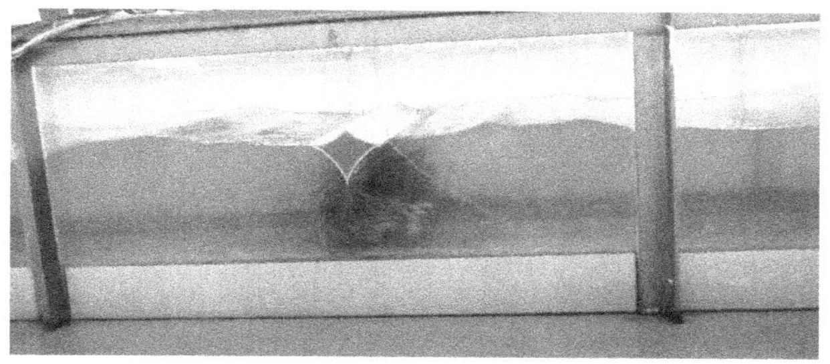

附图 2.14　水深 $h=40\text{cm}$,波高 $H=7.0\text{cm}$,周期 $T=0.9\text{s}$,规则波

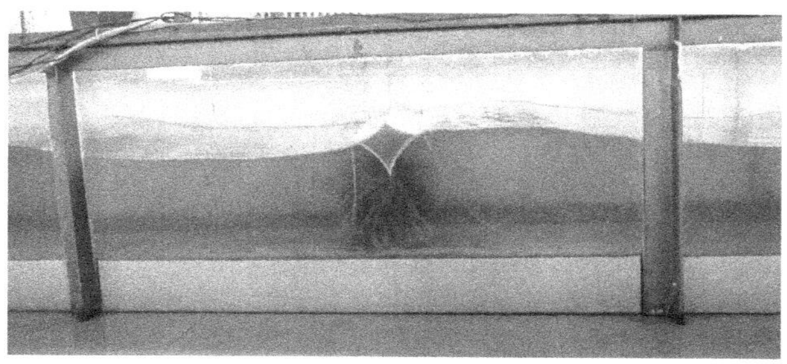

附图 2.15　水深 $h=40\text{cm}$,波高 $H=9.0\text{cm}$,周期 $T=1.2\text{s}$,规则波

# 参考文献


[1] 中华人民共和国行业标准. JTS 145—2015 港口与航道水文规范[S]. 北京：人民交通出版社,2016.

[2] 中华人民共和国行业标准. JTJ/T 234—2001 波浪模型试验规程[S]. 北京：人民交通出版社,2002.

[3] 中华人民共和国行业标准. JTS 154-1—2011 防波堤设计与施工规范[S]. 北京:人民交通出版社,2012.

[4] 赵今声,赵子丹,秦崇仁,等. 海岸河口动力学[M]. 北京:海洋出版社,1993.

[5] 薛洪超,顾家龙,任汝述. 海岸动力学[M]. 北京:人民交通出版社,1980.

[6] 邱大洪. 工程水文学[M]. 北京:人民交通出版社,1999.

[7] 庞启秀,孙连成. 淤泥质海岸航道建设期泥沙回淤特征监测研究[J]. 水运工程,2009.

[8] 孙连成. 天津港工程泥沙研究及其进展[J]. 水道港口,27(6),2006.

[9] 孙连成,等. 天津港海域现状泥沙环境研究[J]. 交通部天津水运工程科学研究所,2005.

[10] 王水田. 关于船行波问题的研究[J]. 水道港口,1980.

[11] 王育林,等. 船模航行试验技术及在航道工程中的应用[J]. 水道港口,1997,(4).

[12] 程建生,缪国平,王景全,等。圆弧型浮式防波堤防浪效果的解析研究[J]. 上海交通大学学报,2006,40(10).

[13] 吴静萍,王仁康,郑晓伟,等. 浮漂式防波堤的试验研究[J],武汉理工大学学报(交通科学与工程版),2001,25(1).

[14] 杨成渝,吴宋仁. 竹筏浮式消浪结构的试验研究[J]. 重庆建筑大学学报,2003,25(1):44-48.

[15] 王环宇,孙昭晨. 一种新型浮式防波堤的试验研究[J]. 港工技术,2009,46(4).

[16] 王国玉. 特种防波堤结构型式及水动力特性研究[D]. 大连:大连理工大学,2005.

[17] 侯勇,王永学,高军,等. 新型浮式防波堤水动力特性试验研究[J]. 水运工程,2010,2(438).

[18] 张余. 废旧轮胎式浮防波堤模型试验设计与性能研究[D]大连:大连理工大

学,2009.

[19] 侯勇,王永学. 矩形浮式防波堤运动特性和锚链力试验研究[J]. 中国海洋平台,2009,24(6).

[20] 王永学. 近岸浮式防波堤结构的研究进展与工程应用[J]. 中国造船,2002,43(增).

[21] 夏继红,严忠民. 国内外河道生态型护岸研究现状及发展趋势[J]. 中国水土保持,2004,(3):20-21.

[22] 张永明. 塔西生物护岸工程效果好[J]. 海河水利,1991,(6):41-42.

[23] 黄本胜,赖冠文,程禹平,等. 海堤外滩地种树效果及对行洪影响[J]. 人民珠江,1995,88(3):38-41.

[24] 王准. 上海河道新型护岸绿化种植设计[J]. 上海交通大学学报,2002,20(1):53-57.

[25] 颜学恭,曾祥培,徐德新. 长江中游防浪林效能效益分析与研究[J]. 武汉水利电力大学学报,1997,30(3):51-53.

[26] 宋连清. 护花米草及其对海岸的防护作用[J]. 东海海洋,1997,15(1):11-19.

[27] 傅宗甫. 互花米草消浪效果试验研究[J]. 水利水电科技进展,1997,17(5):45-47.

[28] 章家昌. 防波林的消波性能[R]. 南京:南京水利科学研究所,1965.

[29] 陈德春,周家苞. 人工水草缓流和消波作用[J]. 河海大学学报,1998,26(5):99-103.

[30] 杨世伦,陈吉余. 试论植物在潮滩发育演变中的作用[J]. 海洋与湖沼,1994,25(11):631-635.

[31] 吉红香,黄本胜,等. 植物护岸对波压力的影响试验研究[J]. 广东水利水电,2006,4:17-19.

[32] 吉红香,黄本胜,等. 植物消波消浪研究综述[J]. 水利水运工程学报,2005,3:75-78.

[33] 黄本胜,吉红香. 植物护岸对大堤波浪爬高影响试验初探[J]. 水利技术监督,2005,3:43-46.

[34] 国家海洋局. 海洋站观测资料第四册[M]. 国家海洋局,1977.

[35] 郭继业. 六角型多孔护面块体的应用[J]. 水运工程,1998,(2):5-8.

[36] 张国民. 六角型多孔块体在护岸工程中的应用[J]. 中国水运,2013,(13):279-280.

[37] 谷汉斌,孙精石. 防波堤护面六角型多孔块体的试验研究[J]. 水道港口,

1996,(2):8-13.
[38] 金刚锋.波浪荷载作用下海堤动力响应研究[D].杭州:浙江大学,2005.
[39] 蔡敏敏.波浪荷载作用下新型防波堤结构与软土地基相互作用研究[D].南京:南京水利科学院,2010.
[40] 封晓伟.波浪循环荷载作用下防波堤—地基稳定性研究[D].天津:天津大学,2009.
[41] 别社安,赵子丹,王光纶.波浪作用下的海床响应及其对建筑物稳定性的影响[J].清华大学学报[自然科学版],1998,38(11)28/36:95-98.
[42] 栾茂田,王栋.波浪作用下海床动力反应的数值分析[J].海洋工程,2001,19(4):40-45.
[43] 谭昌明,姜朴.挤淤法修筑防波堤稳定性的试验研究[J].岩土工程学报,1998,20(4):109-112.
[44] 问延煦,施建勇.孔压滞后现象及其对固结系数的影响[J].岩石力学与工程学报,2005,24(2):357-364.
[45] 李增志,别社安,任增金.抛石防波堤稳定性的离散单元法分析[J].工程力学,2009,26(增):111-114.
[46] 费康,张建伟.ABAQUS在岩土工程中的应用[M].北京:中国水利水电出版社,2010.
[47] 王金昌,陈页开.ABAQUS在土木工程中的应用[M].杭州:浙江大学出版社,2006.
[48] 长江航道局.航道工程手册[M].北京:人民交通出版社,2004.
[49] 王水田.关于船行波问题的研究[J].水道港口,1980.
[50] 王育林,等.船模航行试验技术及在航道工程中的应用[J].水道港口,1997,(4).
[51] 何文钦.游艇基地布置与设计技术研究[D].南京:河海大学,2007.
[52] Garnier J., Gaudin C., Springman S. M., et al Catalogue of scaling laws and simulitude questions in geotechnical centrifuge modelling[J]. International Journal of Physical Modelling in Geotechnics, 2007,3(3):1-23.
[53] Hong Y. ,Ng W. W. In-flight centrifuge modelling of multi-stage excavation in soft clay with an underlying aquifer[J]. Proceedings of the 14th Asian Region Conference on Geotechnical Engineering,2011.
[54] Ishihara K. Liquefaction and flow failure during earthquakes[J]. Geotechnique, 1993,43(3): 351-415.

[55] Ng C. W. W., Van Laak, P. Tang W. H., et al. The Hong Kong Geotechnical Centrifuge[C]. Proc. 3rd Int. Conf. Soft Soil Engineering,2001:225-230.

[56] Ng C. W. W., Van Laak P. A., Zhang L. M., et al. Development of a four-axis robotic manipulator for centrifuge modeling at HKUST[J]. Proc. Int. Conf. on Physical Modelling in Geotechnics, 2002:71-76.

[57] Verdugo R., Ishihara K. The steady state of sandy soils[J]. Soils and Foundations,1996, 36(2):81-91.

[58] White D. J., Take W. A., Bolton M. D. Soil deformation measurement using particle image velocimetry(PIV) and photogrammetry[J]. Geotechnique,2003, 53(7):619-631.

[59] Zheng G., Peng S. Y., Ng C. W. W., et al. Excavation effects on pile behaviour and capacity[J]. Submitted for publication in the Journal of Geotechnical and Geoenvironmental Engineering,2010.

[60] Zheng G., Peng S. Y., Diao Y., et al. In-flight Investigation of Excavation Effects on Smooth Single Piles[C]. Proc. of 7th International Conference on Physical Modelling in Geotechnics:ICPMG 2010.